权威·前沿·原创

皮书系列为

“十二五”“十三五”“十四五”时期国家重点出版物出版专项规划项目

智库成果出版与传播平台

中国社会科学院创新工程学术出版资助项目

廉政建设报告 No.11

CLEAN-GOVERNANCE CONSTRUCTION REPORT No.11

编　　著 / 中国社会科学院中国廉政研究中心
主　　编 / 蒋来用
副 主 编 / 孙大伟

社会科学文献出版社
SOCIAL SCIENCES ACADEMIC PRESS (CHINA)

图书在版编目（CIP）数据

廉政建设报告．No.11 / 中国社会科学院中国廉政研究中心编著；蒋来用主编．－－北京：社会科学文献出版社，2025.4
（廉政建设蓝皮书）
ISBN 978－7－5201－9888－2

Ⅰ．①廉… Ⅱ．①中… ②蒋… Ⅲ．①党风建设－研究报告－中国②反腐倡廉－研究报告－中国 Ⅳ．①D261.3②D630.9

中国版本图书馆 CIP 数据核字（2022）第 040981 号

廉政建设蓝皮书
廉政建设报告 No.11

编　　著 / 中国社会科学院中国廉政研究中心
主　　编 / 蒋来用
副 主 编 / 孙大伟

出 版 人 / 冀祥德
责任编辑 / 陈　颖　桂　芳
责任印制 / 岳　阳

出　　版 / 社会科学文献出版社 · 皮书分社（010）59367127
地址：北京市北三环中路甲 29 号院华龙大厦　邮编：100029
网址：www.ssap.com.cn
发　　行 / 社会科学文献出版社（010）59367028
印　　装 / 北京盛通印刷股份有限公司

规　　格 / 开 本：787mm × 1092mm　1/16
印 张：23.25　字 数：348 千字
版　　次 / 2025 年 4 月第 1 版　2025 年 4 月第 1 次印刷
书　　号 / ISBN 978－7－5201－9888－2
定　　价 / 158.00 元

读者服务电话：4008918866

编 委 会

主　　编　蒋来用

副 主 编　孙大伟

专家组成员　李秋芳　李雪勤　王晓霞　陈光金　孙壮志
穆林霞　蒋来用　李　炜

撰稿人员　（按照姓氏笔画排序）

于　红　于　琴　马华森　王　阳　王　冠
王　姣　王田田　乌　都　田　坤　任　涛
任建明　刘　刚　刘　普　刘凡圣　汤小兵
许天翔　孙大伟　苏畅才　杨佳儒　杨彬彬
何圣国　张　静　张缯昕　陆天莲　陈太祥
陈玉婧　林　洋　罗运明　罗荣辉　罗雁冰
金　飒　金志鑫　周兴君　周海华　胡　爽
徐步华　高蕴难　唐延成　唐国政　涂山伟
黄　河　黄永新　常钰筝　章纯波　章鸣林
蒋来用　詹挽强

主要编撰者简介

蒋来用　中国社会科学院中国廉政研究中心秘书长、研究员。主要研究领域：纪检监察学、信用评级、住房保障、大数据监督。

孙大伟　中国社会科学院中国廉政研究中心副秘书长，马克思主义研究院廉政建设与社会评价研究室副主任、副研究员。主要研究领域：纪检监察学、党的建设。

中国社会科学院中国廉政研究中心简介

中国社会科学院中国廉政研究中心（以下简称“中心”）是在中央纪委和中国社会科学院党组支持下成长起来的院级廉政专业化智库，成立于2009年12月8日。中心成立之初，中央纪委驻中国社会科学院纪检组为其代管单位。2015年3月，根据中央纪委“三转”要求和派驻机构改革意见，中国社会科学院党组研究决定，中心由中国社会科学院社会学所代管，设立廉政研究室并作为其秘书处。同年，中心被列为中国社会科学院首批11家高端专业化智库之一，办公室设在廉政研究室。

中心目前是国内最有影响的廉政智库之一，坚持“以对策研究为主、团队合作为主、内部报送成果为主”的方针，依托多学科和人才优势，紧紧围绕中央和中央纪委党风廉政建设和反腐败工作重大决策部署，开展“治理公款大吃大喝”“完善个人有关事项报告制度”“国际反腐败体制机制比较研究”“惩治和预防腐败体系绩效测评”“中外预防和打击腐败措施比较研究”“廉政文化建设研究”“事业单位防治腐败研究”“廉政学特殊学科建设”“党和国家监督体系绩效测评研究”等研究，产出了一批高质量的优秀成果。中心内部报送研究报告近200篇，不少成果成为推进党和国家反腐倡廉建设的决策依据，有的成果转化为具体政策措施。

自2011年起，中心持续开展“中国惩治和预防腐败体系绩效测评研究”，对中国党风廉政和反腐败斗争状况持续跟踪研究，2011年起每年发布一部《反腐倡廉蓝皮书：中国反腐倡廉建设报告》，被中央电视台等媒体大量报道，已成为国内外了解中国廉政建设状况的品牌图书；2015年起出版“中国廉政智库丛书”。中心先后出版了《反腐败体制机制国际比较研究》《王阳明廉政思想与行为研究》《廉政文化建设理论与实践研究》《新时代廉政建设策略研究》等著作，发表大量学术论文和理论文章。中心专家还经常接受中央主要媒体的采访，承担对外宣传任务，协助和配合有关部门“讲好中国反腐败的故事”。

中心不断推动研究机制创新，积极开展学术研究和交流，在全国率先开展廉政学学科建设，在中国社会科学院大学、上海大学招收廉政学方向博士、硕士研究生，与多所高校和科研机构合作探索研究生培养新模式；2018年9月，创办《廉政学研究》辑刊，加快构建中国特色廉政学“三大体系”。在北京市、河北省张家口市、四川省成都市、黑龙江省哈尔滨市、浙江省杭州市、山西省太原市、河南省郑州市、江苏省镇江市等地成功举办了15届中国廉政研究论坛，该论坛已成为国内具有较强影响力的高层次学术交流平台。在湖南省、四川省、山西省、黑龙江省、浙江省、陕西省、福建省、江苏省、河南省等地设立13个廉政调研基地，同时还与湖南省、四川省、山西省、河北省、黑龙江省、江苏省、甘肃省、福建省、江西省、天津市、深圳市、青岛市、厦门市等地开展课题研究合作。举办“中欧廉政智库高端论坛”，与联合国、欧盟、OECD、国际反腐败学院等国际机构开展学术交流，与俄罗斯、法国、美国、澳大利亚、乌克兰、德国、新加坡、柬埔寨、马来西亚、尼日利亚等20多个国家和地区建立了学术联系。

中心地址和联系方式

地址：北京市东城区建国门内大街5号

邮编：100732

电话兼传真：+86（010）85195127

邮箱：jiangly@cass.org.cn

摘　要

《廉政建设报告 No. 11》是中国社会科学院中国廉政研究中心2021年的研究成果之一，展示了课题组问卷调查、国情调研等研究成果，由总报告、专题篇、地方篇、评估篇、创新实招和附录组成。

总报告分析研究了2021年全国党风廉政建设和反腐败工作实践及其成效，包括党和国家监督体系建设、作风建设、腐败惩治、纪检监察制度体系改革、“三资”监管、诚信建设、廉洁文化建设等部分。党的十八大以来，党风廉政建设和反腐败斗争取得显著成效，但仍存在阶段性问题，一些腐败现象比较严重和突出，“四风”问题反弹回潮、隐形变异的风险较大等。课题组建议将“清廉中国”作为国家战略性标识性理念，继续全面深化改革，提升公职人员公共服务能力，减少“求人式”腐败，进一步提高腐败代价，加大有效打击行贿力度，提高实名举报率，坚持问题导向，持续纠“四风”树新风，加强纪检监察学科建设，提高廉洁意识和素养。

专题篇是课题组围绕“国之大者”开展的专题调研成果，包括巡视监督、派驻监督、学术不端治理与科研诚信建设等社会关注度较高的重点热点问题。

地方篇重在总结实践经验，分析了河南省以案促改的相关经验，内蒙古鄂尔多斯煤炭资源领域贪腐治理的经验，贵州铜仁预防腐败低龄化的具体做法，湖南永州零陵区月例会“云直播”的实践探索，以及四川达州大竹、江苏苏州相城、浙江绍兴上虞在推动全面从严治党向基层延伸、建设清廉乡村方面的有益探索。

评估篇是各级地方纪检监察机关信息公开评估报告。课题组连续第四年对各级地方纪检监察机关信息公开状况进行评估。研究发现，纪检监察机关网站信息公开持续向好发展，纪检监察机关层级越高网站信息公开水平越高，但仍然存在不少问题，需要进一步推进纪检监察机关信息公开。

创新实招是课题组广泛收集全国各地的有益经验，组织专家推荐和评选，从上百个案例中遴选出有效管用、具有典型意义的“实招”，并作了简要评析。

本蓝皮书还梳理了2021年中国内地发生的党风廉政建设和反腐败斗争的大事。

目录

Ⅰ 总报告

Ⅱ 专题篇

Ⅲ 地方篇

Ⅳ 评估篇

Ⅴ 创新实招

Ⅵ 附 录

皮书数据库阅读使用指南

总 报 告

General Report

B.1

百年大党自我革命基调不变 清廉中国建设稳步扎实推进*

中国社会科学院中国廉政研究中心课题组**

摘 要： 2021年，全党上下以建党百年为契机，积极开展党史学习教育，总结历史经验，强化政治责任，各级党组织和全体党员进一步增强自我革命的勇气和决心，坚持“严”的主基调不动摇，稳步务实高质量推进“清廉中国”建设。课题组通过持续多年的跟踪调研发现，党和国家监督体系日趋完善，作

---

* 本报告为中国社会科学院重大创新项目“全面从严治党视域下党的建设制度改革研究”（编号：2024YZD017）的阶段性成果。

** 课题组组长：蒋来用，中国社会科学院中国廉政研究中心秘书长、研究员。执笔人：蒋来用；王田田，中国社会科学院中国廉政研究中心副秘书长、副研究员；田坤，中国社会科学院马克思主义研究院党建党史研究室主任、研究员；孙大伟，中国社会科学院中国廉政研究中心副秘书长、马克思主义研究院廉政建设与社会评价研究室副主任、副研究员；于琴，中国社会科学院俄罗斯东欧中亚研究所多边与区域合作研究室助理研究员；许天翔，中国社会科学院马克思主义研究院廉政建设与社会评价研究室助理研究员；何圣国，河南省社会科学院纪检监察研究所研究实习员；金飒，中国社会科学院法学研究所博士后；杨佳儒，中国社会科学院大学硕士；刘睿，中国社会科学院大学硕士。

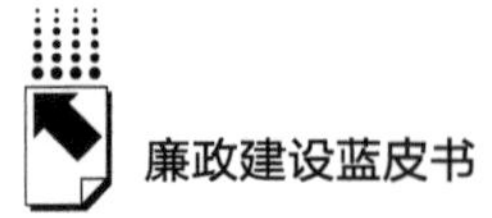

风建设“金色名片”越擦越亮、“零容忍”惩治腐败震慑持续强化、制度体系较为成熟有效、“三资”监管迈上新台阶、诚信建设加快推进有成效、廉洁文化建设有新进展，社会高度认可党委、政府反腐败工作力度和决心，认为反腐败制度有效管用，腐败得到进一步遏制、作风建设继续取得成效，社会满意度和信心度仍然较高，但也反映一些腐败现象比较严重和突出，“四风”问题反弹回潮、隐形变异的风险较大。课题组建议将“清廉中国”作为国家战略性标识性理念，继续全面深化改革，采取有效措施提升公职人员公共服务能力，减少“求人式”腐败，进一步提高腐败代价，加大有效打击行贿力度，采取有效措施提高实名举报率，坚持问题导向，持续纠“四风”树新风，加强纪检监察学科建设，提高廉洁意识和素养。

关键词：　清廉中国　监督　作风　反腐败　诚信

2021 年是党和国家历史上具有里程碑意义的一年，恰逢党的百年华诞，“十四五”顺利开局，“两个一百年”奋斗目标实现历史性交汇，全面从严治党继续向纵深推进。中国社会科学院中国廉政研究中心课题组采用长期定点跟踪调查和随机抽样相结合的方式进行调查。2021 年 4～10 月在 8 个省（自治区、直辖市）18 个区县 26 个街道（镇）34 个村居进行了“经济社会发展与全面从严治党成效”问卷调查，回收有效问卷 1010 份；同时，分别在干部、专业技术人员、企业管理人员中进行了“全面从严治党和反腐倡廉建设”问卷调查，回收有效问卷 1079 份，并采取座谈会、实地考察、个别访谈、视频会议等多种方式开展调查研究。课题组发现，党和国家监督体系不断健全完善，纠治“四风”持之以恒不松懈，一体推进“三不腐”坚

持不懈不松劲，社会生态继续发生积极的变化。但社会各界也反映，党风廉政建设和反腐败仍面临一些困难与挑战，唯有踔厉奋发、笃行不怠，继续发扬历史主动精神，乘势而上、砥砺前行，“海晏河清、朗朗乾坤”的清廉中国才可能成为现实。

一　党和国家监督体系日趋完善

建设“清廉中国”需要形成一套行之有效的权力监督制度和执纪执法体系，不断强化常态长效的监督合力。2021 年，以习近平同志为核心的党中央从巩固党的执政地位、坚守党的初心使命的高度，坚持完善党和国家监督体系，将监督融入“十四五”规划，贯穿于党领导经济社会发展全过程，构建全覆盖的责任制度和监督制度，加强权力运行和监督制约机制的基础性建设。

（一）党委、政府努力履职尽责

党委（党组）主体责任在全面从严治党、强化党内监督中具有牵头管总的作用。2021 年 3 月 27 日，中共中央颁布《中共中央关于加强对“一把手”和领导班子监督的意见》，促使各级党委（党组）履行好主体责任的制度化进程继续推进。各地各部门党委（党组）通过完善从严管党治党制度、研究审议年度重点任务、实地调研督查、专题会议研究等形式，将党的建设与业务工作同谋划、同部署、同推进、同考核，以扎实有效的政治监督确保党中央决策部署落地。中央和国家机关部门党组（党委）与派驻纪检监察组探索专题会商制度，每半年召开一次专题会商会议，通报发现的问题，推动整改落实，全面从严治党主体责任与监督责任同向发力、同频共振。

各级政府履行督查职责。政府督查是健全行政监督制度的重要内容，对保障政令畅通、提高行政效能意义重大。国务院 2021 年加大重大决策部署落实的督查力度。2 月 1 日，《政府督查工作条例》正式颁布施行。9 月上旬，国务院组织了第八次大督查，16 个督查组在 16 个省、自治区、直辖市走村入户、访问企业，开展为期10天的实地督查工作，重点检查减税降费助企发展、扩内需保就业保民生、深化“放管服”改革优化营商环境、推进创新驱动发展等落实情况。① 督查组线上线下征集线索，直击乱收费、乱摊派痛点，追踪“放管服”堵点，及时纠正办房本要找“黄牛”、行业协会收费敛财等侵害企业和群众合法权益的行为，督促改革举措落地。② 中共中央、国务院8月印发《法治政府建设实施纲要（2021—2025年）》，提出加强和规范政府督查工作。

（二）纪委监委做实做细专责监督

1. 保障党中央重大决策部署落地见效

2021年，各级纪检监察机关根据习近平总书记重要讲话指示要求和十九届中央纪委五次全会中的重大决策部署开展监督，重点加强政治监督，督促落实到位。例如，中央纪委国家监委6月印发《关于在国家乡村振兴重点帮扶县开展专项监督促进巩固拓展脱贫攻坚成果同乡村振兴有效衔接的指导意见》，推动党中央乡村振兴部署新要求落到实处。驻国家发展改革委纪检监察组将碳达峰碳中和工作纳入全组监督台账，驻应急管理部纪检监察组督促整治“私挖滥采”，驻统战部纪检监察组制定《关于加强政治监督的实施意见》，驻财政部和驻国家税务总局纪检监察组围绕减税降费政策落实，驻审计署和驻国家体育总局纪检监察组围绕“两个奥运”备战和“廉洁办奥”，驻生态环境部纪检监察组围绕生态环境保护，驻中国社会科学院纪检监察组制定《重要情况报告工作规程》，驻银保监会纪检监察组围绕金融支持经济持续恢复和高质量发展持续开展监督。全国纪检监察机关强化对“一把手”和领导班子的日常监督，纠正贯彻落实党中央方针政策和工作部

① 《国务院第八次大督查！国务院督查组赴16个省（区、市）开展实地督查》，中华人民共和国中央人民政府网站，http：//www. gov. cn/xinwen/2021 -09/01/content_ 5634565. htm。

② 《聚焦热点难点动真碰硬　落实“督帮一体”解决问题——国务院第八次大督查屡上热搜的背后》，中华人民共和国中央人民政府网站，http：//www. gov. cn/hudong/2021 -09/15/content_ 5637505. htm。

署中存在的政治偏差，不断健全督查问责机制，实施精准问责。2021 年全国共问责党组织 4474 个，问责党员领导干部监察对象 5.5 万人。[①] 课题组调研数据显示，86.2% 的干部认为当前追责问责效果非常好或比较好。

2. 保障落实群众合法权益和惠民富民政策

中央纪委国家监委结合党史学习教育“我为群众办实事”实践活动，统筹做好扫黑除恶“打伞破网”常态化、疫情防控监督等工作，持续推进“纪委请您来出题”活动，推动解决群众反映强烈的“急难愁盼”问题。[②] 7 月以来，针对国内聚集性疫情呈多点发生、局部暴发态势，中央纪委办公厅印发《关于贯彻落实党中央决策部署　毫不松懈抓好新冠肺炎疫情防控监督工作的通知》，要求各级纪委监委、有关派驻纪检监察组督促落实主体责任、属地责任和监管职责。[③] 各地纪检监察机关坚持底线思维，多措并举开展疫情防控监督，督促主体责任落实到位。北京市纪委监委坚持聚焦疫情防控和经济社会发展“双线战役”开展监督，组成 9 个监督检查组，以“四不两直”方式分赴各区抽查暗访。[④] 广西百色市纪委监委组成 4 个监督检查组赴 12 个县（市、区），快速有效精准监督，阻断疫情传播链条，遏制疫情扩散蔓延。截至 2021 年 12 月 31 日，31 个省、自治区、直辖市和新疆生产建设兵团累计报告接种新冠病毒疫苗 283533.2 万剂次。[⑤] 中央财政 2021 年安排农业保险保费补贴资金 333.45 亿元已全部下达，预计为超过 2 亿户次农户提供风险保障 5 万亿元。[⑥]

---

① 《赵乐际在十九届中央纪委六次全会上的工作报告》，中央纪委国家监委网站，https://www.ccdi.gov.cn/toutiaon/202202/t20220224_174022.html。

② 《纪检监察机关开展“我为群众办实事”实践活动　紧盯急难愁盼解民忧》，中央纪委国家监委网站，https://www.ccdi.gov.cn/toutiao/202105/t20210505_241383_m.html。

③ 《中央纪委办公厅印发通知　强化监督推动筑牢疫情防控屏障》，中央纪委国家监委网站，https://www.ccdi.gov.cn/toutiao/202108/t20210822_248711.html。

④ 《北京护航疫情防控和经济社会发展双线督战保双赢》，中央纪委国家监委网站，https://www.ccdi.gov.cn/toutiao/202110/t20211021_252566.html。

⑤ 《新冠病毒疫苗接种情况》，国家卫生健康委员会网站，http://www.nhc.gov.cn/jkj/s7915/202201/ca4bcad1630242aba6b6c9cd9e26de0a.shtml。

⑥ 《超三百亿元农业保险保费补贴全部下达 预计提供风险保障 5 万亿元》，《人民日报》2021 年 11 月 12 日。

3. 保障落实换届纪律作风要求

2021 年省市县乡领导班子集中换届。2021 年 1 月，中共中央纪委机关、中共中央组织部、国家监察委员会印发《关于严肃换届纪律加强换届风气监督的通知》，明确“十个严禁”的换届纪律“红线”，要求坚决维护换届纪律权威，营造风清气正的换届环境。[①] 各地坚持把严肃换届纪律与换届工作一同谋划、一同部署、一同落实，释放正风肃纪强烈信号，宣示从严从实坚决态度。汲取破坏选举案教训，在开展村（社区）“两委”换届工作伊始，衡阳市就明确“十个严禁、五个一律”纪律要求，全市纪检监察机关对落实纪律要求情况进行巡回督导检查，市委授予督导组临机处置权，就地严肃查处违反换届纪律的行为。[②] 南充市纪委监委通报拉票贿选、索贿助选、干扰破坏选举等 3 起违反换届纪律案例，出台加强换届风气监督 20 条措施，构建全方位全覆盖责任体系。[③] 各级纪检监察机关紧盯重点地区关键环节开展监督，加强分析研判，对换届风气问题进行风险排查。

（三）巡视巡察质效不断提升

2021 年是推进巡视全覆盖的重要一年，中央和省区市巡视全覆盖任务完成率超过 70%，市县巡察覆盖率超过 90%[④]，距离完成全覆盖的目标已并不很远。2021 年巡视巡察工作有四个明显特点。

1. 巡视巡察聚焦“国之大者”

十九届中央第七轮专项巡视一次性覆盖 31 所中管高校，对行业主管部门教育部进行了巡视，还联动非中管高校视频参会，发现高校在贯彻落实党的教育方针和决策部署要求方面存在差距，存在校风学风建设不足和科研基

① 《关于严肃换届纪律加强换届风气监督的通知》，《光明日报》2021 年 2 月 3 日。

② 《纪检监察机关全程跟进铁腕执纪　严明换届纪律　严肃换届风气》，中央纪委国家监委网站，https：//www. ccdi. gov. cn/yaowen/202102/t20210204_ 235379. html。

③ 《纪检监察机关全程跟进铁腕执纪　严明换届纪律　严肃换届风气》，中央纪委国家监委网站，https：//www. ccdi. gov. cn/yaowen/202102/t20210204_ 235379. html。

④ 《十九届中央巡视覆盖率超七成》，光明网，https：//m. gmw. cn/baijia/2021 – 01/20/1302054684. html。

建腐败等问题。十九届中央第八轮巡视专门对证监会、银保监会等 25 家金融单位进行常规巡视。下半年在全国开展粮食购销领域专项巡视巡察。2021 年被巡视巡察对象涉及人才培养、经济金融、粮食安全领域，关乎国计民生。

2. 推进巡视巡察上下联动

巡视现场指导督导于2020 年开始推行，到 2021 年已经基本覆盖中央、省和地市三级巡视巡察机构。现在的巡视巡察工作动员会除了巡视（巡察）组之外，还有巡视（巡察）办和巡视（巡察）指导督导组人员参加，其目的就是有效传递经验做法，精准落实巡视要求，提升规范化水平。2020 年 12 月，中共中央办公厅印发了《关于加强巡视巡察上下联动的意见》，从制度上对深化巡视巡察上下联动做出顶层设计。[①] 2021 年 1 月，十九届中央纪委五次全会对巡视巡察上下联动做出部署安排。4 月 28 日，召开全国巡视工作会议暨十九届中央第七轮巡视动员部署会，要求统筹安排巡视工作，增强系统观念，坚持上下联动。粮食购销领域专项巡视巡察就是上下联动全国同步推进的成功实例。中央巡视办选择贵州铜仁市等 7 个地方试点，探索在中央、省、市、县四级巡视巡察监督体系中更好地发挥作用的路径、机制、方式，进一步完善巡视巡察上下联动工作格局。

3. 完善机制提高巡视巡察质量

目前有 100 多个中央单位开展了内部巡视，中央巡视办采用工作现场会、推进会等方式加强对这些单位内部巡视的分类指导，不断提升巡视水平。中央巡视工作领导小组修改完善巡视报告问题底稿制度，写进巡视报告的每一个问题都有底稿作支撑；[②] 进一步探索巡视与纪检监察、组织、审计、财会、统计等监督协作配合的有效方式，减少多头重复监督，减轻基层负担；严格执行巡视作风纪律后评估制度，坚持把实事求是、依规依纪依法

---

① 《学习贯彻〈关于加强巡视巡察上下联动的意见〉》，中央纪委国家监委网站，https：//www. ccdi. gov. cn/yaowen/202106/t20210603_ 243178. html。

② 《深化政治巡视　完善工作格局》，中央纪委国家监委网站，https：//www. ccdi. gov. cn/toutiao/202101/t20210113_ 233749. html。

要求贯穿始终。同时，探索建立了与被巡视党组织主要负责人沟通工作机制，中央巡视组就发现的重要问题、提出的重要建议，听取了被巡视党组织主要负责人的意见，更加突出同题共答，激发被巡视党组织解决问题的内生动力。①

4. 以巡促治效果明显

2021 年 10 月底，中央纪委国家监委网站向社会公布了十九届中央第六轮巡视的 32 个地方和单位党组织的整改情况。被巡视党组织对贯彻落实党中央精神不够到位、“两个责任”压力传导不到底、权力监督制约机制不够健全、形式主义和官僚主义问题仍比较突出、落实新时代党的组织路线有短板等问题②认真研究、严肃整改。9 月，收到十九届中央第七轮巡视组的反馈后，教育部党组和 31 所中管高校党委把巡视整改与党史学习教育、贯彻党的教育方针、深化教育改革、加强高校班子队伍建设、加强思想政治工作和师德师风校风学风建设等有机结合起来，通过加强教育改革顶层设计，促进深化标本兼治。③ 党中央对制定《关于加强巡视整改和成果运用的意见》做出部署安排，列入了《2021 年中央文件制定计划》，细化明确了巡视整改和成果运用的总体要求、责任内容、工作机制、实施保障等内容，将中央和省（区、市）党委加强巡视整改和成果运用的宝贵经验进行系统梳理，把经过实践检验的成熟做法上升为规范要求。④

（四）人大监督力度不断加强

2021 年人大监督亮点较多，主要有三项。一是监督检查法律实施情况。党史学习教育开展之后，全国人大常委会对 6 部法律的实施情况进行了监督

① 马直辰：《深化政治巡视　建立完善上下联动战略格局——非常之年磨砺巡视利剑》，《中国纪检监察》2021 年第 1 期。

② 《十九届中央第六轮巡视完成反馈》，中央纪委国家监委网站，https：//www. ccdi. gov. cn/toutiao/202102/t20210208_ 235661. html。

③ 《十九届中央第七轮巡视完成反馈》，中央纪委国家监委网站，https：//www. ccdi. gov. cn/toutiao/202109/t20210905_ 249547. html。

④ 《加强巡视整改和成果运用　推动新时代巡视工作高质量发展——中央巡视工作领导小组办公室主要负责人就〈关于加强巡视整改和成果运用的意见〉答记者问》，《中国纪检监察》2022 年第 4 期。

检查，赴各地实地查看 261 个点位，抽查、暗访 89 次，共与 87 名人大代表，448 人次一线执法人员、专家学者、企业负责人、工人和农民代表进行深入交流，有针对性地提出改进工作的意见建议，推动解决实际问题。[①] 二是对监委工作进行专项监督。自 2021 年 4 月 15 日北京市监委首个向本级人大常委会报告专项工作以来，全国 31 个省区市监委已全部向本级人大常委会报告专项工作。超半数就开展反腐败国际追逃追赃工作情况作专项报告，如北京市、河北省、吉林省等；多家省级监委选择整治群众反映强烈的问题工作情况作为专项报告内容，如重庆市围绕扶贫领域腐败和作风问题专项治理工作情况、湖南省围绕扫黑除恶“打伞破网”工作情况、辽宁省围绕“加强基层监督推动整治群众反映强烈问题”作专项报告，宁夏回族自治区监委作关于开展廉政教育工作情况的报告，贵州省监委就加强监察工作制度建设情况作专项报告。此外，全国人大监察和司法委员会采取实地走访、听取工作汇报、查阅台账等方式，就基层监察职能覆盖情况进行调研，推动监察监督工作纵向到底。[②] 三是加大备案审查力度。12 月 21 日，提请全国人大常委会会议审议的 2021 年备案审查工作情况报告显示，全国人大常委会办公厅共收到报送备案的行政法规、监察法规、地方性法规、自治条例和单行条例、经济特区法规、司法解释、特别行政区法律 1921 件；全国人大常委会法工委收到公民、组织提出的审查建议 6339 件，较上年的 5146 件大幅提升，数量再创历史新高；全国人大常委会法工委着力增强备案审查制度刚性，对存在不符合宪法法律规定、明显不适当等问题的，督促制定机关予以改正。[③]

---

① 《全国人大机关扎实推进“我为群众办实事”实践活动》，“全国人大”微信公众号，https：//mp. weixin. qq. com/s? _ _ biz = MzI4NDA4OTI2Ng = = &mid = 2651991526&idx = 1&sn = 08172027facc31481b7cf86f56dbcf74&chksm = f066433bc711ca2d97cd41be0e65198df3168 6cb5a9b1ef46ba0fc45801438758afda59db2df&scene = 27。

② 《全国人大常委会调研组到玉溪调研推动基层监察职能》，中国人大网，http：//www. npc. gov. cn/npc/c30834/202111/05aaaf3f05ab4b86911718834cb07b57. shtml。

③ 《全国人民代表大会常务委员会法制工作委员会关于 2021 年备案审查工作情况的报告》，中国人大网，http：//www. npc. gov. cn/npc/c30834/202112/2606f90a45b1406e9e57ff45b42ceb1c. shtml。

（五）审计监督“体检”常态化

1. 审计法律进一步完善

2021 年 10 月 23 日，十三届全国人大常委会第三十一次会议审议通过了关于修改《中华人民共和国审计法》的决定。该法于 2022 年 1 月 1 日实施，将加强党对审计工作的领导，强化审计查出问题整改和结果运用，审计工作报告应当重点报告对预算执行及其绩效的审计情况，国有资源、国有资产、重大公共工程项目、国家重大经济社会政策措施贯彻落实情况等纳入审计范围，在赋予审计机关必需权限的同时，强化对审计机关和审计人员的监督制约等作了新的规定，为强化审计监督提供了有力保障。

2. 加大对国家重大政策措施落实情况跟踪审计

2021 年审计署网站公布了 5 份公告，其中 3 份是关于国家重大政策措施落实情况跟踪审计结果的。① 2021 年，审计署对 17 个省区市中央直达资金、减税降费、就业补助资金和失业保险基金等落实情况进行跟踪审计，发现预算分配下达不及时、不合规、不精准，未及时调拨库款，违规使用或未及时支付中央直达资金，一些企业未享受减税降费优惠政策，相关单位违规收费或拖欠企业费用，稳就业相关政策未严格落实等问题。②

3. 继续开展预算执行情况审计

2021 年，审计署继续对 43 个中央部门单位 2020 年实行预算执行等情况进行审计，并延伸审计 439 家所属单位，抽查财政拨款 2314.33 亿元。中央部门积极压减非急需非刚性支出，财政拨款预算执行率比上年提高 0.24

---

① 5 份公告分别为 2021 年第 1 号公告：2020 年第三季度国家重大政策措施落实情况跟踪审计结果；2021 年第 2 号公告：2020 年第四季度国家重大政策措施落实情况跟踪审计结果；2021 年第 3 号公告：中央部门单位 2020 年度预算执行等情况审计结果；2021 年第 4 号公告：2021 年第二季度国家重大政策措施落实情况跟踪审计结果；2021 年第 5 号公告：审计署移送违纪违法问题线索查处情况。

② 《2021 年第 4 号公告：2021 年第二季度国家重大政策措施落实情况跟踪审计结果》，中华人民共和国审计署网站，http：//www.audit.gov.cn/n5/n25/c10143784/content.html。

个百分点，但审计发现存在“三公经费”管理不严、年底突击花钱、预算管理存在薄弱环节等问题。①

4. 狠抓审计整改落实

2021 年 7 月，中共中央办公厅、国务院办公厅印发《关于建立健全审计查出问题整改长效机制的意见》。审计整改情况被纳入国务院第八次大督查，16 省的 373 个典型问题受到专项督查。针对专项督查发现的问题，14 个中央部门完善相关制度，提升审计整改效果。财政部、国资委、银保监会等部门联合开展整治财经领域重大信息虚假问题专项行动。审计署对 8 省和 23 个中央部门单位的 416 个重点问题整改情况开展专项审计。《国务院关于 2020 年度中央预算执行和其他财政收支的审计工作报告》反映了 8949 个问题，截至 2021 年 10 月底，要求立行立改的问题有 6821 个（占 95%）已整改到位，要求分阶段整改的问题有 318 个（占 83%）已完成整改，要求持续整改的问题均制定了措施和计划。②

（六）检察机关法律监督坚决有力

1. 检察机关依法履行法律监督职责

2021 年 6 月 15 日印发的《中共中央关于加强新时代检察机关法律监督工作的意见》（以下简称《意见》），从“全面提升法律监督质量和效果”“加强过硬检察队伍建设”等五个方面对加强新时代检察机关法律监督工作提出明确要求。最高检党组就落实《意见》提出 54 项具体工作任务。9 月，最高人民检察院印发《关于推进行政执法与刑事司法衔接工作的规定》。12 月，最高人民检察院印发《人民检察院办理认罪认罚案件开展量刑建议工作的指导意见》《人民检察院办理认罪认罚案件听取意见同步录音录像规

① 《2021 年第 3 号公告：中央部门单位 2020 年度预算执行等情况审计结果》，中华人民共和国审计署网站，http：//www. audit. gov. cn/n5/n25/c145344/content. html。

② 侯凯：《国务院关于 2020 年度中央预算执行和其他财政收支审计查出问题整改情况的报告——2021 年 12 月 21 日在第十三届全国人民代表大会常务委员会第三十二次会议上》，中华人民共和国审计署网站，https：//www. audit. gov. cn/n4/n19/c10180212/content. html。

定》《人民检察院巡回检察工作规定》，规范量刑建议、监狱巡回检察等工作。

2. 监察机关与检察机关加强反腐败协同合作

依据法律规定，各级监察机关与检察机关认真履职，互相配合、互相制约。监察机关商请检察机关派员提前介入办理职务犯罪案件工作机制以及检察机关退回补充调查和自行补充侦查机制得到完善。检察机关立案侦查司法工作人员相关职务犯罪与监察机关管辖案件的衔接协调、线索移送和办案协作，反腐合力不断增强。2021 年，全国各级检察机关受理各级监委移送职务犯罪 20754 人，已起诉 16693 人，同比分别上升 5% 和 8.8%。与国家监委等共同推进受贿行贿一起查，起诉受贿犯罪 9083 人、行贿犯罪 2689 人，同比分别上升 21.5% 和 16.6%。[①] 检监相互配合和制约的效果不断显现，办案质量不断提高。

3. 检察机关继续落实“三个规定”,筑牢防范人情案、关系案、金钱案的制度堤坝

检察机关与司法、律协等共同建立了检律定期会商机制，共同签署倡议书，构建“亲”“清”良性检律互动关系。2021 年 9 月 30 日，最高人民法院、最高人民检察院、司法部联合印发了《关于建立健全禁止法官、检察官与律师不正当接触交往制度机制的意见》《关于进一步规范法院、检察院离任人员从事律师职业的意见》。过问或干预、插手案件的记录报告制度进一步完善，执行力度不断加强。2021 年，全国检察人员主动记录报告有关事项 16.2 万件，是 2020 年的 2.4 倍。[②] 凡是发生司法腐败案件，均倒查记录报告情况。自 2021 年 2 月底开始，全国政法队伍教育整顿在各地集中开展，300 余万名政法干警参加。[③] 6 月上旬至 9 月下旬，在全国检察机关开

---

① 《（两会受权发布）最高人民检察院工作报告（摘要）》，新华网，http://www.news.cn/politics/2022lh/2022-03/09/c_1128452620.htm。

② 《（两会受权发布）最高人民检察院工作报告（摘要）》，新华网，http://www.news.cn/politics/2022lh/2022-03/09/c_1128452620.htm。

③ 刘奕湛、周闻韬、朱翃：《铸魂砺剑，忠诚担当——全国政法队伍教育整顿政治建设综述》，新华网，http://www.news.cn/politics/2021-10/28/c_1128006423.htm。

展“司法工作人员职务犯罪侦查百日攻坚”行动，严惩司法工作人员相关职务犯罪，后延长至11月中旬第二批政法队伍教育整顿结束。全国检察机关共立案侦查司法工作人员相关职务犯罪案件999件1285人，同比分别上升28.6%和24.5%。[①]

二　作风建设“金色名片”越擦越亮

建设“清廉中国”必须坚决发扬钉钉子精神，持之以恒地落实中央八项规定精神，深化“风腐一体”认识，持之以恒纠治“四风”，锲而不舍加强作风建设，坚持纠正一切损害群众利益的腐败和不正之风。2021年，各地区、各部门以建党百年为契机，总结党的作风建设宝贵经验，不断完善作风建设的长效机制，“金色名片”越擦越亮。

（一）积极开展党史学习教育强作风促成效

2021年2月，党中央印发《关于在全党开展党史学习教育的通知》，全党上下开展党史学习教育。4月5日，党史学习教育领导小组印发《关于〈“我为群众办实事”实践活动工作方案〉的通知》，全国各级党组织纷纷开展“我为群众办实事”活动。中央纪委国家监委网站“我为群众办实事·纪委请您来出题”专栏自2021年4月22日开设至2022年1月18日，共征集群众意见建议11.6万余条，其中提出工作建议6.4万条，反映具体诉求4.3万条，做出检举控告9100余条。[②] 党史教育成效显著。课题组调研数据显示，92.1%的干部、92.5%的专业技术人员、89.1%的城乡居民认为，目前共产党员先锋模范作用发挥得“非常好”或“比较好”，比2020年分别提高3.2个、7.6个、4.9个百分点。88.5%的城乡居民认为领导干部在为

---

① 李楠楠、薄晨棣：《全国检察机关共立案侦查司法工作人员相关职务犯罪案件999件1285人》，人民网，http://society.people.com.cn/n1/2021/1219/c1008-32311658.html。

② 《深度关注丨从数据看一严到底》，中央纪委国家监委网站，https://www.ccdi.gov.cn/yaowenn/202201/t20220118_165311.html。

人民群众排忧解难方面做得很好或较好，比 2020 年上升 4.6 个百分点。85.9%的城乡居民认为，领导干部深入群众、联系群众状况很好或较好，比 2020 年上升 4.3 个百分点。80.5%的专业技术人员觉得党员干部目前非常或比较习惯在受监督和约束的环境中工作生活，比 2020 年上升 5.6 个百分点。

（二）整治形式主义、官僚主义求精准

习近平总书记针对党风廉政建设、为群众办实事、反对形式主义、制止餐饮浪费、违建别墅整治等作出 60 多次重要批示，为持之以恒加强作风建设指明了方向。2021 年对形式主义的治理具有以下特点。一是更为精准发力。2020 年底，中共中央政治局召开民主生活会，审议了《关于持续解决形式主义问题深化拓展基层减负工作情况的报告》，就 2021 年落实为基层减负的各项规定作出部署。[①] 2021 年 3 月，中共中央办公厅印发《关于进一步解决形式主义问题做好 2021 年为基层减负工作主要措施及分工方案的通知》。中央层面设立整治形式主义为基层减负专项工作机制，督促各地区各部门抓落实，层层压实责任。开展“指尖上的形式主义”专项整治，清理整合了 5036 个政务 App，较此前减少了 18%；清理解散 24.2 万个网络工作群，清理率达 37%；并制定了政务 App 常态化管理办法。[②] 纠正有的地方部门模仿河湖长制做法跟风设“长”的问题，严格控制“一票否决”和签订责任状事项的政策文件。在精简文件简报方面，出台《中央文件制定工作规定》，制定精简文件的范围、标准和尺度。确立文件制定立项制度，严把发文关口，严控发文总量和规格，除党中央统一安排外，中央政治局同志个人没有公开出版著作、讲话单行本，以及发贺信、贺电、题词、题字、作序

① 《中共中央政治局召开民主生活会强调　加强政治建设提高政治能力坚守人民情怀　不断提高政治判断力政治领悟力政治执行力　中共中央总书记习近平主持会议并发表重要讲话》，《人民日报》2020 年 12 月 26 日，第 1 版。

② 李贞：《为基层减负——担当尽责　干事创业》，《人民日报（海外版）》2022 年 1 月 19 日，第 5 版。

等情况。大力改进会风，少开会，开短会和管用的会，提倡多个会议套开，纠治层层开会、重复陪会等问题。基层领导讲话就说如何抓落实，少讲大道理和空话套话。监督检查因严格执行计划和备案管理而数量大幅减少。有的部门推行“多考合一”，明察变暗访，声势大、花架子多的检查督查变成帮助办实事解难题，作风有了很大转变。6 月，中央纪委国家监委印发《关于在国家乡村振兴重点帮扶县开展专项监督促进巩固拓展脱贫攻坚成果同乡村振兴有效衔接的指导意见》，要求切实把基层干部的精力从迎来送往中解脱出来。8 月，中央纪委国家监委发布第一批执纪执法指导性案例，其中，2021 年第 1 号指导性案例就是关于“贺某在新冠肺炎疫情防控工作中搞形式主义、官僚主义问题案”。文件对问题瞄得更细更准，用案例进行具体明确指导，表明制度得到了有效落实。二是首尾衔接。12 月 27 ~28 日，中共中央政治局召开党史学习教育专题民主生活会，会议审议了《关于 2021 年中央政治局贯彻执行中央八项规定情况的报告》和《关于 2021 年整治形式主义为基层减负工作情况的报告》。[①] 对于 2020 年布置的工作进行了回应，为全国作了很好的示范。2021 年，全国查处形式主义、官僚主义问题 50448 起，批评教育帮助和处理 77431 人，其中党纪政务处分 48130 人，[②] 分别占违反中央八项规定精神问题总数的 48.4%、51.5%、47.5%。同 2020 年相比，查处形式主义、官僚主义问题减少 28263 起，批评教育帮助和处理减少 40175 人，党纪政务处分减少 14465 人，降幅分别为 35.9%、34.2%、23.1%。[③] 在高压态势不变的情况下，形式主义、官僚主义问题在逐步减少。

（三）纠治享乐主义、奢靡之风不松劲

对重要节点重要场合的享乐主义、奢靡之风全面检视从严纠治。一是紧

---

① 《中共中央政治局召开专题民主生活会强调　弘扬伟大建党精神坚持党的百年奋斗历史经验　增加历史自信增进团结统一增强斗争精神　中共中央总书记习近平主持会议并发表重要讲话》，新华网，http：//www. news. cn/politics/leaders/2021 -12/28/c_ 1128210654. htm。

② 《2021 年全国查处违反中央八项规定精神问题 104223 起》，《中国纪检监察报》2022 年 1 月 28 日，第 2 版。

③ 课题组根据《中国纪检监察报》历年公布数据整理计算得出。

盯重要节日节点开展监督。“节点”就是“考点”，作风就是宣言。纪检监察机关继续紧盯关键节日节点，通报典型案例，强化监督问责。2020 年底，中央纪委专门印发《关于做好 2021 年元旦春节期间正风肃纪工作的通知》，抓住 2021 年第一个节假日这个关键节点，释放全面从严、一严到底纠治“四风”的强烈信号。[①] 2021 年中秋、国庆期间“四风”问题监督举报曝光专区通报 7 起典型案例。[②] 二是注重加强对公务活动用餐浪费和腐败问题的治理。10 月，中共中央办公厅、国务院办公厅印发《粮食节约行动方案》，要求各级党政机关、国有企事业单位要落实中央八项规定及其实施细则精神，切实加强公务接待、会议、培训等公务活动用餐管理。按照健康、节约要求，科学合理安排饭菜数量，原则上实行自助餐。严禁以会议、培训等名义组织宴请或大吃大喝。[③] 三是关注并查处隐形变异享乐主义、奢靡之风，如深挖细查收受名贵特产、电子红包、快递送礼等隐形变异新问题。专项整治违规吃喝、违规配备使用公务用车等，开展清理和规范地方公务员工资津贴补贴工作。2021 年，中央纪委国家监委分 4 批公开通报 34 起违反中央八项规定精神典型问题。[④] 其中除 5 起为形式主义、官僚主义典型问题外，

---

① 中共中央纪委印发《关于做好 2021 年元旦春节期间正风肃纪工作的通知》，中央纪委国家监委网站，https：//www. ccdi. gov. cn/toutiao/202012/t20201225_ 232524. html。

② 分别是：1. 安徽省宿州市砀山县卫生监督所原所长毛育勇等人违规公款吃喝问题。2. 湖南省常德市鼎城区委统战部四级调研员文海燕违规发放津补贴或福利、违规收受礼品礼金问题。3. 江苏省淮安市清江浦区住建局市政科科长张欣违规收受礼品问题。4. 青海省海东市民和县古鄯镇畜牧兽医站违规设立“小金库”用于发放福利、单位接待问题。5. 宁夏回族自治区中卫市中宁县第三小学党支部书记、校长吴建平违规操办女儿婚宴问题。6. 浙江省金华市金东区岭下镇柿树塘村原党支部书记朱跃明违规公款吃喝问题。7. 西藏自治区山南市中级人民法院审判员松尖兵违规发放津补贴等问题。《2021 年中秋、国庆期间“四风”问题监督举报曝光专区通报 7 起典型案例》，中央纪委国家监委网站，https：//www. ccdi. gov. cn/toutiao/202110/t20211008_ 251776. html。

③《加强公务活动用餐节约　刹住浪费粮食不良风气〈粮食节约行动方案〉印发》，中央纪委国家监委网站，https：//www. ccdi. gov. cn/toutiao/202111/t20211101_ 253243. html。

④ 参见《中央纪委国家监委公开通报 8 起违反中央八项规定精神典型问题》，《人民日报》2021 年 4 月 27 日，第 6 版；《中央纪委国家监委公开通报六起违反中央八项规定精神典型问题》，《人民日报》2021 年 6 月 7 日，第 2 版；《中央纪委国家监委公开通报 10 起违反中央八项规定精神典型问题》，《人民日报》2021 年 9 月 17 日，第 4 版；《中央纪委国家监委公开通报十起违反中央八项规定精神典型问题》，《人民日报》2021 年 12 月 28 日，第 4 版。

其余均为享乐主义、奢靡之风典型问题。全国2021年共查处违规收送名贵特产和礼品礼金、违规发放津补贴或福利、违规吃喝三类问题，分别是18461起、11318起、10413起，占当年查处的享乐主义、奢靡之风问题的34.3%、21%、19.4%。[①] 特别是查处违规收送名贵特产和礼品礼金问题与上年相比有所增加，表明各地各级纪检监察机关认真落实中央纪委五次全会部署，以通报典型案例、开展谈话提醒、进行实地检查、及时发现问题线索等方式，深挖严查违规收送礼品礼金等“四风”问题，取得了突出成果。[②]

（四）用过硬作风推进和保障重点工作见实效

作风过硬与工作过硬相结合，显示出革命加拼命的强大精神。常态化疫情防控中，党员、干部慎始如终，对疫情第一时间迅速反应，科学精准防控，失职问责追责，严肃处理思想麻痹松懈、工作不严不实问题。扬州市就核酸检测点成为聚集性疫情发生地，聚焦其中的形式主义、官僚主义典型问题进行问责。南京市针对禄口国际机场防疫不力，对15名相关责任人严肃问责。张家界市18名党员干部和公职人员因新冠肺炎疫情防控工作履职不力受到处理。2021年底西安新冠疫情发生后，至少有31名公职人员受到党纪政纪处分。[③] 7月20日，河南郑州发生特大暴雨灾害，断水断电断信号，暴雨浇不灭斗志精神，洪水冲不垮责任担当，党员积极响应、主动请缨，争先踊跃捐款，干部第一时间深入城区积水点，积极投身卫生消杀、心理疏导、搬运帮扶、秩序维护等志愿服务，用实际行动践行初心使命。“作风硬”在2021年建党百年庆祝会、北京冬奥会等重大任务完成中体现出重要作用，充分展现了中华儿女吃苦耐劳、艰苦奋斗的优良

① 《持续公布查处违反中央八项规定精神问题数据100个月：一严到底》，中央纪委国家监委网站，https：//www. ccdi. gov. cn/toutiaon/202201/t20220128_ 167704. html。

② 《通报典型案例　深挖隐形变异——紧盯节点防治违规收送礼品礼金问题》，中央纪委国家监委网站，https：//www. ccdi. gov. cn/yaowenn/202201/t20220130_ 168425. html。

③ 《至少31人被处理，西安疫情多名干部被免职停职、党内警告》，澎湃新闻，https：//m. thepaper. cn/baijiahao_ 16164637。

品质，展现出党员吃苦在前、不怕困难的革命精神。如北京冬奥组委延庆运行中心党员冒着摄氏零下30度的严寒，连续40余天自带干粮在“无路可走”的小海坨山上攀爬踏勘上百次，配合专家团队做好赛道和场馆选址；参加奥运会的学生志愿者克服疫情困难，冒着严寒低温集训，提供志愿服务。

三 “零容忍”惩治腐败震慑持续强化

建设“清廉中国”，遏制腐败增量，减少腐败存量，实现不敢腐、不能腐、不想腐一体推进的战略目标，必须保持惩治这一手毫不松懈。2021年初，中央纪委五次全会要求坚定不移深化反腐败斗争，对深化金融领域反腐败工作、持续惩治国有企业腐败问题、加大惩治政法系统腐败力度等提出明确要求、作出具体部署。中央纪委国家监委和地方各级纪检监察机关全面落实中央纪委五次全会的战略部署，始终坚持“严”的主基调，持续强化震慑。

（一）信访举报量、立案数和处分数同比上升

2021年来，全国各级纪检监察机关坚持高质量发展总要求，坚定不移全面从严治党，纪检监察机关各项工作稳中求进。各级纪检监察机关拓宽信访举报渠道，提高办信效率，推动化解多年、多层、多头信访。2021年上半年，全国纪检监察机关共接收信访举报180.6万件次，立案32.1万件，处分26.5万人，其中党纪处分22.1万人。① 信访举报数、立案数和处分人数均比前5年同期有所增加（见表1）。2021年，全国纪检监察机关共接收信访举报386.2万件次，立案63.1万件，处分62.7万人，其中党纪处分52.4万人。处分省部级干部36人，厅局级干部3024人，县处级干部2.5万

① 《中央纪委国家监委通报2021年上半年全国纪检监察机关监督检查、审查调查情况》，中央纪委国家监委网站，https://www.ccdi.gov.cn/toutiao/202107/t20210715_246133.html。

人，乡科级干部8.8万人，一般干部9.7万人，农村、企业等其他人员41.4万人。[①] 数据显示了中国惩治腐败的决心坚定，惩治这一手不松不软，持续释放一严到底、一刻不停歇的强烈信号。

表1　2016～2021年全国纪检监察机关信访举报、立案、处分数

时间		信访举报(万件次)	立案(万件)	处分(万人)
2016年	上半年	120.5	19.3	16.3
	全年	253.8	41.3	41.5
2017年	上半年	131.9	25.6	16.3
	全年	273.3	52.7	41.5
2018年	上半年	168.3	30.2	24.0
	全年	344.0	63.8	62.1
2019年	上半年	160.9	31.5	25.4
	全年	329.4	61.9	58.7
2020年	上半年	143.1	28.6	24.0
	全年	322.9	61.8	60.4
2021年	上半年	180.6	32.1	26.5
	全年	386.2	63.1	62.7

资料来源：根据中央纪委国家监委网站整理。

（二）始终保持“严”的基调，丝毫不减“惩”的力度

课题组梳理中央纪委国家监委网站发现，2021年1～12月，共有25名中管干部接受审查调查，30名中管干部受到党纪政务处分，省管干部接受审查调查和被“双开”的消息更是密集发布。其中，8月16日、17日中央纪委国家监委网站连续两天通报处分7名中管干部。这一周被网民称为“最密集反腐周”。在全国“两会”上最高人民检察院报告，2021年受理各

① 《严的主基调不动摇——解读2021年全国纪检监察机关监督检查审查调查情况》，中央纪委国家监委网站，https://www.ccdi.gov.cn/toutiaon/202201/t20220122_166336.html。

级监委移送职务犯罪20754人，已起诉16693人，同比分别上升5%和8.8%。与国家监委等共同推进受贿行贿一起查，起诉受贿犯罪9083人、行贿犯罪2689人，同比分别上升21.5%和16.6%。[①] 最高人民法院工作报告显示，2021年审结贪污贿赂、渎职等案件2.3万件2.7万人，秦光荣、王富玉等14名原中管干部受到审判。[②] 另外，课题组还发现，已经退休或离职辞职的干部被调查的案例也不少见，如中国建设银行内蒙古自治区分行原党委书记、行长张勤退休半年被查；光大银行原副行长张华宇辞职3年多后被查；四川省纪委原副书记、原监察厅厅长徐波退休6年后投案，被开除党籍。“辞职不辞责”“退休不退责”的鲜活案例说明了反腐零容忍、无禁区、全覆盖的含义，党纪国法不会因退休辞职而缺位。2021年的“打虎”战报，一方面再次彰显了党中央坚定不移全面从严治党、持续净化政治生态、惩治腐败的决心和勇气；另一方面也说明反腐败虽然取得了压倒性胜利，但形势依然严峻复杂，必须保持反腐败高压态势，坚决把严查的主基调长期坚持下去。

（三）重拳惩治重点领域腐败问题

1. 金融领域反腐败

2021年，金融领域“打虎”节奏十分密集。在中央纪委国家监委网站“审查调查”栏目中，金融领域有40人先后被查。其中，中管干部2名，中央金融单位干部38名。落马的企业高管和监管干部范围广泛，从总部到地方，几乎涵盖了银行、信托、保险等各类金融机构以及人民银行、银保监会、证监会等金融监管单位。金融领域具有资金密集的行业特征，腐败案件涉案金额往往巨大，频频上亿，令人触目惊心。审批、信贷等关键环节存在大量权力寻租机会。从中央纪委国家监委网站通报的案件

---

① 《2022年最高人民检察院工作报告》，中华人民共和国最高人民检察院网站，https://www.spp.gov.cn/xwfbh/wsfbt/202203/t20220308_548080.shtml。

② 《2022年最高人民法院工作报告》，中华人民共和国最高人民法院网站，https://www.court.gov.cn/zixun-xiangqing-349711.html。

中可以看出，频发的金融腐败问题中，信贷审批权成了不少“金融蛀虫”谋取个人利益的筹码，违规批贷成为金融腐败重灾区。金融腐败往往和金融风险相互交织，具有隐蔽性强、涉案金额巨大、作案手段专业的特征。[①]金融领域反腐的不断深化和高压态势的持续保持，是防范化解重大风险的实招，也是保障党和国家金融决策部署贯彻落实的重要措施，已产生积极效果。

2. 国有企业反腐败

2021 年国有企业反腐败力度持续加大，2021 年 1 ~ 12 月，中央纪委国家监委网站公开的国企中管干部和央企干部接受审查调查人数为 48 人，比 2020 年增长 30 人。一年来，全国各级纪检监察机关紧盯能源、矿产、投资、交通、粮食等重点领域，严查靠企吃企、设租寻租、关联交易、内外勾结侵吞国有资产等问题。课题组梳理中央纪委国家监委发布的相关通报发现，在 48 名落马的国企领导干部中，能源矿产领域有 24 人，占 50%；投资领域有 8 人，约占 17%；交通建设领域有 5 人，约占 10%；粮食领域有 3 人，约占 6%；养老、机械、林业等领域有 8 人，约占 17%。但我们也看到，国有企业查处人数不断攀升的背后既有腐败的增量也有腐败的存量，国有企业反腐败任务仍然十分艰巨。

3. 政法系统反腐败

习近平总书记在十九届中央纪委五次全会上强调，要坚决整治政法战线违纪违法问题。2021 年 2 月，中共中央印发《中共中央关于开展全国政法队伍教育整顿的意见》《全国第一批政法队伍教育整顿指导方案》，对教育整顿工作进行了部署。2 月 27 日，全国政法队伍教育整顿动员部署会议召开，拉开教育整顿大幕。第一批教育整顿充分运用“自查从宽、被查从严”政策，坚决清除害群之马，严惩执法司法腐败。截至 2021 年 7 月 31 日，全国运用监督执纪“四种形态”处理处分违纪违法政法干警 178431 人；

---

① 谢玮：《金融反腐加力！13 名厅局级以上干部被查，“亿哥亿姐”密集落马》，《中国经济周刊》2021 年第 21 期。

19847 名干警主动投案；立案审查调查 49163 人，采取留置措施 2875 人，移送司法机关 1562 人。[①] 中央政法机关出台条线指导政策和制度 150 余项，省级政法机关配套衔接实施办法。据人民网统计，2021 年前 11 个月，群众对涉法涉诉案件和政法系统工作作风的投诉分别下降 28.1%、23.6%。政法系统是 2021 年“打虎”的重点领域，有 6 名政法系统中管干部落马，分别是刘新云（山西省副省长、省公安厅厅长）、甘荣坤（河南省委常委、政法委书记）、蒙永山（青海省人民检察院检察长）、孟祥（最高人民法院审判委员会委员、执行局局长）、杨福林（新疆生产建设兵团副司令员、政法委书记）、傅政华（全国政协社会和法制委员会副主任）。此外，还有部分曾在政法系统任过职的干部落马。

4. 粮食购销领域反腐败

2021 年 8 月以来，中央纪委国家监委在全国范围内部署开展粮食购销领域腐败问题专项整治工作，全国各地区、各有关部门和单位及时跟进全面启动，一批粮食购销领域相关负责人因涉嫌严重违纪违法被查处。从中央纪委国家监委网站通报情况看，2021 年落马的中央一级党和国家机关、国企的粮食领域领导干部有 2 人，分别是中储粮集团公司成都分公司党委常委、副总经理唐丞有，中国储备粮管理集团有限公司辽宁分公司党委常委、副总经理孙立国。12 月，中央纪委国家监委通报 10 起粮食购销领域违纪违法典型案例。[②] 自全国开展粮食购销领域腐败问题专项整治工作以来，各地纪委监委也查处了一批胆大妄为、贪得无厌的粮仓“硕鼠”，并公开通报粮食购销领域违纪违法典型案例。各省（自治区）通报案例时间基本与中央纪委国家监委一致，数量一般是个位数，如安徽省 7 起，湖南 5 起，河北 6 起，江西 8 起，四川 7 起，黑龙江 5 起，广西 5 起，显示出高度一致性。

---

① 《全国政法队伍教育整顿第二次新闻发布会》，中国长安网，https：//www.chinapeace.gov.cn/chinapeace/jyzd210830/yqfb.shtml。

② 《中央纪委国家监委公开通报十起粮食购销领域违纪违法典型案例》，中央纪委国家监委网站，https：//www.ccdi.gov.cn/toutiao/202111/t20211130_ 255335.html。

5. 纪检队伍反腐败

纪检监察机关内控机制不断完善，刀刃向内抓内鬼，反腐败的力度始终没有减。2021 年，全国共谈话函询纪检监察干部 9562 人，采取和组织措施 9685 人，处分 2985 人，移送检察机关 111 人。[①] 2021 年 11 月，最高检官网发布消息，中央纪委派驻国家烟草专卖局纪检组原组长、国家烟草专卖局原党组成员潘家华涉嫌受贿一案，由国家监察委员会调查终结。潘家华是 2021 年 5 月落马的第 11 只“老虎”，11 月 13 日，潘家华被开除党籍。2021 年 4 月，中央巡视组原副组长董宏严重违纪违法被开除党籍。除“老虎”级别的中纪委“内鬼”外，还有许多中央一级企业内部的纪检干部被查处，如中国南方电网有限责任公司党组巡视组原副组长郭可青、中国铝业集团有限公司巡视办公室原主任李伯含等。坚持刀刃向内，严查害群之马，一批纪检队伍“内鬼”被查处，有效维护了纪律铁军的纯洁性。

6. 开发区建设领域反腐败

《中国共产党第十九届中央纪律检查委员会第六次全体会议公报》在总结 2021 年工作时，提到加大国企、金融、政法、粮食购销、开发区建设等领域反腐败力度，其中开发区建设领域的反腐首次被写入公报。经济开发区与企业、投资商等接触密切，重大项目多、招商引资密集且涉及的资金体量大，不仅工程项目多、资金多、开发土地多、优惠政策多，而且人财物高度集中、部门职能集约、自由裁量权大。一旦权力监督不到位，开发区建设就极易滋生腐败。2021 年，中央纪委国家监委网站披露了“内蒙古反腐第一案”呼和浩特经济技术开发区党工委原书记李建平的受贿案细节。他把下属企业当成自己的“钱袋子”和“提款机”，侵吞国有资产，涉嫌违规进人 862 人，涉案金额高达 30 亿元。这个数字远高于华融原董事长赖小民（17 亿元）和陕西省委原书记赵正永

---

① 《赵乐际在十九届中央纪委六次全会上的工作报告》，中央纪委国家监委网站，https：//www. ccdi. gov. cn/toutiaon/202202/t20220224_ 174022. html。

(7.17 亿元)。触目惊心的数字背后，可能是一个地区失去多年的发展机会，开发区建设领域的反腐败仍然任重道远。

(四)持续整治群众身边腐败问题

十九届中央纪委五次全会强调，持续整治群众身边腐败和不正之风，促进社会公平正义、保障群众合法权益。2021 年，全国纪检监察机关共查处巩固拓展脱贫攻坚成果同乡村振兴有效衔接方面腐败和作风问题 1.9 万个，批评教育帮助和处理 2.7 万人，其中给予党纪政务处分 1.7 万人；查处民生领域腐败和作风问题 12.5 万个，批评教育帮助和处理 17.9 万人，其中给予党纪政务处分 11.5 万人。[①] 2021 年的工作主要有以下特点。一是整治群众身边腐败和不正之风出现了常态化发展的态势。例如全国扫黑除恶专项斗争已经持续开展了 3 年，取得显著成效，是党的十九大以来深得人心的一项实事和好事。3 年全国共打掉涉黑组织 3644 个，涉恶犯罪集团 11675 个，抓获犯罪嫌疑人 23.7 万人，缉拿目标逃犯 5768 人；全国纪检监察机关共立案查处涉黑涉恶腐败和“保护伞”案件 89742 件，立案处理 115913 人，给予党纪政务处分 80649 人，移送司法机关 10342 人；全国共打掉农村涉黑组织 1289 个，农村涉恶犯罪集团 4095 个，依法严惩“村霸”3727 名。全国组织系统会同有关部门排查清理受过刑事处罚，存在“村霸”、涉黑涉恶等问题的村干部 4.27 万名。[②] 1 月 25 日，中央政法委召开会议提出将该项工作常态化。3 月 29 日，召开全国扫黑除恶专项斗争总结表彰大会，部署常态化扫黑除恶斗争。5 月，中共中央办公厅、国务院办公厅印发了《关于常态化开展扫黑除恶斗争巩固专项斗争成果的意见》。二是群众身边的违纪违法干部是持续查处的重点。据中央纪委国家监委网站通报的数据，2021 年处分乡科级干部 8.8 万人，一般干部 9.7 万人，农村、企业等其他人员 41.4

---

① 《赵乐际在十九届中央纪委六次全会上的工作报告》，中央纪委国家监委网站，https://www.ccdi.gov.cn/toutiaon/202202/t20220224_174022.html。

② 《全国扫黑除恶专项斗争总结表彰大会在京召开　部署常态化开展扫黑除恶斗争》，中国长安网，http://www.chinapeace.gov.cn/chinapeace/c100007/2021-03/30/content_12468913.shtml。

万人。这三类人员占处分总人数的95.5%。三是地方纪检监察机关对整治群众身边腐败和不正之风行动持续有力。例如江苏省各级纪检监察机关紧盯惠民富民、促进共同富裕政策落实，聚焦群众“急难愁盼”问题，以小切口开展专项整治，持续纠治医疗卫生、养老社保、乡村振兴等领域腐败和不正之风。2021年1~10月，江苏省纪检监察机关共查处群众身边腐败和作风问题4531起、处理6942人、党纪政务处分5593人。① 湖北省各级纪检监察机关不断创新工作机制、拓展工作成果，探索“接诉即办”机制。截至2021年9月底，湖北各地共开展巡回下沉遍访7878场次，接待群众来访10352批16585人次，受理检举控告1083件，向相关职能部门移交群众诉求2741个，协调督促解决群众合理诉求2380个。② 四是专责监督与舆论监督贯通融合效果增强。媒体曝光的舆情事件很快受到监督部门关注并及时有效回应和处理，坚持网上群众路线能力显著提升。例如9月20日河南安阳一位八旬老人在小区遛弯时被两条大型犬咬伤，河南广播电视台民生频道《小莉帮忙》栏目连续报道后，引发公众关注。11月19日，河南省安阳市成立了“狗伤老人”事件工作组，11月23日，安阳市通报了对涉“狗咬人”事件责任单位和责任人的处理决定，召开了全市党员干部“转作风　提效能”警示教育整顿大会，以案促改、以案促治收到以点带面的效果。

（五）国际追逃追赃持续发力

十九届中央纪委五次全会公报提出，要深入推进反腐败国际合作和国际追逃追赃。新冠疫情并没有阻止“天网2021”行动，国际追逃追赃坚持稳中求进工作总基调，坚持有逃必追、一追到底，重点个案被攻坚，一批外逃人员相继归案。“天网2021”行动追回外逃人员1273人，其中“红通人员”

---

① 《小切口解决民生大问题》，中央纪委国家监委网站，https://www.ccdi.gov.cn/yaowen/202111/t20211126_255185.html。

② 《湖北：巡回下沉遍访　推动一线解决群众急难愁盼》，中央纪委国家监委网站，https://www.ccdi.gov.cn/yaowen/202111/t20211122_254876.html。

22 人、监察对象 318 人，追回赃款 167.4 亿元。[①]“天网 2021”行动，要求各地对近年出逃、县处级以上、涉案金额较大、政治影响恶劣、群众反映强烈的外逃案件进行挂牌督办，持续释放态度不变、决心不减、尺度不松的强烈信号。中央追逃办于 3 月派出 4 个工作组，赴有关省区市调研督导推进追逃追赃重点案件，实现对未归案 40 名“百名红通人员”督导全覆盖，进一步压实政治责任，协调解决遇到的难题，上下联动、协作配合，有效增强了追逃追赃工作合力。在全面梳理、准确掌握外逃人员底数的基础上，各地对中央追逃办挂牌督办、公开曝光的重点案件，明确责任、专人专班，心无旁骛、强力攻坚，一批重点外逃人员陆续归案。国企、民生等重点领域追逃追赃捷报频传，在追逃的同时加大追赃力度，着力破解资产查找、冻结、没收、返还等难题。坚持受贿行贿一起查一起追，也成为 2021 年追逃追赃的又一特点。从涉嫌向国有企业领导人员行贿的职务犯罪嫌疑人梁作法、周志军和张继平归国投案，到向公职人员行贿的余芳飞投案自首，“天网行动”针对“围猎者”持续发力，“坚持受贿行贿一起查一起追”的指向愈加清晰。

四　制度体系比较成熟有效

建设“清廉中国”必须扎紧制度的笼子，依法设定权力、规范权力、制约权力、监督权力，确保公权力始终掌握在党和人民手中。2021 年，各地区、各部门以改革创新精神，破解党风廉政建设和反腐败斗争中遇到的新情况、新问题，出台了一系列行之有效的改革措施、党内法规和法律制度，全面从严治党、遏制腐败蔓延的制度体系成熟有效，反腐败斗争压倒性胜利成果继续巩固。

（一）纪检监察体制改革不断深化

党的十八大以来，党中央持续推进纪检监察体制改革，纪检监察系统呈

① 《赵乐际在十九届中央纪委六次全会上的工作报告》，中央纪委国家监委网站，https://www.ccdi.gov.cn/toutiaon/202202/t20220224_174022.html。

现全新气象，纪律部队面貌焕然一新。2021 年，各级纪检监察机关继续落实中央改革部署，推动各项改革举措落地，一批新的改革成果有力助推了纪检监察系统治理体系和治理能力现代化进程。

1. 深化垂管单位纪检监察体制改革

2021 年 12 月 24 日，中共中央印发《中国共产党纪律检查委员会工作条例》，总结深化纪检监察体制改革的理论成果、实践成果、制度成果，对党的各级纪律检查委员会领导体制、产生运行、任务职责、自身建设等做出全面规范。十九届中央纪委五次全会要求，进一步深化垂直管理单位和部分以上级管理为主单位纪检监察体制改革试点工作。国家发展改革委、交通运输部、应急管理部、中国人民银行、海关总署、国家税务总局、中国银保监会、中国证监会等试点单位派驻纪检监察组、内设纪检机构和地方纪委监委深化协作，加强信息沟通，开展线索移送、审查调查合作。一些纪检监察组与地方纪委监委制定“点对点”协作配合文件，建立办案合作长效机制。各试点单位还积极探索二级单位内设纪检机构查办案件以派驻纪检监察组领导为主，向派驻纪检监察组报告问题线索处置等有关情况，强化对垂直管理单位各级内设纪检机构的业务培训和工作统筹。① 2021 年 9 月，中央纪委办公会议审议通过《关于拓展垂管单位纪检监察体制改革试点和加强对改革重点联系单位指导的工作方案》，进一步将工业和信息化部等 6 家单位纳入试点范围，将国家开发银行等 6 家中管金融企业和中国石油等 5 家中管企业作为改革重点联系单位。②

2. 深化中管高校和其他高校纪检监察体制改革

2021 年，省级纪委监委向省管高校和国有企业派驻纪检组试点工作全面展开。河南省纪委监委出台意见，对 38 所省管本科高校保留纪委，同时任命纪委书记为监察专员，设立监察专员办公室，监察专员办公室与高校纪

---

① 王诗雨：《把党的领导和监督一贯到底——深化垂管单位纪检监察体制改革 8 家先期试点单位工作纪实》，《中国纪检监察》2021 年第 20 期。

② 师长青：《以深化改革推动监督效能提升》，《中国纪检监察》2021 年第 20 期。

委合署办公。江苏省纪委监委向省管高校院所派出监察专员办公室，明确细化高校纪检监察机构的职责定位，就线索处置、审查调查工作提出具体要求。四川省纪委监委向28所省管本科高校派驻纪检监察组，统筹派驻省管高校纪检监察组和地方纪委监委力量，加大案件查办力度，通过整合资源、各展所长实现优势互补。北京市纪委监委着力解决高校纪检监察机构“人太熟下不了手、人太散办不了事、业务不精办不成案”等问题，打通纪检监察专网、提供信息协查服务，提升市属高校纪检监察工作的权威性。①

3. “室组地”联合办案机制进一步成熟完善

“室地组”联合办案是为了应对派驻纪检监察组办案力量薄弱、客观条件限制而探索出来的一套工作机制。“室”是指纪委监委的监督检查室，“组”是指派驻纪检监察组，“地”是指地方纪检监察机关。“室组地”联合办案机制充分发挥了监督检查室政治站位高、法纪政策熟、协调能力强，以及地方纪委监委办案资源多、谈话突破快、取证标准高、措施手段全等优势，有利于盘活审查调查力量、整合反腐败资源，凝聚起办案合力。② 2021年，各级纪委监委派驻纪检监察组与地方纪委监委联合办案的实践越来越多，已成常态。中央纪委国家监委驻中华全国总工会机关纪检监察组与北京市监委联合，对中华全国总工会中国财贸轻纺烟草工会全国委员会分党组成员、一级巡视员芮宗金进行审查调查。再如，中国核工业集团有限公司纪检监察组和河南省监委联合，对中国核工业集团有限公司副总经济师刘厚成进行了审查调查。

4. 建立执纪执法指导性案例制度

指导性案例制度在司法领域已经实践多年，对于规范法律文书、统一法律适用尺度发挥了重要作用。最高人民法院、最高人民检察院公布的指导性案例已经成为包括法官、检察官、律师等在内的法律从业者处理相关案件时

① 陈昊：《省管高校纪检监察体制改革稳步推进 为立德树人营造风清气正政治生态》，《中国纪检监察报》2021年12月6日，第1版。

② 王诗雨：《室组地为何需要加强协作配合——改革由问题倒逼而生》，《中国纪检监察》2021年第10期。

必须参考的资料。为精准有效开展对下业务指导，中央纪委国家监委建立了执纪执法指导性案例制度，为各级纪检监察机关在办理同类案件、处理同类问题时提供了依据。中央纪委国家监委第一批指导性案例共4个：贺某在新冠肺炎疫情防控中搞形式主义官僚主义问题案、夏某违规操办其子婚庆事宜案、王某组织公款吃喝并违规接受宴请案、张某退休后违规接受宴请案。① 这4个案例聚焦中央八项规定精神的执行，有助于各级纪检监察实务部门统一党纪适用尺度，避免畸轻畸重。《关于进一步推进受贿行贿一起查的意见》要求，通过发布指导性案例等方式，指导纪检监察机关、审判机关和检察机关准确依据适用法律、把握政策，做好同类案件的平衡。

（二）进一步完善党内法规和反腐败国家法律体系

2021年，有关部门及时把推进党风廉政建设和反腐败斗争过程中形成的好经验，升华为党内法规和法律制度成果，致力于实现“不能腐”目标的纪法之笼越来越严。

1. 赃款藏不住转不出的制度体系不断完善

腐败犯罪与洗钱犯罪密切相关。十九届中央纪委五次全会明确提出，要加大对涉腐洗钱行为打击力度。《刑法修正案（十一）》2021年3月施行，“自洗钱”行为单独入罪，跨境转移不法资产成为洗钱罪的一种方式，洗钱罪入罪门槛降低。各级纪检监察机关严格执行和用好洗钱罪相关条款，既调查腐败犯罪，又调查其中存在的洗钱犯罪，不断提高腐败犯罪的成本和风险。2021年全国检察机关审结涉腐洗钱犯罪案件259件，是2020年的2.56倍；审结涉腐洗钱犯罪案件数量占同期所有审结贪污贿赂案件数量的2%，是2020年的2倍。② 2022年1月，11个部门联合印发《打击治理洗钱违法犯罪三年行动计划（2022—2024年）》，提出修订《反洗钱法》和办理洗钱刑

---

① 《中央纪委国家监委发布第一批执纪执法指导性案例》，《中国纪检监察报》2021年8月4日，第7版。

② 《深度关注丨让赃款在境内藏不住转不出》，中央纪委国家监委网站，https://www.ccdi.gov.cn/toutiaon/202202/t20220209_170200.html。

事案件相关司法解释、强化洗钱类型分析和反洗钱调查协查，落实“一案双查”工作机制，增强反洗钱义务机构洗钱风险防控能力等要求，对贪污贿赂犯罪等继续保持高压态势，并对所涉洗钱犯罪进行惩处。央行与银保监会、证监会发布《金融机构客户尽职调查和客户身份资料及交易记录保存管理办法》，对可疑及大额转账汇款加强监管。

2. 纪检监察机关制度建设不断丰富和完善

2021 年 2 月 23 日，中共中央政治局常委会会议审议批准《中国共产党组织处理规定（试行）》，解决了党内法规体系没有专门针对组织处理的规定的问题。中央纪委国家监委建立执纪执法指导性案例制度，出台《关于发布指导性案例的工作办法（试行）》。8 月 20 日，十三届全国人大常委会第三十次会议表决通过《中华人民共和国监察官法》，建设高素质专业化监察官队伍有了法律遵循。9 月 20 日，国家监察委员会颁布施行《中华人民共和国监察法实施条例》，对监察工作实体性程序性问题进行了规范和细化。12 月 24 日，中共中央发布《中国共产党纪律检查委员会工作条例》，对纪委的领导体制、产生和运行、主要任务、工作职责、队伍建设和监督等作了具体规定。

3. 反腐败的制度笼子进一步扎牢

针对减刑、假释案件办理仍然存在实质化审理效果不理想问题，甚至在一些案件中存在徇私舞弊、司法腐败等问题，最高人民法院、最高人民检察院、公安部、司法部 2021 年 12 月 8 日联合发布《关于加强减刑、假释案件实质化审理的意见》，提出要严格审查减刑、假释案件的实体条件，强化减刑、假释案件办理程序机制，加强减刑、假释案件监督指导，确保减刑、假释只适用于确有悔改表现的罪犯。长久以来，“重受贿、轻行贿”的倾向已成为制约反腐败纵深发展的重要因素。党的十九大以来，提出并坚持受贿行贿一起查。2021 年 9 月，中央纪委国家监委与中央组织部、中央统战部、中央政法委、最高人民法院、最高人民检察院联合印发《关于进一步推进受贿行贿一起查的意见》，提出建立行贿人黑名单制度等措施，加强对行贿的治理。

（三）深化改革提升源头预防腐败的效果

1. 医药集中采购降低腐败风险和药品价格

药品和医用耗材集中采购，是医药价格改革与管理的基础性制度，国家医保局发挥集中带量采购优势，拓宽平台覆盖范围，扩大采购主体覆盖全部公立医疗机构，强化医药价格监测，建立协同联动机制，提高价格、信用评价、供应等数据联通和共享水平，药品价格持续下降。2021 年 1 月 15 日，国务院总理李克强主持召开国务院常务会议，部署进一步推进药品集中带量采购改革，以常态化、制度化措施减轻群众就医负担。[①] 数据显示，2018 ~ 2021 年，我国共开展 6 批集中带量采购，药品和高值医用耗材平均降幅达 53%，节约费用 2600 亿元以上，心脏支架平均降幅 93%，人工髋关节、膝关节平均降价 82%，有力挤压了虚高空间。[②]《国家基本医疗保险、工伤保险和生育保险药品目录（2021 年）》自 2022 年 1 月 1 日起正式落地实施。[③] 目录内药品总数达 2860 种，74 种新药被纳入该版目录，谈判药品平均降价 61.71%，其中有 7 种罕见病用药通过谈判方式进入目录。特别是 2021 年 11 月 11 日国家医保目录药品谈判现场视频一度冲上热搜、刷屏网络，国家医保局谈判代表与企业谈判代表经过 8 轮协商实现“灵魂砍价”，使原先近 70 万元/针的天价进口药——诺西那生钠注射液最终以 3.3 万元/针的价格进入新版医保药品目录，极大地减轻了患者治疗的经济负担，防止因病致贫、因病返贫，助力实现共同富裕，引起人民群众热烈反响。在价格稳中有降的同时，集采竞价规制、质量、供应、配送、使用的保障机制和配套政策也日趋

---

① 《李克强主持召开国务院常务会　部署“两节”期间加强对受疫情灾情影响困难群众和低保等群体的生活保障等》，中华人民共和国中央人民政府网站，http：//www.gov.cn/premier/2021－01/15/content_5580263.htm。

② 《深化药品和高值医用耗材集中带量采购改革进展国务院政策例行吹风会》，中华人民共和国国务院新闻办公室网站，http：//www.scio.gov.cn/32344/32345/47674/47869/index.htm。

③ 《国家医保局　人力资源社会保障部关于印发〈国家基本医疗保险、工伤保险和生育保险药品目录（2021 年）〉的通知》，中华人民共和国中央人民政府网站，http：//www.gov.cn/zhengce/zhengceku/2021－12/03/content_5655651.htm。

完善和优化。另外，药品和医用耗材集中采购通过公开透明、公平公正的竞争方式减少了招标采购过程中潜在的廉政风险，推动形成了医药行业创新驱动和质量保障的新格局，有利于构建亲清政商关系，促进我国医药行业的高质量发展。

2. 坚决反对垄断和不正当竞争

中央全面深化改革委员会第二十一次会议审议通过《关于强化反垄断深入推进公平竞争政策实施的意见》（以下简称《意见》），进一步增强法律规则的针对性和透明性，促进公平竞争生态的培育，营造市场化法治化的营商环境，压缩反垄断领域的腐败空间。市场监督管理部门把不断健全预防和制止滥用行政权力、排除限制竞争制度作为落实《意见》重要举措，进一步提升公平竞争治理规则的可预期性。①

3. 持续深化“放管服”改革，从源头规范权力

在科技领域，出台《关于完善科技成果评价机制的指导意见》，重点解决“评什么”“谁来评”“怎么评”“怎么用”等问题，树立正确的评价导向，纠正长期影响科技成果评价的不正之风，堵塞科技成果评价中利益输送管道。科技成果评价机制改革，有利于引导科技人员潜心研究，避免急功近利、盲目跟风。在医疗领域，加强对医保基金使用的监督管理，严肃查处内外勾结骗取“保命钱”的行径。2021 年，相关部门继续推进门诊共济保障，推动门诊费用跨省直接结算，规范医疗机构诊疗和收费行为。常态化实施药品和高值医用耗材集中带量采购，提升医保基金使用效能，堵塞药品流通环节回扣和药品进医院“走后门”的渠道。

4. 进一步改革统计监督制度

统计监督在党风廉政建设和反腐败斗争中的作用凸显，已经成为党和国家监督体系的重要组成部分。党的十八大以来，在强化统计监督的工作基础之上，2021 年中央全面深化改革委员会强调进一步强化统计监督，加快统

① 林丽鹂：《强化反垄断深入推进公平竞争政策实施——访国家市场监督管理总局局长张工》，《人民日报》2021 年 10 月 22 日，第 7 版。

计制度方法改革，加大现代信息技术运用，推动统计监督与其他监督方式统筹衔接，全面提升统计监督结果运用质量和监督效能。纪检监察机关加强统计监督，案件监督管理系统升级，新增下属单位当月报送率及长期未结件统计内容，可更加直观看到下级单位数据报送情况，对数据报送的及时性和长期未办结的线索、案件办理数量进行有效监督与指导。

五　“三资”监管迈上新台阶

管好用好公共资金、公共资产、公共资源是政府系统党风廉政建设和反腐败工作的重要环节。2021 年，“三资”监督管理体制机制不断健全，预算公开更加全面具体，财政支出节用裕民，公共资源配置更合理，监管机制不断健全，监督水平不断提升。

（一）硬约束促公共资金节用裕民

1. 预算公开信息更加全面具体

高质量的预算公开是实现国家治理体系和治理能力现代化的内在要求。2021 年，中央政府各部门贯彻落实党的十九大提出的“建立全面规范透明、标准科学、约束有力的预算制度”和《预算法实施条例》相关要求，不断增加公开内容和公开力度，扩大项目公开数量，推进项目支出绩效目标公开，主动回应社会关切，自觉接受各方面监督。2021 年 3 月 25 日，102 个中央部门集中向社会公开 2021 年预算。① 公开的部门预算包括部门收支总表、部门收入总表、部门支出总表、财政拨款收支总表、一般公共预算支出表、一般公共预算基本支出表、一般公共预算“三公”经费支出表、政府性基金预算支出表、国有资本经营预算支出表等 9 张报表，比 2020 年中央部门预算公开增加 1 张报表，即“国有资本经营预算支出表”。根据 2020 年修订

① 《政府节用为民，坚持过紧日子　中央部门，今年花钱更透明（经济聚焦）》，《人民日报》2021 年 3 月 26 日，第 10 版。

实施的《预算法实施条例》要求，2021 年 10 个中央部门首次公开国有资本经营预算。与 2020 年相比，2021 年各中央部门“项目支出”预算公开力度继续加大，公开内容涵盖项目概述、立项依据、实施主体、实施方案、实施周期、年度预算安排、绩效目标等。此外，中央部门重点绩效目标公开范围也在逐年扩大。2021 年中央部门公开了 128 个重点项目绩效目标表，较 2020 年公开的 109 个进一步增加，使财政项目支出资金的“任务单、时间表、效果图”可见、可量、可评，倒逼各部门提高绩效意识，提高财政资金使用效益。

2. 财政支出节用裕民

中央全面深化改革委员会第十七次会议审议通过《关于进一步深化预算管理制度改革的意见》，强调“坚决落实政府过紧日子要求，杜绝大手大脚花钱、奢靡浪费等现象”。2021 年《政府工作报告》同样明确了中央本级支出继续安排负增长，进一步大幅压减非急需非刚性支出。2021 年安排中央本级“三公”经费财政拨款预算 51. 87 亿元，比 2020 年预算减少 3. 3 亿元，下降 6% 。其中，因公出国（境）费 6. 74 亿元，减少 0. 04 亿元；公务用车购置及运行费 42. 68 亿元，减少 3. 11 亿元；公务接待费 2. 45 亿元，减少 0. 15 亿元。[①] 2020 年中央决算报告也显示，中央本级“三公”经费财政拨款支出合计 29. 86 亿元，比预算数减少 25. 31 亿元。[②] 尽管财政形势逐渐向好，但中央政府仍不断深入挖掘节支潜力，压减“三公”经费不放松，严禁违规“开口子”，将财经纪律一抓到底（见图 1）。

与此同时，中央财政全力确保基本民生支出只增不减，让有限的财力发挥出最大的民生效益。2012 ~ 2020 年，中央财政专项扶贫资金投入 6896 亿元。[③] 2021 年，为推动巩固拓展脱贫攻坚成果同乡村振兴有效衔接，

① 《2021 年中央本级“三公”经费预算安排情况》，中华人民共和国财政部网站，http：//yss. mof. gov. cn/caizhengshuju/202103/t20210325_ 3676196. htm。

② 《关于 2020 年中央决算的报告》，中华人民共和国财政部网站，http：//www. mof. gov. cn/zhengwuxinxi/caizhengxinwen/202106/t20210608_ 3715911. htm。

③ 《刘昆等部领导出席国务院新闻发布会介绍财政支持全面建成小康社会有关情况》，中华人民共和国财政部网站，http：//www. mof. gov. cn/zhengwuxinxi/caizhengxinwen/202107/t20210730_ 3741888. htm。

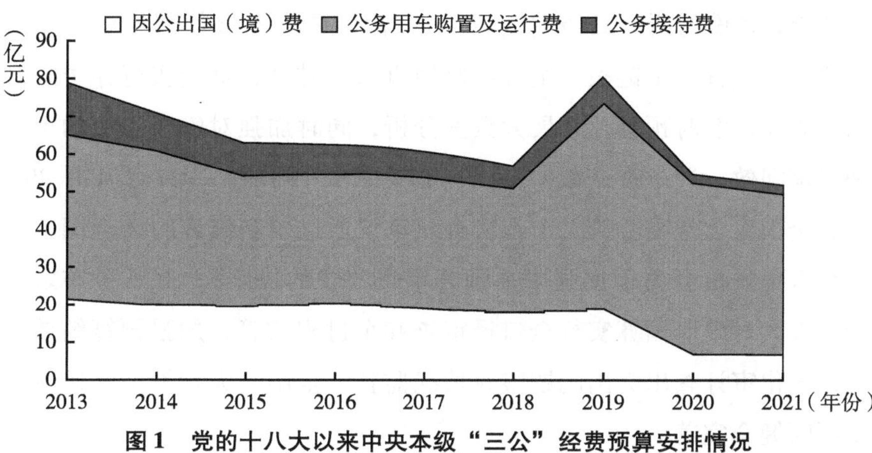

图1　党的十八大以来中央本级“三公”经费预算安排情况

资料来源：财政部预算司 2013～2021 年中央本级“三公”经费预算安排情况数据。

中央财政将原专项扶贫资金调整为衔接推进乡村振兴补助资金，规模达到1561 亿元，比上年原中央财政专项扶贫资金增加 100 亿元，① 重点向巩固拓展脱贫攻坚成果任务重、乡村振兴底子差的地区倾斜。

3. 公共资金监管水平不断提升

财政资金直达机制，是提高资金使用效率和避免拨款链条过长、防范“雁过拔毛式”腐败的创新制度。李克强总理在 2021 年作的《政府工作报告》要求，建立常态化财政资金直达机制并扩大范围，将 2.8 万亿元中央财政资金纳入直达机制，规模明显大于上年，为市县基层惠企利民提供更加及时有力的财力支持。② 2021 年，国家增加了新增财政资金直达基层的额度，要求各省级政府根据自身情况相应扩大地方财政资金直达范围。仅2021 年前 4 个月，中央财政已下达 2.579 万亿元，下达比例 92.1%；省级财政已分配下达 2.362 万亿元，是中央财政下达的 91.6%。财政部同步搭建直达资金监控系统，目前直达资金监控系统已覆盖包括新疆生产建设兵团

① 《中央专设 1561 亿元乡村振兴衔接资金》，新华网，http：//www.xinhuanet.com/2021－03/31/c_ 1127277614.htm。

② 李克强：《政府工作报告——2021 年 3 月 5 日在第十三届全国人民代表大会第四次会议上》，中华人民共和国中央人民政府网站，http：//www.gov.cn/guowuyuan/zfgzbg.htm。

在内的所有省份的所有县级财政。① 财政部门要求资金使用方健全实名台账，建立全过程、全链条、全方位监控机制，对直达资金实行穿透式全流程动态监控，实时预警及开展大数据分析，同时加强对资金使用的审计监督和跟踪问效，严肃查处截留挪用、虚支冒领等问题。2021 年 4 月 29 日，十三届全国人大常委会第二十八次会议审议通过了新修订的《全国人民代表大会常务委员会关于加强中央预算审查监督的决定》，并从公布之日起施行。人大对政府预算实行全口径审查和全过程监管，加强预算绩效审查监督，强化审计查出突出问题整改情况监督，全国人大预算审查监督法律制度不断健全完善。

（二）强监管促公共资产做大变强

1. 强有力的监管促进公共资产做大做强

人大加大对国有资产监督力度，10 月 21 日，全国人大常委会连续第 4 年审议国有资产管理情况的综合报告，并首次听取审议国有自然资源资产管理情况的专项报告。② 全国人大常委会对金融企业、行政事业性、非金融企业、国有自然资源 4 类主要国有资产管理情况实现了专项报告全覆盖。国务院及其有关部门认真执行全国人大常委会关于加强国有资产管理情况监督的决定，全面落实全口径、全覆盖的国有资产管理情况报告制度，进一步提升国有资产管理水平。国资监管责任约谈工作规则、资金内部控制管理体系和违规经营投资责任追究工作机制正式建立，业务监督、综合监督、责任追究“三位一体”监督机制逐渐完善，以管资本为主的国有资产监管体制不断健全，国资监管机构职能转变进一步深化。耕地保护、现代环境治理体系、林长制等制度文件陆续出台，自然资源管理制度体系不断健全，自然资源统一

① 《今年中央财政直达资金下达超九成　监控系统覆盖所有县级财政》，《人民日报》2021 年 5 月 22 日，第 3 版。

② 《十三届全国人大常委会第三十一次会议举行第二次全体会议　首次听取国务院国有自然资源资产管理情况专项报告　审议固废法执法检查报告等　栗战书出席会议》，中国人大网，http：//www. npc. gov. cn/npc/kgfb/202110/4c379be0c70a4f9790274d8472610aaa. shtml。

调查监测体系建设不断强化。2021 年 4 月 1 日起施行的《行政事业性国有资产管理条例》明确实行资产报告和监督制度，加强行政事业单位固定资产管理等制度规定陆续出台，行政事业性国有资产管理制度体系进一步完善。强监管产生积极效应，公共资产不断做大变强。2021 年，中国经济高质量发展一枝独秀，国有企业效益不断提升。2021 年前三季度（1 ~ 9 月），全国国有及国有控股企业营业总收入 539981. 9 亿元，国有企业利润总额 35000. 0 亿元，同比分别增长 23. 0% 和 55. 4%；其中，中央企业营业总收入 303080. 1 亿元，利润总额 23402. 3 亿元，同比分别增长 22. 0% 和 52. 0%；地方国有企业营业总收入 236901. 8 亿元，利润总额 11597. 7 亿元，同比分别增长 24. 4% 和 63. 0%。①

2. 农村集体资产在改革中焕发活力

党的十八大以来，在以习近平同志为核心的党中央坚强领导下，农村重点领域和关键环节改革深入推进。党和国家高度重视农村集体资产保护，通过建章立制不断完善集体产权制度，防止农村集体资产流失的同时，确保农民从集体资产保值增值中受益。2021 年 1 月，中共中央办公厅、国务院办公厅印发了《建设高标准市场体系行动方案》提出："健全农村集体产权制度。全面推开农村集体产权制度改革试点，完善农村集体产权确权和保护制度，分类建立健全集体资产清产核资、登记、保管、使用、处置制度和财务管理监督制度。规范农村产权流转交易，切实防止集体经济组织内部少数人侵占、非法处置集体资产，防止外部资本侵吞、非法控制集体资产。完善集体产权资产评估、流转交易、担保等综合服务体系，加强农村土地经营权流转规范管理和服务。" 4 月 28 日，《中共中央 国务院关于加强基层治理体系和治理能力现代化建设的意见》提出，坚持党组织领导基层群众性自治组织的制度，建立基层群众性自治组织法人备案制度，加强集体资产管理。6 月 1 日起施行《中华人民共和国乡村振兴促进法》，国家完善农村集体产权

① 《2021 年 1 ~ 9 月全国国有及国有控股企业经济运行情况》，国务院国有资产监督管理委员会网站，http：//www. sasac. gov. cn/n16582853/n16582888/c21632713/content. html。

制度，增强农村集体所有制经济发展活力，促进集体资产保值增值，确保农民受益。① 数据显示，截至2020年底，全国共有集体账面资产7.7万亿元，土地等资源性资产65.5亿亩，全国村集体收益超过5万元以上的村占到54.4%。② 在完成农村集体资产清产核资、实现“底清账明”的基础上，农村集体产权制度改革也在全国层面上规范有序推进。各地积极探索集体经济发展模式，不断创新集体经济运营新机制，新型集体经济组织逐步建立并积极参与市场经济活动。2021年前农村集体产权制度改革阶段性任务基本完成，从而唤醒沉睡已久的农村集体资产，让广大农民切切实实享受到改革红利，为实现乡村振兴和共同富裕奠定坚实基础。

（三）严管理促公共资源交易规范

公共资源交易监督管理持续进入党和政府议程。2021年1月，十九届中央纪委五次全会要求，聚焦政策支持力度大、投资密集、资源集中的领域和环节，坚决查处基础设施建设、项目审批、国企改革、公共资源交易、科研管理等方面的腐败问题，以及“雅贿”“影子股东”等隐性腐败。③ 4月26日，李克强总理在国务院第四次廉政工作会议讲话中提出，在政府采购、土地出让、工程项目招投标等公共资源交易领域，要落实和完善“管办分离”制度，加强对交易平台的监管，推进交易全程电子化，实现阳光交易，防止利用权力插手干预和谋取私利。④

与此同时，一系列规范公共资源交易标准、均衡配置的制度规定密集出台，多措并举均衡配置公共资源，推动城乡融合发展、地区一体化发展，发挥公共资源交易改革的政策效应，促进碳达峰碳中和，实现永续发展。2021年1月，《中共中央国务院关于全面推进乡村振兴加快农业农村现代化的意

---

① 《中华人民共和国乡村振兴促进法》，《人民日报》2021年5月20日，第16版。

② 朱隽、郁静娴、范昊天：《农村集体资产实现“底清账明”——深化改革，乡村焕发新活力（走进乡村看小康）》，《人民日报》2021年8月8日，第1版。

③ 《中国共产党第十九届中央纪律检查委员会第五次全体会议公报》，《人民日报》2021年1月25日，第4版。

④ 李克强：《在国务院第四次廉政工作会议上的讲话》，《人民日报》2021年5月10日，第2版。

见》提出，建立城乡公共资源均衡配置机制，强化农村基本公共服务供给县乡村统筹，逐步实现标准统一、制度并轨。4月29日，第十三届全国人民代表大会常务委员会第二十八次会议通过《中华人民共和国乡村振兴促进法》规定，国家建立健全城乡融合发展的体制机制和政策体系，推动城乡要素有序流动、平等交换和公共资源均衡配置。[①]“十四五”规划提出，建设高标准市场体系，推进要素市场配置改革，深化公共资源交易平台整合共享。[②] 10月10日，中共中央、国务院印发的《国家标准化发展纲要》提出，研究制定公共资源配置标准，建立县城建设标准、小城镇公共设施建设标准。探索进行行政管理标准建设和应用试点，重点推进公共资源交易等标准制定与推广。[③] 10月24日，《中共中央国务院关于完整准确全面贯彻新发展理念做好碳达峰碳中和工作的意见》要求，持续优化重大基础设施、重大生产力和公共资源布局，构建有利于碳达峰碳中和的国土空间开发保护新格局。依托公共资源交易平台，加快建设完善全国碳排放权交易市场，逐步扩大市场覆盖范围，丰富交易品种和交易方式，完善配额分配管理。[④]

政府采购长期占据了我国公共资源交易量的“半壁江山”。完善政府采购管理体制，丰富以公开招标为主要采购方式的政府采购交易制度体系，不仅能够节约财政资金，提升采购效率，还能够有效减少公共资源交易领域腐败行为。2020年全国政府采购规模为36970.6亿元，较上年增加3903.6亿元，增长11.8%，占全国财政支出和GDP的比重分别为10.2%和3.6%。中央预算单位、地方预算单位政府采购规模分别为2853.0亿元和34117.6亿元，占全国政府采购规模的7.7%和92.3%。[⑤] 一年来，中央政府全面清

---

① 《中华人民共和国乡村振兴促进法》，《人民日报》2021年5月20日，第16版。

② 《中华人民共和国国民经济和社会发展第十四个五年规划和2035年远景目标纲要》，《人民日报》2021年3月13日，第14版。

③ 《中共中央国务院印发〈国家标准化发展纲要〉》，《人民日报》2021年10月11日，第1版。

④ 《中共中央国务院关于完整准确全面贯彻新发展理念做好碳达峰碳中和工作的意见》，《人民日报》2021年10月25日，第1版。

⑤ 《去年全国政府采购规模近3.7万亿元 较上年增长11.8%》，《人民日报》2021年9月9日，第2版。

理政府采购领域妨碍公平竞争的规定和做法，对大中小企业和内外资企业“一视同仁”，破除隐性门槛和壁垒，持续优化营商环境。2020 年 12 月 29 日，财政部、工业和信息化部联合发布《政府采购促进中小企业发展管理办法》，在政府采购领域进一步支持中小企业发展。2021 年 10 月 13 日，财政部印发《关于在政府采购活动中落实平等对待内外资企业有关政策的通知》，要求保障内外资企业平等参与政府采购，平等维护内外资企业的合法权益。政府采购有效促进了脱贫攻坚与乡村振兴相互衔接。各级预算单位积极响应和落实支持乡村振兴的政府采购政策，2020 年通过脱贫地区农副产品网络销售平台（以下简称“832”平台）批量采购的脱贫地区农副产品累计达 99.67 亿元。[①] 2021 年 4 月 24 日，财政部、农业农村部、国家乡村振兴局发布《关于运用政府采购政策支持乡村产业振兴的通知》，自 2021 年起各级预算单位应当按照不低于 10% 的比例预留年度食堂食材采购份额，通过“832”平台采购脱贫地区农副产品。[②]

六　诚信建设加快推进有成效

加强诚信建设是推进“清廉中国”建设的重要内容。2021 年，我国深入推进诚信建设制度化，重点治理政府失信行为，坚持以案促改加强司法公信建设，推进反腐败工作与诚信建设有机衔接，进一步推动重点领域诚信建设。

（一）诚信制度化取得新进展

2020 年 12 月，中共中央印发《法治社会建设实施纲要（2020—2025 年）》，提出健全统一社会信用代码制度，建立完善失信惩戒制度，加强行

① 《2020 年全国政府采购规模为 36970.6 亿元 较上年增长 11.8%》，中国政府采购网，http：//www. ccgp. gov. cn/news/202109/t20210907_ 16838934. htm。

② 《三部门发通知　运用政府采购政策支持乡村产业振兴》，《人民日报》2021 年 5 月 11 日，第 7 版。

业协会商会诚信建设等措施。① 2021 年 6 月 8 日，国家市场监管总局印发《关于加强重点领域信用监管的实施意见》，推进直接涉及公共安全和人民群众生命健康的市场监管重点领域信用监管，不断完善企业信息公示、信用承诺、“双随机、一公开”监管、信用风险分类管理、失信惩戒、信用修复等制度举措。② 8 月 20 日，第十三届全国人民代表大会常务委员会第三十次会议通过的《中华人民共和国监察官法》规定，被依法列为失信联合惩戒对象的人员不得担任监察官。③ 12 月 20 日，国家市场监管总局发布的《法治市场监管建设实施纲要（2021—2025 年）》规定，完善包括信用信息记录与公示、信用风险分类、失信行为认定、守信激励和失信惩戒在内的信用监管体系。④

（二）政府系统重点治理失信行为

2020 年底，中共中央印发《法治中国建设规划（2020—2025 年）》提出，重点治理政府失信行为，加大惩处和曝光力度。2021 年 3 月 12 日，《中华人民共和国国民经济和社会发展第十四个五年规划和 2035 年远景目标纲要》提出，制定公共信用信息目录和失信惩戒措施清单，建立健全政府失信责任追究制度等措施。⑤ 8 月，中共中央、国务院印发的《法治政府建设实施纲要（2021—2025 年）》，要求建立政务诚信监测治理机制，建立健全政务失信记录制度，将违约毁约、拖欠账款、拒不履行司法裁判等失信信息，纳入全国信用信息共享平台并向社会公开。建立健全政府失信责任追究

① 《中共中央印发〈法治社会建设实施纲要（2020—2025 年）〉》，中华人民共和国中央人民政府网站，http：//www. gov. cn/zhengce/2020 - 12/07/content_ 5567791. htm。

② 《市场监管总局关于加强重点领域信用监管的实施意见》，中华人民共和国国家市场监管总局网站，https：//gkml. samr. gov. cn/nsjg/xyjgs/202106/t20210608_ 330344. html。

③ 《中华人民共和国监察官法》，新华网，http：//www. xinhuanet. com/politics/2021 - 08/20/c_ 1127781579. htm。

④ 《法治市场监管建设实施纲要（2021 ~ 2025 年）》，中华人民共和国国家市场监管总局网站，https：//www. samr. gov. cn/fgs/tzgg/202112/t20211220_ 338200. html。

⑤ 《中华人民共和国国民经济和社会发展第十四个五年规划和 2035 年远景目标纲要》，中华人民共和国中央人民政府网站，http：//www. gov. cn/xinwen/2021 - 03/13/content_ 5592681. htm。

制度，加大失信惩戒力度，重点治理债务融资、政府采购、招标投标、招商引资等领域的政府失信行为。①

（三）司法机关强化公信建设

孙小果、郭文思、巴图孟和“纸面服刑”案件的发生，不仅反映出我国政法系统长期存在的队伍不廉洁、执法司法不公正、害群之马违法乱纪等突出问题，还集中暴露出我国政法队伍存在司法公信缺失的严重问题。2021 年，全国政法队伍教育整顿分两批推进，有关部门坚持以案促改、以案促治。3 月 8 日，最高人民法院院长周强在《最高人民法院工作报告》中指出，2021 年和今后一个时期要依法规范减刑、假释、暂予监外执行工作，坚决查处“纸面服刑”“提钱出狱”。② 12 月 1 日，最高人民法院、最高人民检察院、公安部、司法部联合印发《关于加强减刑、假释案件实质化审理的意见》，严格规范减刑、假释工作，确保案件审理公平公正。③

防范政法系统利益冲突的制度不断健全。2021 年 9 月 30 日，最高人民法院、最高人民检察院、司法部联合印发《关于建立健全禁止法官、检察官与律师不正当接触交往制度机制的意见》和《关于进一步规范法院、检察院离任人员从事律师职业的意见》。在防止干预司法“三个规定”基础上，以负面清单形式详细列举了 7 种不正当接触交往行为，完善了法院、检察院离任人员到律师事务所从业规范，推动建立“双向预警”机制和监管机制。

---

① 《中共中央　国务院印发〈法治政府建设实施纲要（2021～2025 年）〉》，中华人民共和国中央人民政府网站，http：//www. gov. cn/zhengce/2021－08/11/content_ 5630802. htm。

② 周强：《最高人民法院工作报告——2021 年 3 月 8 日在第十三届全国人民代表大会第四次会议上》，中华人民共和国最高人民法院网站，http：//gongbao. court. gov. cn/Details/342529c11d2af722964a6b1c961105. html。

③ 《关于加强减刑、假释案件实质化审理的意见》，中华人民共和国最高人民检察院网站，https：//www. baidu. com/link？url＝7VVk0S3MnGsLvnyfb3xBNPPpoc1f90YKTF8UWfsqY8i4ZgEtWRxJ8u5foP6EalwzyZL7v－peVFPe84Tdzm－051sYgejPNHGKcexlCTzUCWG&wd＝&eqid＝c7f538f300135b2d0000000261e267aa。

（四）贿赂治理与诚信建设再次衔接

党的十九大提出“坚持受贿行贿一起查”，对行贿受贿惩治力度进一步加大。2018 年 8 月检察机关行贿犯罪档案查询系统停止服务几年后，纪检监察机关又开始探索建立运用诚信制度对行贿人进行联合惩戒。2021 年 9 月，中央纪委国家监委联合有关部门印发《关于进一步推进受贿行贿一起查的意见》，提出要与人大机关、政协机关和组织人事部门、统战部门、执法机关等共同建立对行贿人的联合惩戒机制，组织开展对限制行贿人市场准入、资质资格等问题进行研究，探索推行行贿人“黑名单”制度。[①] 9 月 20 日正式施行的《中华人民共和国监察法实施条例》提出，对于有行贿行为的涉案单位和人员，按规定记入相关信息记录，可以作为信用评价的依据，为创建行贿人“黑名单”制度提供法律依据。2020 年之后，一些地方和部门开始探索建设行贿人“黑名单”制度。如国家烟草专卖局 2020 年底印发《烟草行业对存在行贿行为供应商实施禁入措施暂行规定》。广东、湖南、福建、浙江、甘肃、陕西、海南等地纪检监察机关收录了近年来信息并建立行贿人信息库。部门和地方的探索，为在全国建立行贿人“黑名单”制度积累了经验。

（五）科研领域诚信体系建设步伐加快

3 月 5 日，李克强总理在《2021 年政府工作报告》中提出，要加强科研诚信建设，弘扬科学精神，营造良好创新生态。国家卫生健康委、科技部、国家中医药管理局印发了《医学科研诚信和相关行为规范》。3 月 26 日，哲学社会科学科研诚信联席会议第三次会议在京举行，中宣部、教育部、科技部等联席会议成员单位分别介绍了科研诚信建设工作情况。“哲学社会科学科研诚信网”（http：//kycx. cssn. cn）正式启动，科研诚信建设公

---

① 中央纪委国家监委会同有关单位联合印发《关于进一步推进受贿行贿一起查的意见》，中央纪委国家监委网站，https：//www. ccdi. gov. cn/toutiaon/202109/t20210908_ 146938. html。

众号也已启用。4 月 25 日，中国航天大会“青聚秦淮”青年科学家论坛发布了《恪守科研诚信准则　推动良好学风建设——致中国航天青年科技工作者倡议书》。6 月，中宣部、教育部、科技部印发《关于推动学术期刊繁荣发展的意见》，强调严厉打击假冒学术期刊、假冒学术期刊网站等非法活动，加强防范惩处学术不端行为的机制建设和技术应用，鼓励期刊和行业协会制定发布关于出版伦理、行业规范的声明。[①] 6 月 9 日，中国社会科学评价研究院召开“2021 年度哲学社会科学科研诚信建设研讨会”。10 月 9 日，中宣部出版局下发了《关于开展期刊滥发论文问题专项检查的通知》，对期刊滥发论文问题开展专项检查。11 月 3 日，中国社会科学院直属机关党委会同中国社会科学院科研局、中国社会科学评价研究院、四川省社会科学院共同举办第四届全国哲学社会科学道德和学风建设论坛。中国社会科学评价研究院、科研诚信管理办公室每季度编辑并公布《国内学术不端典型案例汇编》，国家自然科学基金委员会于 2021 年公布 4 批涉及科研不端案件的处理决定，案例的震慑作用开始逐步显现。

（六）医药卫生和教育领域加强行业自律监管

2021 年 11 月 12 日，国家卫生健康委会同国家医疗保障局、国家中医药管理局共同印发《医疗机构工作人员廉洁从业九项准则》，要求合法按劳取酬，不接受商业提成；严守诚信原则，不参与欺诈骗保；依据规范行医，不实施过度诊疗；遵守工作规程，不违规接受捐赠；恪守保密准则，不泄露患者隐私；服从诊疗需要，不牟利转介患者；维护诊疗秩序，不破坏就医公平；共建和谐关系，不收受患方“红包”；恪守交往底线，不收受企业回扣。[②] 2021 年，教育监管部门对于违反师德师风、有偿补课、违规收受礼品礼金等问题进行专项整治。1 月，教育部等 6 部门印发了《关于加强新时代

---

① 《中共中央宣传部　教育部　科技部印发〈关于推动学术期刊繁荣发展的意见〉的通知》，国家新闻出版署网站，https：//www. nppa. gov. cn/nppa/contents/312/76209. shtml。

② 《关于印发医疗机构工作人员廉洁从业九项准则的通知》，中华人民共和国国家卫生健康委员会网站，http：//www. nhc. gov. cn/yzygj/hfdt/202111/d306e6f6b6ab42bda4e0fb88b2514ea0. shtml。

高校教师队伍建设改革的指导意见》，这是党的十八大以来第一个全面系统部署高校教师队伍建设的文件。该意见把师风师德作为教师招聘引进、职称评审、岗位聘用、导师遴选、评优奖励、聘期考核、项目申报等方面的第一标准和首要要求。① 2021 年 5 月 21 日，中央全面深化改革委员会第十九次会议审议通过了《关于进一步减轻义务教育阶段学生作业负担和校外培训负担的意见》,② 7 月下旬，中共中央办公厅、国务院办公厅印发了该《意见》。校外培训行业整顿监管全面开展，教育生态获得持续净化。

（七）互联网行业加强诚信道德约束

随着互联网经济的迅猛发展，网络主播行业迅速崛起。2021 年，有多名网络主播因为税务问题频频“翻车”，其中不少还是网络直播行业头部主播，诚信问题突出。如根据浙江省杭州市税务局稽查局调查，网络主播黄薇（网名薇娅）2019 ~2020 年通过隐匿个人收入、虚构业务、转换收入性质、虚假申报等方式偷逃税款 6.43 亿元，其他少缴税款 0.6 亿元，被追缴税款、加收滞纳金并处罚款共计 13.41 亿元。③ 4 月，国家互联网信息办公室、公安部、商务部、文化和旅游部、国家税务总局、国家市场监督管理总局、国家广播电视总局等七部门联合发布《网络直播营销管理办法（试行）》，规定直播营销平台、直播间运营者、直播营销人员设定行为规范和底线。人社部联合有关部门发布的《互联网营销师国家职业技能标准》明确要求，遵纪守法，诚实守信。④ 12 月，中国商业联合会直播电商工作委员会

---

① 《强化师德培育，完善评价标准，破除“五唯”倾向——加强高校教师队伍建设》，中华人民共和国中央人民政府网，http：//www. gov. cn/zhengce/2021 -01/28/content_ 5583199. htm。

② 《坚决贯彻中央决策部署 深入推进“双减”工作——教育部有关负责人就〈关于进一步减轻义务教育阶段学生作业负担和校外培训负担的意见〉答记者问》，教育部网站，http：//www. moe. gov. cn/jyb_ xwfb/s271/202107/t20210724_ 546567. html。

③ 《直播带货不是纳税“灰色地带” 对薇娅处罚彰显税法公正权威》，人民网，http：//finance. people. com. cn/n1/2021/1220/c1004 -32312663. html。

④ 《人力资源社会保障部办公厅 中央网信办秘书局 国家广播电视总局办公厅 关于颁布互联网营销师国家职业技能标准的通知》，中华人民共和国人力资源和社会保障部网站，http：//www. mohrss. gov. cn/xxgk2020/fdzdgknr/rcrs_ 4225/jnrc/202112/t20211227_ 431400. html。

发布《关于倡导直播电商从业人员自律规范的函》，加强对直播电商从业人员的积极引导和行为规范。[①] 12 月，中国网络社会组织联合会第一届会员代表大会第三次会议审议通过《互联网行业从业人员职业道德准则》，明确要求坚持诚实守信，倡导互联网行业从业人员规范职业行为，加强职业道德建设。[②] 互联网行业密集出台的系列规定，加强了相关从业人员诚信道德约束，有效遏制了网络直播营销的野蛮生长。

七　廉洁文化建设有新进展

2021 年，党中央持之以恒推进廉洁文化建设，致力于筑牢党员干部、公职人员“不想腐”的思想堤坝，推动全社会形成崇廉尚洁的良好氛围，纪检监察学科建设取得突破性进展，为进一步推进正风肃纪反腐、推进清廉建设创造了良好的文化和理论环境。

（一）廉政教育筑牢党员干部思想防线

1. 挖掘和运用百年党史宝贵精神财富中的廉洁文化

2021 年 2 月 20 日，习近平总书记在党史学习教育动员大会上的讲话中归纳提出了中国共产党人的精神谱系[③]的重要概念，并进一步指出：“这些宝贵精神财富跨越时空、历久弥新，集中体现了党的坚定信念、根本宗旨、优良作风，凝聚着中国共产党人艰苦奋斗、牺牲奉献、开拓进取的伟大品格，深深融入我们党、国家、民族、人民的血脉之中，为我们立党兴党强党提供了丰厚滋养。”[④] 中央《关于在全党开展党史学习教育的通知》要求，

① 《中国商业联合会发布〈关于倡导直播电商从业人员自律规范的函〉》，新浪网，http：//k. sina. com. cn/article_ 1838672663_ 6d97eb17027017kim. html。

② 《中网联发布〈互联网行业从业人员职业道德准则〉》，网易，https：//www. 163. com/dy/article/GT7FLLM30534OOSZ. html。

③ 包括井冈山精神、长征精神、遵义会议精神、延安精神、西柏坡精神、红岩精神、抗美援朝精神、“两弹一星”精神、特区精神、抗洪精神、抗震精神等伟大精神。

④ 习近平：《在党史学习教育动员大会上的讲话》，《求是》2021 年第 7 期，第 13 页。

全党深入学习领会习近平总书记关于党史的重要论述，紧紧围绕学懂弄通做实党的创新理论，做到学史明理、学史增信、学史崇德、学史力行。[①]纪检监察机关认真贯彻落实总书记讲话精神，注重以党史中的鲜活事例启示年轻干部廉洁自律。截至 2021 年 12 月 31 日，中央纪委国家监委网站“一百堂党史课”专栏更新73 期，通过微视频、学习画报等形式讲述百年党史中的重要事件以及英雄模范人物事迹，突出展现老一辈优秀共产党员艰苦奋斗、清廉为民、甘于奉献的高尚情操，教育引导广大党员干部从中感悟中国共产党始终不渝为人民的初心宗旨。全国各地也抓住建党百年这个重要节点，充分利用当地红色资源，挖掘廉洁文化，对党员干部进行廉政教育。

2. 典型宣传表彰与警示教育相结合

2021 年 6 月，中共中央决定为马毛姐、王书茂等 29 名功勋模范党员颁授党内最高荣誉“七一勋章”，习近平总书记在颁授仪式上指出：“七一勋章”获得者是各条战线党员中的杰出代表，在他们身上，生动体现了中国共产党人坚定信念、践行宗旨、拼搏奉献、廉洁奉公的高尚品质和崇高精神。[②] 多地开展学习“七一勋章”获得者和全国“两优一先”[③] 获得者先进事迹的活动，共产党人艰苦朴素、公而忘私的光荣传统得到弘扬。用好反面教材，充分发挥警示震慑作用。《中国纪检监察报》“警钟”专栏定期刊登党员干部、公职人员违纪违法典型案例剖析，详细分析其腐化堕落的原因，教育全党引以为戒。多地积极打造反腐倡廉警示教育基地，通过展示落马官员的忏悔录、播放警示教育片等方式，警示党员干部切不可逾越法纪红线。

（二）廉洁文化建设掀起新高潮

《关于加强新时代廉洁文化建设的意见》《关于进一步加强家庭家教家

---

① 《中共中央印发〈通知〉在全党开展党史学习教育》，《人民日报》2021 年 2 月 27 日，第 1 版。

② 《庆祝中国共产党成立 100 周年“七一勋章”颁授仪式在京隆重举行 习近平向“七一勋章”获得者颁授勋章并发表重要讲话》，《人民日报》2021 年 6 月 30 日，第 1 版。

③ “两优一先”指全国优秀共产党员、全国优秀党务工作者和全国先进基层党组织。

风建设的实施意见》等重要制度规范出台，《习近平关于注重家庭家教家风建设论述摘编》出版发行，释放出从文化角度推进廉政建设的强烈信号。中央纪委全会召开之前，中央纪委国家监委宣传部与中央广播电视总台联合摄制专题片并通过最为重要的平台播出成为一种新惯例。2021 年 1 月，央视播出了 4 集电视专题片《正风反腐就在身边》；2022 年 1 月，5 集电视专题片《零容忍》播出。专题片中的案例产生了强大震慑效应。中央纪委国家监委、中国方正出版社、北京市纪委监委宣传部等单位还联合推出电视专题片《党史中的清廉故事》。[①] 中央纪委国家监委网站“清廉中国”栏目继续通过微视频、动漫、公益广告、微电影等多种形式宣传廉政文化思想。

地方纷纷举办形式多样的廉洁文化活动。2021 年 10 月 28 日，浙江省纪委省监委主办“礼赞百年　翰墨清风”清廉书画艺术活动暨全国清廉书法作品大展系列活动。[②] 浙江省绍兴市各级纪检监察机关将清廉文化建设寓于庆祝建党百年中，充分发挥清廉文化的教育、激励、凝聚、导向和约束作用。9 月 24 ~25 日，浙江绍兴举办“清白泉 · 鉴水吟”清廉文化主题活动，来自全国各地的诗文名家、文史专家共聚鉴湖之畔，以诗写廉、以文述廉、以曲唱廉。[③] 云南省曲靖市整合市县两级纪委监委、巡察机构及市委讲师团、专家学者、市直各有关部门力量成立“珠源清风”宣讲团，采取视频宣讲与文艺下乡宣讲相结合的方式，推进反腐倡廉教育进机关、进乡村、进社区、进学校、进企业、进单位。[④] 四川省攀枝花市依托“三线精神”，立足攀枝花中国三线建设博物馆、老成昆铁路、攀钢勤政树廉馆等红色教育资

---

① 《〈党史中的清廉故事〉出版发行》，中央纪委国家监委网站，https：//www. ccdi. gov. cn/yaowen/202106/t20210629_ 245071. html。

② 《“礼赞百年　翰墨清风”清廉书画艺术活动暨全国清廉书法作品大展举行》，浙江省纪委省监委网站，http：//www. zjsjw. gov. cn/yixiankuaixun/202111/t20211101_ 4964093. shtml。

③ 《浙江绍兴：举办清廉文化主题活动》，中央纪委国家监委网站，https：//www. ccdi. gov. cn/gzdt/jcfc/202109/t20210928_ 251419. html。

④ 《云南曲靖：清风宣讲传廉音　变通稿灌输为按需定制》，中央纪委国家监委网站，https：//www. ccdi. gov. cn/gzdt/jcfc/202110/t20211008_ 251750. html。

源，形成“1 + N”廉洁教育线路，组织开展学习体验活动。[①] 四川省遂宁市开展廉政书画大赛作品展、廉政书画巡回展览、廉洁家风书画“进基地”、打造家廉文化等活动，推动廉洁教育与传统廉洁文化、书画艺术相结合。[②] 山东省潍坊市打造高密晏婴纪念馆、诸城超然台、潍城郑板桥纪念馆、青州“三贤祠”等廉洁文化基地，推出反腐吕剧《失却的银婚》、历史吕剧《板桥县令》、现代茂腔戏《王尽美》等有地方特色的反腐倡廉文艺作品。[③]

（三）廉政学科建设和理论研究取得新进展

1. 学科建设取得重大进展

2021 年 8 月 20 日，十三届全国人大常委会第三十次会议表决通过的《中华人民共和国监察官法》第三十二条规定：“国家加强监察学科建设，鼓励具备条件的普通高等学校设置监察专业或者开设监察课程，培养德才兼备的高素质监察官后备人才，提高监察官的专业能力。”2021 年 12 月 10 日，国务院学位委员会发布《博士、硕士学位授予和人才培养学科专业目录（征求意见稿）》，其中纪检监察学成为法学门类下与政治学、社会学、马克思主义等并列的一级学科。2021 年 12 月 24 日颁布的《中国共产党纪律检查委员会工作条例》第四十七条规定“加强理论研究和学科建设”。廉政研究机构不断增多，研究队伍不断壮大。江苏大学廉政与法治研究院和西北农林科技大学廉政文化研究中心相继成立。多所高等院校、科研机构招收廉政学方向的硕士、博士研究生，培养高素质的廉政研究专业人才。

---

① 《学党史悟思想办实事开新局　在重温历史中检视初心》，《中国纪检监察报》2021 年 6 月 11 日，第 1 版。

② 参见《反响热烈！遂宁市廉政书画大赛作品展吸引近万人观展》，遂宁新闻网，http：//www. snxw. com/xwzx/bwzj/202103/t20210301_ 706896. html。《勤廉齐家安居乐业，遂宁市廉政书画巡回展览（安居站）开展》，四川新闻网，http：//sn. newssc. org/system/20210514/003134398. htm。

③ 《大力加强廉洁文化建设》，《中国纪检监察》2021 年第 20 期。

2. 学术研究活动活跃，研究成果丰富

尽管疫情仍在世界持续，学术研究活动深受影响，廉政研究机构和地方实务部门联合举办的系列学术论坛并没有停歇。5 月 27 日，由中国社会科学院中国廉政研究中心、湖南省华夏廉洁文化研究会以“建党百年清廉建设与未来发展”为主题联合主办的“第十一届中华廉洁文化论坛暨第五届中国基层廉政研究论坛”在湖南长沙和江华召开。9 月 25 日，由中国社会科学院中国廉政研究中心主办，河南省社会科学院、河南省廉政文化教育中心、华北水利水电大学承办的“第十四届中国廉政研究论坛”在河南郑州举行，与会学者围绕“百年来中国共产党党风廉政建设和反腐败斗争历程、成就与展望”这一主题展开研讨。① 10 月 23 日，中国廉政研究 2021 年学术年会暨广安廉政论坛在四川省广安市举办，与会专家、学者共同探寻推进廉政治理体系和治理能力现代化建设的方法路径。② 其他各类与纪检监察学科有关的学术研讨会、座谈会等以线上和线下的方式持续进行，有力推动了学科建设和发展。

八　社会认同与期待

党的十八大以来，全面从严治党已经取得历史性、开创性成就，产生了全方位、深层次影响，中国经济社会继续保持稳中向好的健康发展态势，人民生活安定幸福，清廉中国建设稳步扎实推进。

（一）社会公众的共识

一是社会高度认可党委、政府反腐败工作的力度和决心。课题组调研数据显示，93.6% 的城乡居民认为党委和政府惩治和预防腐败“非常努力”或“比较努力”。93.1% 的干部、91.5% 的企业管理人员认为党和政府惩治

---

① 《第十四届中国廉政研究论坛在郑州举行》，《河南日报》2021 年 9 月 26 日，第 2 版。

② 《中国廉政研究 2021 年学术年会暨广安廉政论坛开幕》，人民网，http://sc.people.com.cn/n2/2021/1023/c345167-34970816.html。

和预防腐败的工作力度“非常大”或“比较大”。社会公众在将近10年的正风肃纪实践中已经形成高度共识，反腐败有利于经济社会繁荣发展，对经济发展的担忧和顾虑已不再是反腐败面临的巨大阻力。社会公众对党中央反腐败的坚定决心认可度极高。课题组调研数据显示，92.9%的干部、90.5%的专业技术人员、91.9%的企业管理人员、91.1%的城乡居民认为，党委和政府惩治腐败的态度“非常坚决”或“比较坚决”。80.8%的城乡居民认为当前对公职人员违纪违法行为惩治查处力度“非常大”或“比较大”。

二是反腐败制度的有效性持续显现。课题组调研数据显示，87.9%的干部、87%的专业技术人员认为现在制定的党风廉政建设和反腐败法律法规制度质量很高或较高。86.8%的干部、87%的专业技术人员、92.2%的城乡居民认为党和政府及其部门预防腐败的措施非常管用或比较管用。87.4%的干部、89.5%的专业技术人员认为党风廉政建设和反腐败法律法规执行效果“非常好”或“比较好”。

三是腐败继续得到有效遏制。打“虎”拍“蝇”猎“狐”力度丝毫不减，不敢腐、不能腐、不想腐一体推进持续深化，惩治震慑、制度约束、提高觉悟一体发力，各级纪检监察机关网站不断公开腐败分子接受纪律审查和监察调查以及受到“双开”处理的信息，主动投案人数较多，“多米诺骨牌效应”仍在显现，腐败得到有效遏制。课题组调研数据显示，97.7%的干部、94%的专业技术人员、93.8%的企业管理人员、91.9%的城乡居民认为腐败得到有效遏制或腐败在一定范围内得到遏制。

四是作风建设继续取得成效。课题组调研数据显示，95%的干部、94%的专业技术人员、90%的企业管理人员、88.9%的城乡居民认为当前执行中央八项规定精神效果“非常好”或“比较好”。96%的干部、94%的专业技术人员、89.2%的企业管理人员、87.4%的城乡居民认为过去一年公职人员作风明显改善或有所改善。享乐主义和奢靡之风持续得到有效治理，形式主义和官僚主义相对而言治理比较困难，但经过持续不断的努力成效比较明显，81.2%的城乡居民认为最近一年形式主义、官僚主义“明显改善”或“有所改善”。

五是社会满意度和信心度仍然较高。课题组调研数据显示，92.9%的干部、92.5%的专业技术人员、93.5%的企业管理人员、91.6%的城乡居民对当前反腐败工作表示“满意”或“比较满意”。97.6%的干部、94%的专业技术人员、96.9%的企业管理人员、97.3%的城乡居民对今后5~10年党风廉政建设和反腐败斗争“有信心”或“比较有信心”。群众对党和政府的工作比较满意。例如疫情防控得到干部群众的高度肯定，98.7%的干部对疫情防控管理工作“非常满意”或“比较满意”。97.3%的城乡居民对政府统筹疫情防控与经济社会发展“非常满意”或“比较满意”。88.9%的干部、84.5%的专业技术人员、89.1%的城乡居民认为全面从严治党增强了自己的获得感。

（二）社会反映的突出问题

党的十八大以来，党风廉政建设和反腐败取得的成效十分显著，我们还应清醒地认识到，反腐败斗争存在四个“任重道远”的阶段性特征[①]，“四风”问题反弹回潮、隐形变异风险较大、纠治“四风”出现疲劳厌战的苗头，全面从严治党永远在路上，需要不断吹响整治不正之风和腐败问题的冲锋号。

一是“四风”问题反弹回潮、隐形变异的风险较大。一些地方、部门和单位抓工作主动担当、积极作为不够，对于群众反映的问题推诿扯皮、敷衍塞责。调查研究不深入、不接地气、走马观花不能解决问题仍然存在。有的部门和地方文件“红头”换成“白头”，数量并没有减少，内容空虚、篇幅过长、“上下一般粗”的现象仍然不少。会议由大变小，有的领导讲话空话套话多，解决实际问题的方法措施少。督促检查变异为评估、评议、考察、调研。享乐主义和奢靡之风更加隐蔽导致难以发现和调查，面上转为地下，单位食堂招待搞特殊存在奢华浪费，不吃公家吃老板、不吃本级吃下级成新样态，公家出菜钱私人带好酒、晚餐之后吃“夜宵”等现象仍在一些

① 指的是防范形形色色的利益集团成伙作势、“围猎”腐蚀还任重道远，有效应对腐败手段隐形变异、翻新升级还任重道远，彻底铲除腐败滋生土壤、实现海晏河清还任重道远，清理系统性腐败、化解风险隐患还任重道远。

地方尤其是基层时常发生。一些地方党员领导干部对于作风问题的顽固性和反复性政治认识不足，贯彻中央决策部署态度不坚决、措施不管用、惩处力度不够大，存在疲惫松劲懈怠思想和情绪，反“四风”出现疲劳厌战的现象。

二是高压之下存量和增量腐败混合交织，有的腐败现象群众可以直接碰到。课题组调研数据显示，69.9%的城乡居民认为腐败“不太严重”或“没有腐败问题”，但还是有14.1%的城乡居民认为目前的腐败现象“很严重”或“比较严重”。60.9%的城乡居民认为尚未被发现的腐败行为“已经没有”或“数量极少”，但10.4%的城乡居民认为“数量较多”或“数量非常多”。群众仍会直接遇到一些腐败。78.3%的城乡居民表示没有遇到纪委监委、公检法等执纪执法人员违反法律和纪律的行为，但14.4%的城乡居民表示“经常”或“有时”遇到过。一些执纪执法人员带头违法破纪的行为让普通群众能够直接感受到，在政法系统教育整顿、扫黑除恶、纪委监委内控机制建设建立完善之后仍然存在，表明刀刃向内，建立执纪执法队伍常态长效化教育整顿很有必要。“一把手”腐败问题依然易发多发。课题组梳理中央纪委国家监委网站通报的数据看到，2021年以来落马的25个中管干部中，有10个为“一把手”，占比40%。“一把手”出了问题极易传染蔓延，危害班子、带坏队伍，污染一方政治生态。

三是改革不到位导致的“求人式”腐败仍然存在。课题组调研数据显示，虽然25.3%的城乡居民认为当前办事托人请客现象不存在，27.4%认为较少，但仍有20.4%的城乡居民认为非常普遍或比较普遍。在享受惠民政策时，36.4%的城乡居民认为没有关系得不到公平对待的现象“已不存在”，24.4%认为是“个别现象”，17.5%认为“有一些，但不严重”，但9.9%的城乡居民认为“非常普遍”或“比较普遍”，惠民政策执行中关系仍然比较重要。只有35.5%的城乡居民认为在司法执法机关，有理有据但得不到公正结果的现象“已不存在”，44.1%选择“有一些，但不严重”或是“个别现象”，7.9%认为“非常普遍”或“比较普遍”；司法不公的问题仍然存在。10.2%的城乡居民认为，目前学校招生存在打招呼、批条子、暗箱操作等不规范行为“非常普遍”或“比较普遍”。10.5%的城乡居民认为医务人员收受红包礼金、过度医疗现象“非常普遍”或“比较普遍”。14.6%的城乡居民认为看病挂号、住院找关系、打招呼现象“非常普遍”或“比较普遍”。虽然放管服改革极大方便了群众，但办事还需要“意思意思、打点打点、融通融通”。需要托人说情或请客送礼才能办成的事情中，孩子入园、入学、升学，工作调动、提薪升职，求职找工作，看病就医和打官司被城乡居民选择的比例较高；办营业执照、领取社会保障费或报销医药费、办无犯罪记录等证明选择的比例较低。

四是行贿打击力度不够，行贿风险不太大。课题组调研数据显示，50.6%的城乡居民认为在当前形势下搞行贿受贿等腐败行为被发现和惩处的风险非常大，26.4%认为比较大。36.7%的企业管理人员认为非常大，25.5%认为比较大。企业管理人员行贿可能性较高，但对行贿风险的感知度比城乡居民更低。48.1%的干部、60.6%的企业管理人员认为目前巨额行贿、多次行贿的人员受到了严肃处置，但8.5%的干部、3.9%的企业管理人员认为没有，43.2%的干部、34.4%的企业管理人员表示不了解或不好说。干部和企业管理人员的态度分歧较大，但认为行贿人受到严肃处置的比例都不很高，说明对行贿打击力度仍然不够。

五是腐败侥幸心理仍然存在。一方面，腐败成本提高，腐败动机仍然较强。课题组调研数据显示，65.8%的城乡居民认为目前社会环境下搞腐败不划算，但12.3%的城乡居民认为非常划算或比较划算。47.4%的干部、56%的专业技术人员、50.1%的城乡居民认为当前行使公共权力的人员想腐败的动机“比较弱”或“非常弱”，但分别有8.1%、7%、10%的城乡居民认为“非常强烈”或“比较强烈”。49.2%的干部、59%的专业技术人员、61.8%的企业管理人员、48.4%的城乡居民认为因腐败受惩处的人员，其个人和家庭生活严重恶化或比较恶化，分别有8%的干部、6.5%的专业技术人员、6.2%的企业管理人员、13.3%的城乡居民认为“与以前一样”或“生活更好”。对惩处的腐败分子，有的调查不充分，腐败所得并没有收缴没收，打击力度不够大。另一方面，宣传力度不够。很多将警示教育作为

保密处理，只有少部分人知道腐败分子被查处。让腐败分子身败名裂，经济上得不偿失并没有做到。对腐败的社会性惩罚作用比较有限。

六是检举控告积极性较高，但实名举报意愿较低。9 年多来惩治腐败力度不减、零容忍态度不变，强力扭转了反腐紧一阵必然松一会儿的认识，持续用力反腐败逐步在全社会成为常态化的判断和预期，正能量不断聚集，支持反腐败的氛围越来越浓厚。课题组调研数据显示，遇到违法犯罪的执纪执法行为，92.4%的干部、94.5%的专业技术人员、92.3%的企业管理人员选择检举控告。如果发现腐败行为线索，81.9%的城乡居民选择举报，4.4%选择不会举报。只有 38.2%的城乡居民选择"会实名举报"，43.7%选择"会匿名举报"，更多城乡居民选择匿名举报而不是实名举报，对实名举报仍有顾虑。愿意实名举报的意愿偏低，增加反腐败的成本和难度。

七是学科建设意义重大但推进十分艰巨。加强学科建设已经被写入《监察官法》《监察法实施条例》《中国共产党纪律检查委员会工作条例》等国家法律和党内法规之中。根据国务院学位委员会发布的《博士、硕士学位授予和人才培养学科专业目录》，纪检监察学成为法学门类下与政治学、社会学、马克思主义等并列的一级学科。这一系列举措对于推动党风廉政建设和反腐败具有里程碑意义，是中国乃至世界廉政建设史上的创举。但纪检监察学是一门新兴交叉学科，学科知识体系、方法体系、学术评价体系等尚未形成，推进学科建设并产生积极成效的任务仍然艰巨。

九　思考与建议

全面从严治党永远在路上。新时代以来中国共产党坚持以伟大自我革命引领伟大社会革命，以前所未有的勇气与定力推进党风廉政建设和反腐败斗争，是新时代新长征、新赶考迈出的坚实一步，虽然刹住了一些多年未刹住的歪风邪气，解决了许多长期没有解决的顽瘴痼疾，清除了党、国家、军队内部存在的严重隐患，但腐败和不正之风具有容易复发反弹的特性，必须坚持严的主基调不动摇，坚持发扬钉钉子精神加强作风建设，坚持以零容忍态度惩治腐败，要采取有效措施坚持不懈地纠正一切损害群众利益的腐败和不正之风，高质量推进清廉建设。

1. 将“清廉中国”作为国家战略性标识性理念

反腐败是全社会的事业，需要用更具有想象力和包容性的战略性标识理念整合调动各方资源和力量用于清廉建设，将反腐败由权力一体推动发力，同社会廉洁意识和文化自觉养成相结合。中国反腐败成功经验和故事多，“清廉中国”是几千年来中国人民的热切期盼，并不是遥不可及的梦想。战略性标识性概念是极为稀缺珍贵的资源，唱响“清廉中国”口号，将其与“美丽中国”“平安中国”“法治中国”“数字中国”“健康中国”等系列标识性概念一并呼应，有利于巩固发展全面从严治党历史性、开创性成就，在国际反腐败舆论战中争取更大斗争主动权，增强中国特色社会主义制度的吸引力和感召力。应明确提出建设“清廉中国”的战略目标，向全党全国全军发出“总动员令”，制定“清廉中国”建设规划方案，统合指导各地各部门已经广泛开展的清廉建设实践，保持和扩大清廉建设的战果，号召、动员和组织全社会力量深度参与清廉建设，让廉洁成为一种不可逆转的发展趋势和文化势能，逐步实现“海晏河清、朗朗乾坤”的目标。

2. 采取有效措施提升公职人员的公共服务精神

公职人员应当全心全意为社会提供公共服务。课题组调研数据显示，14.5%的城乡居民认为公务员、教师等公职人员违规兼职或从事副业赚钱现象“非常普遍”或“比较普遍”，只有24.0%选择“不存在”。多年来一些缺乏公共服务精神的精致利己主义者混入公职人员队伍，他们有的腐败谋私，有的逐利营私，心思精力未完全用于公共服务，严重污染公共文化，亵渎了公共职业精神。要持续保持正风肃纪高压态势，严格执行铁的纪律，依法依纪依规加大辞退、解聘的力度，不断纯净公职人员队伍。各部门各单位要细化完善考勤、考核、辞退、解聘、保险等规定，增强制度的衔接配套和可操作性。组织人事和税务等部门每年联合对各行业收入状况进行调查分析，加大税收、社保、转移支付等调节收入分配的力度，防止社会心态严重失衡。

3. 全面深化改革减少“求人式”腐败

加大对教育、医疗卫生等民生领域的投入，提高基本公共服务的均等化水平。提高精细化管理能力，与群众利益相关的改革要多考虑细节，对中小学学位、看病挂号、入职考试、司法公正、惠农资金发放等作为，重点继续深化改革，把不用求人办成事作为检验各部门各单位改革成效的重要指标。加大对各级政府和部门热线的监督，领导干部要带头接听热线，在“办事”中找问题和差距，加大网上民意征集和处理力度，切实提高解决群众诉求的能力，增强群众满意度和获得感。加大反特权和反官僚主义力度，党员干部要多到急难愁盼事发生较多的“点位”现场体察，恢复和弘扬党的优良传统作风。

4. 进一步提高腐败成本和代价

加强财产性处罚的运用，提高腐败成本。课题组调研数据显示，目前只有49.2%的干部、59%的专业技术人员、48.4%的城乡居民认为，因腐败受惩处人员个人和家庭生活严重恶化或比较恶化；只有50.6%的城乡居民认为，在当前形势下搞行贿受贿等腐败行为被发现惩处的风险非常大，仍有部分公众认为搞腐败有利可图。因此，有必要对腐败加大财产性处罚，除对违规收受礼金礼品等违纪所得除予以没收收缴之外，还可考虑给予适当罚款。对腐败经济处罚相关制度执行情况开展专项检查评估，防止执纪执法宽松软，充分显现搞腐败得不偿失的效果。各级纪检监察机关积极用好惩治处理洗钱罪的相关规定，既要调查贪污贿赂犯罪，也要追究腐败分子洗钱犯罪的法律责任。

5. 加大有效打击行贿的力度

加大行贿受贿一起查的政策执行力度，各级纪委监委网站对立案调查的行贿案件设专栏公开，对多次围猎、巨额行贿典型案例公开曝光，涉嫌行贿犯罪的裁判文书，违纪违法的行政处罚、纪律处分、政务处理文书网上都可公开查询。公开行贿受贿被调查立案、移送起诉、提起公诉、判决裁定的数据，让社会了解纪委监委和司法机关将行贿受贿一起查的状况，多措并举形成强大震慑。改变将行贿人作为证人对待的政策。处罚受贿人的同时，依法对行贿人进行惩处。将行贿受贿同时纳入“黑名单”进行管理。加大对行贿的经济处罚力度，除了没收违纪违法所得及其孳息之外，对行贿单位和个人实施罚款，让行贿得不偿失。

6. 采取有效措施提高实名举报率

担心遭受打击报复是影响实名举报的重要因素。课题组调研数据显示，只有55.4%的城乡居民认为目前个人举报腐败线索受到打击报复的可能性较小或很小，19.2%的城乡居民认为受到打击报复的可能性很大或较大。有必要调整问题线索处置程序，尽量缩小知悉范围。加大线索管理处置所有环节的内控，转办线索的同时必须强调保密纪律。在核查线索的同时，对举报人工作生活受限制和干扰情况进行调查，对打击报复举报人的行为及时干预处置。

7. 坚持问题导向持续纠“四风”树新风

坚持不懈推进中央八项规定精神及其实施细则的贯彻落实，继续发扬党的光荣传统和优良作风，压实各级党组织和领导干部的责任，以好的党风带动社风民风向善向好。贯彻落实习近平总书记对整治形式主义、官僚主义、为基层减负的重要论述，进一步搞好顶层设计，推动形成基层减负常态化机制。压减督查检查考核数量，规范考核方式，减轻基层政府不合理负担；持续推动文风会风向短实新转变，继续整治“指尖上的形式主义”，使干部“轻装上阵”，将主要时间用在工作一线，把主要精力用在解决群众急难愁盼问题上。释放持续发力、久久为功信号，压紧压实各级党组织主体责任，防止出现麻痹思想、厌战情绪和松劲心态。坚决查处违反中央八项规定精神以及不担当不作为、推诿扯皮敷衍塞责、摆官威要特权等问题，督促领导干部带头践行新风正气。围绕新时代新阶段作风建设的新要求，深入基层调查研究，问计于民，建立问题搜集、解决、反馈的有效机制，深入研判“四风”问题的新特点，靶向纠治“四风”问题的反弹回潮、隐形变异。

8. 加强纪检监察学科建设，提高廉洁意识和素养

清廉中国的实现，需要千千万万具有廉洁品格的人才。国务院学位委员会将纪检监察学作为一级学科建设，为此建议扩大学科建设覆盖面，鼓励支

持有条件的高校和科研机构设立纪检监察研究机构，从事廉政学研究。在大学开设廉政治理、廉洁修身、廉政文化、廉政法治等课程，培塑大学生廉洁观念和情怀意识。调整公职人员选用标准，将具有公共服务精神作为公职人员录用的基本条件。公职人员录用之前进行廉洁品格考察，防止精致利己主义者进入队伍。

专 题 篇

Special Reports

B.2 派驻监督的历史沿革与现状分析*

马华森　许天翔**

摘　要：派驻监督是中国特色的监督机制和监督形式，是党和国家监督体系的重要组成部分。新中国成立以来，派驻监督经历了从无到有、不断完善的发展过程，并在党的十八大以后得到迅速发展，对落实全面从严治党发挥了重要作用。本文梳理了派驻监督的历史沿革与变迁特点、当前现状与成效，提出派驻监督存在体制不顺、信息隔阻、力量薄弱、激励不足等主要问题，提出分类推进、深化改革、强化激励、创新方式等完善建议。

关键词：中国共产党　纪检监察　派驻监督

---

* 本文系国家社会科学基金项目“中国地方政府廉政治理激励机制研究”（21CZZ051）、中国社会科学院国家高端智库2021年度智库基础研究项目“新时代纪检监察机关监督执纪优化路径研究”的阶段性成果。

** 马华森，浙江大学公共管理学院博士研究生、宁波市纪委监委案件监督管理室（追逃追赃室）副主任；许天翔，中国社会科学院马克思主义研究院助理研究员。

纪检监察派驻监督是具有中国特色的监督机制和监督形式，是党和国家整体监督体系的重要组成部分。中华人民共和国成立以后，纪检监察派驻监督制度经历了从无到有、不断完善、短暂取消、恢复重建、创新发展的演化历程。党的十八大以来，作为全面从严治党的有力抓手，派驻监督制度得到快速发展，随同党和国家监督体系一起发生了深层次、根本性的变革。对派驻监督形成和发展历程进行梳理研究，总结其演变发展的逻辑，可以为新时代深化党和国家监督体系改革提供借鉴和启示。

一 派驻监督的历史沿革和演变特点

派驻纪检监察机构是中国共产党组织发展和马克思主义中国化的产物[①]。尽管早在红军时期党内就有特派员的做法，但是规范地形成派驻监督制度是在新中国成立以后。70 多年来，随着党和国家形势任务的变化，派驻监督制度经历了一个从初创探索到短暂取消、到恢复重建、再到创新发展的过程，大致可以划分为三大阶段。

（一）初创探索阶段（1949~1978年）

新中国成立后，腐败现象和作风问题在部分党员干部中滋生，发生了刘青山、张子善等影响较大的贪腐案件[②]，加强监督的必要性进一步凸显。1951 年，政务院决定在财政部等 7 个业务部门设置监察机构[③]。1955 年 11 月，国务院印发《监察部组织简则》规定，国家监察机关根据需要可以在国务院下属财经部门设立国家监察局，执行国家监察任务。同年，国务院在重工业部、铁道部等部门设立国家监察局，明确这些监察局可以向该部下属

① 阎波、林林、章磊：《“监督全覆盖”背景下基层政府派驻纪检监察机构问责机制优化研究》，《行政论坛》2019 年第 2 期，第 58 ~65 页。

② 《利剑高悬——建党以来十大腐败案件剖析》连载之四，人民网，http://dangshi.people.com.cn/n/2013/1217/c85037-23866911.html，2013 年 12 月 17 日。

③ 彭勃主编《中华监察大典（法律卷）》，中国政法大学出版社，1994，第 946 ~947 页。

管理局和企业派驻监察机构，这是新中国成立后派驻监督的首次尝试[①]。

1956 年，监察部制定《关于派驻县监察组若干工作问题的指示》，对各地派驻监察工作进行规范。1959 年，行政监察机关被撤销，各级监察部门业务和人员并入各级党的监委，监察部派出机构则改为党的中央监察委员会派出。1962 年 9 月，党的八届十中全会做出《关于加强党的监察机关的决定》，明确中央监察委员会可以向国务院各部门派驻监察组。根据这一规定，中央监察委员会先后在 6 个中央局和 40 多个国务院下属部门派驻了监察组，编制达 480 多人[②]。此后，各省级纪检机关也都设立了派驻机构，负责监督检查对上级政策的执行情况。

但是，在“文革”时期，纪律检查机关和纪律检查工作受到严重冲击，派驻监督也被迫中断。

（二）恢复重建阶段（1978～2012年）

改革开放后，党的纪律检查机关和行政监察机关分别开始重建，派驻监督制度也被重新激活。1982 年 9 月，党的十二大通过的《党章》规定“党的中央纪律检查委员会根据工作需要，可以向中央一级党和国家机关派驻党的纪律检查组或纪律检查员”[③]，这是党的历史上首次以党章的形式就派驻监督作出权威规定。根据这一规定，中央纪委从 1983 年开始向对外贸易部等 11 个部门派出纪检组，到 1987 年一共向 21 个部委派出纪检组，共有编制近 400 名。截至 1992 年，中央纪委和监察部向中央和国家机关设立派驻机构共 66 家，其中纪检和监察双派驻的有 28 家，纪检单派驻 6 家，监察单派驻 32 家。

1993 年，纪检机关与监察机关合署办公，派驻机构也开始合署办公。此后，派驻机构“双重领导、一个为主”体制被提出，所谓“双重

---

① 罗星、郭芷材：《新中国成立以来派驻监督的历史沿革、内在逻辑与现实启迪》，《中共杭州市委党校学报》2020 年第 5 期，第 23～30 页。

② 孙彤辉、张珉主编《中央纪委中央监委工作纪实》，中国方正出版社，1995，第 120 页。

③ 《中国共产党第十二次全国代表大会文件汇编》，人民出版社，1982，第 123～124 页。

领导，一个为主”，是指派驻机构要接受其所驻在单位党组和上级纪委的双重领导，而纪检监察业务以上级纪委领导为主。但这种管理模式在实践中大多走了样，往往形成了更多以驻在单位党组领导为主的局面，导致派驻监督缺乏应有的威力。因此，党的十五届六中全会通过了《中共中央关于加强和改进党的作风建设的决定》，这一决定提出要“改革和完善党的纪律检查体制，纪律检查机关对派出机构实行统一管理”。在试点基础上，2004 年中央纪委对派驻机构实行统一管理，将双重领导改为由上级纪委直接领导。到党的十八大之前，中央纪委、监察部共设有 50 多家。

（三）创新发展阶段（2012年至今）

党的十八大以来，以习近平同志为核心的党中央把全面从严治党列入“四个全面”战略布局，并明确纪检机关作为党内监督专责机关的定位，对纪检监察体制改革提出一系列新要求。作为纪检监察机关重要组成部分的派驻机构，迎来了创新发展的全新阶段。2013 年 11 月，党的十八届三中全会提出实现中央一级派驻监督全覆盖的任务，对派驻机构实行统一名称、统一管理。2014 年中央政治局会议审议通过《关于加强中央纪委派驻机构建设的意见》，按照全面派驻、分类设置、职能明确、权责一致的原则，对派驻机构的领导体制和工作机制进行明确。2014 年 12 月，中央纪委向中办、国办、全国人大机关、全国政协机关等新设 7 家派驻机构，这在党的历史上是首次。随后，中央纪委完成了对 139 家中央和国家机关的全面派驻。

2018 年，新制定的《中华人民共和国监察法》规定，各级监察委员会可以向本级党的机关、国家机关、法律法规授权或者委托管理公共事务的组织和单位以及所管辖的行政区域、国有企业等派驻或者派出监察机构、监察专员。2018 年 11 月，中办印发《关于深化中央纪委国家监委派驻机构改革的意见》，从领导体制、职责权限、制度建设上规范派驻机构的建设，明确要“分类施策推进中管企业、中管金融企业、党委书记和校长列入中央管理的高校纪检监察体制改革”，并赋予派驻机构相应的监察权。至此，包括派驻监督在内的纪检监察体制改革的“四梁八柱”已经架设完成，派驻监督也随之进入稳定发展的“精装修”阶段①。

二　派驻监督体制演变的内在逻辑

新中国成立 70 多年来，派驻监督经历了一个从无到有、从重点监督到全面覆盖、从双重领导到统一管理的演化过程，机构设置更加科学、职责定位更加精准、派驻监督更加有力。通过梳理可以发现，派驻机构职责定位逐渐向监督聚焦、领导体制逐渐向直接领导并轨、监督范围逐渐走向全覆盖、监督手段日益多样化。

（一）职责定位逐渐向监督聚焦

一个组织的机构设置、运作形态、人员配置以及赋予何种权限手段，都取决于这个组织所承担的职责使命。派驻制度设计之初，就被赋予监督职责，代表上一级纪委执行对驻在单位的监督任务。派驻机构长期驻在被监督单位，对驻在单位业务运行和廉政风险比较了解，可以开展全过程、动态化、全天候的监督。这种“驻”的优势，可以弥补“上级监督太远”的短板。但在相当长的时间内，派驻机构却过多参与驻在单位的业务工作，承担驻在单位党风廉政建设和反腐败工作主体责任，有意无意忽略了监督职责，导致“种了别人的田，荒了自己的地”。党的十八大以来，习近平总书记要求所有派驻机构“都要聚焦党风廉政建设和反腐败斗争主业，强化监督执纪问责，瞪大眼睛去发现问题。纪检组长要一心履行监督职责，不要分管其他业务”。② 中央纪委强力推动派驻机构“三转”，让派驻机构的主要精力回

① 江金权：《坚持和完善党和国家监督体系》，党建网，http：//www. dangjian. com/djw2016sy/djw2016xxll/202002/t20200206_ 5408301. shtml，2020 年 2 月 6 日。

② 中共中央文献研究室编《习近平总书记关于全面从严治党论述摘编》，中央文献出版社，2016，第 203 页。

归监督主责主业。监察体制改革后，派驻机构被赋予监察权，增加了监督调查处置的职责，使职责定位进一步向监督聚焦。

（二）领导体制向直接领导转变

新中国成立以来，纪委和同级党委的关系发生了多次调整和变迁。纪委最早仅仅接受同级党委领导，后来发展为在接受同级党委领导的同时也接受上级纪委领导。派驻机构是纪检监察机关的组成部分，派驻监督的领导体制解决的是派驻机构和派出机关（纪检监察机关）以及驻在单位（监督对象）之间的关系问题①。最初，派驻监督实行双重领导体制，派驻机构在接受派出机关领导的同时也要接受驻在单位领导。改革开放以后，由双重领导改为“领导＋指导”体制，即派驻机构由派出机关领导，同时接受所在部门党组指导。1993 年，领导体制改为“双重领导、一个为主”，即派驻机构实行中央纪委监察部和所在部门党组、行政领导的双重领导，业务领导以中央纪委监察部为主。在这种体制下，派驻机构实际上成为驻在单位的内设机构，对日常发现的问题不向上级纪委报告，所谓的“双重领导”逐渐演变为驻在单位对派驻机构的领导，这就导致“一个为主”无法落到实处。进入 21 世纪，中央纪委对派驻机构实行“统一管理”体制，特别是党的十八大以后把派驻机构的干部编制、人事任命、业务指导、考核奖惩统一收归纪委，形成了派驻机构由派出机关直接领导的体制，大大增强了派驻监督的独立性和权威性。

（三）监督范围逐步实现全覆盖

1962 年，《关于加强党的监察机关的决定》规定：“中央监察委员会可以派出检查组常驻国务院所属各部门。”② 根据这一文件，派驻监督的覆盖面仅仅是国务院各部门，并不包括党的机关、人大政协、法检两院等，而且

① 罗星、郭芷材：《新中国成立以来派驻监督的历史沿革、内在逻辑与现实启迪》，《中共杭州市委党校学报》2020 年第 5 期，第 23～30 页。

② 中央文献研究室编《建国以来重要文献选编（第 15 册）》，中央文献出版社，1997，第 573 页。

仅仅是提出“根据工作需要派遣”，并没有形成常态化制度要求。在实际运行中，中央纪委派驻机构数量非常有限，远没有实现对党和国家机关的全覆盖。1982 年党的十二大通过的党章规定，派驻监督可以覆盖到“中央一级党和国家机关”，与过去相比，派驻监督的范围有所扩大。但直到党的十八大之前，中央一级的派驻监督更多地集中于国务院各部门，近 2/3 的中央一级党和国家机关并没有派驻纪检组①。2014 年 12 月，中央纪委监察部在中办、国办、全国人大机关、全国政协机关等新设立 7 家派驻机构，随后，中央纪委完成了对 139 家中央和国家机关的全面派驻。至 2017 年底，全国各设区市陆续实现派驻机构全覆盖。2018 年监察法的制定，赋予部分派驻机构相应监察权，使派驻监督范围扩展到了全体行使公权力的人员，从而实现了完全意义上的派驻监督全覆盖。

（四）监督手段日渐丰富多样

最初，派驻机构监督手段比较少，发现问题线索、开展审查调查能力不足。十二大党章赋予派驻机构的监督手段非常少，只明确了列席驻在单位会议一种手段。在很长一段时间里，派驻监督囿于授权、力量和能力等各种限制，多采取列席有关会议、接收信访举报、查看台账资料、个别谈话了解等几种有限手段开展监督，成效不够明显。党的十八大以后，派驻机构强力推进“三转”，相应地赋予了部分信访调查和纪律审查手段，较多采取驻点监督、专项督查等方式，监督手段有了增加。国家监察体制改革后，派驻机构被赋予监督、调查、处置权，进一步丰富了监督手段。

三　当前派驻监督改革的基本现状与成效

随着党的纪律检查体制、国家监察体制和纪检监察机构“三项改革”

① 罗星、郭芷材：《新中国成立以来派驻监督的历史沿革、内在逻辑与现实启迪》，《中共杭州市委党校学报》2020 年第 5 期，第 23～30 页。

不断深入，派驻机构迎来创新发展的新时期，实现了一系列历史性突破，取得了根本性成效。

（一）党政机关派驻全覆盖基本完成

经过几轮调整改革，2016 年 1 月，中央纪委共设立 47 家派驻机构，以“单独派驻 + 综合派驻”的模式，实现了对中央一级 139 家党和国家机关派驻监督的全覆盖。此后，各地迅速参照这一做法，在较短时间内基本实现党政机关派驻全覆盖。如，浙江省宁波市设置 31 家派驻机构，实现对 116 个市级单位派驻监督全覆盖，其中 5 个单独派驻，其余为综合派驻。福建省纪委设置 40 个派驻机构，实现对 119 家党政机关派驻监督全覆盖，其中 12 个单独派驻，其余为综合派驻。

（二）国企和高校派驻监督加速推进

根据中央办公厅《关于深化中央纪委国家监委派驻机构改革的意见》，中央纪委在 2019 年基本完成中管企业、中管金融企业和中管高校的派驻监督全覆盖。如四川省纪委监委向 28 所省管高校和 18 家国有企业派驻纪检监察组，实现对省管高校、国企公职人员监察全覆盖。天津市在 15 所市管高校设立纪检监察组，并将其作为一个基本单位统筹。海南省在 20 家省属高校和省属企业设置了专职纪委书记或纪检监察组组长，并将其考核评价纳入省纪委监委统一管理。

（三）统一管理制度基本落实

对派驻机构实行统一管理，从机制上明确了其作为纪检监察机关一部分的定位，对于强化派驻机构独立性具有关键性意义。2004 年提出对派驻机构统一管理要求以来，各地区根据各自实际，探索了带有各自特色的统管模式。如上海市、海南省将派驻干部的工作考核、业务管理、经费保障统一划归纪检监察机关，后勤保障由驻在单位承担。浙江省、市、县三级全部实现了派驻机构统一管理，并将包括派驻干部工资保障、工会党团关系等在内的所有事项全部收归至纪委机关，初步实现了“六个统一”①。

（四）派驻监督质量逐步提升

近年来，中央纪委和各地纪委在机制制度、工作方法、技术手段等方面做了许多积极探索，派驻监督的质量和成效都有明显提升。如浙江省纪委、河南三门峡市纪委都曾设置“派驻机构管理室”，专门联系和指导派驻机构，较好促进派驻机构履职质量水平提升。② 重庆市探索建立“1名委领导+1个纪检监察室+若干派驻纪检监察组”的片区协作模式，山西省晋城市建立执纪监督室与巡察机构、派驻机构及其他内设机构信息共享机制，云南省富源县实行派驻机构监督执纪工作“承包责任制”。海南省、贵州省、天津市等地纪委建设数字监督系统，将网络信息技术引入纪检监察监督工作，较好地打破了传统的平台领域和信息壁垒，有力地提高了监督效率。③

四　当前派驻监督的主要问题及原因

尽管派驻监督制度改革取得了一定成效，但当前派驻监督的成效仍不理想，还存在不少问题，制约了全面从严治党的深入推进，影响了党和国家监督体系的整体成效。

（一）体制不顺，“派”的权威没有充分彰显

派驻机构的独立性和权威性虽有大幅提升，但“派”的权威没有充

① 施凌云：《纪检监察“派驻统管”体制初探——以浙江省为例》，复旦大学硕士学位论文，2010年。

② 刘碧强：《基于整体性廉政治理的地方纪检监察派驻机构统一管理研究》，《太原理工大学学报》（社会科学版）2016年第3期。

③ 陈杨镨：《纪检监察合署办公履行监督的历史进程与路径研究》，中共北京市委党校硕士学位论文，2019年，第37页。

分彰显，离制度设计初衷仍有较大差距。一方面，派驻机构与派出机关联系不紧密、职责界限不清晰。派驻机构除不定期参加会议、联系室厅、片组协作等较为松散的渠道外，与派出机关特别是与领导班子成员联系较少，在机制制度上的“紧密型领导关系”尚未建立，派的权威难以体现。派驻机构虽然负有协助派出机关监督驻在单位领导班子成员的职责，但这些领导成员的廉政档案、个人事项报告、信访举报等信息，主要掌握在派出机关，派驻机构大多不知情，在一定程度上削弱了派驻机构的监督权威。另一方面，派驻机构在办公经费等方面受到驻在单位的制约。虽然派驻干部的办公经费是单列的，但所有的费用支出都需要经过驻在单位，特别是办公基础设施、办案车辆保障、出差费用等方面都要驻在单位批准。因此，多数驻在单位在经费预算上将派驻机构视为其内设机构，难以按照派驻机构业务需要及时购置办公设备。而办案车辆、出差报销等情况受制于人，也在一定程度上泄露了查办问题线索的部分情况，不利于案件的保密。①

（二）信息不畅，“驻”的优势难以充分发挥

与其他监督形式相比，派驻机构应当具有更多收集了解信息的优势。但实际上，派驻机构的信息来源渠道较为有限，“驻”的优势难以发挥。首先，从监督的权威性来看，巡视巡察、纪委监委比派驻机构更具权威性，包括驻在单位干部职工在内的知情人，更愿意把举报信息直接反映给巡视巡察组和纪委监委机关，而不是向派驻机构反映。其次，派驻机构主要负责人兼任其常驻单位的党组（党委、党工委）成员，反而经常受到“一把手”和“班子团结”的限制，开展监督反而更加谨慎，重大监督举措一般要在党组（党委、党工委）书记同意后才会开展。最后，派驻机构“三转”以后，超脱于驻在单位工作业务之外，这保证了派驻机构从事专职监督的时间精力，

---

① 蔡秀丽：《纪检监察派驻机构改革的问题及推进途径——基于漳州实践》，《胜利油田党校学报》2018 年第 5 期，第 61 ~ 65 页。

但也在一定程度上制约了派驻机构的知情权，减弱了“驻”的优势。而对于非常驻单位，信息不畅的问题则更为突出。

（三）力量薄弱，难以形成监督实效

派驻力量薄弱，主要体现在少与弱两个方面。一方面是少。由于派驻监督全覆盖的要求和编制限制，派驻机构往往人手较少，地市级每个派驻机构多为5~6人，县级派驻机构人数更少，甚至个别派驻机构长期只有1~2人。而派出机关经常向派驻机构抽调人员，使派驻机构长期处于实际在位人员更少的状态。派驻机构力量不足，导致面对问题线索时，往往产生大事化小、小事化了的心理，直接影响了核实性谈话、纪律审查调查等工作的开展。另一方面是弱。派驻干部多从驻在单位转隶而来，较少纪检、法律、审计、财务、招投标等方面专业人才，纪检专业素质和审查调查经验都明显不足。而职务违纪违法案件，往往问题线索隐藏深、调查取证难度大、涉及人员环节多，派驻干部大多难以胜任，从而影响了监督实效。

（四）激励不足，导致派驻监督积极性不高

激励不足主要体现在归属感不强和积极性不高。一是归属感不强。派驻干部党团工会关系、工资福利待遇等全部收归派出机关后，派驻机构与驻在单位彻底成为“两个单位”。但派驻机构远离派出机关，日常联系较少，归属感不强。这种特殊体制，容易使派驻干部成为“两边都够不着”的双重边缘人，在派出机关是“客人”、在驻在单位是“外人”，直接影响了派驻干部的职业荣誉感和履职使命感。二是积极性不高。监督是得罪人的工作，而派驻监督是一线监督、每天直面被监督对象，派驻干部更容易陷入被驻在单位“孤立”的困境。派驻纪检组长大多被视为“闲岗位”，用于“解决待遇”或是“养老过渡”，因而履职热情普遍不高。由于与派出机关空间距离较远、日常联系不紧密，派驻干部难以进入派出机关领导的视线，因而得到交流锻炼、提拔使用等机会较少，成长空间有限，导致部分派驻干部履职积极性不高，处于“混日子”的状态。

五　进一步加强派驻监督的对策与建议

派驻机构改革贯通党的纪律检查体制、国家监察体制和纪检监察机构“三项改革”，是持续深化更深层次更高水平“三转”的重要方面，是完善党和国家监督体系的重要内容。做深做细做实派驻监督，对完成全面从严治党“最后一公里”具有特殊重要意义。

（一）分类推进，提高全覆盖质量

分类施策是深化派驻机构改革的重要方法，也是改革坚持问题导向的重要体现。深化派驻机构改革，尤其要注意分类施策、因地制宜。要针对国有企业、高校、金融企业等各自实际，分类推进派驻机构设置。比如，对于纪委书记由党员大会或党代会选举产生的高校、国企，可以试行由上级纪委监委任命当选的纪委书记为监察专员的办法，赋予其监察监督职责，实现党内监督和国家监察的统一。再如，对于省以下垂直管理的单位（如县级生态环境保护局为市局的派出分局），派驻市局的纪检监察组不能再向下延伸派驻或者转授监察权，需要在推动主体责任层层落实并向下贯通的同时，加强派驻机构对垂直管理系统纪检监察工作的监督检查和业务指导，特别是建立健全查办案件以派驻纪检监察组领导为主的体制。

（二）深化改革，理顺机制体制

当前，体制不顺仍是制约派驻监督成效的最大困境。要科学划定派驻机构的监督范围，特别是厘清对驻在单位领导班子成员的监督职责归属，切实消除派驻机构获知履职所需信息的屏障。要准确厘清与驻在单位（包括党组、主体责任办、机关党委和机关纪委）、同级机关纪工委以及其他主体之间的关系，真正让“自己的田”和“别人的地”边界清晰。切实加强派出机关与派驻机构的联系，把“松散型协作关系”变为“紧密型领导关系”，让派驻机构履职有强大的“后援部队”。要进一步加大综合派驻力度，减少派驻机构数量，增强单个派驻机构力量，组建“大组”或者“大片组”，统一命名为“第X纪检监察组”。县级派驻机构，要求全部集中办公。市级派驻机构，可以因地制宜集中办公，增强力量聚集效应和人员协作联系，改变一个派驻机构“单打独斗”的局面。

（三）强化激励，激发履责热情

当前，派驻干部不想监督、不敢监督、不会监督的问题依然突出，主要原因是派驻干部激励不足、积极性不高，支撑不足、权威性不高，培训不足、专业性不强。要全面落实派驻干部与派出机关干部一体管理、同等对待、双向交流，切实强化对派驻干部的激励，体现对派驻干部的关心培养，真正激发出派驻干部担当干事的热情。要强化支撑，改进考核方法，避免简单地以驻在单位打分和派出机关凭印象考核派驻干部，对敢于监督的派驻干部实行容错免责，使敢于担当履职的派驻干部无后顾之忧。要强化专业性培训锻炼，在重视选配优秀专业干部的同时，通过多种形式的业务培训、挂职培养和岗位锻炼，全方位提高派驻干部的专业水平，把派驻干部打造为“前哨尖兵”。

（四）创新方式，提升监督实效

当前，派驻监督成效不彰是一个不容回避的突出问题。有的派驻机构坐等信访举报上门，有的派驻机构列席会议长期只听不说，有的派驻机构疲于应付日常事务，从不开展针对性监督检查。这些都直接影响派驻监督成效，导致部分派驻机构长期零问题线索、零调查处置，“探头”作用发挥不明显。为此，必须结合实际创新派驻监督的方式方法，切实改变等线索的局面。派驻机构要充分利用法律法规赋予的监督调查处置权限，综合运用好开展专项监督、受理信访举报、参与内部巡察、开展个别谈话、查看台账票据等多种监督方式和各种监督权限，拓宽问题线索来源渠道。要建立“室、组、地”联络机制，建立问题线索通气协商渠道，充分发挥派出机关、派驻机构、驻在地区各自优势，汇总各自掌握的廉情信息和问题线索，形成

“1 +1 +1 >3” 的效果。要健全派驻机构片组协作机制，解决派驻机构在查办案件中力量不足的问题，同时通过交叉办案，最大限度破解“关系网”“人情案”等问题。

派驻监督是全面从严治党的有力抓手和重要支撑。派驻监督体制的发展演化历程，表明了党中央惩治腐败的坚定意志和坚强决心。派驻监督经历多次改革演化，独立性、权威性、专业性日益增强，已成为党和国家监督体系的重要组成部分。但是，与形势任务要求相比，派驻监督仍存在一些突出问题和不足，制约了走完全面从严治党的“最后一公里”，影响了党和国家监督体系的整体成效，亟须进一步深化改革，切实提高派驻监督实效。

B.3
学术不端治理保持高压态势 科研诚信建设持续走向深入
——2020年9月以来国内学术不端状况与科研诚信建设研究

中国社会科学院中国廉政研究中心课题组*

摘　要：2020年9月以来，各种渠道披露的学术不端案件数量大幅增加，影响恶劣的学术不端案件时有发生，医学论文仍是学术不端的重灾区，学术造假、论文买卖已成为学术不端的主要形式，与中国作者论文相关的国际撤稿事件继续高发。有关部门持续加大学术不端治理的力度，科研诚信建设的制度体系进一步健全，高等教育领域成为科研诚信建设的热点，惩治学术不端的立法进程明显加快，学术与人才评价改革持续推进，学术期刊领域不端问题受到关注。今后应当继续保持打击学术不端的高压态势，重视媒体披露的学术不端案件，进一步加快反学术不端立法的进度，加大对“论文中介”产业打击力度，增强学术不端治理的科学性、系统性，加强学术评价改革中“立”的工作，开展学术不端治理的国际协作。

关键词：学术不端　科研诚信　学术评价　科研管理　学术治理

* 执笔人：刘普、孙婉婷。刘普，中国社会科学院文化发展促进中心副研究员，研究方向为网络社会治理、学术期刊管理；孙婉婷，中国社会科学院科研局助理研究员，研究方向为新媒体管理。

2020年9月以来，各种渠道披露的学术不端案件数量大幅增加，对学术不端的打击持续保持高压态度，一大批学术不端当事人受到处理并公开披露信息；科研诚信建设持续走向深入，有关部门出台一系列制度与措施，与科研诚信相关的立法步伐明显加快，其中教育领域最为突出。科研诚信状况总体持续向好，但学术不端发生的土壤依然存在，在继续加大打击与治理力度的同时，还需要提高治理措施的科学性、前瞻性。

一　学术不端问题发生及披露的概况

2020年9月至2021年10月，媒体①及有关部门披露了大批学术不端案件，数量超过历史上任何时期。具体情况如下。

其一，各类媒体披露学术不端案件25起（含涉嫌），涉及学术不端当事人32人。

其二，科技部网站2020年9月16日发布《关于论文造假等违规案件查处结果的通报》，披露了9起学术违规案件处理结果，涉及学术不端当事人16人、涉事单位1个。

其三，国家自然科学基金委网站先后公布5批“不端行为案件处理决定”。具体情况：（1）2020年9月17日，2020年第一批次，共8起学术不端案件，涉及学术不端当事人7人、涉事单位1个；（2）2021年1月15日，2020年第二批次，共14起学术不端案件，涉及当事人16人；（3）2021年3月31日，2021年第一批次，共7起学术不端案件，涉及当事人7人；（4）2021年7月6日，2021年第二批次，共6起学术不端案件，涉及当事人7人；（5）2021年10月22日，2021年第三批次，共22起学术不端案件，涉及当事人25人。

其四，国家卫生健康委员会网站先后公布7批“部分机构医学科研诚信

---

① 指报纸、期刊、电视、广播等传统媒体及其网站、新媒体平台，以及主流门户网站，如新浪网、搜狐网、腾讯网、凤凰网、澎湃网等。

案件调查处理结果”，这也是国家卫健委首次通过网站公布医学科研诚信案件信息。具体情况：（1）2021 年 6 月 8 日，第一批，公布科研诚信案件 7 起，涉及学术不端当事人 23 人；（2）2021 年 8 月 19 日，第二批，公布案件 10 起，涉及当事人 26 人；（3）2021 年 9 月 1 日，第三批，公布案件 12 起，涉及当事人 51 人；（4）2021 年 9 月 17 日，第四批，公布案件 14 起，涉及当事人 34 人；（5）2021 年 9 月 30 日，第五批，公布案件 14 起，涉及当事人 34 人；（6）2021 年 10 月 15 日，第六批，公布案件 16 起，涉及当事人 56 人；（7）2021 年 10 月 29 日，第七批，公布案件 30 起，涉及当事人 87 人。

在 2020 年 9 月之后的 14 个月里，以上 4 个渠道共披露学术不端案件 194 起，涉及学术不端当事人 421 人、涉事单位 2 个（见表 1）。

表 1　学术不端案件信息披露情况（2020 年 9 月至 2021 年 10 月）

披露渠道	批数(批)	数量(起)	涉事人(个)	涉事单位(个)
媒　体	—	25	32	—
科技部	1	9	16	1
国家自然科学基金委	5	57	62	1
国家卫健委	7	103	311	—
合　计	—	194	421	2

资料来源：课题组整理。

虽然披露的学术不端案件、涉事人大幅增加，但不能由此得出学术不端问题更严重了的结论，更不能得出学术不端越治理越严重的结论。如国家自然科学基金委披露的 5 批共 57 起学术不端案件，90% 以上发生在 2015 ~ 2018 年，并非 2020 年 9 月以来新发生的。披露出来的学术不端案件多，恰恰表明了有关部门治理学术不端的决心大、力度大。

分析 2020 年 9 月以来披露的近 200 起学术不端案件，大体可以得出以下结论。

1. 影响恶劣的学术不端案件时有发生

2020 年 11 月，原天津大学化工专业硕士研究生吕翔通过网络实名举报其导师天津大学化工学院教授张裕卿及其女儿学术造假，举报材料长达 123 页，

在网上引起轰动。张被举报的学术不端行为包括实验、论文多次造假，科研项目造假，指导学生将他人论文改写成自己的论文，利用学生研究成果为自己和女儿署名，等等。11 月 19 日，天津大学化工学院官网发布情况说明称，经调查组查证，认定张裕卿教授学术不端行为属实，天津大学已对其解聘。[①]

2020 年 12 月 29 日，中南大学官网发布了《关于追回刘萍博士研究生毕业生证书的决定》《关于追回刘萍博士学位证书的决定》，认定深圳丹邦科技股份有限公司法定代表人、董事长刘萍报考博士研究生时提交的本科学历证书、学士学位造假。[②] 据媒体披露，刘萍没有上过一天大学，无硕士文凭，居然获得了中南大学的博士学位。有网友评论：简直就是闹笑话！

2021 年 4 月，一篇有关“熟蛋返生孵雏鸡”的论文在网上疯传。《写真地理》杂志 2020 年第 22 期刊发了《熟鸡蛋变成生鸡蛋（鸡蛋返生）——孵化雏鸡的实验报告》一文，作者是郑州市春霖职业培训学校校长郭平和河南某医院医生白卫云。[③] 该论文因其极端荒诞性，在网上引发热议。郑州市人社局到春霖职业培训学校进行调查，郭平向公众道歉。吉林省新闻出版局对《写真地理》杂志做出停刊整顿处理。央视网发表评论：“熟蛋返生孵小鸡，奇葩论文侮辱了谁的智商？”新华网发表评论：“熟蛋返生孵鸡论文：伪科学，真骗子！”

2. 医学论文仍是学术不端的重灾区

科技部 2020 年 9 月公布的 9 起学术不端案件处理结果，其中 7 起与医学论文有关，涉及医务工作者和医学研究者 13 人，其中 6 起为购买论文。

国家卫健委从 2021 年 6 月至 10 月，公布的 7 批共 103 起科研诚信案件

---

① 《2020 年十大学术不端事件》，上海科技部网站，2021 年 1 月 6 日，http：//www.shkjb.com/cont/823/214101.html，最后访问日期：2021 年 11 月 6 日。

② 《中南大学追回丹邦科技董事长博士学位，称其本科学历造假》，《新京报》2021 年 1 月 5 日，https：//baijiahao.baidu.com/s? id = 1688050382037107074&wfr = spider&for = pc，最后访问日期：2021 年 11 月 6 日。

③ 《刊发“熟蛋返生孵小鸡论文”杂志社：系投稿，曾经专业人员审核》，澎湃新闻，2021 年 4 月 26 日，https：//baijiahao.baidu.com/s? id = 1698072856344021633&wfr = spider&for = pc，最后访问日期：2021 年 11 月 12 日。

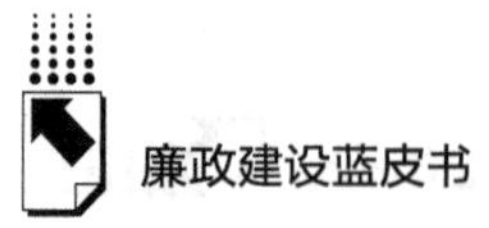

调查处理结果，涉及医务工作者和医学研究者 311 人。

在媒体和国家自然科学基金委公布的学术不端案件中，也有部分涉及医学领域论文。

不计大众媒体和国家自然科学基金委公布的医学领域学术不端案件，科技部和国家卫健委公布的与医学有关的学术不端案件，占 2020 年 9 月以来披露的全部学术不端案件的 56.7%，医务工作者和医学研究者占全部学术不端涉事人的近 77%。

在本该以严谨、负责著称的医学领域，却发生了数量如此巨大的学术不端案件，这种现象引人深思。

3. 学术造假、论文买卖已成为学术不端的主要形式

人文社科领域学术不端以抄袭、剽窃为主，而科技领域学术不端则以数据、图片造假和论文买卖居多。2020 年 9 月以来披露的 194 起学术不端案件中，科技领域占了 90% 以上，学术造假、论文买卖成为过去一年多来学术不端的主要形式。

国家自然科学基金委公布的学术不端案件中，不端行为类型包括抄袭剽窃、数据造假、图片造假、图片抄袭、图片重复使用、通过第三方公司代写代发论文（买卖论文）、抄袭剽窃他人国家自然科学基金项目申请书、委托第三方机构代写（修改）项目申请书、在项目申请书中提供虚假信息、署名不实、擅标他人基金项目、干扰基金项目评审、重复发表、虚构同行评议意见、伪造专家推荐信、购买实验数据、违反科研伦理规范、违反评审专家行为规范、篡改身份信息、虚构论文作者等，各类学术造假、论文买卖占据了较大的比重。其中数据、图片造假 17 起，占国家自然科学基金委公布案件总数（57 起）的 29.8%。代写代发、论文买卖共 16 起，占全部案件的 28.1%。值得注意的是，抄袭剽窃、买卖、伪造项目申请书的比重很大，共 18 起，占全部案件的 31.6%。

国家卫健委公布的 7 批学术不端案件中，学术造假和论文买卖也是主要的学术不端类型。其中数据、图片造假共 53 起，占全部案件（103 起）的 51.5%；代写代投代发论文共 42 起，占全部案件的 40.8%。

4. 与中国作者论文相关的国际撤稿事件继续高发

2020 年 7 月 10 日，中国地质大学宋某及东南大学朱某共同通讯在 *Science* 在线发表题为“Proton transport enabled by a field-induced metallic state in a semiconductor hetero structure”的研究论文。8 月 10 日，该文被质疑存在学术不端，因多处图片与先前发表的文章高度相似。10 月 9 日，该文被撤回。这是中国作者首次被撤稿的 *Science* 文章。① 此前，2020 年 7 月 22 日，中国地质大学还有其他教授撤回了 *Nature* 文章，这是中国学者首次从 *Nature* 撤稿。②

2020 年 7 月，知名职业打假人 Elisabeth Bik 曝光了一组 121 篇论文，几乎全部发表在国外同一种科学期刊上。乍看每篇论文都是独一无二的，作者来自不同的机构，描述的癌症类型和组织样本也不同，但这些论文都包含来自同一图库的约 100 张图片，每张图片在不同的文章中使用了多次（有的多达 19 次）。这些论文的基本组织框架类似，表明来自同一家“论文制造厂”。截至 2020 年 11 月 14 日，这 121 篇文章中已被撤稿 74 篇，还有 47 篇等待杂志社进一步处理。论文的作者来自首都医科大学、山东大学、武汉大学、复旦大学、上海交通大学、吉林大学等单位。③

2021 年 2 月，英国皇家化学学会（Royal Society of Chemistry，简称 RSC）撤回 70 篇可能出自“论文工厂”的文章，所有论文均出自中国，且绝大部分出自知名大学或其附属医院。这些论文的共同特点：主要是医学生物领域、涉嫌图像复制和人为修改结果。④

2021 年 6 月 4 日至 8 日，*Journal of Cellular Physiology*，*Journal of*

---

① 《中国学界或迎来首篇 Science 文章被撤稿，地大 & 东南大学学者被指严重学术不端》，搜狐网，2020 年 9 月 4 日，https：//www. sohu. com/a/416490255_ 120607343。

② 《打破中国 2 项纪录！中国地质大学的 Nature 及 Science 被撤稿》，网易，2020 年 10 月 10 日，https：//www. 163. com/dy/article/FOJP04L405329KGN. html，最后访问日期：2021 年 11 月 13 日。

③ 《2020 年十大学术不端事件》，上海科技部网站，2021 年 1 月 6 日，http：//www. shkjb. com/cont/823/214101. html，最后访问日期：2021 年 11 月 6 日。

④ 《中国学者论文再遭集中撤稿！70 篇论文涉嫌造假》，深圳商报官方账号，2021 年 2 月 24 日，https：//baijiahao. baidu. com/s? id = 1692572787744541207&wfr = spider&for = pc，最后访问日期：2021 年 11 月 6 日。

Cellular Biochemistry 及 *Bioscience Reports* 同时撤回了中国学者 47 篇文章，主要原因是文章结论不可靠及图片重复使用。作者的单位包括山东大学、青岛大学、吉林大学、南昌大学等。①

截至 2021 年 1 月 31 日，世界范围内共有 25099 篇 SCI 论文撤稿，其中中国有 11046 篇，远远高于居第二位的美国 4405 篇，中国论文占撤稿论文总数的 44%。②

二 学术不端治理与科研诚信建设情况

2020 年 9 月以来，有关部门持续加大学术不端治理与科研诚信建设的力度，过去几年里制定的一系列制度和措施逐渐得到落实，学术不端的空间被极大压缩。科研诚信建设的制度体系不断完善，相关领域的治理措施进一步做实做细，惩防并举的学术不端治理体系初步建成。

1. 打击学术不端的力度进一步加大

从学术不端案件披露情况看：过去披露学术不端信息的主体是媒体，2020 年以来，越来越多的管理部门参与到学术不端信息披露中来。国家自然科学基金委从 2020 年 6 月 9 日开始，通过网站公布学术不端案件处理结果，最早的案件是 2005 年的，以单个案件形式公布；从 2013 年的案件开始，按批公布，2013 年、2014 年案件合并为一批，2015 年、2016 年案件合并为一批；2017 ~ 2019 年案件，则是每年一批，分别公布；2020 年案件，公布了两批；2021 年截至 10 月 22 日，已公布三批案件。可见，工作力度逐年加大。科技部 2020 年 9 月首次通过网站公布学术不端案件调查处理结果。2021 年 6 月 3 日，国家卫健委在其官网开设了医学科研诚信专栏，仅从 6 月 8 日至 10 月 29 日，4 个多月时间，已先后公布 7 批部分机构医学科

---

① 《多数结论不可靠！山大、吉大等中国学者 47 篇文章被撤回》，腾讯网，https://new.qq.com/omn/20210617/20210617A0BXNG00.html，最后访问日期：2021 年 11 月 6 日。

② 《11046 篇！中国 SCI 论文撤稿量世界第一》，搜狐网，2021 年 2 月 19 日，https://www.sohu.com/a/451421997_120363032，最后访问日期：2021 年 11 月 6 日。

研诚信案件调查处理结果，可谓力度空前。

从学术不端案件查处情况看：媒体披露的学术不端案件，有关部门能在较短时间内做出反应，完成调查处理并公布结果。2020 年初以“导师崇高感、师娘优美感”论文引爆网络舆论的中科院西北生态环境资源研究院研究员徐某，受到国家自然科学基金委调查，发现其在有关项目申请书中提供大量虚假信息。2020 年 7 月 23 日，国家自然科学基金委撤销其 2011 年获资助基金重大研究计划重点支持项目“黑河流域生态—水文过程集成研究”，追回已拨资金，取消其国家自然科学基金项目申请资格 2 年，并给予通报批评。[①] 2020 年 11 月，网络媒体曝出青岛大学一名副教授在国外期刊发表的 13 篇文章被撤稿，国家自然科学基金委在 2021 年 1 月 29 日作出处理决定，认定其学术不端问题包括图片造假、重复发表、擅署他人姓名、擅标他人多项国家自然科学基金项目等，取消该副教授国家自然科学基金项目申请资格 5 年，并给予通报批评。[②]

从学术不端案件处罚对象看：过去学术不端的处罚对象全部为科研、教学、医务人员，从 2020 年开始，单位、评审专家等也成为学术不端的处罚对象。2020 年 9 月科技部通报的 9 起学术不端案件中，包括了一家企业北京华油冠昌环保能源科技发展有限公司，问题类型为套取财政科研资金，处罚措施为收缴项目违规资金，取消该公司及项目负责人申请财政性资金支持的各级各类科研活动资格 5 年。[③] 国家自然科学基金委在处罚徐某的同时，也对他所在单位中国科学院西北生态环境资源研究院在项目管理过程中监管失责作出了处理，给予通报批评处分。在国家自然科学基金委公布的 2021

---

① 《2020 年查处的不端行为案件处理决定（第一批次）》，国家自然科学基金委网站，2020 年 9 月 17 日，https：//www. nsfc. gov. cn/publish/portal0/jd/04/info80772. htm，最后访问日期，2021 年 11 月 13 日。

② 《2021 年查处的不端行为案件处理决定（第一批次）》，国家自然科学基金委网站，2021 年 3 月 31 日，https：//www. nsfc. gov. cn/publish/portal0/jd/04/info80862. htm，最后访问日期：2021 年 11 月 13 日。

③ 《科技部通报九起论文造假等违规案件查处结果》，新华社新媒体，2020 年 9 月 16 日，https：//baijiahao. baidu. com/s？id = 1677992234525222560&wfr = spider&for = pc，最后访问日期：2021 年 11 月 13 日。

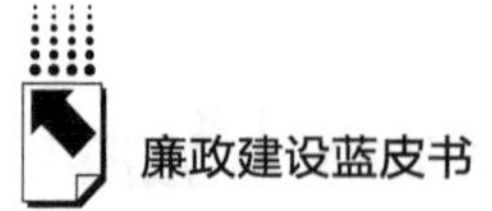

年第三批22起学术不端案件中，有2起的涉事人为评审专家，四川大学赵某和西安交通大学李某违反了自然科学基金委关于评审专家行为规范的要求，受到取消项目评议、评审资格及通报批评等处分。①

2. 科研诚信建设的制度体系进一步健全

2019年9月，科技部、中央宣传部、最高人民法院等20个部门（单位）联合印发了《科研诚信案件调查处理规则（试行）》，为科研诚信案件调查处理提供了根本依据和基本遵循。之后，各具体领域的学术不端调查处理制度规范不断细化与完善。

为了规范国家自然科学基金委对科研不端行为的调查处理，促进科学基金事业的健康发展，2020年12月25日，国家自然科学基金委印发了《国家自然科学基金项目科研不端行为调查处理办法》。“处理办法”适用于对在国家自然科学基金项目的申请、评审、实施、结题和成果发表与应用等活动中发生的科研不端行为的调查处理，规定了违背科研诚信和科研伦理行为准则的9种行为，明确由国家自然科学基金委员会监督委员会负责受理对科研不端行为的投诉举报，组织开展调查，提出处理建议并且监督处理决定的执行。②

为加强生物医学领域科研诚信体制建设，2021年1月，国家卫生健康委、科技部、国家中医药管理局新修订发布的《医学科研诚信和相关行为规范》，适用于所有从事医学科研活动的人员和所有开展医学科研工作的机构，明确了医学研究活动应当遵循的基本规范，突出了医学研究机构科研诚信主体责任，实现了与《科研诚信案件调查处理规则（试行）》的有序衔接，并于2021年2月19日施行。③

---

① 《2021年查处的不端行为案件处理决定（第三批次）》，国家自然科学基金委网站，2021年10月22日，https：//www. nsfc. gov. cn/publish/portal0/jd/04/info81958. htm，最后访问日期：2021年11月13日。

② 《关于印发〈国家自然科学基金项目科研不端行为调查处理办法〉的通知》，国家自然科学基金委网站，2020年12月29日，https：//www. nsfc. gov. cn/publish/portal0/tab434/info79519. htm，最后访问日期：2021年11月6日。

③ 《关于〈医学科研诚信和相关行为规范〉修订的解读》，中国政府网，http：//www. gov. cn/zhengce/2021 - 02/21/content_ 5588063. htm，最后访问日期：2021年11月13日。

2020年12月，科技部印发实施《科学技术活动评审工作中请托行为处理规定（试行）》。其中明确，在科技活动评审过程中，以直接或间接、明示或暗示等方式向评审组织者、承担者及其工作人员和评审专家等寻求关照、谋取不正当利益的，均属于请托行为，将严肃惩处。该处理规定提出了统一的处理程序、处理尺度和处理标准，为相关调查处理工作提供了制度规范和直接依据。①

科技部创新工作方法，从2020年开始对年度国家科技计划项目开展随机抽查，并形成制度。随机抽查采用“事前不打招呼、直奔现场”的“飞行检查”方式，集中开展现场检查工作；检查内容主要包括任务书履行情况、专项经费使用情况、法人责任落实及内控制度建设情况，以及近年出台的重要科技政策文件落实情况等；被检查项目承担单位按项目实施计划正常开展工作，不需事先提供材料，不作PPT汇报。2020年10月、2021年10月，科技部已连续两年开展国家科技计划项目的随机抽查。②

3. 高等教育领域成为科研诚信建设的热点

在科研诚信建设方面，高等教育领域出台的政策最密集，工作力度最大，涵盖了大学入学、本科生论文、研究生教育培养、学位论文质量、学位授予等高等教育的全流程。

2020年9月22日，教育部发布了《关于加快新时代研究生教育改革发展的意见》，强调“用好学位授权点评估、学位论文抽检等手段，加强对研究生教育质量监督检测”，“将学位论文作假行为作为信用记录，纳入全国信用信息共享平台”。教育部学位管理与研究生教育司负责人表示，教育部对学术不端、学位注水的问题，一直坚持零容忍，发现一起、查处一起，露

① 《科技部关于印发〈科学技术活动评审工作中请托行为处理规定（试行）〉的通知》，中国政府网，http：//www. gov. cn/zhengce/zhengceku/2020 – 12/30/content_ 5575589. htm，最后访问日期：2021年11月6日。

② 《不打招呼，直奔现场！2020年度国家科技计划项目“飞行检查”来了》，《科技日报》2020年10月16日，https：//baijiahao. baidu. com/s? id = 1680668471351879485&wfr = spider&for = pc，最后访问日期：2021年11月6日。

头就打，要坚决确保学位授予的含金量。①

9 月 25 日，国务院学位委员会、教育部印发《关于进一步严格规范学位与研究生教育质量管理的若干意见》，从学位授予和研究生培养的全流程，提出了整治不良学风、遏止学术不端的指导意见和具体措施，包括严格规范研究生考试招生工作、严抓培养全过程监控与质量保证、加强学位论文和学位授予管理等。《若干意见》特别强调了科研诚信教育和导师在育人方面的责任，明确“把学术道德、学术伦理和学术规范作为必修内容纳入研究生培养环节计划”，“持续加强学术诚信教育、学术伦理要求和学术规范指导”，“研究生应签署学术诚信承诺书，导师要主动讲授学术规范，引导学生将坚守学术诚信作为自觉行为”。②

在抓好研究生教育质量的同时，学术不端治理进一步向本科生教育和学士学位授予领域延伸。2020 年 12 月，《北京市学士学位授权与授予管理办法（征求意见稿）》在市教委官网公示，向社会公开征求意见，2021 年 3 月 19 日正式印发。《管理办法》提出，学位授予单位应建立严格的学士学位授予质量保障机制，对以作弊、剽窃、抄袭等学术不端行为或其他不正当手段获得的学士学位证书，普通高等学校依法予以撤销。③

2020 年 12 月底，教育部印发了《本科毕业论文（设计）抽检办法（试行）》，自 2021 年 1 月 1 日起施行。《办法》明确，本科毕业论文抽检每年进行一次，抽检对象为上一学年度授予学士学位的论文，抽检比例原则上应不低于 2%。对在抽检过程中发现存在抄袭、伪造、代写等学术不端行为的，将做出撤销学位、注销学位证书的惩处结果。抽检结果将向社会公开，

① 《〈关于加快新时代研究生教育改革发展的意见〉发布从研究生教育大国迈向教育强国》，教育部网站，2020 年 9 月 23 日，http://www.moe.gov.cn/fbh/live/2020/52461/mtbd/202009/t20200923_489987.html，最后访问日期：2021 年 11 月 6 日。

② 《关于进一步严格规范学位与研究生教育质量管理的若干意见》，教育部网站，http://www.moe.gov.cn/srcsite/A22/moe_826/202009/t20200928_492182.html，最后访问日期：2021 年 11 月 6 日。

③ 《北京市学位委员会北京市教育委员会关于印发〈北京市学士学位授权与授予管理办法〉的通知》，北京市教委网站，http://jw.beijing.gov.cn/xxgk/zfxxgkml/zfgkzcwj/zwgkxzgfxwj/202103/t20210319_2311769.html，最后访问日期：2021 年 11 月 6 日。

问题较多的高校将被通报、约谈。①

4. 惩治学术不端的立法进程明显加快

用法律手段治理学术不端治理，是近年来学界一直呼吁的问题。2020年，山东曝出的多起冒名顶替上大学事件，如陈春秀事件、王丽丽事件、苟晶事件等，引发全社会高度关注。国家立法部门积极吸纳民意，通过修订相关法律及立法，将冒名顶替入学、通过不当手段获取学位者等纳入法律的规制范围，极大增强了对学术不端的震慑力。

2020年12月，十三届全国人大常委会第二十四次会议通过了《刑法修正案（十一）》，2021年3月1日正式施行，首次将“冒名顶替上大学”等行为规定为犯罪，新增“盗用、冒用他人身份，顶替他人取得高等学历教育入学资格、公务员录用资格、就业安置待遇的，处三年以下有期徒刑、拘役或者管制，并处罚金”等内容，对高等教育等领域冒名顶替者将形成巨大震慑。②

2021年3月，《中华人民共和国学位法草案（征求意见稿）》，向社会公开征求意见。其中规定，学位申请人在学位授予单位学习期间以及学位申请、同行评阅、答辩过程中存在学术不端、作伪造假等行为的，学位评定委员会可以作出不授予其学位的决定。③ 对外经济贸易大学公共管理学院教授李长安认为，此次草案公布并向社会征求意见，凸显了管理部门坚决遏制学术不端行为的决心，而学术规范问题也可以因此纳入法治化轨道。④

2021年4月29日，十三届全国人大常委会第二十八次会议通过了修改

① 《教育部关于印发〈本科毕业论文（设计）抽检办法（试行）〉的通知》，教育部网站，http：//www. moe. gov. cn/srcsite/A11/s7057/202101/t20210107_ 509019. html，最后访问日期：2021年11月6日。

② 《“冒名顶替罪”首次入刑，曾经的受害者：就像看到了希望》，新京报社官方账号，2021年3月1日，https：//baijiahao. baidu. com/s? id = 1693045042581732244&wfr = spider&for = pc，最后访问日期：2021年11月13日。

③ 《教育部关于〈中华人民共和国学位法草案（征求意见稿）〉公开征求意见的公告》，教育部网站，2021年3月15日，http：//www. moe. gov. cn/jyb_ xwfb/s248/202103/t20210315_ 519843. html，最后访问日期：2021年11月6日。

④ 《遏制学术不端要靠法律“亮剑”》，腾讯网，https：//xw. qq. com/cmsid/20210323A0ET7200，最后访问日期：2021年11月6日。

《中华人民共和国教育法》的决定，自 2021 年 4 月 30 日起施行。修改后的《教育法》规定了冒名顶替入学行为的法律责任：一是将冒名顶替行为表述为“盗用、冒用他人身份，顶替他人取得入学资格”；二是将责令冒名顶替者停止参加相关国家教育考试的年限由“一年以上三年以下”修改为“二年以上五年以下”；三是增加规定，组织、指使盗用或者冒用他人身份，顶替他人取得入学资格，属于公职人员的，依法给予处分；构成违反治安管理行为的，由公安机关依法给予治安管理处罚；构成犯罪的，依法追究刑事责任。①

5. 学术与人才评价改革持续推进

不科学、不合理的学术评价机制，是学术不端产生与蔓延的催化剂，学术评价改革对学术不端具有釜底抽薪的重要意义。在前几年大力度改革学术与人才评价的基础上，2020 年 9 月以来，学术评价改革继续深入推进。

2020 年 12 月 7 日，教育部印发《关于破除高校哲学社会科学研究评价中“唯论文”不良导向的若干意见》，强调高校哲学社会科学工作者第一身份是教育工作者、第一职责是教书育人，这一定性对匡正高等教育领域评价导向具有正本清源的意义。《若干意见》明确提出了 10 个“不得”的底线要求，包括：防止“以刊评文”“以刊代评”“以人评文”；不得将 SSCI、CSSCI 等论文收录数、引用率和影响因子等指标与资源分配、物质奖励、绩效工资等简单挂钩，防止高额奖励论文；不得将在学术期刊上发表论文作为学位授予的唯一标准；等等。②《若干意见》如果得到落实，高校哲学社会科学研究评价中“唯论文”不良导向将得以根治。

2020 年 12 月 31 日，人力资源社会保障部、教育部《关于深化高等学

① 《全国人民代表大会常务委员会关于修改〈中华人民共和国教育法〉的决定》，《人民日报》2021 年 4 月 30 日，第 4 版。

② 《教育部印发〈关于破除高校哲学社会科学研究评价中“唯论文”不良导向的若干意见〉的通知》，中国教育新闻网，2020 年 12 月 15 日，https://baijiahao.baidu.com/s?id=1686111532788052748&wfr=spider&for=pc，最后访问日期：2021 年 11 月 6 日。

校教师职称制度改革的指导意见》出台，将近年来国家有关部门关于人才评价改革的精神落实到高校教师职称制度领域。《指导意见》明确提出：落实自主评审，将高校教师职称评审权直接下放至高校；设置教学为主型、教学科研型等岗位类型，实行不同的评价标准；推行代表性成果评价；规范学术论文指标的使用，论文发表数量和引用情况、期刊影响因子等仅作为评价参考，核心是评价研究本身的创新水平和科学价值。①

在一系列学术与人才评价改革政策的推动下，又有部分高校取消了对博士生毕业前要发表期刊论文的限制条件。2021 年 9 月，上海交通大学、贵州大学修订博士研究生毕业要求，正式删除了博士生毕业前必须发表论文的强制性要求。据不完全统计，此前已有包括清华大学、北京航空航天大学、华东师范大学、中国政法大学等高校明确发表论文情况不再作为申请博士学位的限制性条件。②

6. 学术期刊领域不端问题受到关注

学术期刊是传播和交流学术成果的载体，既是学术研究的终点，又是新的学术研究起点。现实中发生的学术不端，相当大的比重都与期刊论文发表有关，因此，学术期刊在科研诚信建设方面承担特殊责任。近年来，有关部门明显加大了期刊领域学术不端的治理力度。

2021 年 6 月 23 日，中宣部、教育部、科技部印发了《关于推动学术期刊繁荣发展的意见》，这是国家主管部门首次就学术期刊建设专门出台文件。该意见对规范学术期刊出版秩序提出明确要求，包括：严格学术期刊出版资质，加强质量检查，加强对滥发质量低劣论文期刊的清理规范；严厉打击假冒学术期刊、假冒学术期刊网站等非法活动；加强防范惩处学术不端行

① 《人力资源社会保障部　教育部关于深化高等学校教师职称制度改革的指导意见》，教育部网站，http：//www. moe. gov. cn/jyb _ xxgk/moe _ 1777/moe _ 1779/202101/t20210126 _ 511116. html，最后访问日期：2021 年 11 月 6 日。

② 《博士生毕业，不再要求发表论文！又有多所高校明确了！》，中国生物技术网，2021 年 9 月 22 日，https：//baijiahao. baidu. com/s？ id = 1711574525655501518&wfr = spider&for = pc，最后访问日期：2021 年 11 月 7 日。

为的机制建设和技术应用，等等。①

针对少数期刊片面追求经济利益，放松或放弃把关要求滥发论文，出版质量低劣问题，2021 年 10 月 9 日，中宣部出版局印发了《关于开展期刊滥发论文问题专项检查的通知》，要求各省对属地内以刊发学术论文为主要内容、向作者或单位收取论文发表相关费用、全年发表论文数量在 2000 篇以上的期刊，做到应检尽检。检查内容包括内容质量水平、出版资质情况、"三审三校"制度落实情况、经营合作情况 4 个方面。对存在出租出卖期刊刊号版面、与"论文中介"合作等严重违规行为的，将依法严肃处理和纠正。②

三 进一步完善科研诚信建设体系的思考与建议

自 2018 年 5 月中办、国办印发《关于进一步加强科研诚信建设的若干意见》以来，我国针对学术不端问题进行了大刀阔斧的整治，文件制度出台之密集，参与治理部门之广泛，处罚手段措施之严厉，不仅在我国历史上是空前的，在全世界也是不多见的。经过 4 年多来的努力，学术不端空间得到极大压缩，学术界的诚信意识大大提升，良好的学术风气初步形成。虽然科研诚信建设取得了较大成绩，但学术不端问题具有顽固性，产生学术不端的土壤尚未铲除，因此不能有松口气的想法。今后应当继续保持打击学术不端的高压态势，将已有的政策措施进一步落到实处，并不断提高科研诚信建设的科学化、系统化水平。

1. 重视媒体披露的学术不端案件

媒体仍是学术不端信息披露的重要来源，并且媒体曝光的学术不端案件，普遍社会关注高、影响大，有关责任单位应当高度重视，及时调查处

---

① 《中共中央宣传部　教育部　科技部印发〈关于推动学术期刊繁荣发展的意见〉的通知》，国家新闻出版署网站，http：//www.nppa.gov.cn/nppa/contents/312/76209.shtml，最后访问日期：2021 年 11 月 6 日。

② 《关于开展期刊滥发论文问题专项检查的通知》，腾讯网，https：//new.qq.com/omn/20211023/20211023A050JN00.html，最后访问日期：2021 年 11 月 6 日。

理。据统计，2020 年 9 月以来媒体披露的 25 起学术不端案件，有 9 起得到了调查处理，7 起开展了调查但结果不详，有 9 起尚未开展调查或者不清楚是否开展了调查。《关于进一步加强科研诚信建设的若干意见》规定，科研人员所在的机构和单位是调查处理学术不端举报的第一责任主体。当所在单位没有及时采取行动时，监管部门就要发挥作用，督促其开展调查，给举报人和社会大众一个说法。学术不端调查处理是维护学术公平的工作，必须坚持公平、公正、公开，确保公信力。对学术不端案件的涉事人员，不论是功成名就的学术大咖，还是象牙塔中的莘莘学子，都应当一视同仁，做到在规则和纪律面前人人平等。

2. 进一步加快反学术不端立法的进度

《关于进一步加强科研诚信建设的若干意见》提出："要积极开展对严重违背科研诚信要求行为的刑事规制理论研究，推动立法、司法部门适时出台相应刑事制裁措施。" 2020 年下半年以来，关于学术不端的立法有了一定的进展，但仍有很大的提升空间。目前，制定"反学术不端法"条件尚不成熟，可以继续修改《刑法》，加入更多惩处学术不端行为的条款；也可以在修订具体法规时，加入或升级处罚学术不端行为的条款。

3. 打击"论文中介"产业链刻不容缓

长期以来，"论文中介"一直是一个隐蔽而庞大的灰色产业链。有学者研究，早在 2013 年，国内论文代写网站就有 130 多个，保守估计每年交易额 13 亿 ~15 亿元人民币。① 有媒体报道，一名工作在上海的博士生在网上公开售卖 SCI 论文已 10 年，先后卖出了 100 多篇论文，发表于国内外学术期刊，牟利数百万元，买家多为高校师生。② 2020 年 9 月以来查处的近 200 起学术不端案件，涉及论文买卖、代写、代发的有 60 多起，约占全部学术

① 张英杰：《我国论文代写行业现状调查与治理对策研究》，《广西职业技术学院学报》2017 年第 3 期。

② 《网店售卖 SCI 论文牟利数百万　论文买卖是否违法？背后反映出哪些问题?》，搜狐网，2020 年 12 月 20 日，https：//www. sohu. com/a/439458415_ 362042，最后访问日期：2021 年 11 月 14 日。

不端案件总数的1/3。中国作者卷入的国外学术期刊大规模撤稿事件，大部分也与论文买卖、“论文工厂”有关。大量学术造假，如数据造假、图片造假、伪造评审意见、代写项目申报书等，背后大多有“论文中介”“论文工厂”的参与。《关于进一步加强科研诚信建设的若干意见》指出，对从事学术论文买卖、代写代投以及伪造、虚构、篡改研究数据等违法违规活动的中介服务机构，市场监督管理、公安等部门应主动开展调查，严肃惩处。现在到了必须痛下决心整治“论文中介”的时候了。但对于“论文中介”的定性，目前学术界、法律界仍有不同的认识，是灰色产业，还是黑色产业？是全部取缔，还是只取缔代写、买卖论文的中介，保留提供论文润色、翻译、代投等服务的中介？还存在不少争议。因此，有必要加强对“论文中介”的研究，从法理上进行辨析，在取得共识的基础上提出治理对策。笔者认为，鉴于目前与论文中介有关的学术不端问题较为严重，而辨别灰色论文中介与黑色论文中介的难度又很大，可以考虑“乱世重典”，原则上取缔一切论文中介机构。之后，根据学术发展需要，在制定行业规范的基础上，发展合法的论文中介。有学者建议，可以以刑法修正案的立法方式增设新条文，将组织买卖、代写论文罪列在《刑法》第六章“妨害社会管理秩序类罪”中，在量刑方面，可以参照组织考试作弊罪，采取自由刑和罚金相结合的形式。①

4. 增强学术不端治理的科学性、系统性

2020年起，教育部提高了对高校论文的抽查比例和力度，有的高校要求硕士论文全部送检。各高校规定了学位论文重复比例，通常要求本科生重复率控制在20%以内，硕士生在15%以内。为了提高通过率，毕业生在提交论文之前，要多次进行网上查重，并想方设法降重，由此造成一系列问题。一是查重花费巨大，增加了学生的经济负担。学校提供的免费查重服务远远满足不了需要，学生们只好在网上找商家购买查重服务。2021年4月，有媒体调查，电商平台上的硕博学位论文查重服务的售价普遍在500元左

① 《论文买卖生意“风生水起”　代写代投机构却成法外之地》，新华网，2020年9月17日，http：//www.xinhuanet.com/politics/2020－09/17/c_1126503161.htm，最后访问日期：2021年11月14日。

右，最贵的卖到了1800元。二是造成新的学术不端。一些商家不仅提供查重服务，还提供收费降重服务，“降重技巧主要包括关键词同义替换、变换句式、段落分割、语义转述、删减重复部分和英汉互译等”。甚至有的学生购买了降重服务，论文照抄不误，论文查重甚至成为学术不端的帮凶。[①] 三是降低了论文质量。为了达到学校规定的重复率标准，好端端的论文可能会被改得语句不通、面目全非。一些学生为了降低重复率，甚至写了很多毫无意义的废话，成为“注水论文”。一些学科，如研究古代汉语、古典文献的论文，常常需要大量引用史料，单纯查验重复率还可能会造成“误伤”。有学者指出，高校在评审学位论文时过分依赖技术手段，实际上是一种懒政行为；学位论文评审需要从“技术为主、以人为辅”转向“以人为主、技术为辅”，查重率只能作为一种参考数据。[②] 学术不端治理是个系统工程，也是十分复杂的问题。如何提高治理对策的科学性、系统性，避免“头痛医头脚痛医脚”“按下葫芦浮起瓢”，还需要有关部门和学术界深入研究。对一些学术不端治理措施的实施效果，应当及时进行评估，必要时做出调整。

5. 加强学术评价改革中“立”的工作

“破五唯”实施以来，总体上受到了高校教师和科研人员的欢迎，取得了一定成效。但也有人担心，中国仍然是一个注重人情的社会，离开了论文这样一个相对“客观”的评价标准，同行评议可能会变成“同伙评议”，“以刊评文”可能会变成“上级评文”，反而引发更多的学术不公、学术不端。相对于破除“唯论文”，建立具有科学性、公信力、操作性的学术与人才评价标准，显然要复杂、困难得多。“破除‘唯论文’不良导向不可能一蹴而就，也不会一劳永逸，需要各地各学校制治结合、破立并举。”[③] 目前管理部门和学

---

① 《学位论文查重乱象：买了“降重服务”　论文照抄不误》，广州日报官方账号，2021年5月11日，https：//baijiahao. baidu. com/s? id = 1699419075127378730&wfr = spider&for = pc，最后访问日期：2021年11月14日。

② 《学者建议论文评审不能查重至上，如何看待学位论文查重制度?》，光明网，2021年5月12日，https：//m. gmw. cn/baijia/2021 – 05/12/1302287293. html，最后访问日期：2021年11月14日。

③ 《破立并举健全高校人才评价体系》，《中国教育报》2021年1月11日，第2版。

界比较认可的替代办法，是建立和完善以代表作为核心的科研评价制度体系，“能催促科研工作者集中精力去做好一项专业领域的研究，而不是广泛撒网，或者投机取巧，甚至是买卖论文”①。有学者提出，代表作是一个宽泛的概念，既可以指科研论文，也可以指课程、教案、专利、标准、资政报告、广受好评的科普读物、行之有效的法规制度、产生重大效益的技术方案以及有深刻传播力影响力的时政评论。② 一些高校和科研机构进行了代表作评价制度的探索，取得了一定成效和经验。建立成熟、完善的代表作评价制度，还需要管理部门和学界继续探索，使其早日成为代替“唯论文”的有效方案。

6. 开展学术不端治理的国际协作

近年来查处的科技领域的学术不端案件，80%以上都同国外学术期刊有关。医学领域的学术不端案件，与国外期刊相关的比例高达95%以上。因此，有效治理国内学术不端问题，离不开加强国际协作。合作的对象，包括国外的学术出版机构、学术期刊编辑部，也包括学术打假网站、学术打假人士等。他们掌握国内学者在国际上发表成果时涉及学术造假、论文买卖的第一手资料，是抵制学术不端的一道重要防线。国内科研诚信管理部门应当与国外的学术出版机构、学术打假机构和人员建立信息沟通机制，加强协作，最大限度遏制国内学者在国际上发文时的不端行为。有关部门还应当加强对国外学术出版机构和出版物的调研，完善针对中国作者的“掠夺性”期刊“黑名单”。加强国际协作，也包括与国外政府科研诚信管理部门、学术机构、学术团体的合作，共享相关信息，加强协调配合，交流工作经验，形成治理学术不端的国际合力。

① 《人民网评：论文买卖，损伤的不止是学术诚信》，人民网精选资讯官方账号，2020年9月18日，https://baijiahao.baidu.com/s?id=1678065842079855140&wfr=spider&for=pc，最后访问日期：2021年11月14日。

② 《人民网评：论文买卖，损伤的不止是学术诚信》，人民网精选资讯官方账号，2020年9月18日，https://baijiahao.baidu.com/s?id=1678065842079855140&wfr=spider&for=pc，最后访问日期：2021年11月14日。

地 方 篇

Local Reports

B.4

河南省：以案促改推动“三不腐”贯通融合

刘 刚*

摘 要： 近年来，河南省把以案促改作为一体推进“不敢腐不能腐不想腐”的重要抓手和有效载体，通过构建制度化常态化的组织体系、建立“两同步三教育四整改”的工作模式、形成多层次全覆盖的工作格局，充分发挥查办案件的治本功能，释放了标本兼治的综合效应。不断优化净化的政治生态和发展环境，为中原更加出彩的宏伟事业提供了坚强的政治保障。河南省推进以案促改制度化常态化的生动实践，为一体推进“三不”探索了有效路径、提供了有益参考。

关键词： “三不腐” 一体推进 以案促改 纪检监察

---

* 刘刚，河南省社会科学院政治与党史党建研究所副所长、副研究员，中国社会科学院大学政府管理学院博士研究生。本文在写作过程中得到了河南省社会科学院阮金泉、万银锋等同志的指导和帮助，吸收了河南省纪委监委刘社青、邱建军、王晓晓等同志的宝贵意见建议，在此一并致谢。

一体推进不敢腐、不能腐、不想腐不仅是反腐败斗争的基本方针，也是新时代全面从严治党的重要方略。近年来，河南省各级党组织和纪检监察机关深入学习贯彻习近平总书记关于一体推进“三不”的重要论述，把以案促改作为深化标本兼治、一体推进“三不”的重要抓手和有效载体，充分挖掘和发挥已查办案件的警示教育、促进治本作用，深入推进以案促改制度化常态化，起到了查处一案、警示一片、规范一方的良好效果，有力地推动了全省政治生态和发展环境持续向好。

一 探索以案促改的背景考虑

推进以案促改工作，既是贯彻落实党中央关于一体推进“三不”方针方略的具体实践，也是结合地方实际推进纪检监察工作理念、思路、制度、机制创新的有益探索，更是遵循反腐败斗争客观规律、提升腐败治理效能的重要举措。

（一）理论指导和行动指南

党的十八大以来，习近平总书记从党和国家事业发展全局的战略高度，对构建一体推进不敢腐、不能腐、不想腐体制机制作出重大部署。2017 年 1 月，习近平总书记在十八届中央纪委七次全会上指出，深入推进全面从严治党，必须坚持标本兼治，强调不敢腐“侧重于惩治和威慑”，不能腐“侧重于制约和监督”，不想腐“侧重于教育和引导”。2018 年 1 月，习近平总书记在十九届中央纪委二次全会上指出，“标本兼治，关键在治，治是根本。我们党强调不敢腐、不能腐、不想腐，揭示了反腐防腐的基本规律。要强化不敢腐的震慑，扎牢不能腐的笼子，增强不想腐的自觉”[①]。2019 年 1 月，习近平总书记在十九届中央纪委三次全会上指出，不敢腐、不能腐、不想腐是一个有机整体，不是三个阶段的划分，也不是三个环节的割裂。“要打通

① 习近平：《习近平谈治国理政》（第 3 卷），外文出版社，2020，第 511 页。

三者内在联系，在严厉惩治、形成震慑的同时，扎牢制度笼子、规范权力运行，加强党性教育、提高思想觉悟，一体推进不敢腐、不能腐、不想腐，早日迎来海晏河清!”① 2020 年 1 月，习近平总书记在十九届中央纪委四次全会上，正式将一体推进“三不”明确为全面从严治党的重要方略和反腐败斗争的基本方针。2021 年 1 月，习近平总书记在十九届中央纪委五次全会上再次强调，要坚定不移推进反腐败斗争，不断实现不敢腐、不能腐、不想腐一体推进战略目标。

习近平总书记关于一体推进“三不”的重要论述，遵循了党风廉政建设和反腐败斗争的客观规律，继承了我们党建党百年推进自我革命、从严管党治党的宝贵经验，已经形成了内涵丰富的科学理论体系，为在新时代推进党风廉政建设和反腐败斗争，进而以全面从严治党新成效引领保障国家治理体系现代化指明了前进方向，提供了根本遵循。河南省委坚持把深化以案促改作为贯彻落实习近平总书记全面从严治党重要论述的坚实举措，作为一体推进“三不”的有效载体和有力抓手，不断运用真理钥匙破解自我革命难题，生动体现和印证了习近平新时代中国特色社会主义思想的真理伟力和实践伟力。

（二）现实依据和实践需要

党的十八大以来，在以习近平同志为核心的党中央的坚强领导下，河南省委扛稳扛牢管党治党政治责任，全省纪检监察系统忠诚履职尽责，坚定不移推进反腐败斗争，严肃查处了一大批党员领导干部违纪违法案件，释放了反腐败斗争一严到底、一刻不停的强烈信号。但是反腐败斗争形势依然严峻复杂，腐败存量还未清底、增量仍有发生，“五个交织”现象也不同程度存在，特别是 2016 年省纪委在梳理全省党风廉政建设和反腐败斗争突出问题时发现，一些深层次问题和体制性顽疾值得深思。一是“一把手”腐败问

① 中共中央党史和文献研究院：《习近平关于全面从严治党论述摘编》，中央文献出版社，2021，第 382 页。

题易发多发。由于存在“上级监督软、同级监督难、下级监督远”等结构性因素，某些“一把手”独断专行，将权力视为私产，违纪违法问题比较严重。2012 ~ 2016 年，河南查处的县处级以上领导干部中，“一把手”占了近 1/3。二是“前腐后继”现象仍然比较突出。比如个别省辖市、县区连续几任党委书记落马，不断重蹈覆辙；某些地方和单位接连不断出现系统性腐败问题。三是官商勾结特征显著。一些不法商人千方百计“围猎”，某些干部自甘堕落，给国家造成巨额财产流失。四是串案窝案时有发生。某些党员领导干部无视党规党纪，大搞人身依附、团团伙伙、权权交易，进而抱团腐败。比如：河南省农村信用社曾经连续两任理事长落马，10 年间倒下 6 个厅局级领导，涉及全省十几家市行、县社，牵连了百余名员工；河南省公安厅原厅长秦某落马，省内公安系统 57 人涉案；焦作市连续三任市委书记落马，涉案的县处级干部多达 85 人。① 这些问题充分印证了中央关于反腐斗争形势依然严峻复杂的判断。

在高压反腐态势下，为什么腐败官员还是层出不穷，同类问题在同一单位或同一地区重复发生？如何才能在不敢腐的同时实现不能腐、不想腐，从根本上解决查而不止、纠而复发、屡治屡犯问题？如何修复被破坏的政治生态、提振广大干部的工作“士气”？这都成为摆在河南省各级纪检监察机关面前的重要课题。在“解剖麻雀”和深入调研的基础上发现，由于过去执纪办案时重案件查处、轻以案警示，重集中整治、轻长效机制，重事后惩处、轻事前预防，查办案件的战役结束了，就刀枪入库、马放南山，导致一些地方对本地区本单位本部门的案件讳莫如深，很多党员干部看客心态严重，对基本案情、腐败诱因和应吸取的教训对照反思、检视整改甚少，查办案件的治本功能没有得到充分发挥。

河南省纪委监委反复学习研读习近平总书记关于一体推进“三不”重要论述，深刻认识到：一方面，诱发腐败的原因是复杂的、多方面的，既有

① 中共中央组织部组织编写《贯彻落实习近平新时代中国特色社会主义思想　在改革发展稳定中攻坚克难案例 · 党的建设》，党建读物出版社，2019，第 381 页。

监督和管理缺位的问题，也有个人信仰缺失、道德滑坡等问题，还有地方政治生态污染、反腐败体制机制存在漏洞等方面的原因，唯有一体推进“三不”，实现三者贯通协同、形成合力，才能深化标本兼治、根除腐败；另一方面，在惩治腐败的过程中，查案如同“打仗”，把腐败分子绳之以法只是成功的一半，没有“完胜”，还应学会“打扫战场”和“战后重建”，做好查办案件的后半篇文章。① 唯有用活、用好、用足案件资源，用身边腐败案件教育广大党员干部，坚持惩中治、治中惩，有针对性地建章立制，查办腐败案件的治本作用才能有效发挥。在这样的背景和认识下，把握准全面从严治党和反腐败斗争形势任务及阶段性特征，开展以案促改，推动“三不”贯通融合，逐渐成为全省上下的共识。

在推进以案促改的工作实践中，河南省坚持边学习边思考、边实践边完善、边总结边提升，初步形成了贯彻一体推进“三不”方针方略的四点认识体会。案是前提，必须紧抓惩治这一手不放松，持续形成强大震慑；教是重点，必须充分用好案例“活教材”做实警示教育，让党员干部以案为鉴，受震撼明底线知敬畏；促是关键，必须打通监督检查、审查调查、教育整改等环节，形成监督合力，促使和推动案发地区和单位落实责任、整改问题、以案察短、以案强弱；改是目标，必须坚持惩中治、治中惩，持续把治标成果转化为治本成效，着力营造良好的政治生态和发展环境。

二　推进以案促改的主要做法

近年来，河南省在须臾不放松惩治这一手的同时，着力发挥查办案件的治本功能，坚持标本兼治，突出问题导向，完善工作机制，明确思路方法，着力推进以案促改制度化常态化，努力实现“三不”一体推进的战略目标。

---

① 董林、魏剑、王大庆、卢松：《一体推进“三不”的中原实践——河南持续深化以案促改工作的调查思考》，《河南日报》2020 年 10 月 19 日。

（一）完善领导体制，夯实各方责任

把落实责任作为以案促改制度化常态化的重要保障，河南省建立健全了“党委统一领导、纪委主导推进、部门协调配合、案发单位具体落实”的领导体制和工作机制。在强化党委主体责任方面，河南省委高度重视，先后组织召开了落实中央巡视整改要求深化以案促改教育警示大会（2018 年 11 月）、一体推进不敢腐不能腐不想腐深化以案促改工作会议（2020 年 10 月），制定了《关于推进以案促改制度化常态化的意见》，把以案促改纳入了党建工作主体责任清单、党风廉政建设责任制考核和述责述廉的主要内容。① 在落实纪委监委监督责任方面，河南省纪委监委配套印发实施办法及监督检查办法，充分发挥综合指导、统筹协调的功能，推动省管高校、省管金融企业、政法、交通等系统领域开展全领域、全系统、全行业的以案促改，督促指导发生违纪违法案件的部门、地方党组织及时开展以案促改。在强化具体落实责任方面，全省市、县两级普遍成立了以案促改制度化常态化领导小组和日常协调联络机构，党委主要领导担任组长；案发单位党委（党组）书记落实第一责任人责任，班子成员落实“一岗双责”，全面做好教育警示、问题查摆、整改落实、建章立制，不断推动以案促改走深走细走实。

（二）筛选典型案例，强化警示教育

把选准用好案例作为以案促改的基本前提，河南省各级纪检监察机关坚持有案必改、因案制宜，根据发案问题的影响面、倾向性和普遍性，确定开展以案促改的方式和范围，做到“一案一总结、一案一整改、一案一警示”②。一是坚持典型领改。聚焦窝案、串案、重复发案的单位和系统，省

---

① 张红艳：《河南推进以案促改制度化常态化》，中央纪委国家监委网站，https：//www. ccdi. gov. cn/yaowen/202010/t20201026_ 227912. html，2020 年 10 月 26 日。

② 河南省纪委监委：《一体推进不敢腐不能腐不想腐的实践与思考》，《河南日报》2020 年 10 月 26 日。

直机关、省管国企和高校选取关键岗位（特别是具有执法权、人事权、审批权、资金分配权）发生的典型案件进行整改，省市纪委选取某些关键环节（特别是选人用人、项目审批、工程建设等）的典型案件进行整改，县乡纪委选取重要领域（特别是事关群众切身利益）的典型案件进行整改。二是坚持全域整改。对一般违纪违法案件，各级纪委监委督促案发单位科学合理确定范围，采取简便易行的方式开展整改，强化以案为鉴。对严重违纪违法的典型案件，实施“两同步三教育四整改”的工作模式，在开展审查调查的同时，同步启动以案促改工作，在下发处分决定的同时，同步下发纪检监察建议书；督促开展警示教育、思想道德教育、党纪国法教育；查找案件暴露出的问题，推动改作风、改管理、改制度、改监督，促进以案促改制度化常态化。对没有发案的单位和地区，依然要有针对性地选取本领域典型案件，同步进行教育警示。2017 年以来，共印发典型案例通报 641 期，制作《污染》《“枉法”之痛》等警示教育片 23 部，做到用身边事教育身边人。

（三）深刻查摆剖析，着力解决问题

把查摆整改问题作为以案促改的关键环节，河南各级党组织把以案促改贯穿到党的建设和业务工作全过程，通过深入查找突出问题，推动改作风、改管理、改制度、改监督，达到以案促治、以案促建的目的和效果。一是严肃查摆问题。针对共性岗位查找发案规律，提出针对性监督制约措施；针对典型个案，通过召开组织生活会、专题民主生活会等形式进行剖析倒查，形成剖析报告，发现监管漏洞及问题症结；针对关键部门和重点领域，通过案件倒查找准症结，并从管党治党责任落实方面挖掘问题出现的根源。二是着力整改问题。针对个性问题，要求即知即改、立行立改；针对共性问题，要求进行集中整改和专项整治。对发现的难点、堵点、痛点、焦点问题，要制定整改措施，建立整改台账，进行挂账督办和跟踪问效，始终做到条条要整改、件件有落实。三是长效解决问题。针对案件暴露出来的诸多问题，建章立制、查漏补缺。比如：针对某些制度缺陷，要对现有制度进行全面清理、

补充、修正，制定完备的权力运行流程图，并动态调整权力清单、负面清单、责任清单，提高制度的执行力和约束力，逐步形成靠制度管人、管事、管权的长效机制。

（四）注重拓展延伸，服务保障大局

把面上拓展和深度延伸作为以案促改的生命力所在。一是向国有企事业单位、高等院校拓展延伸。河南省国资委把省能源化工集团等国有企业作为典型，督促开展以案促改，推动全省国有企业将加强党的领导写入公司章程，明确规定党委会研究“三重一大”事项前置，推动企业发展质量和效益稳步提升。河南省高校工委、省教育厅选取6起处级干部违纪违法典型案例进行剖析，在全省教育系统深入开展以案促改，有效整治了基建工程、资金管理等方面存在的突出问题。深入剖析省管金融企业违纪违法典型案例，开展省管金融企业深化以案促改暨专项治理工作，督促在深化以案促改、以案促治，防范化解金融风险的同时，聚焦主责主业，做实做细金融服务，支持实体经济发展。[①] 二是向涉案单位、关联单位拓展延伸。坚持“案发单位是重点，涉案单位、关联单位同样受教育”[②] 的原则，实现以点带面、点面结合、协同推进。结合扶贫领域腐败和作风问题专项治理行动，把“查处案件办结、以案促改到位”作为目标之一，筛选扶贫领域典型案件1.57万起，分行业分部门开展系统性专项以案促改。三是向基层拓展延伸。结合市县党委巡察情况，通过以案促改基层全覆盖，推进基层党风廉政建设，提升人民群众的满意度。周口市推进“巡察村居发现线索、查办案件形成震慑、以案促改集中整治”，淮阳区安岭镇垮陈村通过接连下好以案促改“五步棋”，彻底扭转了过去村庄派系林立、相互缠斗、上访告状、软弱涣散的局面，由“垮村”变“夸村”，基层群众切实感受到了以案促改的实际成效。四是向专

① 《河南深入推进以案促改——既要“打胜仗”又要会“重建”》，中国共产党新闻网，http://fanfu.people.com.cn/n1/2019/0519/c64371-31092165.html，2019年5月19日。

② 河南省纪委监委：《一体推进不敢腐不能腐不想腐的实践与思考》，《河南日报》2020年10月26日。

项重点工作拓展。围绕党中央重大决策部署，在扫黑除恶专项斗争中，探索打伞惩腐“五·四”工作法，把以案促改作为重要内容，汇总梳理典型案提升3800余起。新冠肺炎疫情发生以来，各地纪检监察机关公开曝光疫情防控不力典型案例，列出问题清单、督促真改实改，助力疫情防控和复工复产。

三　以案促改取得的成效

四年多来，河南落实一体推进“三不”方针方略，把惩治震慑、制度约束、提高觉悟紧密结合起来，推动以案促改制度化常态化，标本兼治综合效应有效释放，提高了腐败治理效能，优化了政治生态，党的建设质量持续提升，为经济社会高质量发展提供了坚强保障。

（一）反腐败斗争取得压倒性胜利并全面巩固，不敢腐的震慑效应持续释放

河南省各级纪检监察机关始终坚持“严”的主基调，有腐必反，有贪必肃，老虎苍蝇一起打，行贿受贿一起查，防逃追逃一起抓，持续强化“不敢腐”的震慑。从2016年10月至2021年10月，河南共立案15.6件，处分17.9万人，释放了一严到底、一刻不停的强烈信号。与此同时，河南省运用“四种形态”批评教育帮助和处理44.7万人次，其中：运用第一种形态占59.0%，运用第二种形态占31.2%，这两类成为运用主体；运用第三种形态占总处理人数的4.5%，运用第四种形态占总处理人数的5.3%。运用“第一种形态”占比逐年攀升，体现了抓早抓小、防微杜渐。通过高压反腐强大震慑、以案促改唤醒初心、宽严相济政策感召等因素的综合作用，河南全省主动向组织说明问题，投案人数均逐年上升，2017年以来，全省共有3179人主动投案，8387人主动说明情况、交代问题，一体推进“三不”叠加效应逐步显现。[①]

---

① 河南省纪委监委：《一体推进不敢腐不能腐不想腐的实践与思考》，《河南日报》2020年10月26日。

（二）治理体系和治理能力现代化水平不断提升，不能腐的制度篱笆不断扎牢

河南省各级纪检监察机关深挖各类违纪违法案件中暴露出的体制机制问题和监督制约漏洞，通过开展以案促改扎紧制度笼子，优化权力流程，创新监管方式，依法履职水平逐步提高，综合治理效能不断提升。通过筛选典型案例，深入剖析查纠问题，排查廉政风险点，修订完善相关制度，有针对性地提出纪检监察建议，不断增强监督网络的有效性，不断扎牢不能腐的制度篱笆。① 2017 年以来，全省在生态环境、农业农村等 14 个系统和省管高校、金融企业等6 个领域开展系统领域以案促改，不断强化对权力运行的监督制约。省财政厅围绕发挥财政职能、找准案发共性特征、厘清管理风险隐患、构筑风险防控体系，有针对性地制定了预算编制、预算执行、财务管理等 8 个专项风险防控办法以及 46 项内部控制操作规程，有效确保财政资金、财政运行、财政干部“三安全”。省检察院、生态环境厅、人防办等单位针对本系统存在的突出问题，建立完善了《人民检察院司法办案廉政风险防控工作指引》《河南省企业环境规范化管理指南》《河南省人民防空工程管理办法》等多项制度。

（三）党员干部队伍作风形象持续改善，不想腐的氛围日益浓厚

河南省把以案促改作为干部队伍建设的重要抓手，聚焦“四风”开展集中整治，着力解决干部不作为、慢作为、乱作为等群众反映的突出问题，各级党组织选择地域相近、层级接近、行业相同、岗位类似的案例开展警示教育，有效筑牢了拒腐防变的思想防线，全省干部干事创业、干净担当的政治生态已然形成。2019 年，河南省纪检监察系统接收的信访总量同比持续下降 31%；2020 年同比下降 32.5%。② 周口市开展以案促改示范市创建工

① 董林、魏剑、王大庆、卢松：《一体推进“三不”的中原实践——河南持续深化以案促改工作的调查思考》，《河南日报》2020 年 10 月 19 日。

② 省纪委监委法规室：《发挥以案促改标本兼治作用　探索一体推进不敢腐不能腐不想腐有效途径》，《河南纪检监察》2021 年第 1 期。

作，以深化干部队伍作风建设为切入点，深入开展大整顿，干部队伍精神面貌焕然一新。省交通运输厅把每年的 12 月定为“党风廉政教育月”，把 12 月 24 日定为“廉政警示日”，同时针对违纪违法案件暴露出的监督缺位问题，建立由项目建设流程图、工程管理台账、十项管理制度等组成的监督制约体系，通过向高速公路项目公司派驻廉政监督组、开展项目全过程跟踪审计和专项审计、建立巡察审计联动机制等持续加大监督力度。2020 年 5 月，省交通运输厅因完成交通建设目标任务成效明显受到国务院通报表彰。① 郑州、洛阳等市开展廉洁从家出发、廉洁文化村村行活动，注重家庭家风家教，营造崇廉尚洁的良好氛围。通过严管厚爱结合、激励约束并重，初步形成了领导有威信、干部有激情、群众有信心的良好局面，全省干部队伍严的氛围、学的氛围、干的氛围越来越浓，干部队伍作风和形象持续改善。

（四）全面从严治党主体责任有效落实，政治生态和发展环境不断优化

河南把以案促改作为推进全面从严治党的重要抓手，要求各级党委主要负责同志带头安排部署、班子成员切实履行“一岗双责”，既抓业务又抓党建，既抓问题处理又抓教育管理，既抓查找风险又抓建章立制，主体责任落得更实，两个责任联动贯通，有力防治了领导干部“前腐后继”的问题，避免了同类问题反复发生，切实提升了河南干部群众对反腐倡廉的满意度。国家统计局河南调查总队民意调查显示，五年来群众对河南省全面从严治党的满意率提高了 5.1 个百分点，达到 96.4%。河南省以案促改的工作实践与探索，被中组部选入贯彻落实习近平新时代中国特色社会主义思想在改革发展稳定中攻坚克难案例。② 从 2017 年至 2019 年，中共中央组织部连续三年对河南选人用人工作开展了“一报告两评议”，结果显示河南选人用人工

① 省纪委监委法规室：《发挥以案促改标本兼治作用　探索一体推进不敢腐不能腐不想腐有效途径》，《河南纪检监察》2021 年第 1 期。

② 中共中央组织部组织编写：《贯彻落实习近平新时代中国特色社会主义思想　在改革发展稳定中攻坚克难案例·党的建设》，党建读物出版社，2019。

作总体好评率持续提升。2019 年，全国工商联组织开展“万家民企评价营商环境”调研活动，结果显示河南省的政务环境、法治环境满意度分别高居中部六省第二、第一位。[①] 同时，河南高质量发展迈上了新征程，全省经济总量迈上 5 万亿元台阶，并且夺取了疫情防控、特大暴雨灾后重建“两场硬仗”的阶段性胜利。

四　以案促改存在的问题和不足

以案促改是一项政治性、政策性很强的工作，对标习近平总书记的重要要求，对照人民群众的热切期待，按照一体推进、统筹联动、系统集成、协同高效要求，全省深化以案促改工作还存在不少需要改进、完善、提升的地方。

（一）针对性不强，个别单位对存在的普遍性突出问题挖掘不够

一些地方和单位不敢不愿去碰深水区、硬骨头，对普遍性突出问题的挖掘广度和深度还有待提高，使以案促改工作成效打了折扣。重点领域专项整治还需加强。一些地方和单位在制度建设方面还做得不硬不实，仍然存在一些管理漏洞。有的整改措施针对性不强，未能做到既整治突出问题治疗病症，又健全制度机制祛除病根，案件治本效果未能充分发挥。有的重建章立制、轻制度执行，保障制度执行的有效机制不健全不完善，保障制度刚性约束不足。

（二）自觉性不高，一些地方和部门缺少以案促改的主动性

一些地方和单位缺少以案促改的自觉性和主动性，在以案促改工作上存在不同程度的消极态度，认为以案促改是上级领导的事情，与自己的业务工

① 河南省纪委监委：《一体推进不敢腐不能腐不想腐的实践与思考》，《河南日报》2020 年 10 月 26 日。

作关系不大，干得多了如果出现错误或者得罪人反而会被上级问责，索性应付了事；一些基层单位对以案促改工作一知半解，对相关法律法规、党纪条例掌握和运用不够，缺乏创造性开展工作的能力，不会开展以案促改工作，只能等上级要求、等通知提醒，没有真正把以案促改作为一体推进“三不”的有效抓手。

（三）联动性不足，缺少整体性的贯通协同机制

“三不”之间联动不够，把“三不”简单对应为查办案件、制度建设和廉洁教育三项单独工作，搞一个先、一个后，不能做到总体规划，对一些案发单位以案促改的后续工作缺乏有效跟踪、监督落实和效果评估措施。部门联动机制不健全，做好审查调查“后半篇文章”涉及多个方面，也需要部门与部门之间相互协作、紧密配合，但目前一些单位各部门之间、各单位之间还缺乏联动协调工作机制，工作开展中仍存在重点不明、边界不清、相互配合不力等问题；在一些重大案件上虽然与外部也常有协作，但往往是一事一协商，缺乏相互协作的长效机制，没能形成外部监督合力。

（四）实效性不够，与业务工作结合不够紧密

一些地方和单位没有很好地把以案促改与业务工作相联系，没有结合自身业务实际，把以案促改等同于警示教育，满足于“电影看了、心得写了”。制度建设实效性有待提高，一些地方和单位对自身出现的问题缺乏深入剖析，单纯通过印发一些制度文件来应付检查，制度构建中的形式主义问题突出，影响了制度的执行力和整体效能。有的满足于以案促改的既有成效，拓展进取的积极性创造性不足，在工作推进方式方法上“结合”的文章做得不好，工作模板化、套路化，靶向精准整改做得不够。

五　深化以案促改的若干建议

立足新发展阶段，坚持一体推进“三不”，深化以案促改工作要实现高

质量发展，根本在于学懂弄通做实习近平新时代中国特色社会主义思想，运用马克思主义立场、观点、方法分析问题、解决问题，更加自觉地把高质量发展作为价值理念、目标指向、衡量标准，更加科学、更加精准、更加有效地履行纪检监察机关的职能职责。关键在于准确把握一体推进“三不”和深化以案促改的内在联系，一体推进“三不”是方针方略，统领和指引以案促改工作的健康发展；以案促改是抓手载体，实践和印证一体推进“三不”科学论断的真理伟力。方法在于找准切入点和结合点，把握全面从严治党和反腐败斗争形势任务及阶段性特征，在服务经济社会高质量发展上着力，在提升治理腐败效能上着力，在推动完善监督体系上着力，不断开创一体推动“三不”、深化以案促改工作的新局面。

（一）坚持查案为基，保持惩治腐败高压态势

一体推进“三不”体制机制，通过以案促改实现不敢腐的震慑。深化以案促改，“案”始终是前提。必须坚定不移反腐败、毫不懈怠保安全，有腐必反、有案必查，把反腐败斗争贯穿到现代化建设全过程。要坚持无禁区、全覆盖、零容忍，坚持重遏制、强高压、长震慑，坚持受贿行贿一起查，集中削减腐败存量，坚决遏制腐败增量，确保有案必查、底线常在、“后墙”不松。坚决查处项目审批、国企改革、公共资源交易、科研管理等方面的腐败问题，严肃查处金融领域以贷谋私、失职渎职等破坏市场秩序的突出问题，严肃查处国有企业存在的靠企吃企、设租寻租、内外勾结侵吞国有资产等问题，严肃查处政法系统充当司法掮客、“纸面服刑”、“提‘钱’出狱”等背后的腐败问题。通过持续强化不敢腐的震慑，真正实现让制度“长牙”、纪律“带电”，为夺取反腐败斗争根本性胜利夯实基础。

（二）加强贯通融合，推动“三不”协调联动

不敢腐、不能腐、不想腐是一个有机整体，不能割裂开来。必须坚持系统观念和思维方法，加强一体推进，做到统筹联动，强化贯通协同，积极探索“三不”协调联动的实现途径和具体办法，实现从“物理相加”到“化

学反应”。一是推动以案促改相关部门之间的协调联动。明确牵头部门，整合工作力量，把以案促改工作纳入日常监督内容，建立典型案件集中会商和协同推进机制。推动审查调查、监督检查、党风政风监督、干部监督、案件审理等部门各负其责、积极参与、有效衔接、协同配合，不断推动由单兵作战向系统集成转变，由有形联结向有效联动转变，确保形成工作合力。二是推动“三不”各个环节之间的协调联动。加强组织领导，打通内在联系，聚焦线索办理、审查调查、信息共享等关键环节，形成职责清晰、衔接有序、贯通有力、运转高效的工作机制，建立巡视巡察发现问题、监督检查室和派驻纪检监察组督促整改问题、监督检查室和审查调查室查处问题的衔接联动机制，最大化实现各部门信息资源交流共享，增强监督的严肃性、协同性、有效性。三是把一体推进“三不”要求落实到正风肃纪反腐各方面和全过程。一体推进“三不”的理念、思路和方法适用于作风建设、问责追责、巡视巡察等各项工作，贯彻到正风肃纪反腐各方面和全过程，要坚持严惩腐败与严密制度、严格要求、严肃教育紧密结合，用好治标利器，夯实治本基础，既要长期坚持“严”的主基调，又要善于做到“三个区分开来”，努力实现政治效果、纪法效果、社会效果相统一，持续释放标本兼治的叠加效应。

（三）做好结合转化，释放更大监督治理效能

要把以案促改的落脚点放在改上，做好结合转化的后半篇文章，推动“案”与“改”同频共振、同向发力，在服务大局中充分发挥监督保障执行、促进完善发展的作用，不断取得更多制度性成果和更大治理成效。一是要把深化以案促改与推动高质量发展结合起来。找准服务现代化建设的着力点，紧紧围绕服务保障党中央重大决策部署贯彻落实，聚焦中部地区崛起、黄河流域生态保护和高质量发展等国家战略实施，围绕实现“两个确保”、实施“十大战略”等重大决策部署，加强监督检查，推进清廉建设，加强对敢担当善作为干部的激励保护，着力构建亲而有度、清而有为的新型政商关系，营造持久风清气正的政治生态和良好发展环境。二是要把深化以案促

改与提升治理能力结合起来。善于从反思案件入手，着眼共性问题、突出问题，聚焦在剖析问题原因、着力整改提高、注重完善制度、强化权力监督“四个关键环节”集中发力，推动改革和制度创新，完善治理格局，提升治理水平。既查清问题事实，又深刻剖析根源，分析案发单位或某一领域存在什么制度漏洞，治理体系中还有什么风险隐患，有针对性地提出完善制度规范、促进深度治理的意见建议。尤其要抓住政策制定权、审批监管权、执法司法权等关键点，推动重点领域监督机制改革和制度建设，压缩权力设租寻租空间，构建决策科学、执行坚决、监督有力的权力运行机制。三是要把以案促改与完善监督体系结合起来。通过开展以案促改，推动纪律监督、监察监督、派驻监督、巡视巡察监督协调衔接，打通监督监察、审查调查、教育整改等环节，实现阶段性整改和长期整改、堵塞漏洞和源头治理、解决问题和推动发展有机结合，建立健全权力运行监督制约机制，充分发挥监督治理效能，严密防范腐败和不正之风，有效化解各类风险挑战，筑牢安全发展屏障。

B.5

内蒙古鄂尔多斯：对煤炭资源领域贪腐问题“倒查20年”

王 姣　金志鑫　乌 都*

摘　要： 2020年以来，内蒙古自治区对煤炭资源领域腐败问题“倒查20年”。通过调研发现，内蒙古自治区煤炭资源领域腐败类型可分为赤膊上阵型、打擦边球型、提线木偶型、暗度陈仓型、监守自盗型、空手套白狼型等类型。这些涉煤腐败案件普遍具有涉案人数多、损失大、贪腐问题频发，靠亲戚、拉朋友、腐败家族化，公私交割、官商勾结、形成利益同盟，手法专业、腐败隐秘、作案周期长等特点。在鄂尔多斯市，导致涉煤腐败易发多发的原因包括利益诱惑巨大、法治意识淡薄、政绩观错误、公权力设置不当、监督不力等。为此，鄂尔多斯市对症下药，坚持从理念、制度、管理、技术等层面进行综合治理，取得了良好效果。

关键词： 煤炭资源领域　腐败　“倒查20年”　鄂尔多斯

2020年，按照中央纪委国家监委的纪检监察建议，内蒙古自治区开展煤炭资源领域违规违法问题专项整治工作，明确提出“要对2000年以来全

* 王姣，内蒙古文化旅游投资集团有限公司法务部负责人；乌都，鄂尔多斯应用技术学院纪检监察科科长、二级监察官；金志鑫，内蒙古自治区纪委监委派驻内蒙古农村信用社联合社纪检监察组组长。

区煤炭资源开发利用情况进行全方位透视会诊”。[①] 随之而来的重拳惩治煤炭资源领域腐败问题成为社会热点。专项整治工作坚持问题线索全面清理，涉煤腐败突出问题全面整治，2000 年以来的历史问题全面倒查，聚焦突出问题，严查严治，实现时间跨度、涉煤项目、涉煤企业、问题起底“四个全覆盖”。截至 2021 年 3 月初，内蒙古全区各级纪检监察机关累计立案涉煤腐败案件 676 件 960 人，其中严肃查处厅局级干部 61 人、县处级干部 216 人；给予党纪政务处分 663 人，组织处理 834 人，移送司法机关 92 人。[②]

一　内蒙古自治区煤炭资源领域贪腐行为的主要类型

煤炭资源领域贪腐问题是典型的权钱交易式的腐败。长期以来，少数领导干部与不法商人之间勾结在一起，共同“搭天线”，权钱交织在一起，政治利益和经济利益相互交割，严重损害了国家利益和政治生态。内蒙古自治区煤炭资源领域贪腐问题主要集中在煤矿灭火、资源配置与矿权转让、环境保护与生态修复、税费征缴等四个领域。根据这些腐败行为发生的不同情形，可以分为六种主要情形。

（一）赤膊上阵型

在煤炭资源领域，一些身处要职的国家工作人员在矿权审批、采矿许可、资源配置、项目推进、安全生产、道路交通、用水用电、环保测评、融资筹资、征地拆迁等事项中往往话语权很大。这其中有些领导干部不仅没有做到谨慎用权，反而凭借手中的职权对煤矿企业进行非法干预，将权力直接变现，在煤矿企业吃“干股”，甚至直接收受巨额贿赂。这种毫不掩饰的、赤裸裸的贪腐行为可以概括为“赤膊上阵型”。

---

① 付金泉：《内蒙古部署开展煤炭资源领域违规违法问题专项整治》，中央纪委国家监委网站，https：//www. ccdi. gov. cn/yaowen/202002/t20200228_ 212502. html。

② 郭兴：《内蒙古铁腕整治涉煤腐败，处理处分 1400 余人》，中央纪委国家监委网站，https：//www. ccdi. gov. cn/specialn/2021qglh/yw_ 2021qglh/202103/t20210306_ 101061. html。

（二）打擦边球型

一些国家工作人员，根据所掌握的国家煤炭资源领域的政策信息，在企业改制、资源整合过程中通过打政策擦边球的方式中饱私囊。例如，有的领导干部利用政策上的漏洞或空白，趁涉煤企业改制之机大肆侵占国家、集体资金；有的领导干部利用其掌握的政策信息提前谋划运作，借股权转让之机贪占国有资产。这种利用其熟悉政策的职业优势，通过打政策擦边球的方式牟利的贪腐行为可以概括为“打擦边球型”。

（三）提线木偶型

一些国家工作人员虽然不参与企业经营，但是违法违规向他人提供国家煤炭资源储量、分布等勘探内部信息以获得好处；或者以利害关系人名义注册成立煤炭关联公司，择优选区，以公司名义申请获批探矿权，再借机设法与大型煤炭国企合作，通过转让公司部分股权的方式倒卖探矿权赚取暴利。这种躲在幕后提供信息获利，或以隐名股东的身份暗中牟利的贪腐行为可以概括为“提线木偶型”。

（四）暗度陈仓型

在煤炭资源领域，煤田灭火治理工程项目是公认的“肥差”。有的煤炭安全主管部门的领导干部与不法企业串通一气，打着灭火工程的幌子，干着盗煤获利的勾当。有的明明发现不法企业超出了灭火工程正常作业范畴，但并未依法严厉处罚企业，而是借执法或环保督察之际向涉事企业敛财。另外，在煤炭资源开发中，税费缴纳是一项不菲的开支。一些不法商人为了少交、免交、欠交相关税费，就拉拢腐蚀有关自然资源、安全监管、生态环境、税务等部门的负责人，这些领导干部设法在税费缴纳过程中帮助不法企业“玩猫腻”，致使国家税收遭受重大损失。这种打着合法的旗号暗中敛财的贪腐行为可以概括为“暗度陈仓型”。

（五）监守自盗型

在一些煤炭国有企业取得煤矿探矿权、采矿权后，有的国企和地方党政领导为捞取“黑金”，串通不法商人，以合同开发、偿还巨额债务等名义，将国有企业煤矿探矿权或采矿权低价贱卖给私人企业，严重损害国家利益。这种想方设法将自己管理、经营的国有企业的资产变为私人资产的贪腐行为可以概括为“监守自盗型”。

（六）空手套白狼型

煤炭资源领域的一些领导干部与一些不法商人深度勾连，通过编造无实质业务的虚假项目；或到落后地区投资开发，虚构能源开发深加工项目；或挂靠在大型煤转化项目名下，超标准申请、超额配置煤炭资源，骗取政府以各种名义配置的煤炭资源，再通过采煤外卖或公司股权转让方式倒卖，获取巨额利润。这种通过造假、欺骗等手段，零成本套取国家资产的贪腐行为可以概括为“空手套白狼型”。

二　内蒙古自治区煤炭资源领域贪腐案件的主要特点

（一）涉案人数多、损失大、问题频发

从现实情况来看，涉煤腐败案件往往是这样的：一个高官的落马，后面紧跟着十几个甚至是几十个涉案人员，极易形成窝案。例如，2018 年 4 月，内蒙古自治区原副主席白向群涉嫌严重违纪违法，接受审查调查；2018 年 10 月，内蒙古自治区人大常委会原副主任邢云涉嫌严重违纪违法，接受审查调查；2019 年 10 月，退休 6 年的中国华电集团有限公司原党组副书记、总经理云公民被查；2020 年 7 月，内蒙古自治区党委原常委、呼和浩特市委原书记云光中受贿案开庭审理；随着审查调查的不断推进，乌

兰察布原市委书记杜学军、自治区交通厅原厅长白智、自治区国土资源厅原厅长白盾等56名厅局级干部，鄂尔多斯市煤炭局原局长郭成信等216名县处级干部被立案审查调查。

笔者经过调研了解到，煤炭资源领域违纪违法人员非常多，从党员干部到一般群众，从县级以上干部再到普通科级干部均有违纪违法被查处的情况，而且案值巨大，给国家造成了特别重大的经济损失。这充分反映出煤炭领域腐败问题的严重性，也折射出煤炭领域腐败存量之多，以及反腐败斗争的复杂性与长期性。这不仅导致公共资源的巨大浪费，还严重损害了党和政府的良好形象，恶化了党群、干群关系。

（二）靠亲戚、拉朋友、腐败家族化

从古至今，政商之间的关系都颇为微妙。商人将大量的心力用来维护与领导干部之间的关系，拉近与主要领导干部之间的感情。一些商人不是想着如何运用正规手段提高自身的竞争力，而是渴望运用金钱和人情关系获取大量非法的特权，以助其获得暴利。在党员干部“啃”不下时，抑或为了避人耳目，商人们瞄准党员干部的亲友，投其所好，笼络腐蚀。有的党员干部摆脱不了官本位、家天下的腐朽理念：只要我一个人当了官，我所管辖的企业乃至政府都是我自己的私人产业，不贪白不贪。他们利用手中的权力，为自己的亲友图便捷，钻国家的空子，在为别人谋取方便的同时，把金钱揣进了自己的口袋。为方便获得最大化的利益，滥用国家赋予其的公共权力，不择手段，同时也导致家族腐败问题频发。①

在调研中，我们清晰地看到，涉及党员干部亲友们共同受贿等共同职务犯罪的比例很高。例如，云光中就是自己前台办事、妻儿后台收钱的典型。云光中曾任鄂尔多斯市市长、市委书记，内蒙古自治区党委常委、呼和浩特市委书记等职务，他利用职权或职务影响力帮助不法商人在煤制油项目建设审批、申请煤炭井田置换、参股煤田灭火工程公司、调整预配置煤炭资源区

① 郝思雨：《从山西腐败“窝案”看党的反腐倡廉建设》，贵州财经大学2018年硕士学位论文。

块位置等方面谋取巨大利益，直接或通过其近亲属等人非法收受他人给予的财物，共计折合人民币 9432 万余元。[①]

（三）公私交割、官商勾结、形成利益同盟

在我国，煤炭资源由国家深度调控，煤炭资源衍生出来的煤炭、电力、石油等关系国计民生。国家赋予有关部门项目审批权和国有企业垄断经营权，是为了维护公共利益、保护国家煤炭资源行业安全。由此，相对集中的煤炭资源审批权和国有企业的主导经营权，很容易成为想要进入或涉足煤炭行业的企业或个人公关的对象，导致煤炭资源领域成为腐败的重灾区[②]。通过大量资料梳理，我们不难发现，“赤膊上阵型”“打擦边球型”“提线木偶型”“暗度陈仓型”“监守自盗型”“空手套白狼型”腐败，都是国家公权力与私有资本相互交织在一起，二者相伴而生、互相利用，成为煤炭资源领域腐败的一大特点。

党员干部与商人为了私利相互勾结，形成利益同盟，违反党纪国法，破坏市场秩序，使得法治、民主和规则遭到破坏。例如，曾任中国华电集团有限公司党组副书记、总经理的云公民利用担重要职务形成的影响力，为一些企业在煤炭和房地产等领域经营发展提供帮助，违反有关规定从事营利活动，涉嫌收受巨额贿赂。[③]

（四）手法多样、行为隐秘、作案周期长

从煤炭资源领域腐败行为手法上看，“提线木偶型”“暗度陈仓型”“空手套白狼型”等都是非传统类型的腐败，作案手法更加多样、隐秘。或是通过合作开发，共同瓜分“发展”的机会和成果；或是权力持有者以形式

---

① 钟纪言：《倒查涉煤腐败　推动净化政治生态——内蒙古自治区系列涉煤腐败案以案促改工作启示》，《中国纪检监察报》2021 年 2 月 24 日，第 6 版。

② 毕雁英：《透视能源领域腐败与反腐败》，《中国纪检监察报》2014 年 7 月 25 日，第 8 版。

③ 钟纪言：《倒查涉煤腐败　推动净化政治生态——内蒙古自治区系列涉煤腐败案以案促改工作启示》，《中国纪检监察报》2021 年 2 月 24 日，第 6 版。

上“合法”的程序，虚高定价，为企业赚取暴利；或是企业将自己掌握的行业资源无偿或者低价提供给公权力行使者，从高额的年底慰问金、半公开化的回扣到退居“二线”后的“再就业”承诺等不一而足；或是企业为公权力方提供炫耀性、奢靡性、享乐性的会议服务等。这些手法多样、行为隐秘的方式使治理煤炭资源腐败难上加难。

由于煤炭资源的开采利用要经历较长的周期，加上煤炭资源带来的利润金额庞大，一般的小恩小惠很难打动公权力行使者，所以行贿者更加注重长期投资，往往对公权力行使者及其亲友进行长期感情投资和铺垫，建立密切稳定、相互信任的关系，从春节拜年等人之常情到各种名义的慰问、看望，这种单向利益输送式的“朋友”交往，模糊了礼法边界，所以煤炭资源领域的腐败问题如同煤炭资源一样“埋藏深、发现难、开采易、时间久”。

三　鄂尔多斯市煤炭资源领域贪腐问题的原因剖析

（一）丰富的煤炭资源带来巨额利润和巨大诱惑

鄂尔多斯市煤炭资源富集，分布广阔，含煤区面积约6.1万平方公里，占全市国土面积的70%以上。境内由东到西分布有准格尔、东胜、桌子山三大煤田。鄂尔多斯市煤炭资源总体勘查面积为4.5万平方公里，约为全市国土面积的52%，预测总储量近万亿吨，其中探明储量2383亿吨，约占全自治区的2/3、全国的1/6。目前，鄂尔多斯市共有煤炭采矿权320个，其中井工开采176个，露天开采144个；部发证59个，厅发证261个。总井田面积约5300平方公里，资源储量约750亿吨。

鄂尔多斯市现有煤矿333座，除了只保留采矿证的7座煤矿外，生产和已核准在建煤矿326座，总产能85670万吨/年。多数年份煤炭行业对全市税收的贡献率达到近60%，除税收收入外，煤炭行业对财政收入还有矿业权价款、矿产资源补偿费等贡献。[①]

因此，鄂尔多斯市大部分人的生活轨迹都与煤炭相关，有些人世代在煤炭领域工作。鄂尔多斯借助西部大开发和国家能源战略西移的机遇，凭借占据全国半壁江山的煤炭资源，经济发展突飞猛进，创造了“鄂尔多斯现象”。有的人在这里大显身手、勤劳致富，也有一些人经不住诱惑，抵不住考验，被斩落马。

（二）封闭的地理条件下党员干部法治意识淡薄

鄂尔多斯市位于内蒙古自治区西南部，地处鄂尔多斯高原腹地，东北西三面被黄河环绕，南与黄土高原相连。丘陵山区约占总土地面积的18.91%，波状高原约占总土地面积的28.81%，毛乌素沙地约占总土地面积的28.78%，库布其在沙漠约占总土地面积的19.17%。

相对封闭的地理环境造就了鄂尔多斯人特有的性格特征，他们性格豪放、热情、讲义气、好交友，但也存在感情用事、法治意识淡薄的缺陷。特别是有些党员干部忘记了党和人民赋予的职责使命，从自我私利、哥儿们义气出发，追求享乐主义，信奉拜金主义，因此严重地毒害了社会风气，影响了党风、政风。在这种思想的腐蚀下，一些领导干部在推进煤炭企业关小上大、并轨改制、资源整合、兼并重组、促进资源就地转化中大肆贪腐，导致鄂尔多斯成为内蒙古自治区煤炭资源领域腐败问题的重灾区之一。

（三）急功近利的政绩观造成对腐败问题的错误认知

煤炭资源以及由其衍生出来的房地产、运输等行业为鄂尔多斯的财政收入做出重大贡献，在鄂尔多斯经济体系中占有举足轻重的地位。面对“一煤独大”的状况，上至各级领导干部，下至普通职工群众，均只关注煤炭对经济发展的积极意义，而由煤炭资源引发的贪腐等一系列问题反而不被重视，有关部门对于“经济老大”身上的问题也是能避则避，能让则让。

---

① 资料来源：笔者走访调研鄂尔多斯市相关职能部门所得，时间截至2020年。

特别是部分党员干部基于任期有限、政绩立现等错误观念作祟，一味强调经济增长是硬道理，忽视了煤炭资源开发、利用过程中存在的贪腐问题，片面地认为这是经济增长中的小问题、副作用，可以像人们脸上的“痘痘”一样不医而治。更有甚者，认为适当的贪腐是容错范围之内的，打着“不贪点哪有积极性”等歪理口号，为煤炭资源领域的贪腐问题盖上了“遮羞布”。在这种急功近利的政绩观作用下，社会各阶层对鄂尔多斯市煤炭资源领域中长期存在的低价转让、以灭火之名盗采、干部违规入股赚取红利等行为见怪不怪，对煤炭领域的贪腐问题容忍度出奇的高。

（四）公权力设置不当引发监管失控

从煤炭资源开发利用的角度看，涉及的环节主要有以下几类：规划立项环节、投资审核环节、资源配置环节、环评审核环节、矿业权审核环节、矿业权出让、煤炭资源整合和兼并重组、股权变更和矿产交易环节、矿业权收益处置等环节。基于煤炭资源的国民经济地位以及能源安全考虑，这些环节中，都是行政占主导地位，市场未能充分发挥其调节作用。

鄂尔多斯市涉煤领域各职能部门基于各自工作职责，都制定了本部门的行业准则和条框制度，这些制度单独看起来没什么问题，但整体来看缺乏互相之间的衔接过渡，导致出现“空白”地带，或者“争抢”地带。正是这些不规范环节的出现，加上信息的不对等，为权力寻租提供了“温床”，为别有用心之人提供了“后门”。

（五）监督不力导致“一把手”恣意妄为

由于煤炭行业的特殊属性，煤炭领域相关管理部门、煤炭企业之间形成一个相对封闭的、独立的权力运行体系。长期以来，煤炭资源领域权力运行缺乏有力的监督。在我国现行监督机制中，监督方式主要是党内监督、人大监督、行业监督、司法监督、人民群众监督、社会舆论监督。但在现实中，受煤炭资源管控特点影响，这些监督的作用发挥得很有限，上级党政领导机关和人民代表大会及其常委的法律监督等的确是拥有处置权的监督，但是由于不了解实际情况，其监督的权力和责任还没有落到实处，往往很难真正实现效果。而了解情况的行业主管上级松于监管、疲于监管，虽然是有实际权力的监督但往往流于形式；同级之间虽然很容易发现彼此之间的问题，但是大家很大程度上是一种利益共同体，彼此之间有众多政治、经济、社会利益相连，有些结党营私，形成权力庇护关系网、贪腐共同体，一荣俱荣、一损俱损，他们逃避监督、拒绝监督；广大人民群众的监督虽具有广泛性，但无法具体深入某一个具体事件中了解真相，更怕遭受打击报复，造成不敢监督、无力监督，即便是监督了也因没有处置权，对于被监督者根本难以达到震慑作用。作为党内监督的专职机关纪委，一方面因地方财政过于依赖煤炭资源，早期出于为地方经济保驾护航的考虑，存在或多或少只查不办或处罚不严的问题；另一方面纪委监委合署办公前，纪委的监督没有强制力的保障，在执行监督职责时有时显得捉襟见肘、力不从心。这些看似完善的监督制度，很大一部分都处于一种失灵状态，大量的监督权往往不能落到实处、形成切实有效的监督之势。

另外，由于轮岗制度落实不力等因素，有关职能部门的“一把手”或关键岗位人员长期控制着相当大的煤炭资源分配权、人事管理权和项目审批权，这些配置、管理、审批等举措非但不是监管反而可能是利益的“传送机”，导致贪腐案件易发频发。这些“一把手”或关键岗位人员既承担着业务推进的主体责任，又承担着反腐的监督责任，这无异于“纸笼锁虎”。从实践来看，“空手套白狼型”“监守自盗型”等腐败都与“作秀式”监督有着密切关系。

四　鄂尔多斯市煤炭资源领域贪腐问题治理的综合思路

（一）坚定理想信念，形成不想腐的自觉

理想信念就是共产党人的精神之“钙”。因此，要想不得精神“软骨病”、抵制腐败病毒的侵蚀，必须坚定理想信念，形成不想腐的自觉。

1. 要抵制诱惑必须坚定理想信念

坚定理想信念是共产党人安身立命之本。每一位党员干部必须时刻提醒自己要坚定理想信念、补足精神之“钙”。习近平总书记指出：“理想信念不坚定，精神上就会‘缺钙’，就会得‘软骨病’。现实生活中，一些党员、干部出这样那样的问题，说到底是信仰迷失、精神迷失。”①

在笔者的调研过程中，一位涉煤领域被调查的老党员说：“我就是对党的规定、国家的法律学得太少，懂得太少，导致在物欲膨胀的时代动摇了自己的理想信念，淡漠了自己的党性，在诱惑面前丧失了底线，最后盲目自大、忘乎所以，自食苦果。”这位老党员的忏悔透出了一个深刻的道理：中国共产党人的理想信念从来都不是虚无缥缈的，而是始终体现在为中国人民谋幸福、为中华民族谋复兴的初心和使命中。广大脚踏“乌金”的党员干部要坚定马克思主义信仰、坚守共产主义远大理想，把党的初心使命铭刻于心，在新时代的火热实践中锻炼成长，对党忠诚、为国尽职、为民尽责。

2. 要帮助党员干部形成不想腐的自觉

要通过党性教育、政策培训、典型宣传、警示提醒等多种方式，让涉煤领域关键岗位上的党员干部及相关人员形成不想腐的自觉，实现查与不查都一样，从心底里抵触贪腐，让“乌金”只放光不留黑。要让领导干部认识到，只有为百姓谋取长远利益，为社会整体着想的领导才是好领导，经得住历史检验的干部才是好干部。

（二）完善制度设计，优化权力配置

煤炭资源领域腐败问题频发，一些干部之所以犯错误、走上违纪违法的道路，除了主观原因之外，现阶段制度设计不完善也是一个重要的原因。

1. 完善重大事项决策制度

2020 年 12 月 23 日，内蒙古自治区人民政府审议通过《内蒙古自治区重大行政决策程序规定》，该规定第三条第三项规定“制定开发利用、保护

① 中央文献研究室编《十八大以来重要文献选编》（上），中央文献出版社，2014，第 80 ~ 81 页。

重要自然资源和文化资源的重大公共政策和措施”属于重大行政决策事项，其决策应当遵循科学决策、民主决策、依法决策原则。该规定从决策启动、民众参与、专家论证、风险评估、合法性审查等多维度，对重大事项的决策进行了规范。保障了科学、民主、依法决策，提高了决策质量和效率，更重要的是明确了决策责任。这为涉煤领域重大事项的决策指明了方向。有关单位在作出关乎百姓利益、涉及大量资金处置，或者配备大型煤矿的决策时，更应充分发挥民主集中制或者集体决策的效用，“一把手”要正确行使权力，真正做到以人民为中心。在必要的时候，应执行重大事项决策制度，充分听取民意，充分倾听不同利益者的声音，尽力做出公平公正、维护国家利益、契合人民群众期待的决策。

2. 贯彻执行关键岗位异地轮岗制度

基于煤炭资源领域本身的行业封闭性，关键岗位上的权力行使者话语权很大，长期在关键岗位上工作不利于反腐长效，因此要健全交流轮岗制度，将交流轮岗常态化、规范化，减少特殊利益圈、利益链的形成。其一，岗位轮换能对同岗不同人的工作绩效进行考察，进而考察党员干部的能力，在此基础上优胜劣汰；其二，岗位轮换可以优化人岗匹配，提高工作质效；其三，岗位轮换可以提高工作的透明度，增强工作可考核性，打破涉煤岗位的封闭性，为检查岗位职责履行情况提供对比性、增强说服力，为绩效考核的确定提供监督机制，为竞争上岗提供考核依据。

3. 优化行政权力配置的各项制度

在煤炭资源领域，涉及方方面面的问题，要针对问题多发领域，优化各项制度。一是围绕解决项目审批不规范的问题，建立和完善投资项目审批管理制度。二是围绕解决转化项目落实不到位、建设内容变更，以虚假项目套取资源，超量配置煤炭资源，决策程序不规范、执行上级政策不严格等问题，建立和完善煤炭资源配套转化制度。三是围绕解决火区治理项目审批、监督管理不规范，无证开采、越界开采、煤矿关停后参与整合等问题，建立和完善火区管理制度。四是围绕解决违反政策进行矿业权评估、转让、股权变更，以及不按规定缴纳矿业权价款问题，建立和完善矿业权管理制度。围

绕解决在已配置煤炭资源的清理整顿过程中侵害国家利益的问题，建立和完善煤炭资源清理收回制度。五是围绕解决各部门涉税信息共享不畅，造成涉煤企业股权转让中未依法足额申报缴纳税款及滞纳金问题，建立和完善综合治税制度。六是围绕解决重点监管项目未批先建，未严格落实环境保护“三同时”及排污许可证等问题，建立和完善环评审核及重点环境问题监管制度。七是围绕解决国有资产转让中执行清产审核、财务审计、资产评估不够，造成国有资产损失问题，建立和完善国有资产转让制度①。总之，要实现从规划立项、投资审核、资源配置、环评审核、矿业权审核、出让、煤炭资源整合、兼并重组、股权变更和矿产交易到矿业权收益处置全程规范用权。

4. 认真落实公开公示制度

公权力行使者滥用手中职权，利用公共资源来谋求个人私利是典型的腐败行为。在煤炭资源领域，典型的“打擦边球型”腐败就是公权力行使者利用提前掌握信息的便利，先发制人，在后期的整合等过程中获取巨额利益。因此，最大限度的政务公开可以有效减少因不完全信息和信息不对称所造成的腐败现象。具体可以通过向社会公布煤炭资源领域违规违法问题长久整治信访举报电话、网站、信箱，畅通信访举报渠道，紧紧依靠人民群众、发动人民群众彻底解决煤炭领域突出问题。

5. 创新和完善奖惩制度

每个人都是独立的个体，在工作中都希望通过自己的努力获得相对应的评价，尤其在煤炭资源这个相对封闭的领域，大家世代生活在一起，官方做出的评价会深刻地影响一个人日后的行为，因此适当地运用奖惩机制会起到事半功倍的作用。对在工作中表现突出的，有效追回国家损失、体察民情、切实解决煤炭资源领域矛盾的，或有其他显著成绩、贡献、突出事迹的党员干部，要及时给予精神鼓励和物质奖励。对存在政策执行变形走样，虚报瞒

① 说明：笔者通过走访鄂尔多斯市发改委、工信局、能源局、自然资源局、市场监督管理局、税务局、生态环境局、国资委等有关部门，大量翻阅现有规范性文件，提出相关建议。

报，假投资骗取国家资源，在配置、转让煤炭资源时审查不严、弄虚作假、徇私舞弊等违纪违法行为的党员干部要加大处罚力度，尤其对贪腐案件中核心领导和成员要从重处罚，形成震慑作用，减少集体腐败。

（三）加强监管实效，高悬监督利剑

煤炭资源领域反腐要想取得长远的成效，归根结底还是要加强监督管理，以问题为中心，举一反三，认真分析研判，深入排查煤炭领域的廉政风险。

1. 直面问题

管理部门对于问题高度重视的态度，比发现问题更有意义。面对煤炭资源领域愈演愈烈的腐败问题，一方面，各级党委要加强领导，不护短不迁就，发现问题严肃处理，举一反三推动煤炭资源领域工作不断规范。另一方面，煤炭领域各职能部门要自觉加强自我监督、主动接受舆论监督，适应互联网＋监督，审慎用权，知错能改，及时纠偏纠错。

2. 加强监督

只有不断加强监督、严明法纪，才能保证各项政策规章制度真正落到实处。一是要保持反腐高压态势，把党内监督与党外监督、专门机关监督与人民群众监督、法律监督、新闻舆论监督等多种监督形式贯通融合起来，多管齐下，逐步形成完备的监督体系。二是紧盯重点岗位如“一把手”、分管负责人，重点环节如煤矿灭火、资源配置与矿权转让、环境保护与生态修复、欠税与欠费等。三是将监督关口前移，强化事前、事中监管，加大违纪违法的成本。

3. 严肃问责

党的十八大以来，“动员千遍，不如问责一次”“有权必有责、有责要担当、失责必追究”逐渐成为共识，也形成了相应的制度规范。一方面，各级党委、纪委监委、主管单位要彻底甩掉护犊子的错误做法，主动问责、追责，要让失责必问、问责必严成为常态，根治党员干部担当“塌肩膀”、干事“软无力”的弊病。另一方面，要加大案件查处力度，通过涉煤领域专项调查、受理问题线索、严肃查处涉煤领域腐败分子等途径，形成问责一个、警醒一片的良好示范作用。

（四）扎紧“数据铁笼”，利用技术遏制腐败

大数据化的监督、侦查、办案模式已逐步被公检法等部门广泛应用，已经取得了一定的实践意义。纪检监察机关也要建立和完善大数据监督平台，从而为监督执纪问责提供坚强有力的数据保障。

1. 建立资源数据库，实现监督全覆盖

探索打造权力可视化、监督具体化、管理预判化，变人力监督为数据监督、事后监督为过程监督的“数据铁笼”。充分利用人工智能、大数据技术，打通能源、生态环境、林草、应急管理等部门之间的壁垒，建立健全资源数据库，实现储量监控、申请审批、公开公示、安全生产监督、税费缴纳等事项全程记录、追溯、预警和监管。最终形成用制度管权、管矿、管钱的高效率、低风险、可追溯的监控体系。①

2. 公开权力运行全过程，实现监督无死角

通过“数据铁笼”实现煤炭资源开发与利用进度、权力运行的数据留痕、公开查询和共享，形成一种隐形的约束，让相关权力部门和公职人员不敢以权谋私，让企业和相关利害关系人不敢胡乱作为。加大信息公开力度，让公众参与监督，使权力运行受到全过程监督，形成社会监督震慑，压缩违法违规行为的空间。

3. 多维度发力，确保“数据铁笼”切实发挥作用

要从“数据收集”的思维转变到“数据运营”的思维。在构建数据中心和平台、采集数据基础上，对数据进行分析运用，让大数据运用融入决策，实现数据价值最大化。要规范数据存储、使用和共享，特别是处理好信息公开与隐私保护之间的关系。在大数据的关键核心技术上，强调自主研发和自主创新。优化创新环境，培育一大批大数据的科技人才，强化人、财、物的保障，提高创新创造活力。

---

① 关雅红、李哲：《关于矿产资源领域突出问题的调研报告——以矿产资源领域查处的案件为视角》，《纪检监察研究》2019 年第 5 期。

B.6
贵州铜仁：预防腐败低龄化的“三前移”机制

贵州省铜仁市纪委监委课题组*

摘　要：　在当今世界物质条件飞速发展，精神需求不断多样化、个性化的大背景下，一些年轻干部理想信念不牢、政治定力不够，抵挡不住糖衣炮弹的攻击，在各种诱惑面前败下阵来，价值观扭曲、贪图享乐，贪得无厌、胆大妄为，腐败低龄化问题日益凸显。近年来，铜仁市纪检监察机关高度重视年轻干部违纪违法问题，针对腐败低龄化现象，前移“监督、制度、教育”三道关口，构建遏制腐败低龄化体系，有效铸牢预防腐败低龄化“堤坝”。

关键词：　预防腐败　前移机制　年轻干部　低龄化

2019年3月1日，习近平总书记在2019年春季学期中央党校（国家行政学院）中青年干部培训班上强调，培养选拔年轻干部是一件大事，关乎党的命运、国家的命运、民族的命运、人民的福祉，是百年大计。[①] 以低龄

---

* 课题组成员：罗雁冰，铜仁市委常委、市纪委书记、市监委主任；于红，铜仁市纪委监委二级调研员；苏畅才，铜仁学院监察室主任；陆天莲，铜仁市纪委监委信访室主任；罗运明，铜仁市纪委监委调研法规室副主任；黄河：铜仁市纪委监委第八审查调查室工作人员；涂山伟，铜仁市高新区大兴街道纪工委书记。执笔人：苏畅才、罗运明、涂山伟。

① 习近平：《广大干部特别是年轻干部要做到信念坚、政治强、本领高、作风硬》，《习近平谈治国理政》（第3卷），外文出版社，2020，第518页。

化腐败为关键词，通过百度搜索引擎可搜索到相关信息82.2万条，并从中随机选择30个已公布案例，通过分析可以看出预防腐败低龄化已成为当前党风廉政建设和反腐败斗争的重要内容之一。铜仁市纪委监委从严管厚爱年轻干部的角度出发，探索把监督前移实现“不敢腐”、制度前移实现“不能腐”、教育前移实现“不想腐”，取得了一定积极成效。

一 预防腐败低龄化的背景意义

低龄化腐败是指年龄在40岁以下因违纪违法问题被查处的县（处）级干部，年龄在35岁以下因违纪违法问题被查处的科级及以下干部。腐败低龄化问题引起了党中央的高度关注，十九届中央纪委五次全会明确提出，要高度关注年轻干部违纪违法问题，加强对年轻干部的教育管理监督。

（一）预防腐败低龄化问题，是党和国家事业薪火相传、长治久安的重要保障

习近平总书记在党的十九大报告中指出，“青年兴则国家兴，青年强则国家强。青年一代有理想、有本领、有担当，国家就有前途，民族就有希望。中国梦是历史的、现实的、也是未来的；是我们这一代的，更是青年一代的。中华民族伟大复兴的中国梦终将在一代代青年的接力奋斗中变为现实”。[①] 当前我国干部队伍年龄结构中，“60后”渐渐老去，“70后”正挑大梁，“80后”作用越来越明显，“90后”干部正登上历史舞台，“00后”即将走出校门踏入社会，青年一代正逐步成为党和国家经济社会发展的主力军。当前，我国正全面开启建设社会主义现代化国家新征程，要在2035年基本实现社会主义现代化，到21世纪中叶把我国建成富强民主文明和谐美

① 习近平：《决胜全面建成小康社会　夺取新时代中国特色社会主义伟大胜利》，载《习近平谈治国理政》（第3卷），外文出版社，2020，第54页。

丽的社会主义现代化强国，必须有一支党性坚定、作风过硬、数量充足、专业精深、年龄合理、道德品质优良的年轻干部队伍作为支撑。从案例中可以看出，一些年轻干部刚踏上工作岗位就开始实施贪腐行为，一旦让年轻干部“带病”上岗、“带病”提拔，将严重损害党和国家事业发展。因此，只有做好腐败低龄化预防工作，加强年轻干部教育监管，帮助年轻干部坚定理想信念、树牢宗旨意识、严守纪法底线、敢于担当作为，年轻干部才能赓续共产党人的精神血脉，才能承担起为人民谋幸福、为民族谋复兴的大任。

（二）预防腐败低龄化问题，是减存量遏增量，有效应对复杂严峻的反腐败斗争形势的重要内容

党的十八大以来，在以习近平同志为核心的党中央坚强领导下，各级纪检监察机关坚定不移地推进全面从严治党、党风廉政建设和反腐败斗争，取得了巨大成效。但当前反腐败斗争形势依然是“严峻复杂”。一方面，从中央纪委国家监委公布的数据来看，党的十九大以来，全国纪检监察机关每年立案总数和党纪政务处分人数均在 60 万左右。虽然每年都始终保持惩治腐败高压态势，以高强度、高密度的监督惩治腐败遏制增量，但监督重点聚焦在党员领导干部身上，对一般干部的监督呈现“宽松软”现象，进而导致存量虽然在逐步减少，但增量却有所增加，尤其是年轻干部违纪违法案例呈逐渐上升趋势。另一方面，腐败形式多样、隐蔽复杂、难以查办。十九届中央纪委五次全会指出，当前腐败问题呈现政治问题和经济问题交织、传统腐败和新型腐败交织、腐败问题和不正之风交织、风险挑战和腐败问题关联的态势。加上年轻干部腐败手段智能化、方式隐蔽化，让本就复杂的腐败问题结构变得更加复杂。当前，越来越多的“80 后”“90 后”年轻干部登上历史舞台，手中掌握的权力在变大、掌握的资源在增多，被腐蚀的风险也在逐步增大。因此，开展腐败低龄化问题预防，加强对年轻干部的教育、管理、监督，既能一定程度减轻腐败严峻形势，降低腐败存量增量，也能在结构上减弱复杂程度，推动党风廉政建设和反腐败斗争向纵深发展。

（三）预防腐败低龄化问题，是健全党和国家监督体系的重要组成部分

党的十九届四中全会指出要健全党统一领导、全面覆盖、权威高效的监督体系。全面覆盖既包括监督领域、监督内容的全覆盖，也包含着监督对象的全覆盖。监督对象既有身份上的全覆盖，又有结构上的全覆盖，即在身份上对所有党员干部和行使公权力的国家公职人员的监督全覆盖，在结构上包含着对所有年龄段干部的监督全覆盖。但一段时间以来，我们监督重点还是各级一把手和领导干部，认为他们手中掌握的资源和权力相对集中，容易受到“围猎”，被腐蚀的风险较大，而年轻干部刚参加工作不久，手中权力较小，贪腐机会和受到围猎的风险也较小，因此一定程度上放松了对年轻干部的监管，以致人们认为年轻干部腐败就如“黑天鹅”一般是毫无征兆地突然出现的。因此，只有对年轻干部从严监督管理，才能真正实现党和国家监督全覆盖。

二　腐败低龄化问题主要特征及成因分析

（一）主要特征

通过收集整理中央纪委国家监委网站、《中国纪检监察报》、《中国纪检监察》杂志以及地方各级纪委监委网站通报的案例，分析总结出腐败低龄化问题的具体特征主要表现为四个方面。

1. 岗位相对集中

通过分析，年轻干部利用职务便利和职权影响实施贪腐行为的部门和岗位相对集中在资金密集部门和岗位（30 个典型案例中，会计、出纳、报账员 17 人，接近 2/3），贪腐行为的手段以贪污、挪用公款为主。比如，贵州省毕节市织金开发区财政局原出纳王红梅（案发时 27 岁），利用担任单位出纳的职务便利，贪污公款1338万元、挪用公款171万多元。

2. 动机相对单一

年轻干部的腐败动机主要是被消费主义享乐思想洗脑、被不良嗜好和物质欲望冲昏了头脑，腐败动机呈现出更加单一性的特征，贪腐资金主要用于满足自己的物质欲望，30个典型案例中，将涉案资金用于赌博11人，用于网络游戏6人。比如，贵州省思南县社会保险事业局原会计兼出纳张艺参加工作不到两年时间就骗取社保资金41.37万元，主要用于赌博和个人生活消费。

3. 手段隐蔽多样

年轻干部知识面广、专业技能强，善于发现单位制度和系统软件中的漏洞，加之支付方式的变革，“有形”支付逐步向“无形”支付转变，也给年轻干部腐败提供了可乘之机。比如，贵州省松桃县人事劳动和社会保障局城乡居民社会养老保险股（借调）会计许先觉（案发时30岁），抽调到县人社局城乡居民社会养老保险股工作期间，发现养老保险管理系统和养老金发放程序上存在明显漏洞，便利用身份证号码生成器软件，编造265个假身份证号码，激活265张重号社保卡，套取养老保险金58.58万元。最终，许先觉被判处有期徒刑11年。

4. 涉案金额巨大

年轻干部玩网游、打赏主播、迷恋网络赌博、购买奢侈品等都需要大量资金，而自己又没有能力赚取，于是就动起“歪心思”、打起单位公款的“歪主意”，年轻干部的贪腐行为呈现腐败时间短、次数多、金额大等特点。比如，浙江省一建建设集团有限公司深圳分公司财务科副科长（后为财务管理部副经理）陈曦曦（女），1989年8月出生，利用职务便利，通过伪造虚假款项方式，先后140余次挪用单位公款2754.68万元，其中2683.90万元用于个人网络赌博及归还赌博产生的债务等非法活动，70.78万元用于个人使用，案发时尚有2693.8万元未归还。2018年4月，被判处有期徒刑13年。

表 1　腐败低龄化典型案例

序号	姓名	原工作单位	原职务	出生年月	罪名	涉案金额	涉案资金去向
1	季怡	四川省马尔康市人民医院	会计	1992 年 10 月	贪污罪	547.10 万元	偿还网络贷款、个人消费
2	张艺	贵州省思南县社会保险事业局	会计兼出纳	1992 年 9 月	贪污罪	41.37 万元	赌博
3	国威	河北省承德市双桥区城管局	出纳	1987 年 10 月	贪污罪	1345.98 万元	打赏女主播、个人消费
4	王红梅	贵州省毕节市织金开发区财政局	出纳	1990 年 7 月	贪污罪、挪用公款罪	贪污 1338 万元 挪用 171.69 万元	购买彩票、个人消费
5	王晓芮	中国人寿保险公司山西省忻州市宁武支公司	收费员、付费员、理赔员	1990 年 12 月	职务侵占罪	42 万元	个人消费
6	魏国君	四川省自贡市大安区大山铺镇西华村	村委委员、出纳	1987 年 12 月	贪污罪	116 万余元	打赏网络主播
7	王新民	江苏省昆山市人社局社保中心养老支付科	办事员	1991 年	贪污罪	270 万元	个人消费
8	李峋甫	重庆市巴南区南泉街道社区卫生服务中心	出纳	“90 后”	挪用公款罪	53.53 万元	网络游戏
9	廖静	海南省三沙市船务管理局	报账员	1991 年 9 月	贪污罪	179.42 万元	整容、购车
10	常艺	江苏省淮安市清江浦区交通局	现金会计	“90 后”	贪污罪	280.70 万元	打赏网络主播
11	谢明润	湖南省新宁县医疗和生育保险基金管理站城镇居民医疗管理股	办事员	1990 年 4 月	挪用公款罪	47.40 万元	赌博

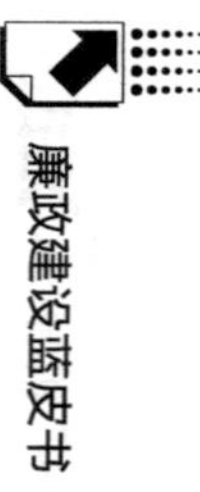

续表

序号	姓名	原工作单位	原职务	出生年月	罪名	涉案金额	涉案资金去向
12	邹华才	江西省赣州市上犹县安和乡人民政府	扶贫专干	1994 年 4 月	贪污罪	53.45 万元	转借他人
13	熊俊	中国邮政集团公司江西省南昌市新建区松湖邮政所	负责人	1991 年 4 月	贪污罪	2023.26 万元	赌博
14	郎筱鲁	浙江省杭州市富阳区发改局价格与收费管理科	工作人员	1988 年	受贿罪	9.8 万元	网络赌博(赌球)
15	水晓峰	河南省三门峡市陕州区住房和城乡规划建设局	工作人员	1989 年 11 月	挪用公款罪	60 万元	网络赌博
16	丁鑫	江苏省常州市武进区城市管理局户外广告管理科	科长	1982 年	贪污罪、索贿罪	700 万元	网络游戏
17	陈曦曦	浙江省一建建设集团有限公司深圳分公司原财务科	副科长	1989 年 8 月	挪用公款罪	2754.68 万元	网络赌博
18	盛某	湖北省随县安居镇中心学校	会计	—	贪污罪	1604 万余元	赌博、打赏网络主播
19	谢屾	河南省工艺美术学校	会计	1986 年 3 月	贪污罪	296 万元	购买模型玩具、网络游戏
20	张裕	浙江省宁波市镇海区蛟川街道经济发展服务中心	副主任	1987 年	受贿罪	18 万元	网络游戏
21	田琦浩	浙江省杭州市余杭区市民中心余杭分中心不动产交易窗口	工作人员	1995 年 5 月	贪污罪	595 万元	个人消费、购买豪车、网游游戏

续表

序号	姓名	原工作单位	原职务	出生年月	罪名	涉案金额	涉案资金去向
22	王雪	北京市东城区某离退休干部休养所	出纳	1990年	贪污罪	720余万元	个人消费
23	罗垲峰	中国铁路物资华东集团有限公司浙江分公司	业务员	1983年	贪污罪、受贿罪、职务侵占罪	贪污717万元,受贿12.50万元,职务侵占52万元	网络游戏,个人消费
24	李晓飞	河北省南宫市水务局财务股	工作人员	1990年	挪用公款罪、贪污罪	1921.88万元	网络赌博
25	穆玉龙	河南省濮阳市华龙区机关事业中心	干部	1990年	贪污罪	60万元	偿还债务、个人消费
26	朱锐锋	浙江省杭州市钱塘区义蓬街道春园村	报账员	1988年	挪用公款罪、挪用资金罪	139余万元	购买理财产品、炒股
27	许先觉	贵州省松桃县人事劳动和社会保障局城乡居民社会养老保险股(借调)	会计	1984年1月	贪污罪	58.58万元	个人消费
28	张嘉琪	浙江省衢州市卫健委财审处	出纳	“80后”	贪污罪	292.08万元	网络游戏、网络赌博
29	杨光曦	广西壮族自治区柳州市原鹿寨县卫生和计划生育局	出纳	1992年3月	挪用公款罪	984.60万元	网络赌博、个人消费
30	田宇	江苏省盱眙县马坝镇农村公路管理养护办公室	报账员	1994年	挪用公款罪	101.45万元	网络赌博

（二）成因分析

事物的发展是内因与外因共同起作用的结果，腐败低龄化问题也是内因与外因共同作用的结果。既有个人主观原因，也有体制机制不健全的客观原因，是多方面原因积聚在一起共同作用的结果。

1. 主观原因分析

内因起决定作用，是导致年轻干部腐败的最根本原因。

一是理想信念缺钙。年轻干部腐败最根本的原因是理想信念不坚定，年轻干部正值人生观、世界观、价值观形成的关键时期，精神世界一旦空虚、党性教育一旦缺失，就容易受到不良习气的侵蚀。思想上松一寸，行动上就差百尺千丈，甚至在违法犯罪的道路上越行越远。

二是攀比心理作祟。年轻干部参加工作时间不长，加之有的家庭条件不好，又羡慕别人光鲜的生活，容易产生攀比心理，急于改善自己的生活条件，让自己的收入与物质追求不相匹配，导致心态失衡，进而任凭欲望无限扩张，贪图享乐、爱慕虚荣，甚至热衷于炫富攀比，无节制的欲望让自己走上了违纪违法的不归路。

三是侥幸从众心理。从年轻干部的违法犯罪过程来看，很多年轻干部一开始都是抱着试一试的心态从单位转走第一笔钱，当第一次得手没有被发现，也未受到追究后，便无所顾忌，一而再、再而三地贪腐。年轻干部的成长经历大多是从校园直接到社会，没有经历社会的洗礼，鉴别能力、防范能力和抵御能力较低，对不正之风和腐败问题缺乏正确认识，往往人云亦云，也正是在这种人云亦云的盲目跟风中，偏离了自己的人生方向，从而走上违纪违法犯罪的道路。

2. 客观原因分析

外因是刺激腐败行为发生的直接原因，主要表现为教育监管不到位，警示教育缺乏，外界诱惑增多，家庭教育、思想政治教育缺位等因素。

一是教育欠缺。现在的年轻干部相当一部分是独生子女，是父母的心头肉和掌上宝，父母对其需求一般是有求必应。在崇尚物质、追求享受，拜金

主义、盲目攀比的环境下成长起来的年轻干部，对一些不正之风和腐败行为习以为常，让自己在人生道路上出现偏差。同时，面对中考、高考、公务员考试等升学、就业压力，学校对学生的道德教育、法治教育、思想政治教育有时流于形式，廉洁教育课程少之又少，甚至没有。

二是监管缺失。分析年轻干部贪腐的过程，单位的制度执行不到位或监管不到位，为他们实施贪腐行为创造了条件。比如，广西壮族自治区柳州市鹿寨县卫生和计划生育局原出纳杨光曦，通过虚列请款项目，假冒财务股负责人和分管领导签字，私自加盖单位公章等方式，先后 94 次挪用单位资金共计 800 多万元。

三是警示缺位。通过对这些年轻干部的案例进行剖析，发现存在一个共同的特点，就是几乎没有接受正规的警示教育。当前，反腐败斗争的焦点重点聚焦在领导干部这个“关键少数”上，对刚参加工作的年轻人的警示教育缺乏或力度不够，让这些年轻干部缺乏敬畏、没有底线、胆大妄为。

三　预防腐败低龄化的探索与实践——铜仁市纪委监委“三前移”机制

在庆祝中国共产党成立 100 周年大会上，习近平总书记强调：“新时代的中国青年要以实现中华民族伟大复兴为己任，增强做中国人的志气、骨气、底气，不负时代，不负韶华，不负党和人民的殷切期望!”① 习近平总书记的讲话，既是对青年一代的殷切期望，更说明了青年在党和国家事业发展中的重要地位和作用。铜仁市纪委监委以高度的政治自觉，坚持以习近平新时代中国特色社会主义思想为指导，全面落实习近平总书记对年轻干部的要求，坚持严管厚爱结合、激励约束并重，加强对年轻干部的全员教育、全程监督、全面管理，探索建立“三前移”机制预防腐败低龄化，为预防腐败体系建设提供了有益借鉴参考。

① 习近平：《在庆祝中国共产党成立 100 周年大会上的讲话》，《求是》2021 年第 14 期，第 14 页。

（一）监督前移实现“不敢腐”

切实压实主体责任、监督责任、个人责任，着力把好“外部监督＋自我监督”关口，形成“不敢腐”的监督高压。一是压实党委主体责任。全面压实党委（党组）管理干部“一岗双责”责任，把教育好、监管好年轻干部作为领导干部履职重要内容，纳入政治素质档案和述职述评。实行年轻干部廉洁自律问题“三个一律”责任追究制，一律倒查党委（党组）主体责任、一律倒查主要领导第一责任、一律倒查分管干部人事领导直接责任，倒逼各级党委（党组）全面压实主体责任，对年轻干部管得更上心、更负责，尽量让年轻人少犯错或不犯错。二是压实纪委监督责任。坚持“四个监督”一体推进，紧盯资源富集、资金集中的领域和岗位，特别是针对会计、出纳、项目审批、资源审批、行政审批等易让年轻干部腐败的领域和岗位，坚持全过程、全天候、全方位监督，让违规违纪违法行为无所遁形，让年轻干部违规问题及时得到提醒或纠正，及时处理轻微违纪问题，让涉事者受到警醒，坚决依法处置违法问题，切实让更多年轻“好同志”遵规循纪守法。三是压实个人报告责任。针对腐败低龄化典型案例中网络赌博、网贷、打赏主播、奢侈消费等腐败动机特征，探索推行述廉与关键岗位年轻干部财产申报制度，将年轻干部工资、绩效和行政服务过程、内容，以及有价证券、基金、投资型保险等金融理财产品，个人贷款、债务或抵押情况纳入主动申报范围，纳入动态监管范畴，对高额负债和资金往来异常等情况及时采取提醒约谈、函询等方式介入。探索把重点领域、关键岗位年轻干部纳入年度述廉对象，侧重了解、掌握其工作状态、思想动态、作风纪律、廉洁自律和“八小时外”生活社交等情况，通过深入开展政治家访、到其居住地走访等方式，核实其真实性。对未按要求如实报告的、存在问题的，及时采取约谈或调整岗位等相应措施处理。

（二）制度前移实现“不能腐”

创新“纪委监委主导、部门主体、制度主防”思路，针对会计、出纳、资源审批等低龄化腐败案件多发岗位，举一反三，督促相关部门扎紧扎牢“不能腐”制度笼子。一是划定业务“警戒线”。聚焦国土、住建、财政等资源富集、资金集中领域，建立分事行权、分岗设权、分级授权制度。根据岗位特点、业务性质，市纪委监委督促被监督单位完善相关制度，全市88个单位（含12个区县、高新区、开发区）共梳理建立“问题清单”1051个，帮助被监督单位精准查找单位廉政风险、查缺补漏、建章立制1556个，权力运行得以规范制衡，让年轻干部因制度严密而“不能腐”。二是安装廉情“警报器”。畅通外部廉情预警绿色通道，健全完善“信、访、网、电”“四位一体”信访举报体系，广泛拓展公众舆论、舆情监督的广度和深度，形成“铺天盖地”的廉情预警网，让年轻干部自觉规范行为操守。出台年轻干部廉情风险抄告回告实施办法，强化纪检监察机关对年轻干部的监管作用，当好“廉情监督员”，及时发现年轻干部思想滑坡、作风不实、自律松懈等方面苗头性问题，通过“预警抄告、督导整改、办结回告”闭环运行，确保年轻干部廉情问题发现得早、廉情风险化解得了、腐败问题预防得住，有效防止“小苍蝇”变“大老虎”。三是用好风险“警示岗”。市纪委监委推动试行高风险岗位定期轮岗制度，对会计、出纳、项目审批、资源审批等重点高风险岗位，实行每年1次“廉政体检”、每2年原则调岗、满3年必须调换的轮岗制度，全面降低年轻干部因长期在同部门、同岗位工作，而增加利用监管漏洞、受人情关系影响等滋生贪腐的可能性，切实有效规避和遏制了“小年轻”“大贪腐”现象。

（三）教育前移实现“不想腐”

紧盯年轻干部从政履职关键节点、关键阶段、关键环节，突出“宣教为先”理念，为其打好廉政“预防针”“扣好第一颗扣子”。一是入职受教育。出台新入职公职人员党风廉政警示教育工作实施方案，明确凡新入职公职人员“六必”，即必须组织一次岗前廉政教育、必须开展一次岗前提醒谈话、必须观看一部警示教育片、必须参观一次警示教育基地、必须开展一次党纪法规知识测试、必须撰写一篇心得体会，把廉政教育“软办法”变为预防腐败“硬防线”，引导新入职人员切实增强不想腐的自觉。2020年以来，全市共有3388名新入职人员，接受党风廉政“六必”教育达85%以上。二是提拔受教育。在常规提拔干部任前谈话的基础上，组织学习违纪违法案例剖析、忏悔书、忏悔视频，适时组织参加职务违法犯罪庭审旁听，组织旁听纪检监察机关向被处分人员单位宣布处分决定，安排到留置场所、监所真实体验，用身边人身边事和真情实景强化警示提醒效果。实行分批选派拟提拔和新提拔干部参与巡察监督，让其亲身经历、亲自实践，成为廉政监督参与者、廉政知识宣讲者、廉政文化传播者，在广大年轻干部中释放“反腐斗争越来越严”强烈信号，把党风廉政宣教工作“弱指标”变为“强导向”。三是时刻受教育。改变传统廉政教育手段单一，自上而下传输、“单口”说教的“刻板印象”，创新“线上+线下”“因龄施教”。“线下”，着力开展好会议警示重点注意事项的要点式教育、分层次组织集中培训的宣讲式教育、各类警示教育活动的警示式教育、领导干部和单位职工面对面剖析辨析的互动式教育，嵌入式、引导式、跟进式等多元组合式教育等，打好系列“组合拳”，结合党史学习教育，育“廉心”、铸“廉魂”、促“廉行”。“线上”，充分运用好融媒体平台，借助网络直播、微博、学习强国以及各类智能辅助手段，注重结合视频短片、动漫图说，打通报、网、端等资源平台，实现廉政文化全媒体传播、“八小时内外”循环植入，广泛播种“廉政种子”，让年轻干部“时时受教育、处处受警醒”。完善发现问题、纠正偏差、精准问责机制，切实做到管好关键人、管到关键处、管在关键时，特别是针对会计、出纳、项目审批、资源审批、行政审批等易让年轻干部腐败的领域和岗位，坚持全过程、全天候、全方位监督，做到权力延伸到哪里，监督就跟进到哪里，确保年轻干部能够规范履行职责。充分运用大数据开展监督，建立联网监督平台，由主要负责人和分管负责人掌握监督密钥，实现关键岗位和关键人员全过程监督。

B.7

湖南永州零陵：月例会“云直播”的实践与思考

湖南省永州市零陵区纪委监委课题组*

摘　要：湖南省永州市零陵区探索实施月例会“云直播”，以适应基层治理的新需求新发展，从平台建设、流程把控、运行管理、监督几个方面，重塑月例会制度。这种做法实现了线上同步“云直播”，把小微权力“摊”在阳光下，激发群众监督热情，创新基层治理实践，让创新成果惠及人民群众。月例会“云直播”实践使村务监督质量得以提升、基层治理实效进一步凸显、群众参与度明显提高。

关键词：月例会　云直播　微腐败　基层监督　基层治理

2017年以来，湖南省永州市零陵区为整治“雁过拔毛”式腐败问题，规范村干部用权监督，以省级贫困村为主战场，打造了村务监督月例会“桴江样本”，有效破除基层“微腐败”。四年后，零陵区秉承创新理念，发力基层治理，精准探知群众需求，积极探索月例会“云直播”，通过吸纳村民广泛参与、共同监督，让人民群众拥有更多获得感、幸福感、安全感。

---

* 湖南省永州市零陵区纪委监委课题组。课题组组长：汤小兵，湖南省永州市政府副秘书长。课题组成员：唐国政，永州市零陵区纪委常务副书记、区监委副主任；周海华，永州市零陵区纪法委书记；唐延成，永州市零陵区纪委副书记、监委副主任；黄永新，永州市零陵区纪委监委党风政风监督室主任；章纯波，永州市零陵区纪委监委办公室主任。执笔人：汤小兵、周海华、章纯波。

一　推行月例会“云直播”的背景起因

长期以来，各种烦琐任务令村“两委”干部疲于奔命，月例会实施缓解了基层人手紧张、应对不足等问题。部分村务监督员缺少主动作为的担当和解决问题的本领，有时敷衍应对、身“沉”心“不沉”。一些村民代表“开会”变“陪会”，月例会质量不高，甚至流于形式，群众参与少、互动回应差的问题不断出现。加强智慧监督平台建设，探索基层治理改革创新势在必行。

（一）基层治理门槛不断提高

《中共中央　国务院关于加强基层治理体系和治理能力现代化建设的意见》明确指出，基层治理是国家治理的基石，统筹推进乡镇（街道）和城乡社区治理，是实现国家治理体系和治理能力现代化的基础工程。如今，基层治理面临的问题更复杂、任务更繁重，对基层治理的要求更高了。

1. 基层治理面临的问题更复杂，对基层干部能力要求更高

基层问题的复杂性、多变性和突发性，要求因地制宜加强基层民主探索，把资源、服务、管理下放到基层，推进社会治理重心向基层下移，充分激发群众热情，让群众真正参与到村、社区议事决策之中，加快构建基层社会治理新格局。在基层实践中，有的村“两委”干部面对新形势缺思路、缺举措，应对新难题缺知识、缺能力的现象日渐突出。

2. 基层治理目标任务更繁重，对基层治理能力和效果要求也更高

上面千把锤，下面一根钉。目前，基层治理还面临任务繁多、人力有限、责任刚性的困境。构建基层社会治理新格局，一方面需要完善基层民主协商制度，持续推进基层治理创新，建立起群众广泛参与的基层治理机制。另一方面还应借力互联网技术，用好科技支撑，以群众喜闻乐见的手机短视频、微信直播、“互联网 + 监督”等途径，构建信息化支撑、精细化服务，开放共享、一网通办的基层管理服务平台，打通政府之间、政府与群众之间的壁垒，提升基层治理智能化、科学化、精准化水平。调查发现，零陵区在

推行村务监督月例会的长期实践中，注重发挥群众主体作用，充分调动群众的积极性和主动性，依托“互联网+监督”、村级微信工作群，从找准服务群众的切入点和着力点入手，试点推行月例会“云直播”，吸纳群众广泛参与村居事务，实现基层党建、乡风文明、便民服务、公众参与等信息及时共享，打通群众意见采集、矛盾纠纷处置、决策民主研判等痛点堵点。

（二）要“墙上监督”，更要“掌上监督”

十九届中央纪委五次全会明确指出，要促进各类监督贯通融合，不断增强监督治理效能。近年来，通过做深日常监督，推动监督下沉、监督落地，监督于问题未发之时，让干部感受到监督、习惯被监督，让群众知道监督、参与监督，充分保障群众合法权益。但是，旧的单一的监督渠道和方式越来越难以满足农村和社区资金量大、人口流动量大等新形势下群众参与监督和治理的需要。

1. 村社区集体资金资产规模增长带来监管问题

调查发现，近年因城市建设扩容需要，部分乡镇辖区的农村集体土地被征收，有的城市老旧小区、城乡接合部实施棚户区改造，受益后的村社区集体资产规模也在不断增长。久而久之，一些村社区出现集体资金监管难、资产股权处置难、财务收支管理不规范以及议事决策群众参与少、基层民主程度低等问题。

2. 单一的线下监督难以满足群众监督需要

零陵区在村务监督月例会推行期间，严格实行“区公布到乡、乡公布到村、村公布到户”三级公示制。在村级活动中心、人口密集场所以及其他醒目位置，统一制作村务公开栏、惠民资金公示牌，逐月公示公开财务收支、惠民资金发放、公益项目建设等30余项民生实事。为提高信息覆盖率，各村社区还利用“互联网+监督”平台、“三湘e监督”电子查询系统，及时“晒”出惠民资金、项目建设等数据信息，群众可自助查询自己享有的政策。然而，对流出至外省务工、在城镇就业陪读的群众来说，这种线下监督存在较大的局限性和滞后性。即使通过电话沟通、他人转述知悉详情，但属事后监督、间接监督，难以激发群众参与热情。完善基层治理，推动监督下沉，必须对群众监督中出现的新问题、新情况作出回答。

3. 新的监督方式适应群众参与监督和基层治理发展趋势

调查发现，智能手机普及和微信广泛应用，为群众参与监督提供了便利条件。为完善基层“小微权力”运行体系，推动监督下沉到基层末端，零陵区审时度势，推行月例会“云直播”在线监督，使基层监督有了新途径。群众可通过手机连线“云直播”视频发表意见、提出建议、进行投诉。与以往“封闭”的环境相比，“云直播”借助信息化赋能，形成闭环监督，群众曾担心的因“小微权力”易被滥用导致问题丛生的环节被逐一打通。

（三）月例会推行期短板日渐凸显

月例会推行发挥了积极的社会治理作用，但是面对新的群众需要和社会发展需要，原有的月例会制度显现出一些短板。

1. 流程单一、模式固化，会议重量不重质

目前，月例会沿用“两明确、两固定”工作法，即明确会议时间、参会人员，固定会议流程、会议议程。调查发现，在实施初期，月例会以审核集体“三资”、村级财务为重点。推行期间，为扩大参与面，各村吸纳辖区内人大代表、政协委员、扶贫队员参与会议监督，继而拓展升级为党务村务民主协商监督月例会。在参会人员中，形成了以村“两委”干部、村务监督委员会成员、村民小组长为主体，乡镇驻村干部、“两代表一委员”为补充的梯次结构。月例会提级后，全面扩容会议议程，内容涵盖了政策学习、民主决策、项目审议、财务收支、乡风文明、民生事项等。群众反映，由于长期执行固定的会议流程，加之未筛选议题，研究的事项繁杂琐碎，村务监督员“被配合”现象凸显，与会人员缺乏新颖感，容易出现会议疲劳。久而久之，在一些村社区，月例会召开的质量有所下降，解决问题的成效被打折扣。

2. 意见征集少，自己发榜自己揭、自己出题自己答

月例会推行以来，村务监督员通过定点联系、入户走访、信息检索、受理投诉等方式收集了一批意见建议，对健全监督方式和改进村务工作有较好

成效。但对于交通不便的偏远山区、劳务工输出较多的乡村，以及集体经济落后、事务性工作量少的村组，村务监督员既当裁判员，又当运动员，一边要落实村“两委”交办的工作，另一边要掌握了解群众生产生活动态。除每月固定审核村级财务开支外，对村委干部交办或提请月例会研究的其他议题，就可能出现“自说自话、自问自答”的尴尬局面。调查发现，月例会在实践中也存在一些现实堵点和薄弱环节。如，有的村在月例会召开期间，研究的事项不多，加之会前准备不充分，村务监督员、村民小组长以及其他与会人员，甚至还处于“列会只是陪会”的惯性思维中，不积极主动表达自己的观点和看法，很少就议题内容发表质询建议或提出有建设性的意见，多以“同意与否”的表决方式进行，会议全程下来不超半小时。

3. 村务看得见却管不住，群众参与度不高

社会治理重心不断下沉，村级组织承担的工作任务也在不断增加。调查发现，在村务监督和具体执行中，人员素质参差不齐、权责不对等，让村务监督员、村“两委”干部陷入“难办”的窘境。有的关乎民生实事、群众利益的工作，虽然在月例会上提出了，但因现场参与人员少，其他群众又不知情，导致建言献策、推动落实的措施不力。在群众眼里，村“两委”干部也代表着政府的形象，工作不到位可能会造成群众不信任。由于缺少群众参与和监督，一些矛盾纠纷发生后，上级部门回应迟缓，处理效率低下，导致政府公信力受损。如，有的村社区出现占用耕地建房、违法搭建、环境污染、邻里纠纷等问题，或开展疫情防控、疫苗接种等工作遇到不配合的人和事，尽管村务监督员看在眼里、急在心里，但不会办，也办不好，更管不住。等到月例会审议后，上级部门派人介入或强制执法时，还容易引发干群矛盾。

4. 沟通交流不够，感知群众诉求灵敏感低

在信息化技术手段日臻完善的今天，区、乡两级部门越发有能力、有意愿通过拓展应用技术、建设系统平台，将月例会搬到网上，实现“月例会”智能化。调查发现，零陵区为构建信息畅通、多元化的群众意见需求收集渠道，整合了原有的“互联网 + 监督”、“三湘 e 监督”、“基层信访检举举报平台”以及村级微信工作群，但收集的意见针对性不强、反映问题失实的

情况较多。群众介绍，在农村和社区，不论是村“两委”干部，还是村务监督员，都始终在谋求发展壮大集体经济，为群众改善生产和居住环境。但由于外出务工、外地就业人员多，村务监督员、村“两委”干部与村民“面对面”交流少，经常性与外出群众电话沟通也不现实，导致难以精准把握群众的所思所想所盼。在街道社区，虽然推行了城市网格化管理，但“陌生人社会”仍然是基层治理的一项重要挑战，如何让“月例会”贴近社区居民，更好地发动群众参与、吸纳群众监督，实现大家的事大家办，成为迫切需要解决的重大问题。

5. 缺乏动力、被动参与多，干事创业激情不足

调查发现，目前各村社区选聘的村务监督员，以年纪稍大的退休村干部为主体，其他人员为补充。由于缺少激励政策措施，一些村务监督员工作热情不高、动力不足、被动参与，与村“两委”干部尚未形成分工协作、互相监督、共同进步的工作氛围。群众反映，在月例会推行过程中，一些上级部门派员列席会议，并习惯通过考核来对村务工作进行动员、压实。村“两委”干部、村务监督员受制于自身权限，有的工作不得不借助“人情”“关系”等各种非正式办法来处理。当前，涉及群众利益的大量决策和实际工作许多都发生在基层，群众广泛参与月例会能让诉求真实、完整地反映出来，让基层决策更贴近实际，更好地服务群众。实践证明，完善基层民主协商制度，吸引群众参与基层组织会议，不仅能有力地推动决策，也能起到监督作用，实现决策科学化、民主化。

二　月例会“云直播”具体做法

调查发现，零陵区坚持走好网络群众工作路线，各村社区在线下开好月例会的同时，运用创新思维、注重扬长补短，聚焦“抓好建、抓实用、抓细管、抓住防”四个环节，线上同步“云直播”，把小微权力“摊”在阳光下，激发群众监督热情，创新基层治理实践，让创新成果惠及人民群众。

（一）抓好“建”，构筑月例会“云直播”平台，畅通民意诉求渠道

1. 强化技术支撑

零陵区在深入广泛调研的基础上，以“互联网+监督”“智慧监督”“村级微信工作群”向基层延伸为契机，加强与移动运营商技术合作，保障配套设施，优化技术配置，为月例会“云直播”奠定技术基础。

2. 率先试点验证

经实地调查和科学评估，零陵区选择在七里店街道七里店社区、菱角塘镇永连村创新推行月例会“云直播”试点。一方面，充分利用村级活动场所现有设备，进行提级改造，安装 LED 电子显示屏和监控设备，购置摄像机、“云直播”专用电脑或智能手机，安装无线路由器，建立后台系统。月例会上，实行全程录音录像，同步上传至村级微信工作群，入群人员只需点击直播链接即可观看会议实况。对重大村务决策审议、重要财务开支讨论、重点工作研究等另行录制视频，并存档备查。另一方面，各村以自然村、村民小组、农户为单位，社区以网格、小区、楼栋为单位，建立微信工作群，每个网格、每个楼栋、每个住户至少有一名成员入群。驻点联系领导、驻社区干部、联点人大代表与政协委员均实行“姓名+单位”实名制入群，接受群众实时监督，持续破解群众知情权、参与权、发言权、监督权难落地问题。

3. 全面推进铺开

继月例会“云直播”试点成功后，按照“区级统筹、乡镇主责、村居主体”要求，在 16 个乡镇街道 334 个村社区全面推行，实现月例会“云直播”全覆盖。据统计，目前该区建有村居微信工作群 694 个（其中村级微信群 317 个，社区网格群 377 个），在线群众 10.98 万人。2021 年月例会“云直播”实施以来，共收集群众意见建议 1500 余条，否决不合理项目 218 个，解决问题 1211 个，解决率达 89%。

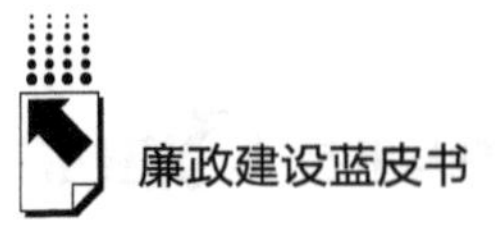

（二）抓实“用”，严把月例会“云直播”流程，及时互动回应群众

1. 不仅抓效率，更抓纪律

调查发现，各村社区现今开会都有开会的样子，月例会务实、高效，村干部在群众面前也有威信。“月例会”分两个阶段进行。第一阶段，党务民主协商监督，以服务群众为导向。即村社区书记传达学习上级有关精神、政策要求，并通报党务工作开展情况；与会党员代表发言。第二阶段，村务民主协商监督，确保“有事商量着办”。即村社区书记通报上月村务决策和公开、集体“三资”管理、工程项目建设、惠民政策措施落实、精神文明建设和村务台账所记录的工作开展情况；村社区秘书或报账员通报上月财务收支，并作情况说明；村务监督委员会就前述事项进行问询，对上月财务收支进行表决、签字；村务监督委主任通报上月议定事项落实，以及本月收集的意见建议和问题情况；听取村务监督委其他成员、村民小组长、群众代表、“两代表一委员”意见建议；月例会直播员通报“云直播”收集问题意见情况；村社区书记、主任及驻村工作队员对所提意见建议予以回应；村社区书记或驻村干部安排其他村务工作。

2. 既抓月例会质量，又抓载体建设

调查发现，“云直播”既抓月例会质量，又用好科技载体，实现基层治理从管制型向服务型转变。一是会前分析征集意见。为构建信息畅通、多元化的群众意见收集渠道，按照简洁、规范、易懂原则，月例会召开前三日，在“云直播”微信群发送村级权力清单、监督流程、操作说明和时限要求。对涉及项目建设、重大决策、便民服务的，以图表推送，做到清晰明了、环环相扣。二是会中审议决策同步。村社区对月例会议程精选细化，凡涉及集体“三资”、公益项目、土地流转、基础设施建设等问题，既充分听取会场人员陈述意见，又引导线上群众积极参与、主动发声。村“两委”干部当众答疑，接受群众质询，从源头上杜绝群众猜忌、存疑和不信任现象。在“云直播”时，群众同步收看会议视频后，可通过微信群留言、发表意见、发送截屏图、晒出监督建议和措施。对集体项目建设、重大民生民利事项等与群众代表进行视频会商、形成决议。三是会后快速回应反馈。对“云直播”平台收集的反映违规违纪问题，直播管理员及时汇总、上传，村社区和乡镇街道快速处置回应。月例会“云直播”紧扣群众关心的生产、安全、健康等重点领域，实行急事急办，将村级自身无法解决的问题快速转交乡镇和区直职能部门，限期办理反馈，及时跟踪问效，将问题解决在基层。

（三）抓细“管”，强化月例会“云直播”运行管理

1. 管理规范化

在保障月例会“云直播”必要设备前提下，对村社区月例会“云直播”入群人员，一律采取实名制管理方式，建立“姓名 + 手机号”实名登记台账。结合微信群管理平台发布、审核功能，规范群内人员信息发布程序和具体要求。管理员对直播群所有信息源进行精准识别和处理，确保月例会“云直播”良性运转。

2. 队伍专业化

调查发现，该区由纪委监委党风政风室牵头，统筹管理村务监督员、月例会微信群的群主和各村社区“云直播”管理员，结合乡镇换届，组织新一届村务监督员进行业务培训，明晰村务监督的职能职责和工作重点。对“云直播”管理员，开展直播实务、操作规程、网络舆情、回复反馈等方面的业务培训，每月对直播员履职履责情况进行督查和通报。

3. 参与多元化

月例会“云直播”广泛吸纳党员代表、人大代表、政协委员、网格管理员、党风监督员以及各行业人员代表，引导群众积极参与、全面监督。通过“云直播”平台主动发声、及时公开，运用“云直播”替群众“看”当月村级财务收支情况，“听”村居“两委”解惑答疑，及时回应社会关切，从源头上消除群众猜忌、抱怨、存疑以及不理解、不支持行为。

（四）抓住“防”，压实月例会“云直播”监督部门职责

1. 畅通渠道抓预警

通过梳理月例会“云直播”平台和村级微信群中的村民留言及投诉举报，精准分析群众反映强烈的项目决议、评审、发包、验收、监管等问题，为创新村级事务管理、促进基层治理提供靶向参考。对村级事务，各村社区坚持量力而行，做到无资金支持、盲目举债的项目不做；缺少评估、不切实际的项目不做；面子工程、劳民伤财的项目不做。

2. 创新机制抓防控

根据月例会“云直播”收集的有价值、有可行性的意见建议，督促职能部门压实全面从严治党主体责任，使公权力有章可循、风险可控。对已核实的举报反映，以及项目建设、民生民利、招投标事项等进行商议、审议、决议。

3. 协调联动抓查处

党风政风室每月对“云直播”平台收集、上传的留言、数据和图片进行线上监测，核查数据更新是否及时、图片上传是否规范、时间逻辑是否合理、结算金额是否正确，将有关问题移送区直职能部门或乡镇街道处理。对群众投诉举报的，先由职能部门处置答复，将二次举报交办乡镇纪委调查处置，三次投诉举报由纪委监委直查直办，处理结果在“云直播”平台公开，主动接受群众监督。

三　月例会“云直播”实施后主要成效

调查发现，零陵区以月例会“云直播”为切入点，通过用好乡土人才和想干事、能干事的村干部，让村容村貌亮起来，基层治理顺起来，美丽乡村正加速从点到面覆盖，持续向好的乡风文明吸引年轻人参与监督、回归创业。

（一）任务之变——把工作做在前面，村务监督质量得以提升

1. 月例会倒逼村“两委”干部履职尽责

据统计，零陵区在2020年共受理、审结村社区干部违纪案件29起。2021年1～10月，立案、审理村社区干部违纪案件15起，基层案发率呈下降趋势。调查发现，在月例会“云直播”实施后，全区80%的村“两委”干部感觉压力倍增、责任重大。为开好“月例会”，必须做实、做足会前准备，唯有自觉加强学习、提升自身素质，才能胜任基层岗位和村干部身份。

2. 月例会所提意见建议针对性较强

“云直播”推行以来，收集村社区工作群意见建议376条。经汇总分析，群众最关心的民生实事为：环境污染198条，占42.04%；民生问题116条，占24.63%；扫黑除恶67条，占14.22%；涉腐涉干51条，占10.83%；乡村振兴26条，占5.52%；作风建设10条，占2.12%；征地拆迁3条，占0.67%。

3. 月例会反映问题、处理回应提速增效

群众通过“云直播”平台反映问题，村“两委”和乡镇街道快速处置、回应，既方便群众办事，又缩短问题处理时间。2021年来，该区694个村级微信群共反映各类问题71900余起，处置归档71757起，处置率99.8%。

（二）风险之变——群众监督无处不在，月例会实效进一步凸显

1. 党建引领，基层堡垒得到夯实

调查发现，在年初村“两委”换届期间，一些热心群众利用“云直播”聚焦基层党组织软弱涣散问题，推荐能力突出、作风扎实且群众信得过的人选，建强基层组织、加强班子团结。村“两委”干部坚持深入调研思考，做到广泛问计于民，基层党风廉政建设得以加强。

2. 带案下访，信访举报逐年递减

月例会“云直播”坚持把信访工作纳入基层治理的重要内容，层层压实责任，基本实现“小事不出村、大事不出镇、矛盾不上交”。对个别积

案，明确责任人员和办结时限、逐一化解矛盾“疙瘩”。“云直播”实施以来，零陵区基层涉纪信访呈现“三下降”：农村“微腐败”发案率下降70%、农村涉纪信访总量下降60.9%、越级访下降83.7%，各类个体风险得以防范化解，确保农村社会大局稳定。

3. 贴心服务，及时破除民生难题

乡镇街道班子成员参加联系村社区月例会，与基层干部和群众代表共商村务，形成互信互助工作氛围。同时，对集体建设、公益项目、小区管理集思广益，防止滥用职权，将每分钱花在刀刃上。据了解，城市小区管理一度是街道和社区干部“头痛”的难题。但在2021年7月，徐家井社区“云直播”平台对群众反映祥荣花园下水道渗漏污染问题，网上指导06网格管理员现场核查处置。管理员通过网格群引导业主集资、聘请维修工、施工、验收、付款，仅用时3天就顺利更换9~10栋排污管道。

（三）形势之变——月例会“云直播”吸引力和感染力明显增强

1. 目标：引导月例会良性规范发展，打造村务监督永州范本

调查发现，零陵区良好的村风村貌和乡村治理水平的提升，源于严格、简洁、可操作的月例会流程，以及群众交流共享的“云直播”平台。在2021年8月，中共永州市委书记朱洪武，永州市委常委、市纪委书记、市监委主任陈刚，赴七里店社区专题调研月例会“云直播”。要求应用好监督平台，将为民办实事有机结合，让更多的群众来参与，实现大家的事情大家办。

2. 破题：新闻传媒播报推荐热度不减

据悉，在2021年期间，《湖南日报》、三湘风纪网分别以“云直播不带货带清廉”深度推荐该区月例会“云直播”工作。党建时空“我为群众办实事”栏目以“月例会开启线上直播新模式、打通服务群众最后一米”为题进行了宣传推荐。《永州日报》、永州电视台和清廉永州公众号陆续对“云直播”进行了主题推送，为“云直播”破题基层长效治理给出了长治思路与路径。

3. 反响：末梢更灵敏，群众真正“说了算”

月例会“云直播”以喜闻乐见、互动回应的方式，紧扣群众关心的生产生活、教育医疗、社保养老、安全健康等重点领域，将村级无法解决的问题快速转交到上级处理，打通基层治理“神经末梢”，为群众提供了一个投诉反映、提出建议、解决问题的有效载体。如，水口山镇上哲元村月例会“云直播”针对群众反映的集体供水工程建设问题，村“两委”干部与直播管理员快速反应，信息上报后，镇党委按照“政府买单、群众受益”的原则予以处置，及时回应群众关切。2021 年期间，石岩头镇通过“云直播”督促纠正村级小微权力行使不规范、干部履职不尽力、损害群众利益等 9 个问题，解决群众诉求和邻里纠纷 23 起，赢得群众信任。

四　未来拓展方向和计划

月例会“云直播”作为一项基层创新举措，在促进基层事务公开、监督基层权力运行、提高基层组织的公信力、激励群众参与基层治理等方面发挥了积极作用，有助于推进基层治理体系和治理能力现代化。在将来还应继续发挥更大的作用，要在监督机制、技术手段、功能定位上进一步完善。

（一）健全监督衔接机制，实现基层监督与派驻监督贯通融合

月例会作为村级基层公开监督的一种方式，可以发现问题，但难以解决所有问题，需要进一步贯通融合村级基层监督与县区派驻监督，实现监督既能“发现问题”也能“解决问题”。

1. 健全自下而上信息沟通机制

针对当前部分村、社区月例会“云直播”过程中发现问题，但在事后一段时间或长期难以推动的一些重点事项，如村级公益项目、农田开发、山塘水库、公路工程、渠道修缮等基础设施建设，由村务监督委员会报送乡镇纪委，乡镇纪委进行分析汇总，经审核后报区纪委监委研究，对此，要建立健全由村到乡镇、由乡镇到区县的常态化信息沟通机制。

2. 健全派驻监督与基层监督衔接机制

根据事项涉及的区直单位或职能部门，分别转交联系的派驻纪检监察组，由其再提交职能单位局务监督月例会、党组会做进一步审议研究，以便及时推进工作落实，实现村级民主监督、基层纪律监督与县区派驻监督之间有机衔接和良性互动。

（二）优化监督技术手段运用，实现上下联动监督

1. 上级部门安排专人进行线上监测

强化线上监测与问题线索查处，让线上监督发挥作用。如县区纪委安排专人定期对月例会“云直播”平台上传的数据和图片进行线上监测，从中发现、甄别、筛选一批典型问题和违纪违法线索，同时发挥监督“云直播”平台运作情况的作用。

2. 完善问题线索移送机制

由于月例会在零陵区运行较为规范，在实践操作中趋于成熟，村（社区）干部徇私舞弊的空间很少，但月例会与会人员、“云直播”在线群众，在查看、研究一些建设项目时，可以从中捕捉合理怀疑和发现显性问题。如，水利设施、村级项目、隐蔽工程出现严重质量问题，伪造招投标公告和工程施工合同，违规占用集体土地违法建房问题等，这些很有可能会牵涉到职能部门公职人员履职不力、滥用职权、监管缺位。对此，要完善村务监督委员会针对此类违纪违法问题线索移送纪委监委立案受理、调查处置的工作机制，倒逼职能部门履职尽责。

（三）明确月例会的治理功能定位，推动基层社会治理现代化

1. 切实推进解决群众切身利益和问题反映集中的事项，促进基层社会问题治理

以“月例会”制度为抓手，聚焦脱贫攻坚与乡村振兴有机衔接这个主题，紧盯群众切身利益和问题反映集中的事项，明确权力边界、公开政策依据、细化操作流程、承诺办理时间等，使村级小微权力的“笼子”越扎越紧。

2. 坚持向科技借力，推进基层社会治理现代化

月例会“云直播”关键在于有效运用互联网技术和平台。建立完善“云直播”数据信息采集、导入、审核、更新等工作制度，用好大数据分析功能，实现监督智能化、精准化，充分激活基层治理“神经末梢”，有效助推清廉村居建设和清廉社会建设。

B.8

四川达州大竹：在推进乡村振兴战略进程中加强村级监督体系建设

四川省大竹县纪委监委课题组*

摘　要：　在全面推进乡村振兴战略进程中，农村基层依然面临村级监督力量薄弱、权责分散、监督虚弱、责任缺失、监督服务“两张皮”等问题。四川省大竹县坚持统派纪检人员，配强监督队伍；统筹监督内容，整合监督职能；统构监督体系，激活监督效能；统管监督工作，强化考核评价；统揽监督服务，护航乡村振兴，取得了明显成效。为进一步加强村级监督体系建设，建议理顺监督主体关系，全面提升监督能力，拓展监督指向维度，健全统管考核机制。

关键词：　基层监督　村级监督体系　乡村振兴　农村治理

推进乡村振兴战略是以习近平同志为核心的党中央作出的重大决策部署，是决胜全面建成小康社会、全面建设社会主义现代化国家的重大历史任务。党的十九大提出按照产业兴旺、生态宜居、乡风文明、治理有效、生活富裕的总要求，走中国特色社会主义乡村振兴道路，分步实施乡村振兴战略。其

---

* 课题组长：罗荣辉，四川省大竹县纪委常务副书记、县监委副主任；课题组成员：陈太祥，中国社会科学院中国廉政研究中心大竹调研基地服务中心主任；刘凡圣，四川省大竹县纪委监委组织部副部长。课题执笔人：陈太祥，刘凡圣。

中，治理有效是乡村振兴的重要基石，乡村治理越有效，乡村振兴战略的实施效果就越好。因此，加强村级监督体系建设，护航乡村振兴战略在基层得到全面贯彻落实是各级纪检监察机关当前和今后一个时期的重大政治任务。

一　在推进乡村振兴进程中加强村级监督体系建设的现实意义

党的十九届四次全会作出关于坚持和完善中国特色社会主义制度、推进国家治理体系和治理能力现代化的决定。从国家治理体系和治理能力现代化的全局看，加强村级监督体系建设是新时代乡村治理体系和治理能力建设的重要组成部分，也是推进全面从严治党向基层延伸的重要课题。

（一）加强村级监督体系建设是时代所向

全面从严治党是党中央治国理政所作出的重大战略部署，是“四个全面”战略布局的重要组成部分。党的十八大以来，习近平总书记多次强调，推动全面从严治党向基层延伸，加强对权力运行的制约和监督，形成有效管用的体制机制。赵乐际同志也多次强调，推动监察工作向基层延伸，使群众身边的公职人员受到严密监督，让群众感到正风肃纪反腐就在身边、纪检监察工作就在身边。党的十九届四中全会作出了坚持和完善中国特色社会主义制度、推进国家治理体系和治理能力现代化的政治宣言并出台了行动纲领。加强村级监督体系建设，从制度、规矩、作风、监督、纪律等多个方面同向发力、标本兼治，推动全面从严治党向基层延伸的目标化、具体化、实践化，是一个需要从理论与实践的结合上进行深入研究的重大课题，对推动基层治理体系和治理能力现代化具有深远的意义。

（二）加强村级监督体系建设是发展所需

实施乡村振兴战略是一项系统工程，乡村治理是其中的基础一环，关系乡村振兴的成败。习近平总书记强调，乡村振兴要夯实乡村治理这个根基。

乡村治理是实现国家治理体系和治理能力现代化的重要内容，也是实施乡村振兴战略的基石。村级监督体系既是推进乡村治理体系和治理能力现代化的具体内容，更是实现乡村振兴的重要保障。调研发现，目前村级组织在党内监督、民主监督和群众监督方面，存在组织不健全、工作合力不够、监督效力不强等问题。多数村纪检委员身兼数职，一人履行对村“两委班子”及其成员的监督责任，单兵作战，不能有效发挥同级监督作用。村务监督委员会成员年龄老化、学历偏低，存在不敢、不会、不能监督问题，村务监督委员会有名无实、形同虚设。广大群众在“三资”管理、村务公开等方面获悉信息的渠道不畅，村民自治作用发挥不够，群众监督受到制约。十九届中央纪委四次全会指出，要在更大范围整合运用监督力量，提升基层纪检监察机关监督能力。2020 年中央一号文件指出，强化基层纪检监察组织与村务监督委员会的沟通协作、有效衔接，形成监督合力。建立健全村级党内监督和村民自治监督双轨监督治理体系，管住基层干部“微权力”、整治基层干部“微腐败”、提升人民群众“微幸福”，促使农村干部廉洁用权、干净干事、清白创业，才能为推进基层治理现代化、实施乡村振兴战略提供坚强有力的政治保障。

（三）加强村级监督体系建设是形势所逼

乡村振兴战略最终要靠广大基层干部抓落实，作为落实乡村振兴战略的践行主体，广大村组干部以身作则、勇于担责，推动乡村振兴战略落地生根开花结果至关重要。然而从近些年大竹县纪委监委查处基层村组干部数据我们可以发现，村组干部的“微腐败”依然层出不穷。如 2017 年以来累计立案查处农村党员、干部违纪违法案件 360 件，其中 2017 年 108 件，2018 年 136 件，2019 年 126 件，分别占当年立案总数的 59. 7% 、56. 7% 和 52. 1% 。突出表现为，一些基层干部对待工作总是“蜻蜓点水”而不是扎实推进，形式主义、推诿扯皮、“打太极”等问题突出。一些村组干部将手中权力变为谋取个人利益的工具，以权谋私、吃拿卡要、优亲厚友等问题屡禁不绝，群众身边的不正之风和腐败问题时有发生，疏离了干群关系，破坏了乡村治

理生态。乡村振兴背景下村组干部要有新气象新作为，必须加强村级监督体系建设，下大力气解决基层村组干部存在的违纪违法问题，开展“有病治病，没病防病”工作，将监督工作做到群众身边，解决并杜绝“最后一公里问题”，不断增强人民群众的获得感和幸福感。

二　乡村振兴背景下加强村级监督体系建设面临的主要问题

当前，包括大竹在内的全国各地在全面实施乡村振兴战略背景下加强村级监督体系建设方面做了大量的积极探索，取得了较好的政治效果和纪法效果。但村级监督体系建设在运行中依然存在一些不足和问题。

（一）责任落实有差距

个别乡镇党委主体作用发挥不明显，只挂帅不出征，部署快落实慢，认为村级统派统管监督是纪委的事情，履行管党治党主体责任深度不够。乡镇纪委组织协调作用发挥不力，主动积极谋划不够，存在等待、观望思想，缺乏主动担当精神。有的下派村级纪检委员，认为自己在机关已有工作岗位，再加一个村级纪检委员，认为是在替纪委干活，管党治党同向发力局面尚未有效形成。

（二）监督能力需提升

下派村级纪检委员在乡镇机关承担了大量其他日常事务工作，不能全身心投入村级监督工作之中。再加之全面实施乡村振兴战略背景下，对村级监督工作提出了更高要求，个别下派村级纪检委员对村级事务管理不甚了解，不能有针对性地提出意见建议，实现不了监督的常态化和精准性。如，个别村未严格按照“四议两公开”程序集中研究“三重一大”事项。某村结束清产核资后，仍被发现有漏管村级集体资产。

（三）统管力度需加大

统派统管，统派是基础，统管是关键。从前期试点探索统派统管机制来看，部分乡镇虽然实现了村级纪检委员覆盖，但在用好管好这支力量方面，措施不实、力度不够、培训不足，村级纪检委员日常监督发现违规违纪问题的数量还较少，对村级监督的参考价值还不明显。

（四）下派人员需稳定

下派村级纪检委员多为乡镇年轻干部或业务骨干，具有一定政治追求，发展后劲较强，而组织部门又将排名靠前、群众满意度高作为选拔任用的重要依据，很多村级纪检委员任职几个月就被提拔或调离，致使人员流动性大。2021 年以来，大竹县共提拔重用 55 名下派村级纪检委员，占比 16.98%；调离工作岗位 23 名，占比 7.1%。

三　在推进乡村振兴战略进程中加强村级监督体系建设的大竹实践

为纵深推进纪检监察体制改革，激活基层监督“神经末梢”，护航乡村振兴，2020 年以来，四川省达州市大竹县聚焦村级监督力量不足、工作机制不健全、日常监督不到位、服务发展不给力等问题，探索人员统派、监督统筹、体系统构、工作统管、服务统揽“五统”村级纪检监督机制，着力破解“五大”难题，推动村级纪检监督“脱虚向实”，服务经济发展“提档升级”，助力乡村振兴驶入快车道。经验做法被人民日报公众号、《廉政瞭望》《封面新闻》《廉洁四川》等中央、省级媒体刊发报道，并在《中国纪检监察》杂志主办的“新时代清廉乡村建设与乡村治理现代化”研讨会中获评“十佳案例”。

（一）统派纪检人员，配强监督队伍，破解村级监督力量薄弱难题

一是人员统派，三职合一。以村级建制调整和村（社区）“两委”换届

为契机，从乡镇（街道）下派村（社区）第一书记、驻村（社区）工作队员中选派优秀的党员干部到村（社区）担任纪检委员（纪委书记），并聘请其为监察工作信息员，符合条件的依法推选为村（居）务监督委员会主任。目前全县292个村（社区）下派纪检委员（纪委书记）、村务监督委员会主任、监察工作信息员实现“三职合一”，占比90.1%，大专以上学历占比91.36%，平均年龄从换届前的54.7岁下降至38.4岁。二是搭建机构，整合力量。将村（社区）纪检委员、村（居）务监督委员会、村（社区）监察工作信息员相关监督职责、监督对象、监督事项等进行整合，组建村（社区）统派统管监督工作站，由村（社区）纪检委员（纪委书记）兼任站长，村（社区）纪委委员、村（居）务监督委员会成员为成员，各居民小组聘请1名廉情信息员。全县324个村（社区）均建立统派统管监督工作站，明确324名站长和1296名成员，聘请廉情信息员3678名，实现基层监督网络“全覆盖”。三是上下联动，加速赋能。建立县级纪委监委班子成员每季度到包联乡镇村（社区）开展业务指导机制和乡镇（街道）纪委（纪工委）书记、副书记每月定期督导机制，督促统派统管监督工作站高效履职。印发《村级监督工作指南》，通过以会代训、专题讲座、月度例会和“网络课堂”等方式，围绕村（社区）统派统管监督工作站运行、村级监督重点等内容和相关纪律要求，开展全覆盖业务培训，有效提高监督能力。

（二）统筹监督内容，整合监督职能，破解村级监督权责分散难题

一是职责明细化。统筹纪检监督、监察监督和民主村（居）务监督三项监督职责，明确村（社区）统派统管监督工作站在乡镇（街道）纪委（纪工委）和村级党组织双重领导下开展工作，重点履行加强组织协调、宣传党规政策、监督村级事务、排查社情民意、调解矛盾纠纷和报告问题线索6项职能，赋予其重要会议参与权、重大事项知情权、村组干部质询权、村级财务审核权、党纪政务处分建议权、村组干部及农村党员违纪违规监督权6项权力，实现监督与权力运行同步同轨同向。二是内容清单化。统筹纪检监督、监察监督和民主村务监督三项监督内容，聚焦村级党组织管党治党政

治责任、民主决策、工程项目、“三资”管理、“三务”公开、村（社区）干部履职、民情民意、乡风文明8个领域；突出督好村班子的责、控好村组织的权、管好村集体的钱、办好村居民的事、守好村干部的廉5个重点，编制统派统管监督工作站监督责任清单、村级“小微权力”事项清单和村级班子责任清单“三张清单”，做到照单履职、照单监督。三是监督透明化。推行村支“两委”履职清单、工作纪实、谈话提醒、廉政教育等制度，绘制村级重要权力运行图和重大事项决策流程图，编制《村（社区）统派统管监督工作站业务监督指南》，一权一流程、一事一招式，理出了村（社区）统派统管监督十八招，监督什么、如何监督，一看就明白，切实提升了监督“透明度”和“精准度”。

（三）统构监督体系，激活监督效能，破解村级监督虚化弱化难题

一是做实网格化日常监督。廉情信息员和监督工作站成员坚持每月定访村组干部、遍访普通党员、必访上访群众、抽访特殊群体等“四必访”，收集民情民意、发现问题线索，及时上报统派统管监督工作站。统派统管监督工作站建立“一本两表三单四台账”运行机制，推动监督落地落实。一本即廉情民意记录本，两表即履职月报表和廉情直报表，三单即问题受理单、问题提醒单、问题督办单，四台账即受理问题台账、受理问题线索台账、问题处理台账、问题整改台账。截至2021年底走访群众4568人次，列席各种议事会议1268次，开展监督检查1746次，发现并督促整改问题1263个，报告问题线索148条，主动约谈党员干部178人，各镇纪委根据问题线索立案108件。二是做细命题化派单监督。建立责任、任务、工作“三合一”清单，实行命题化派单监督。各乡镇（街道）纪委（纪工委）依据县纪委监委每月监督责任清单，结合实际制定监督任务清单派发村级监督工作站，各村（社区）结合村情认领形成监督工作清单。实行“一周一派单、一周一汇报、一月一交账”的派单监督机制，2021年以来全县31个乡镇（街道）纪委（纪工委）向村（社区）纪检委员派单400余次，收集反馈群众意见建议812条，发现并督促整改问题647个。三是做深协作式交叉监督。

各乡镇纪委将村（社区）分成3~5个协作区，每个协作区由1名乡镇纪委委员包片联系，统筹开展交叉指导、联合驻点、抽查核查，对监督发现的问题及时督促整改落实，问题线索及时移交。2021年以来，通过协作式交叉监督先后纠正苗头性问题697个，发出提示函、提醒函125份。

（四）统管监督工作，强化考核评价，破解村级监督责任缺失难题

一是规范化运行。印发《村级统派统管监督工作站运行管理办法》和《村级统派统管监督工作站履职正负面清单》，明确建设规范、工作规范和运转规范及工作纪律各8条，履职正负面清单各10条，涵盖建设标准、工作汇报、问题线索收报、协同联动监督、赏优罚劣机制等内容，推动统派统管监督工作站在制度化轨道上高质量运行、发挥最大效能。二是差异化探索。鼓励各乡镇（街道）根据各地实际对统派统管监督工作站管理机制进行差别化探索，树立典型、推广经验。如观音镇探索建立了村情民意“三必听”、群众诉求“四必访”、村务管理“五必查”等“345”村级监督机制；庙坝镇探索建立了重点工作点题交办制度，每月“点餐式”布置工作任务，定期在工作例会上汇报交流；高穴镇探索建立了每月学习一批政策、剖析一组案件、督查一个重点、明确一项任务、规范一桩事项的“五个一”工作办法等。三是多元化评价。坚持目标导向+积分管理，印发《村级统派统管监督目标管理办法》《下派村（社区）纪检委员（纪委书记）积分管理办法》，建立季度考核、年度述职、动态调整和责任追究制度，倒逼村级监督干部主动履职。坚持质询评议+案例展评，每季度至少开展1次民主评议，接受村（居）民代表、党员、群众对监督工作的质询和评议，目前已评选出10个“优秀监督案例”。

（五）统揽监督服务，护航乡村振兴，破解监督服务“两张皮”难题

一是当好人民调解员。村（社区）统派统管监督工作站将化解村（社）党群矛盾、干群矛盾和群众矛盾作为监督服务的重要抓手，坚持监督与调解

并行，协调上下资源，全面参与基层矛盾化解，为和谐美丽乡村建设注入新能量。自2020年以来，村（社区）信访量同比下降70%以上。二是当好产业发展“助推员”。村级统派统管干部切实用好手中建议权，遍访辖区大小企业、种养大户等群体，发挥工作站“连接上下、沟通内外”桥梁作用，针对镇村产业发展痛点难点“问诊把脉”，立足资源禀赋和特色优势“开方治病”。同时，将规范村级项目招投标、监督协调土地流转、做好征地拆迁、处理农民与企业矛盾纠纷等事项，作为优化基层一线投资环境、提升营商生态质量和构建基层一线“亲清”村企关系的重要监督服务内容，全面营造良好的镇村投资环境。高穴镇管家村纪检委员通过入户开展民意调查，向村“两委”提出改良该村传统产业藠头品种、扩大种植规模建议，并协调镇农业服务中心到重庆垫江藠头加工厂考察，引进藠头新品种3500多斤，试种面积100多亩。月华镇九银村通过村纪委书记牵线搭桥，成功回引张中健回乡发展牛樟芝项目，建起种植基地500亩、加工厂房20亩，落地中全程督促协调土地流转等相关事宜。三是当好人文环境“监督员”。统管统派监督工作站全面参与乡风文明建设、基础设施规划建设、生态环境治理等重大项目，将住房保障、支农惠农、社会保障等民生事项纳入村级统管统派监督清单，确保村“两委”高质量推动惠民事业落地、人居环境改善、文化素质提升，促进乡村物质文明与精神文明齐头并进，营造经济社会发展良好人文环境。庙坝镇村级统派统管监督工作站以幸福美丽新村和“廉洁村庄”为载体，通过开展“星级家庭”评定，强化廉政文化宣传教育，推动人居环境、人文环境改善，助力该镇长乐村成功创建四川省首批乡村治理示范村（社区）。

四　进一步加强村级监督体系建设、促进乡村振兴的对策建议

十九届中央纪委四次全会指出，要在更大范围整合运用监督力量，提升基层纪检监察机关监督能力。2020年中央一号文件指出，强化基层纪检监

察组织与村务监督委员会的沟通协作、有效衔接，形成监督合力。探索村级统派统管监督机制，强化对村级权力的制约和监督，关键是建构上下贯通、内外衔接的村级权力监督结构，让基层管党治党更加自觉、基层权力监督更加精准、基层正风反腐更加有力、基层监督体系日趋完善。

（一）理顺监督主体关系

要加强统筹协调，出台村级监督统派统管机制指导意见，建立完善村级权力监督清单、责任追究等制度，从制度上保障统派统管机制有序运行。乡镇（街道）党委（党工委）要充分支持、保障村级监督统派统管机制工作，及时协调解决过程中的各种困难问题；落实好监督主体责任，对发现的问题，督促分管领导、有关部门查找根源、深入整改。乡镇（街道）纪检监察组织要主动联合乡镇财政、民政、经管、农业农村等部门，对乡村振兴、村级“三资”管理、惠农补贴、扶贫资金等事项开展联合督查、交叉检查和蹲点督查。下派村级纪检委员要积极引导群众有效参与，强化对村级公共权力的民主监督，及时发现群众身边的腐败和作风问题，让基层权力难以任性，让群众切实感受到全面从严治党就在身边、纪检监察工作就在身边，切实以基层政治生态的全面净化，开创党员群众共同奋战乡村振兴的新气象。

（二）全面提升监督能力

下派村级纪检委员要充分发挥作为一线监督的“前哨”作用。在下派人员上，要结合村“两委”换届，把思想政治水平高、作风过硬、原则性强、文化层次高的党员选任到下派纪检委员岗位上来。在队伍建设上，要通过组织现场观摩会、业务培训等方式，健全组织网络，统筹调配力量，确保机构到位、编制到位、人员到位、待遇到位，建强、配齐村级监督队伍。在能力提升上，要加大力度宣讲党的路线、方针和政策、法律法规、村务公开、财务管理等方面的运用以及相关纪律要求，要围绕村级统派统管的目的意义、职责权限、监督方式和监督程序，以及村级小微权力运行、村级事务管理组织开展培训，切实提升下派村级纪检委员的业务素质。在职能职责上，要结合乡村振兴各项工作任务，下派村级纪检委员通过当好党规政策“宣传员”、村级事务“监督员”、村情民意“排查员”、矛盾纠纷“调解员”、问题线索“报告员”，让党员群众看得见、摸得着，进一步密切党群关系，不断巩固和扩大党在农村基层的执政根基。

（三）拓展监督指向维度

主动适应新形势新要求，创新工作理念思路，改进优化村权微信群公开、村级小微权力运行、“三重一大”民主决策等监督手段，最大限度地提升监督实效。变“墙上”监督为“掌上”监督。按照“一村一群”原则，建立覆盖大部分家庭的村权监督微信群。每月将上月每笔收支情况以“流水账”形式在微信群“裸示”公开，并定期公开“三资”处置情况、村重大事项集体决策以及扶贫政策、项目和资金安排落实等情况。乡镇纪委书记、纪委委员、下派村级纪检委员、驻村干部、村干部均加入微信群，逐一登记办理群众意见建议，确保件件有着落、有回声。变“被动”监督为“主动”监督。由被监督村“两委”成员和乡镇联系领导、驻村干部、相关站所人员在固定时间、固定地点现场办公，接受咨询、听取意见，有效解决村民办事摸不着门、找不到人和暗箱操作问题。变“事后”监督为“事前”监督。聚焦乡村振兴重点工作任务，探索分级预警机制，重点围绕贯彻落实中央、省市县乡村振兴工作决策部署是否到位、“三资管理”是否合规、惠农补贴发放是否到位、工程项目监管是否到位、群众诉求解决是否满意 5 个方面，针对被预警对象存在的问题及薄弱环节，及时下达工作提醒函、整改通知书、督办函。

（四）健全统管考核机制

牢固树立“眼中有监督，监督就无处不在”的理念，注重增强制度的刚性制约，切实加强对制度执行的监督。要建立完善配套规定，厘清职责边界，明确乡村振兴监督重点，确保监督力度不减、温度不降，落到实处、全面覆盖。要加强村（社区）统派统管监督工作站日常运行机制建设，加强下派纪检委员日常管理与考核，定期收集汇总下派村级纪检委员工作开展情况，定期听取下派村级纪检委员工作汇报，定期开展述职报告，进行年度考核和民主评议。建立村级纪检委员履职奖励和责任追究体系，对工作优秀的进行表彰奖励，对不称职的进行批评教育、提醒谈话直至免职；对违反工作纪律的，进行责任追究。建立优秀村级纪检委员选拔制度，换届时将优秀村级纪检委员吸纳进村常职干部队伍，在乡镇公务员定向招录和事业单位招聘中给予政策性倾斜，为村级纪检委员在政治上搭建平台，提升村级纪检委员政治期望。

B.9

江苏苏州相城：运用区块链技术赋能农村集体“三资”领域监管

章鸣林 詹挽强*

摘 要： 区块链是我国核心技术自主创新的重要突破口，在助力大数据时代下经济社会发展中能发挥巨大作用，作为一种可信的透明治理工具，在应用于各类监督场景上具有天然优势。苏州市相城区纪委监委积极落实关于利用区块链自主创新和利用信息化开展监督的要求，充分发挥本地区块链产业集聚优势，贯通现有“三资”管理业务平台，在原有系统不改动、业务数据不搬家的前提下，利用区块链技术开发相城区“三资监管链”。用区块链不可伪造、防止篡改的特点突出“不敢腐”的震慑；用区块链智能合约、高效治理的特点密织“不能腐”的制度；用区块链公开透明、集体维护的特点增强“不想腐”的自觉。相城区纪委监委的实践案例，作为全国首创的大数据背景下区块链技术与纪检监察业务的场景应用融合，在规范制约基层小微权力运行、一体推进“三不机制”、持续深化全面从严治党向纵深推进、厚植党在基层的执政根基方面有积极的创新意义。

关键词： 区块链 纪检监察 “三资”监督 “三不”机制

---

* 章鸣林，苏州市相城区委副书记、政法委书记；詹挽强，苏州市相城区纪委监委第二审查调查室副主任。

2019年10月24日，习近平总书记在中共中央政治局第十八次集体学习时强调，要把区块链作为核心技术自主创新的重要突破口。十九届中央纪委四次全会指出，建立权力运行可查询、可追溯的反馈机制，加强信息化监督平台建设，以公开促公正、以透明保廉洁。基层是党的执政之基、力量之源，农村集体“三资”管理权是基层权力运行的关键环节，以此为切入口加强对基层小微权力运行的有效监督，对推进国家治理体系和治理能力现代化建设有重要的意义。在推进信息化监督的过程中，对区块链等前沿科技的研究运用是纪检监察机关的时代使命。如何运用好“区块链+纪检监察”，如何让区块链技术尽快为纪检监察机关的监督插上科技的翅膀，如何实现区块链技术对传统大数据监督工作的有效补充，尤其是区块链技术在监督场景上的落地应用，成为摆在新时代纪检监察干部面前的一道“必答题”和“抢答题”。

2020年7月以来，相城区纪委监委以农村集体“三资”管理为切入口，以不另起炉灶、不增加基层负担为原则，利用区块链技术，实现对现有“三资”管理的若干系统平台的贯通整合，打造相城区“三资监管链”。通过数据、身份、事项、权力的穿透，为主管部门的业务工作、纪检监察机关的监督工作提供有效助力，实现了对“三资”管理全周期监督、全流程管理和全方位溯源，切实强化了对基层小微权力的监督，充分推动“四项监督”贯通融合和“三不”机制一体推进，不断构建基层治理新格局。

一　案例背景

（一）监督小微权力、厚植执政根基的政治责任

苏州市相城区位于苏州古城区北部、苏州大市地域中心，因伍子胥“象天法地、相土尝水”而得名，总面积近490平方公里，下辖93个村（涉农社区），2020年底户籍在村人口33.2万人。截至2021年上半年，全区村级集体总资产83.48亿元，经营性资产57.88亿元。上一年度（2020年）全区村均收入1105万元，村均支出1050万元。用好“三资”，是实施乡村振兴战略、推进科学发展的重要课题。长期以来，农村集体“三资”

由各村（社区）组织负责经营管理，“三资”领域的经营管理权力成为基层小微权力中最重要的部分。近年来，相城区在规范“三资”领域小微权力运行方面花费了较大精力，积极推进制度治理。在一轮全面清产核资的基础上，开展了包括村级财务“第三方代理”、农村集体资产资源“线上交易”、农村集体“三资”监管“e 阳光”公开、村级资金非现金结算及“政经分开”等 5 项实践探索，并积极运用上级纪检监察机关推动开发的一套监管系统（苏州市农村集体“三资”监管平台）。为进一步推动村（社区）回归一手抓党建、一手抓社会治理的本职，相城区又于 2018 年率先试点推行农村集体经营性资产集中经营管理，即在所有权、收益权不变的前提下，将农村集体“三资”管理权从村级组织中剥离出来，由镇级统一经营管理。这一制度的试点实践，为促进农村集体资产保值增值、推动村级党组织进一步发挥战斗堡垒作用提供了宝贵经验。相城区“三资”领域也形成了独具特色的“1511”监督体系。

在实践中发现，虽然相城区在“三资”管理上做了许多探索，但“不能腐”的制度笼子仍未扎紧。长期以来，村（社区）书记手握实权，对村级“三资”的出租、使用、处置等均具有较大的决定权或影响力，许多面上看似合规的“招投标”和“公开竞价”，背后都被“看不见的手”所操控。2017 年至 2020 年 8 月，相城区涉及农村“三资”的信访举报 108 件，占到信访举报总数的 8.8%。在 2018 年以来开展的多轮检查督查和村（社区）回归本职专项巡察中也发现，农村“三资”管理领域的违纪违规问题屡禁不绝，部分多年隐藏在村（社区）内部的问题逐渐被上级发现，主要表现为套取挪用资金、冒领惠农补贴、签订长期合同、隐瞒资产资源、怠于收缴租金等。2018 年以来相城区“三资”领域共立案 35 起，涉案金额近 2000 万元。截至 2021 年初，全区虽然有集中经营管理人员 85 名，但普遍存在管理人员履职能力较弱、学历层次偏低、年龄结构较大等问题，履职成效尚不明显；虽然聘请第三方人员 119 名、每年花费 1600 万元，但仍存在人员流动性大、履职责任心不强、不熟悉党纪规定等问题。较大的管理投入未能完全阻止违纪违规行为的发生，管理成效没有完全实现一系列制度设计的初衷。

苏州作为经济发达地区，基层治理水平更应提升一档。农村“三资”管理水平直接体现党在基层的执政水平和执政能力，关乎党的执政根基。相城区在持续提高“三资”监管水平，一体推进不敢腐、不能腐、不想腐，营造更加风清气正的基层政治生态上有着迫切的政治需求。

（二）推进日常监督、强化履职尽责的业务需求

中央纪委十九届四中全会报告中提出“纪检监察机关要牢牢抓住监督这个基本职责、第一职责”。相城区纪委监委始终将“三资”管理领域的“监督的再监督”贯穿工作始终，紧盯基层权力运行中的关键领域、关键少数，对区农业农村局、区财政局等主管单位在“三资”管理中的履职开展精准监督，不断压紧压实职能部门的责任担当。在监督职责履行中，相城区纪委监委始终将信息化监督摆在突出位置，形成了“线上监督”“线下核查”双通道工作机制。

相城区高度重视信息化治理工作，在农村“三资”管理中积极运用了苏州市农村产权交易平台、苏州市农村集体“三资”监管平台、江苏省农村产权交易信息服务平台、全国农村集体资产清产核资管理系统、各镇（街道）资金管理系统等多个业务平台。这些平台中包含了大量“三资”领域业务数据，但数据面广量多，传统的监督方式需要对接不同部门、查看不同台账、登录不同平台，监督效率较低。更重要的是，各系统彼此独立、业务信息互不相通、数据孤岛广泛存在，由于数据不贯通，数据的真实性、完整性难以保证。如土地面积的测绘信息，在清产核资系统中和交易系统中的数字竟不相同，这就给“少租多用”等违纪违规行为带来了一定的权力寻租空间。再如，上级只能通过彼此独立的业务平台审核信息，对真实性无法全面把握，从而只能做到形式审核。此外，多数平台只是相当于电子台账，将线下的“填表”工作搬到了线上，同类信息的多平台填报、重复录入增加了基层负担，缺少制约机制的系统平台也给人为干预留下了空间，虚假填报、选择性填报、事后填报等问题屡有发生，少数单位业务平台账号长期不登录甚至从未登录过。不真实的信息难以呈现出一张完整的业务拼图，这给上级

审核、决策造成了一定阻碍，纪检监察机关的监督工作也缺乏有力的抓手。

开发各类系统的初衷在于用信息化手段加强日常监督工作，但在实地调研时，基层往往反映“不想用”各类系统，操作人员反映“不好用”，更有人表示“没有用”。究其原因，是数据孤岛带来的体内循环，彼此独立的数据系统“自娱自乐”，缺乏持久的外在推力，造成系统运用中内生动力不足，从而导致系统效果不及设计预期。数据孤岛的现实下，只做到了海量的数据堆积，没能真正实现“大数据”思维下的计算和碰撞，“大数据”的威力并未真正发挥。相城区“三资”管理系统平台中遇到的问题并非个案，许多在信息化建设工程中打造的各类平台都经历了“开发—运用—逐渐不用—僵尸平台”的尴尬处境。如何充分激活现有平台的作用，实现各平台间数据的融会贯通，做到全数据、全对象、全流程、全事项贯通监督，如何加强对资金管理、资产交易、合同管理、工程建设等背后权力运行的监督与制约，为规范权力运行、贯通“四项监督”、一体推进“三不”提供新的有力武器，这成了相城区纪委监委和相关职能部门面临的迫切业务需求。

（三）变革监督方式、主动拥抱前沿科技的创新驱动

《中共中央关于制定国民经济和社会发展第十四个五年规划和二〇三五年远景目标的建议》中 47 次提到“创新”，中央纪委不断强调要创新监督方式，不断推进国家治理体系和治理能力现代化，创新成为相城区纪检监察机关义不容辞的责任担当。近年来，苏州市相城区努力建设科技创新中心、全力打造未来产业创新高地，已吸引大数据、工业互联网、科技金融、智能驾驶、先进材料、生物医药等优秀企业 1780 家。这其中集聚了 128 家优秀的区块链公司，形成了一定规模的产业集群，2020 年相城区荣获了全省“区块链产业发展集聚区”挂牌，截至 2021 年上半年已建立包括司法存证、海关监管等在内的 60 个应用场景。建立在区块链上的治理机制，可以使各方面的信息更加公开透明和高效流通，通过提升政府公信力，进一步助力国家治理。区块链技术在政务领域的运用，尤其在监督场景上的应用，必将为推进新时代党风廉政建设和反腐败斗争提供新的助力。

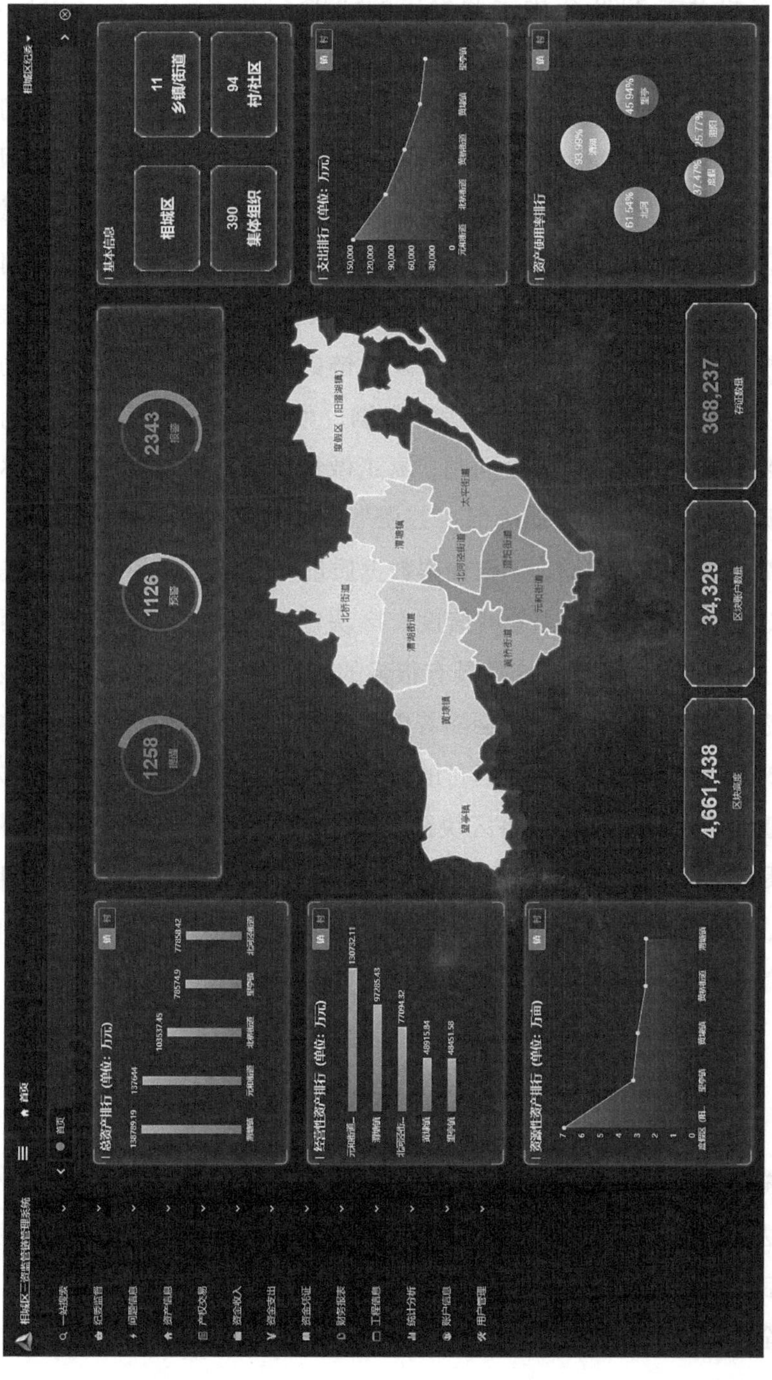

图 1　相城区“三资监管链”主界面

区块链技术在2008年中本聪发表的“Bitcoin：a peer-to-peer electric cash system”（比特币：一种点对点的现金货币）中首次提出，是一种由密码学作为支撑、按照时间顺序进行存储的分布式共享数字账本，具有不可伪造、全程留痕、可以追溯、公开透明、集体维护等特征。区块链技术提供了一套安全、透明、高效、可追溯的数据记录和信息交叉验证方案，是大数据背景下建立信任机制的一种重要技术。目前，区块链技术已演进到“可编程社会”的3.0阶段，其独特的技术优势能开创以“三资”管理为代表的基层小微权力社会治理领域新格局。区块链的加密算法，可以在不访问“三资”业务平台原始数据情况下运算数据，可以对数据的私密性进行保护，杜绝数据共享中的信息安全问题，真正做到数据“可用不可见”。区块链的可溯源性和不可伪造，能确保“三资”管理中数据的产生、归集、计算、分析都在区块链上存储，不仅使得数据质量获得强信任背书，更使得数据间协作碰撞出的结果更具有可信度。区块链的集体维护特点，使得以“三资”监管为切口的区块链应用具有很强的兼容性，能推动不同业务场景区块链的数据融合，监督的半径会随着更多系统的接入和数据的不断丰富而持续拓展，真正实现对基层权力运行的监督全覆盖。这些，都是区块链技术运用于监督工作的独特优势。将区块链技术与农村集体“三资”管理深度融合，也是对已有“三资”监管信息化资源的整合再提升。通过积极拥抱前沿科技、主动变革监督方式，努力完成新时代纪检监察机关的创新使命，将最新的信息技术成果切实转化为基层治理的效能。

二　做法成效

区块链技术应用的诸多特点，与农村“三资”监管具有完美的契合性。通过让算法多跑路，打破了原平台数据壁垒，实现了全数据贯通；加强对所有流程背后的权力监督，实现了全事项贯通；所有参与“三资”的人员、组织、企业全部设立了区块账户，实现了全身份贯通，真正实现了穿透式监督。

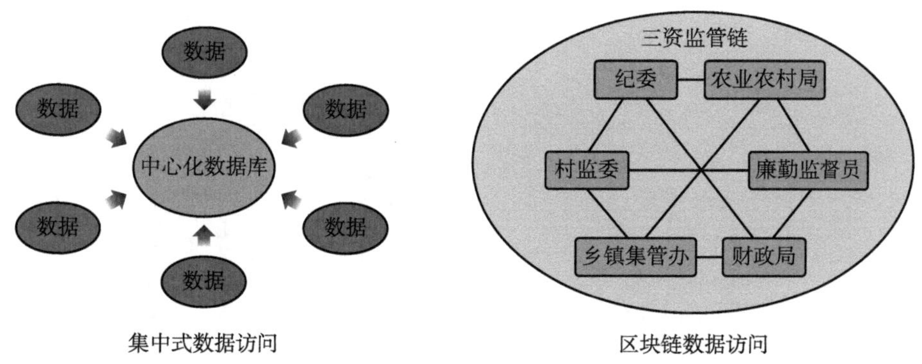

图 2　去中心化的特点形成了多节点的安全信任机制

（一）链上治事，以区块链不可伪造、防止篡改的特点突出“不敢腐”的震慑，实现“三资”领域的全生命监管

“三资监管链”利用分布式账本，按加盖时间戳的方式进行有序“记账”，将原来散落在各个系统的数据统一进行链上存证，所有数据一经上链不可篡改、全程留痕，区纪委监委、区农业农村局、镇（街道）财资局、镇（街道）“三资”集中经营管理部门、村（社区）共建共识共享。每个镇（街道）的“三资”管理情况全区可见，填报数据经交叉验证不实或是随意篡改数据都会触发智能合约报警，大大压缩了权力寻租空间。截至 2021 年上半年，相城区开发建设“三资监管链”，将原有的多套“三资”管理业务平台中的海量数据上链，形成 448 万条“三资”基础存证信息，形成可以数据交叉验证的去中心化分布式账本，利用区块链技术不可篡改、可溯源、公开透明的技术特点，积极探索从全流程监督、嵌入式监督到穿透式监督的新路径。数据的上链存证、交叉验证、溯源倒查，解决了传统监督模式下登录不同平台、翻看不同台账、对接不同部门的烦琐，以及中心化的大数据模式下信息修改无人发现的问题，保证了“三资”监管所有数据的真实性、完整性，实现资产存量、结构、变动、立项、招投标、合同签订、收付款等全生命周期全过程监管，基于完整的监督闭环真正形成了“不敢腐”的震慑。

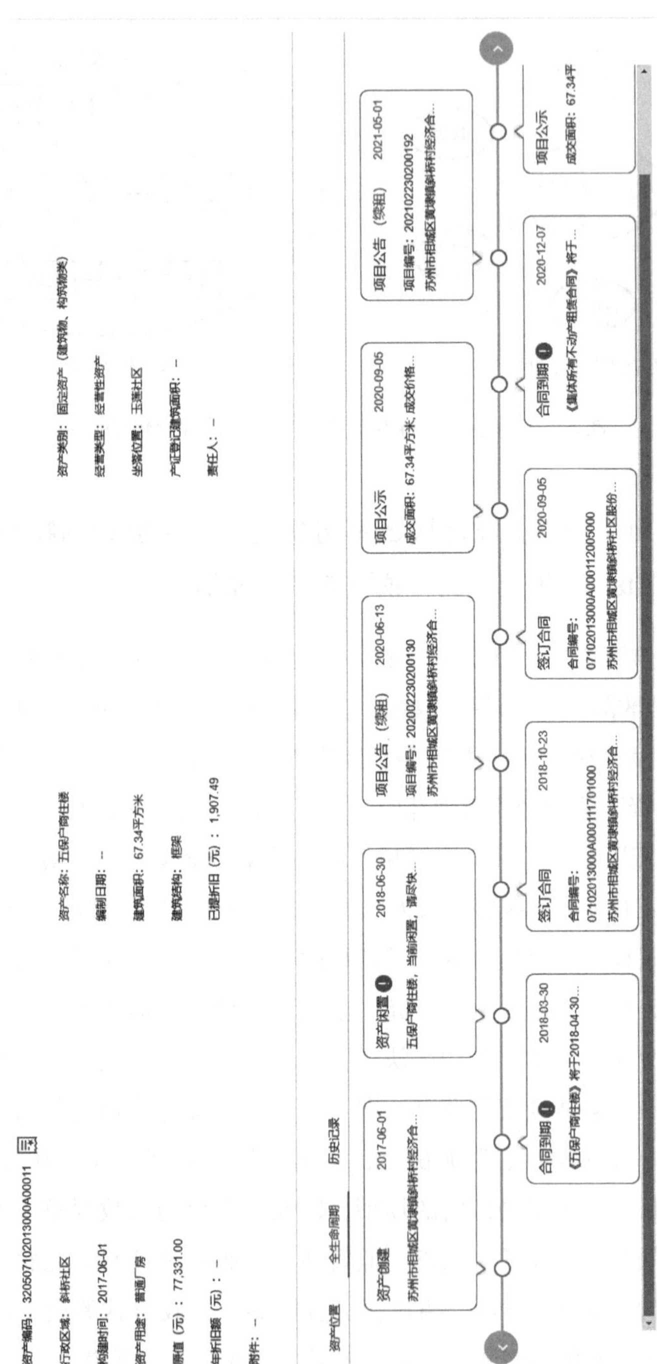

图3 “三资监管链”中某宗资产的全生命周期

利用区块链对业务进行全程溯源、对权力运行进行全程监控发现：某村有多块集体土地（合计 29.34 亩），在对外出租时，只有 2020 年、2019 年、2018 年的续租记录，却未见首次招租的信息。通过链上溯源倒查，发现这几宗资产在 2018 年对外首次出租时，为规避公开竞争，定向租赁给相关承租户，未按规定在交易平台上进行公开招租，而是直接在系统上将上述 5 宗土地虚假填报为“续租”，并通过上级系统业务审核。通过区块账户全程溯源的特点，实现了对每宗资产全生命周期的闭环监督，相关违规行为迅速被发现，并通过区块账户的操作记录迅速锁定了责任人员。在传统的业务平台中，只会关注到单个租赁年度中单宗资产的合规性，而通过区块链却能对所有资产在全生命周期内通过循环溯源实现闭环监督，从而达到“数据不能造假、造假必被发现”的监管效果。

（二）链上治权：以区块链智能合约、高效治理的特点密织“不能腐”的制度，做实“三资”管理的全流程监督

强化对权力运行问题的制约和监督，首先必须精准发现权力腐败的突出问题，找准权力滥用的风险点，从而做到有的放矢、精准高效。结合对近年来“三资”领域违纪违规案件的专题分析，相城区纪委监委将合同到期、低价出租、中标异常、拆分合同等权力运行的风险点，通过区块链技术的智能合约，由高到低转化为 40 余个报警预警提醒项。智能合约是对监督规则进行定义编程，如果预先设定的条件得到满足，就会高度智能化地执行流程监控与监督。通过智能合约对履职记录进行链上监督，对违规操作账户和不良资产做到实时监控报警，全面制约权力运行。相城区纪委监委利用区块链“算法跑路”发现问题的特点，将各类政策文件作为智能合约编程依据，进行政策上链，通过区块链语言重新定义“三资”管理交易规则。如，在资产模块中对资产闲置、工程逾期、合同到期、合同超期、招租报名率低等进行报警；在资金模块中对支付金额较大、支付频率高、支付超标、支付超预算等进行报警；在项目模块中对中标异常、合同拆分等进行报警等。同时，将相关提醒类事项分资产、资源、资金、项目四大类向主管部门推送，将预

警、报警事项直报纪检监察机关，并分为履职不力、涉嫌利益冲突、侵害群众利益、违反八项规定精神等多个类别进行链上链下双核查。

通过智能合约，真正将权力运行风险点转化为数据语言，多个智能合约的共治，真正将若干政策规定编织成“不能腐”的制度体系。职能部门在对链上发现问题及时处理的同时，纪检监察机关对处置情况开展“监督的再监督”，实现人在干、数在转、云在算，切实增强监督实效，真正将“三资”领域小微权力关进制度笼子。截至2021年上半年，链上链下共核查了500余条有效链上报警线索，为深化“三不”一体推进发挥了积极作用。

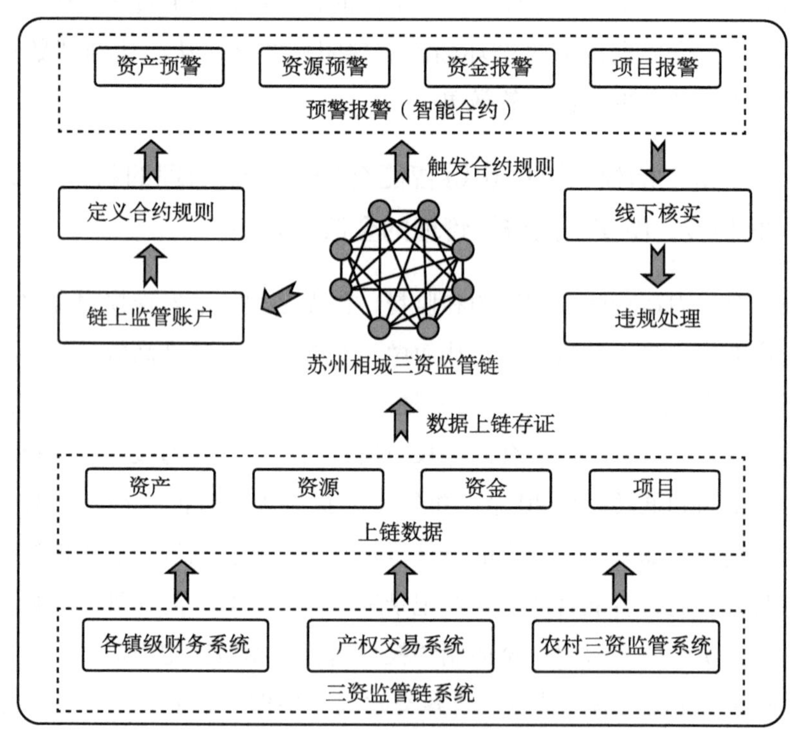

图4 智能合约

利用单一的智能合约规制，就能精确发现问题。如相城区规定集体资产的租赁期限一般为1年，最长不超过3年，“三资监管链”将这条规定转化为区块链监督报警模型，设置了“长期合同”报警项。通过算法跑路，链

上发现某村于2018年至2019年，陆续将本村的集体资产28间集宿打工楼向外招租，并签订长达20年的租赁协议，事实上构成“以租代卖”的行为，涉及金额586万元。在业务系统平台中，相关租赁行为进行了线上交易并通过了层层审核。但通过区块链+“三资”监管系统，违规签订长期租赁合同的行为立即触发报警并被及时发现。

通过不同智能合约的交叉叠加，则能发现更多问题。通过“三资监管链”中的“散乱污”企业承租信息、小微权力“关键人”、党员干部租赁集体资产、长期租赁合同等多个智能合约的交叉叠加，发现某村原党委书记与该村原副主任在任职期间，插手本村集体资产经营，合伙租赁本村集体土地3亩并建造厂房。先是对外招租“散乱污”企业从事家具生产，家具厂被清理后，两人又将厂房租给被其他区域清退的“散乱污”企业从事小五金生产，百姓深受其扰。经进一步核查，相关村干部未对该新进企业审核把关，还帮助企业逃避上级项目预审，为污染企业的栖身开方便之门，每年获益30余万元。相关责任人员被立案审查。

此外，相城区“三资监管链”开发了实时监测和统计分析功能，以“三资”管理质效为突破口，实现了对基层小微权力运行情况的精准画像，在管住小微权力的同时，真正做到提升大数据等现代技术手段辅助治理能力，也为基层党组织的治理能力提供评判依据。在系统开发的“一键搜”功能中，只要输入一个村的名称，该村涉及“三资”领域的全数据便会一体呈现，其在镇（街道）、全区的管理水平也会通过区块链技术跨平台分析展现。通过一张张画像的横向、纵向对比，倒逼基层组织强化履职担当，真正实现全面从严治党在基层落地生根，做到基层政治生态的持续净化。

（三）链上治勤：以区块链公开透明、集体维护的特点增强“不想腐”的自觉，打造“三资”管理的全溯责生态

区块链公开透明、集体维护的技术特点能汇聚更多的管理监督力量，相城区“三资监管链”为从事“三资”管理的操作人员、监管人员、承租企业，以及“三资”监管主管部门区农业农村局、纪检监察机关、基层廉勤

监督体系中的廉勤监督员都建立了一个区块身份（区块链账户）。各方在“三资”各业务平台中的所有操作记录，都将通过区块链上链存证，实现系统操作记录的留痕，建立的可溯源追责体系，真正实现了对监督对象、监督角色的全覆盖，进一步压实主体责任，推动监管工作“脱虚向实”。通过统一区块身份的建立，贯通了监督对象，通过溯源倒查能迅速确定操作人员的履职情况，也为纪检监察机关开展精准问责提供了有力支撑。更重要的是，公开透明、全程追责的管理生态倒逼业务部门和相关责任人员切实将对区块链技术的敬畏转化为忠诚履职的思想自觉和实际行动，真正从思想根源上拧紧了“不想腐”的“总开关”。

同时，通过不同身份匹配设置，进一步加大群众监督力度，实现对基层小微权力运行的有效监督。依靠区块链链上数据抓取，实现对村务公开事项的标准化管理。群众和基层廉勤监督员借助二维码、微信小程序、App 等方式可以对公开事项进行监督，杜绝公开不全、内容不实等形式主义官僚主义问题。同时，经授权群众对经营性资产出租情况、村级在建零星工程、民生领域奖补资金发放情况进行监督，并将情况及时反馈给各地纪（工）委，强化追责问责，贯通党内监督、监察监督、社会监督、群众监督。

在区块链技术下，最末梢的监督力量也能发挥巨大的监督作用。为了吸引优质企业入驻，某村对实际租赁土地的规上企业每亩减免 4000 元，即亩均税收超 3 万元的企业，租金从 1.8 万元/亩优惠至 1.4 万元/亩。但根据廉勤监督员上链反馈的信息，该村 8.39 亩集体土地的实际使用人并非合同所载承租方，而是达不到规上企业要求的另一家公司。经区块链线上核查，原承租方利用规上企业身份享受政策红利后，将该宗集体资产转租给经营状况一般的另一家公司，并从中赚取租金差价。通过对出租时操作账户的识别，链上迅速锁定了多年前负责资产租赁的责任人。

三　经验成效

近年来，相城区纪委监委深入贯彻落实习近平总书记关于“党中央重

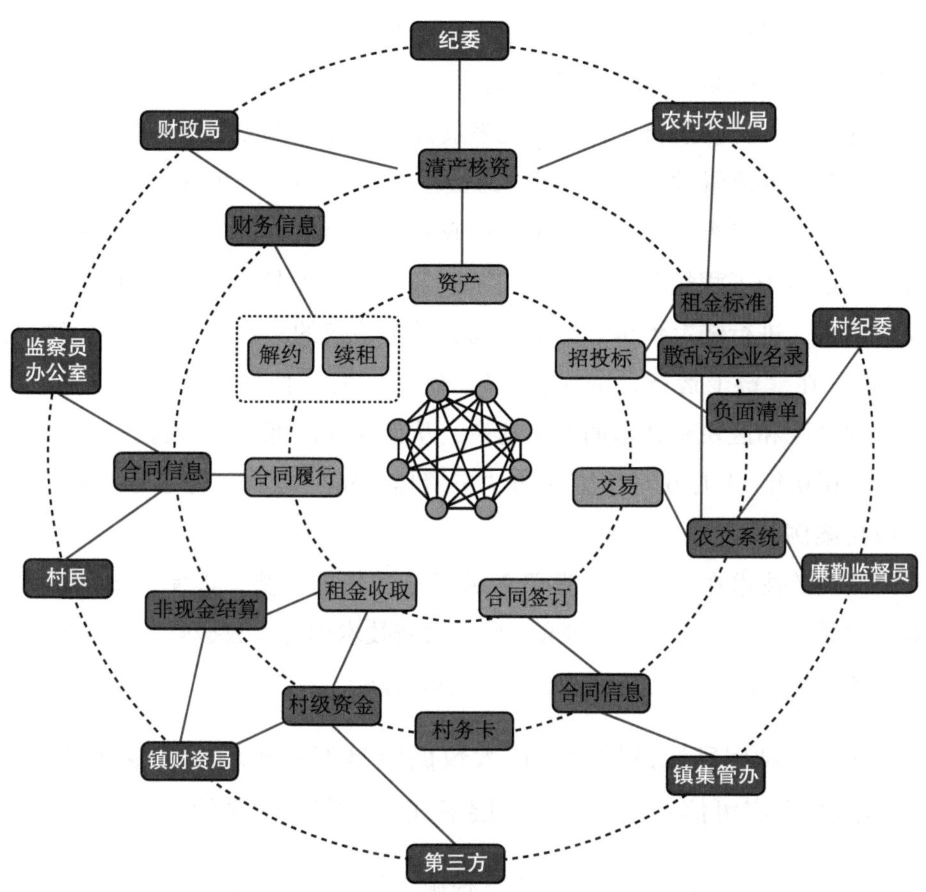

图 5　全流程、全事项、全身份穿透式监督

大决策部署到哪里，监督检查就跟进到哪里”的重要指示，坚持问题导向，以农村集体“三资”管理为切入口，不断探索创新基层经济社会治理的新模式。相城区纪委监委打造的“三资监管链”，是利用前沿科技赋能传统监督方式，开拓全新监督格局的大胆尝试。通过轻量化开发、小成本投入，建立了区块链技术特有的监督场景，实现了全区“三资”管理情况的“一链可见”，已初步立案查处 6 人、“第一种形态”处理 23 人，为全区 93 个村（涉农社区）的 352 个集体经济组织挽回了 600 余万元的经济损失。

清华大学党委副书记、廉政与治理研究中心主任、国家监委特约监察员过勇教授对相城区创新实践给予了积极肯定："相城区纪委监委将区块链技术用于'三资'监管开创了基层监督新模式，为区块链技术在监督领域的运用、加快监督工作数字化发展提供了经验借鉴。以监督的穿透性提高了监督的质量效果，值得深入探索、推广运用。"北京大学中国政治学研究中心学术委员会主任、中国廉政研究学会副会长、博士生导师何增科教授也给予了积极的评价："相城区及时将区块链技术运用在'三资'监管领域，进行链上治事、链上治勤、链上治权的实践探索，实现了农村'三资'在'链上运行，全程留痕'，使'三资'使用处置权受到了监管平等的制度和区块链技术的双重约束，从而大大降低了腐败行为的发生概率。"2020 年 11 月 6 日相城区的"三资监管链"获评江苏省区块链"典型应用案例"。

区块链技术在"三资"监管领域具有独特的优势，能实现政治效果、业务效果和技术效果的完美融合，将区块链技术作为大数据监督的有效补充和特色创新，能为基层治理打通一条全新之路。

（一）利用区块链技术开拓大数据监督下的新场景，能确保基层治理信息真实可信，成为惩治基层形式主义官僚主义的监督利器

区块链技术建立的信任机制能从根源上防止基层数据造假现象。区块链跨平台交叉验证，会自动比对出不实数据；通过区块账户确定的身份信息，能迅速确定责任人。区块链并不介入具体的业务系统，但忠实记录每个业务系统的操作全流程，对一切业务数据都无法进行技术处理，因此只能如实填报，这从根源上减少了信息不对称而带来的机会主义风险。"三资监管链"上线以来，相城区所有"三资"管理人员对待各类平台系统的"疲劳综合征"大大消除，履职状态焕然一新，随意填报数据的现象得到根除。系统操作人员也无须为如何编造、调整、加工数据而煞费苦心，少数隐藏多年的"历史数据包袱"也因此大白天下，在真正转变基层工作人员工作作风的同时，也实现了中央十九届五中全会提出的"减轻基层特别是村级组织负担"的政治要求。此外，区块链节点之间的共享机制，最大限度地实现扁平化的管理，

使得村级组织的基层治理效能直接被上级掌握，从而为上级的决策提供了更加准确的依据。这一切，成为惩治基层形式主义官僚主义的监督利器。

（二）利用区块链技术开拓大数据监督下的新场景，有机整合了管理和监督的力量，实现了“四项监督”贯通融合

相城区基于“三资监管链”开创的执纪监督新手段，为全区纪检监察机关提供了一批有价值的可成案线索，在纪律监督上取得了明显实效。“三资监管链”实现了管理力量和监督力量的多维度整合，区农业农村局、区镇两级财资局、镇（街道）“三资”集中经营管理部门、区镇两级纪检监察机关及派驻纪检组通过链上共建共识共享，“三资”管理的每个步骤均有智能合约辅助管理、监督部门开展审核，相关单位的履职情况一网可见，实现了管理和监督从对立走向统一。相关派驻纪检组对职能部门的履职情况有了切实的抓手和可评判的依据，通过“三资监管链”的功能发挥，派驻的“探头”被擦得更亮。通过微信小程序等简易端口，将链上监督与基层监督体系建设相融合，链上的监察员办公室将部分问题线索交由镇（街道）纪委、村监委、廉勤监督员开展核查；廉勤监督员也可以将发现的问题及时上传，建立“线索下发核查、发现问题反馈”的双通道机制。在数据不断完善、接入更多系统后，将更多政策文件进行上链，作为智能合约的定义内容，可以将区块链技术赋能下的监督触角延伸到更多领域。“三资监管链”同时向区委巡察机构开放权限，“三资”管理情况成为村级巡察的重要参考，部分巡察反馈和问题整改通过链上流转、督办，并由基层廉勤监督体系参与链上监督，大大增强了巡察整改的实效。相城区的探索，是对“四项监督”贯通融合的有效实践，对一体推进“三不”机制发挥了积极作用。

（三）利用区块链技术开拓大数据监督下的新场景，有效开创基层社会治理结构新局面，切实巩固党在基层的执政之基

中央十九届五中全会提出“深化农村集体产权制度改革，发展新型农村集体经济”，苏南作为社会主义现代化建设地区，必将在建设“强富美

高”新江苏中勇担新时代使命。在发展新型农村集体经济的过程中，纪检监察的纪律保障作用不可缺位。以“三资”管理为入口，正是把握住了新型农村集体经济的关键。近年来，相城区农村基层小微权力正在被不断规范约束，区块链技术在“三资”监管领域的运用，更加助力从原有制度治理的层面拓展到技术治理、权力治理、社会治理的新高度，群众获得感明显提升。2020 年，相城区涉纪信访总量同比下降 54.9%；2020 年 7 月“三资监管链”上线以来，涉“三资”新问题的信访举报零发生；截至 2021 年上半年，相城区涉纪信访量同比再降 15.3%。在区块链技术的支持下，相城区农村集体闲置“三资”被有效盘活，保值增值成效明显，近期全区各镇（街道）共组织电子竞价会 63 场（其中 33 场溢价增值成交），成交金额超 1000 万元，平均增值率高达 51.2%。区块链 + “三资”监管的方式，致力于让政治清廉、让干部清白、让群众明白，谱写了基层社会治理新篇章，切实巩固了党在基层的执政之基。

四　工作展望

习近平总书记在中国科学院第十九次院士大会、中国工程院第十四次院士大会上强调“要以关键共性技术、前沿引领技术、现代工程技术、颠覆性技术创新为突破口，敢于走前人没走过的路”，相城区纪委监委开展的区块链 + 纪检监察应用场景实践，是对“无人区”“深水区”的一次勇敢探索，打出了一张“链上治廉”的亮丽名片。从实践效果来看，区块链 + “三资”监管中运用新技术推动基层纪检监察工作高质量发展的作用已经显现出来。下一步，相城区纪委监委将在更高层次上强化改革创新，切实将现代化治理的技术手段转化为新时代纪检监察工作的治理效能。

（一）“小切口”与大监督仍需深度推进

区块链技术虽然是助力监督的技术手段，是一种高效监督的方式方法，

但目前在纪检监察工作中的运用还处于起步阶段，只是在小范围内选取合适的监督应用场景。随着实践的不断丰富，还要在建立更大范围的监督场景、接入更多的监督节点上深入探索。在深度治理层面，在跨部门跨区域共同维护和利用等方面，还需要体制、制度、队伍的同步跟进管理，真正实现多领域治理的全面提升。

（二）共识机制与群众监督仍需深度融合

党的十九届四中全会提出“完善群众参与基层社会治理的制度化渠道”，社会治理倡导多元主体的主动参与，公民参与社会治理也是国家治理民主化的题中应有之义。目前，在区块链与“三资”监管过程中，将村务公开、廉勤监督员的监督作为群众监督的重要方面。在下一步的工作中，还需拓展监督范围，将链上监督的内容更多地向群众开放，进一步推进治理过程“行为规范、运转协调、公正透明、廉洁高效”，在制度理性和制度创新的基础上通过公众参与将公共权力关进制度的笼子里。

（三）监督需求与模型建构仍需深化探索

随着新时代纪检监察工作新形势新任务新要求的提出，基层纪检监察工作还需朝着高质量发展的目标前进。要根据监督形势以及地方实际的发展变化，不断完善监督数据模型，在更深层次上强化改革创新，使信息化监督真正实现常态长效，更大力度地运用好现代化治理方式方法，切实将改革优势转化为治理效能，真正让区块链赋能下的监督工作成为一体推进“三不”机制的新动能。

B.10
浙江绍兴上虞：体系化视角下的清廉村社建设*

林 洋　徐步华　陈玉婧**

摘　要：清廉村社建设是优化基层社会治理的重要内容，也是全面从严治党向基层社会延伸的关键环节。深度推进清廉村社建设，运用系统思维，立足体系化视角，即以党建为统领、以法治强保障、以德治强教化、以自治强活力、以智治强支撑，增强清廉村社建设过程的系统性、整体性、协同性，进而实现各个部分的有机衔接，形成科学合理的制度设计，最终能以“清”促“治”，加快构建基层社会治理新格局。浙江省绍兴市上虞区的实践探索表明，体系化有利于清廉村社建设的稳步推进，这也为其他地区的清廉村社建设提供了有益借鉴。

关键词：体系化　清廉村社　党建统领　四治融合　上虞区

一　研究背景

当前，基层地区的小微权力腐败问题，是社会治理中的难点痛点，

---

* 本报告是国家社科基金中国历史研究院重大历史问题研究专项“中国古代监察制度变迁的历史源流”（24VLS012）；国家社科基金一般项目“马克思社会运动理论及其当代价值研究”（21BKS095）的阶段性成果。

** 林洋，安徽师范大学法学院（纪检监察学院）2024 级社会治理与社会发展专业博士研究生；徐步华，安徽师范大学法学院（纪检监察学院）教授、博士生导师；陈玉婧，中共绍兴市上虞区委党校四级主任科员。

基层地区小微权力腐败治理的好坏，直接关系基层治理体系和治理能力现代化①的实现与否。2018 年 7 月 20 日，《中共浙江省委关于推进清廉浙江建设的决定》要求，推进清廉村居建设；2020 年 3 月 31 日，习近平总书记考察调研浙江省工作之际，浙江省出台《强化清廉村居建设，有力推动基层治理专项工作意见》对深化清廉村居建设、加快基层治理作出具体部署，把全面从严治党向基层地区有力推进，从而在党的坚强领导下，推动清廉浙江建设在基层场域内落细、落小、落实，为浙江努力建设新时代全面展示中国特色社会主义制度优越性的“重要窗口”和高质量发展建设共同富裕示范区提供风清气正的政治生态和厚德养廉的社会环境。

近年来，绍兴市上虞区积极开展清廉村社建设。如建设“杭兰英式”村社好干部团队；工程监管实行“双查双保”、以“虞舜清风”品牌推动清廉文化建设；配备村务监督员，建立“民情通信息群”等。同时，结合实际，制定实施《清廉村社标准化建设三年行动》，并在《关于纵深推进清廉上虞建设的实施意见》中将清廉村社建设列为重点任务。这些政策措施不仅直接提高基层地区小微权力腐败治理的法治、德治、自治尤其是智治水平；而且把实现清廉村社建设体系化作为目标导向，以形成长效机制，持续激发内生动力。

二　文献考察

清廉村社建设在实质上是廉政建设融入基层治理的过程，或者说是基层社会反腐倡廉的过程；加快清廉治理，最终实现“善治”②，同时是基层治理体系和治理能力现代化稳步推进的客观要求。目前，学界对清廉村社建设

---

① 2021 年 7 月，《中共中央国务院关于加强基层治理体系和治理能力现代化建设的意见》提出，基层治理是国家治理的基石；用 15 年左右时间，基本实现基层治理体系和治理能力现代化，充分展现其制度优势。

② “善治”即良好的治理，其本质特征是政府与公民对公共事务的合作管理，是政府与市场、社会的一种新型关系，也是一种多元治理、和谐治理，更是一种使公共利益最大化的社会管理。

的研究主要包括以下三方面的内容。

其一，着重清廉村社建设的学理诠释。严丽丽引入新的公共治理范式——整体性治理理论，对清廉村社建设的有效性进行论证，认为清廉村社建设是对整体性治理理论中“整合”与“协调”两种理念的积极探索①。应丽娇则借助多种理论对清廉村社建设进行综合研究：运用寻租理论，研究基层地区的小微权力腐败问题产生的诱因；运用公共组织理论，提出良好的公共组织内、外部环境是清廉村社建设的要件；运用理性选择理论，剖析清廉村社建设如何在不敢腐环节有序开展；运用需求层次理论，指出小微权力腐败行为是个体需求异化的产物，是消极的反社会表现，强调不想腐对预防和遏制小微权力腐败的作用②。

其二，聚焦清廉村社建设的政策实践。学界树立一定的应用意识，进行对策思考。许灵玲和罗江③、彭石军④、王兆伟⑤、宋德强⑥等学者研究如何通过清廉村社建设，营造良好的党风、政风、村风、民风，提升治理能力，促进乡村振兴战略。此外，江一华关注某地创立“三色”工作法，对基层民众关于清廉村社建设过程中的众多意见建议，进行分类整理、分项解决⑦。张艳对某地在村规民约方面的积分量化处理、有效破解小微权力腐败多发等问题的先进做法进行提炼推广⑧。

其三，开展清廉村社建设的其他研究，此类成果多与党的建设相关。如，余晓叶提出权力清单、村务公开、诉源治理是强化清廉村社建设，让基

① 严丽丽：《温州市瓯海区“清廉村居”建设研究》，福建农林大学硕士学位论文，2020。

② 应丽娇：《L市农村基层腐败问题及对策研究》，大连海事大学硕士学位论文，2019。

③ 许灵玲、罗江：《“清廉村居”助推乡村振兴》，《廉政瞭望》2021年第9期，第86页。

④ 彭石军：《乡村振兴战略视域下大力推进桂林清廉村居建设》，《新西部》2020年第Z5期，第65～67页。

⑤ 王兆伟：《创建“清廉村居”，助力乡村振兴》，《四川党的建设》2020年第9期，第64～65页。

⑥ 宋德强：《以“清廉村居”建设促进乡村振兴》，《青岛日报》2019年11月22日，第7版。

⑦ 江一华：《旌阳区：创立“三色”工作法，助力“清廉村居”建设》，《廉政瞭望》2021年第7期，第82页。

⑧ 张艳：《借助“积分管理”，促群众参与清廉村居建设》，《廉政瞭望》2021年第8期，第83页。

层民众享受全面从严治党成果的路径选择①。再如，张海伦认为清廉村社建设的最终目标是用制度的笼子关住小微权力，小贪小腐应标本兼治，让党的执政地基更坚实②。

总的来说，对学界既有成果进行梳理后，可初步发现：学界比较关注清廉村社建设，研究成果相对较多、较集中，为笔者的研究奠定了一定的理论基础，并提供了重要参考。然而，学界对清廉村社建设的研究较笼统、不细致，理论性强但实践性弱，也缺乏更强的具体性、针对性、可行性；特别是，根据新形势、新要求，进一步思考党建统领与法治、德治、自治、智治的深度融合问题的研究成果不多。此外，关于如何通过清廉村社建设，加强基层地区小微权力腐败治理、提高基层社会治理水平的研究成果也未达到一定数量，而基层治理的社会化、法治化、智能化、专业化水平有待提升，这些为笔者去尝试研究提供了一定的可拓展空间。与此同时，体系化是党建统领与四治融合对清廉村社建设提出的新思路、新命题，清廉村社建设也对基层社会的政治生态、经济运行、文化发展等诸多层面产生一系列的影响。有鉴于此，本文从绍兴市上虞区注重党建统领与四治融合，按质按量建设清廉村社的创新个案入手，以体系化为视角剖析地方经验，认为可通过激发内在活力、消除外部阻力，实现清廉村社建设向纵深推进。

三 体系化视角与清廉村社建设

（一）清廉村社建设体系化的理论解答

当前，清廉村社建设的旨趣在于：以监督制约小微权力为主线，以实施

① 余晓叶：《下沉村居，让群众从清廉中受益》，《中国纪检监察》2020 年第 24 期，第 32 ~ 33 页。

② 张海伦：《基层党建视域下优化农村政治生态的思考》，《山东党校报》2021 年 6 月 1 日，第 5 版。

协同监督机制为抓手，以一体推进不敢腐、不能腐、不想腐向基层社会延伸为突破口，优化基层政治生态，改善基层民众生活，切实提升获得感、满意度。为了进一步推动清廉村社建设，就要在操作程序、运行机制、制度建设等方面做文章、下功夫，这在一定程度上表明，清廉村社建设是一种复杂系统。“理解系统观念必须将人类社会视为一个有机整体，从历史过程和社会结构的角度把握社会主义现代化建设全局。”① 马克思主义哲学视域下，系统观念指出，自然界、人类社会是运动发展的过程集合体，各个领域内和领域间有“近乎系统的形式”的内在逻辑关系。由此可见，清廉村社建设体系化是一个新的现实问题，或者说，体系化作为清廉村社建设的创新趋向，促使清廉村社建设更具活力、更有效率、更可调适、可持续，进而久久为功、行稳致远。

具体而言，运用科学的系统观念理解清廉村社建设体系化，则主要包含三大方面。一是结构与流程。一般而言，体系是由众多主体、制度、体制机制、技术等有机组合，清廉村社建设体系化所遵循的大致流程是：在村社的公共领域中，形成崇清尚廉的物质环境；建立诸多清廉村社“要素”的传递通道，传导一系列与清廉村社相关的观念、制度、实践；启动反馈调节机制，适时修正完善，让程序设计更加科学合理，政策策略更有力量和温度。二是功能和困境。学理上，体系一般有三种基本的功能：对认识而言，体系化作为清廉村社建设的关键导向，有利于建设者形成一种想事、干事深思熟虑的正确偏好，有效应对种种消极因素的侵扰；对道德而言，清廉也是一种道德追求，民众对清廉村社建设怀有期盼，可促进民众生成共筑清廉基石、捍卫清廉果实的思想自觉、行动自觉；对民主而言，清廉村社建设需要民众的经验智慧，这是全过程民主政治的生动实践。当然，利益冲突、行为失范及行政权力过度干预等问题，也会制约清廉村社建设体系化的实际效果。三是借助多种渠道，补强清廉村社建设体系化。连贯多条渠道、打造复合网络

① 王立胜、刘刚：《论坚持系统观念的科学性——基于马克思社会有机体原理的思考》，《马克思主义与现实》2021 年第 1 期，第 21 ~ 29、204 页。

是可考虑的现实策略。例如，通过搭建制度平台，吸纳民众和社会组织等参与清廉村社建设的有关立法、决策等静态环节；优化法治、德治等动态环节，确保党员领导干部深入基层，真正进入清廉村社建设体系化之中。“所谓原则，就是观察问题和处理问题的准绳。”① 补强时，也应注重适度原则，不过于紧密，也不过于松散，因为前者会诱发制度性支配，后者会导致体系化建设有名无实，都将损害有序衔接，降低建设效果。

（二）清廉村社建设体系化的逻辑构成

任何系统是要实现一定功能的，体系化推进清廉村社建设，主要目的是涵养清廉文化、严管小微权力，为全面乡村振兴和实现共同富裕打造“廉阵地”，展现“廉能量”。为此，清廉村社建设体系化不仅需要整体考量、摒弃片面思维，而且需要合理设定边界、厘清层次、把握关键。基于“目标－结构－系统”的理论框架，分析清廉村社建设如何体系化的现实问题，其面向目标的整体构造应为：党建统领下的“四治一体化”清廉村社建设新格局。

一方面，党建统领是清廉村社建设体系化的“一核”。“党建引领社会治理实践和社会治理体制的创新，将始终与中国特色社会主义建设事业的发展相适应。”② 清廉村社建设体系化的核心是发挥党建统领作用，宏观层面上，与党的总揽全局、协调各方的领导核心作用直接关联，也是让党的建设新的伟大工程能纵深推进的现实需求；微观层面上，清廉村社建设体系化将党建统领置于核心地位，这源于党的建设本身的现实样态③。

第一，党建优化基层社会的公共资源配置。面对更开放、活跃的新经济社会空间，党建统领要发挥作用，就要聚焦事关各方利益的公共资源配置中

---

① 徐远申、孙亚利、宋雅娟：《适度“润滑”，善于沟通——论处理与上级人际关系的基本原则》，《行政论坛》1999 年第 6 期，第 57～58 页。

② 李友梅：《当代中国社会治理转型的经验逻辑》，《中国社会科学》2018 年第 11 期，第 58～73 页。

③ 样态是康德在推动逻辑学从传统形式逻辑走向现代辩证逻辑的过程中，所提出的一种全新范畴，包括可能与不可能、存在与不存在、必然与偶然等三组逻辑判断。

的关键性作用。现实中，清廉村社与多方治理主体的利益相关，各主体有动力、有能力参与党建统领下的清廉村社建设体系化。正因为如此，党建统领应力求规避“就党建而谈党建”的局限性，与创新清廉治理中公共资源配置的系统性安排并行。第二，党建形成党建网络的资源互补优点。近年来，公权力部门公共服务水平得到有效提升，非公权力者获得公权力的支持更便捷，党建统领仅依靠公权力部门已不现实。新情势下，为更好地开展党建统领工作，党组织应关注对自身组织资源的深挖掘，党建组织网络能把不同类型、彼此依赖的组织集聚，产生网络优势，实现它们之间的资源、机会共享，助力清廉村社建设体系化。第三，清廉村社建设也有很多阻碍因素，官方的与民间的，正式的与非正式的，而党建统领正在突破体制内党建的固有界限，在更复杂的治理新景中产生更重要的价值，党建统领也成为清廉村社建设体系化的内生动力之一。

另一方面，“四治融合”是清廉村社建设体系化的“四维”。法治和德治主要从治理方式的角度出发，自治和智治则主要从治理主体的角度出发，这与法治、德治、自治、智治的定位、功能及其在清廉村社建设中产生的价值有关。

首先，法治是保障。法治预先创设各种规则和制度，为其他治理方式提供大前提。如，与清廉村社建设最直接相关的平台——村务监督委员会，其组织形式、权力配置、运行方式等，均要事先明确，《关于健全和完善村务公开和民主管理制度的意见》《村民委员会组织法》则为其提供依据，加速相关规则制度的形成、推广。同时，若德治、自治、智治的功能失调，就要求助于法治，以保障基层社会秩序的正常运转。其次，德治是基础。基层治理中，德治是一种好的传统。基层社会是熟人社会[①]，感情、面子是其重要特质和天然伦理。“法律与道德之并列说、互补说、交错说对我们理解法治

① 熟人社会，即“小圈子”社会，是著名社会学家费孝通在《乡土中国》一书中提出的经典概念，他认为中国传统社会有一张复杂庞大的关系网，人熟是一宝。

中国建设中提倡的法治与德治相辅相成、相得益彰不无助益”。[①] 该环境内，道德相比于法律，它的治理成本低，也更容易被民众认可。为此，考虑到熟人社会的客观性，清廉村社建设体系化也应在德治上有所展开。再次，自治是根本。自治是主要治理方式，有助于发挥基层民众在清廉村社建设体系化中的积极作用。究其原因，第一，自治是现代民主政治的价值意蕴。“对权力运行的制约与监督是增强党的执政能力的内在要求，也是防止权力异化的重要手段和社会主义民主政治的重要原则。”[②] 任何公共权力都可能会异化，但自治可最大限度激发民众的原初动力，它是一种很民主的治理方式，也是“增量民主”[③] 的标识性内容。第二，自治是基层民众积极性形成的有效方法。时下，基层民众的矛盾纠纷不断显现，其利益诉求的表达，主体地位的尊重，都离不开自治，这也直接印证“协商是社会主义民主的真谛”的科学提法。第三，自治是基层治理的一种重要路向。由于民众需求更加丰富、标准更加精细，公权力难以全部实现，这就要发挥基层民众的自治力量，将自治作为基层社会治理的题中应有之义。最后，智治是支撑。目前，现代信息技术在基层治理中的作用日益增强，应将其嵌入基层治理机体内，让清廉村社建设体系化更具科技含量、智慧保障。究其原因，智治在清廉村社建设的体系架构、运行机制、工作流程等方面发挥直接作用，它的本质在于清廉村社建设的智能化、智慧化，通过智治可节省人力、物力、财力，加快政策策略、方法举措等环节的系统变革与重塑，通过智治也可增加民众参与清廉村社建设的热情，使其拥有广泛而坚实的人本基础。如，放开权限，挖掘大数据价值，鼓励有关部门单位研发清廉指数测评软件，催生智能化、智慧化在清廉村社建设体系化中的有效应用，即借助社会力量推进整体智治。

---

① 彭凤莲：《论复杂社会法律与道德的关系——哈贝马斯关于破解西方法治国危机的思考》，《哲学分析》2020 年第 2 期，第 85 ~ 97、197 ~ 198 页。

② 周智：《对权力运行的制约和监督存在的问题及对策分析》，《社会主义研究》2006 年第 6 期，第 100 ~ 102 页。

③ 2007 年 9 月，中共中央政策研究室副主任俞可平在《北京日报》发表文章《思想解放与政治进步》。文章指出，中国特色的社会主义民主政治最明显的特征，就是通过增量改革来逐渐推进中国的民主治理、扩大公民的政治权益。文章称其为“增量民主”。

四　个案引入：清廉村社建设体系化的上虞实践

（一）制度框架：党建统领+四治融合

“我们人民的团结，社会的安定，民主的发展，国家的统一，都要靠党的领导。”[①] 理论上，中国特色社会主义制度由根本制度、基本制度及重要制度构成，该制度体系的核心是中国共产党。为毫不动摇坚持和加强党的全面领导制度这一处于统领地位的制度，绍兴市上虞区自2018年正式启动清廉村社建设以来，全面加强基层党组织建设，构建党建统领下的清廉村社治理体系，并且柔性借鉴“枫桥经验”[②]“后陈经验”[③]“余村经验”[④] 等基层治理的先进做法，推动纪检监察工作更好地在基层社会开展，织牢织密基层监督网。

一是压实责任。深化管党治党责任“双报告、双检查、双约谈”和巡察发现问题“双反馈、双表态、双整改”机制，各乡镇（街道）按照《上虞区机关工作人员问责追责实施办法》，结合实际制定对村社党员干部的问责办法，抓好实施。二是督查检查。发挥乡镇（街道）纪（工）委和村社监委作用，整合力量对有关重点村社开展延伸巡察、交叉巡察，让纪律监督、监察监督无盲区也无死角。同时，按照基层作风巡查“六必查”的要求，对落实中央八项规定以及实施细则精神、农村集体“三资”监管、村级工程项目监管、专项资金拨付使用、扶贫、扫黑除恶等方面工作可能存在

① 邓小平：《邓小平文选》（第2卷），人民出版社，1994，第342页。

② 新时代“枫桥经验”即坚持党建引领、人民主体、“三治融合”、“四防并举”、共建共享。

③ 2004年6月18日，浙江省金华市武义县后陈村创造性地设置全国首家“村务监督委员会”，以独立于村党支部、村委会的第三方监督机构，监督村务管理制度的实施和村务管理的运作，开启村务民主管理实践探索的序幕。此后，“后陈经验”不断深化完善并迅速推广。

④ “余村经验”指浙江省湖州市安吉县余村探索出以“支部带村、发展强村、民主管村、依法治村、道德润村、生态美村、平安护村、清廉正村”为主要特点的新时代乡村治理经验，成为浙江省乡村“善治”的典型。

的不正之风和贪腐问题，深挖细查，整改到位，并一体推进五星达标、3A争创及“三改一拆”等中心工作，实现基层治理体系和治理能力的全面强化。三是防控风险。各乡镇（街道）将廉洁风险防控工作向下延伸，结合“四不承诺”“二十条负面清单”等先进做法，制定实施对村社主职干部的廉洁风险防控办法，逐步形成廉洁风险点目录、防控措施、风险处置的法纪依据，完善监督机制，倒逼村社主职干部履职尽责。由此，基层党组织的战斗堡垒作用、党员的先锋模范作用聚合发力，助力清廉村社建设体系化。

“政治统治到处都是以执行某种社会职能为基础，而且政治统治只有在它执行了它的这种社会职能时才能持续下去。”① 绍兴市上虞区按照市级层面“五廉并举”的要求，培育具有传统味的乡土清廉文化，打造清廉村社智慧监督平台，实现法治、德治、自治、智治在清廉村社建设体系化过程中的深度融合。

一方面，进行扶贫领域的贪腐、作风等问题集中治理，村社集体资产问题集中清理，“四风”问题、村级工程突出问题专项治理和涉农涉纪信访“挂图作战”等专项行动，加大法治力度。如，紧盯重点，防止“小兵大贪”，在惠农项目资金、集体资产管理、土地征收等方面持续正风肃纪反腐；优化村社主职干部任期和离任经济责任审计制度，开展源头治理。德治层面上，优化廉洁文化“六个一”推进机制，绘就风清气正的干事画卷。各乡镇（街道）挖掘、收集和整合史料文献、历史文物、民间故事中的廉洁文化资源，开展廉洁文化显性化建设②，以文化人、以文育人、以文培元，促使党员干部群众将廉洁文化既内化于心又外化于行。

另一方面，自治领域集中发力。在村规民约方面，弘扬优良家风、家规、家训，用身边人、身边事教育引导群众。在考核考评方面，开展落实全面从严治党主体责任和深化作风建设检查考核，各乡镇（街道）采取平时

---

① 《马克思恩格斯选集》（第3卷），人民出版社，1995，第523页。

② 2021年，上虞被中国伦理学会命名为“中国廉政文化之乡”，并新建王充清廉思想展厅、大东山清风馆，开办“诗路·清风——新时代清风廉路图”主题展，集中打造新时代廉德文化高地。

与年底相结合的方式，根据清廉村社建设标准对各村社进行考评，并结合年度民主评议，由村社党员和群众代表对所在村社班子及整体清廉满意度进行评价；村社班子年度工作目标责任制考核与考核结果关联，作为评优评先的参照，分别给规范型、示范型清廉村社主职干部基本履职金中的区镇街二级配套部分提高25%和50%的奖励。相应地，完善清廉村社建设等工作的容错纠错机制，促进村社干部不忘初心使命，勇于担当作为，对不担当、不作为的村社干部，严肃问责，使其知敬畏、守底线。

在智治上，以推行“掌上三务”为工作重点，全面实施党务、村务社务、财务“三务”公开。以村社名义注册微信公众号，以“一村社一号”方式，定期发布“三务”，通过村社公开栏张贴或微信群推送二维码，让全体村民居民能借助公众号获知相关信息；建立督查机制，由村社监委监督“三务”公开的真实性、及时性，收集群众疑问和意见建议，及时进行反馈。特别是，进一步完善“智慧监察”。运用制度+科技的手段，发挥已初步建成的电子监察平台及子系统的作用，跟踪开发完善相关子系统，打造全流程监管信息平台，让制度执行全程留痕，使小微权力行使可控可查。此外，延伸以“双查双保”① 中介监管为核心的工程领域全流程监管，对出现异常的村级工程项目，实施全流程解剖，倒查追责。

（二）指标体系：五清达标+三好争创

“不论是理论层面的质量互变还是实践层面的质量互变，都是过程的集合，具有过程性的特征。”② 事物发展是质变与量变的辩证统一，透视清廉村社建设体系化过程，应意识到这一体系的构建不是主观臆断、杂乱无章，而是呈现由浅入深、拾级而上的递进逻辑。在此基础上，也应具体问题具体分析，根据不同的主体、领域、阶段的需求，统筹兼顾、有的放

---

① “双查双保”是绍兴市上虞区于2012年底建立的制度，即查中介提供的虚假证明、虚假广告、虚假发票，保法律底线；严查项目设计漏项、设计变更，保市场公平。

② 裴植：《马克思主义中国化历史进程中的质量互变规律论析》，《思想理论教育导刊》2021年第6期，第11～17页。

矢，从而彰显清廉的价值与功效。2018 年以来，绍兴市上虞区坚持与五星达标、3A 争创①相向而行，强力保障，创设五清达标、三好争创这一载体，在 2018 年就提出清廉村社建设的总体目标，进一步细分具体目标，构建更加精细、可行的目标体系。具体而言，绍兴市上虞区要用三年左右的时间，创建一大批规范型清廉村社；创成一批示范型清廉村社；并串点成线扩面，把“盆景”升级为“风景”，形成 5 条以上清廉村社示范带。

与此同时，绍兴市上虞区采用定性与定量相结合的方式方法，用不同标准区分不同层级的清廉村社。所谓规范型清廉村社，主要是按照“干部清正、作风清朗、事务清爽、用权清晰、民风清淳”五方面要求，对照 15 条标准开展创建工作，要求量化考评成绩和群众清廉满意度测评均在 80 分以上。示范型清廉村社则是在规范型清廉村社基础上，按照“党员干部口碑好、制度机制执行好、村社发展业绩好”开展创建工作，要求量化考评成绩和群众清廉满意度测评均在 90 分以上。而清廉村社示范带即将各乡镇（街道）划分为五大协作片区，同向发力开展竞赛。协作片区内各成员乡镇（街道）联动推进，各创特色。每个片区创成 1 条以上可学、可看、可借鉴、可推广的清廉村社示范带。详见表 1、表 2。

表 1　绍兴市上虞区清廉村社建设的五清标准

工作标准	具体要点
干部清正	村社干部和基层党员模范遵纪守法
	村社干部严格执行坐班值班、请销假、个人重大事项报告等制度，对党忠诚，履职尽责
	村社干部信守“四不”承诺，杜绝出现“五不能六不宜”情形，坚决调整不在岗、不同心、不作为的村社干部
作风清朗	推行“杭兰英民情通工作法”，做到“联系不漏户、党群心贴心”
	深化“最多跑一次”改革向村社延伸，推行村干部在村级便民服务中心集中办公机制，努力做到“四不出村”
	严格落实“二十条负面清单”，在道德、规矩、纪律、法律等方面划出红线，规范言行

① 五星达标就是浙江省绍兴市各村要争创“党建、富裕、美丽、和谐、文明”五颗星；3A 争创则是在五星达标的基础上，按照国家 3A 级景区标准，打造 3A 级景区村。该项举措有利于发挥基层党组织的领导核心作用，推动基层党建全域提升，进而实现农村各项工作全面提升。

续表

工作标准	具体要点
事务清爽	深化落实支部“十二条”清单，充分发挥党支部主体作用
	严格执行村级组织标准化履职“百项清单”，履职情况定期公开，接受监督
	因村（社区）制宜，对村社班子和干部任期工作目标、年度工作进行清单化管理、项目化推进、过程化考核，奖优罚劣，确保取得实效
用权清晰	严格落实“五议两公开”民主决策，全面推行党务村（居）务财务“三务”公开，积极探索“掌上三务”
	严格农村集体“三资”管理，规范村级工程全流程监管，开展村级合同清理规范，严格专项资金拨付、私人建房宅基地审批。注重村监委作用发挥，全面落实村级工程“旁站式”监督
	深入排查、防控村社用权存在的廉洁风险，积极配合开展“农村基层作风巡查”和扫黑除恶专项行动，坚决防止和纠正侵害群众利益的不正之风
民风清淳	围绕乡村振兴，全面开展“五星达标、3A 争创”，注重党建引领，建设富裕、文明、美丽、和谐的新农村
	推进村规民约建设，开展“知家规、明家训、晒家风”活动，弘扬优良家风家规家训
	弘扬“虞舜清风”，开展廉洁文化挖掘整理和显性化建设，让党员干部群众在廉洁环境中受熏陶

表 2　绍兴市上虞区清廉村社建设的三好标准

工作标准	具体要点
党员干部口碑好	村社班子团结协作，相互支持、互相配合，群众清廉满意度测评在 90 分以上，三务公开栏中公开党员先锋指数、清廉满意度测评成果
	定期更新村社党组织活动图片（照片），展现服务型组织、表率型干部、先锋型党员风采
	在村社党建宣传品中，丰富清廉因素，图文并茂，建设家训馆、清风墙、廉洁文化长廊等，集中展示特色文化，弘扬“虞舜清风”
制度机制执行好	严格贯彻执行支部“十二条”清单，村级组织标准化履职“百项清单”，村社班子和干部任期工作目标、年度工作计划，自觉用“二十条负面清单”约束日常行为
	坚持村规民约、“五议两公开”程序、农村集体“三资”和项目建设等规范运作、村（居）监委工作流程及作用发挥、农村基层作风巡查“四规范六必查”等有效做法
	结合本村社实际，积极探索“清廉 +”的工作方式，形成 1 ~ 2 项可复制可推广的清廉特色做法
村社发展业绩好	成功创建“五星达标村”或“3A 级景区村”，制定实施“一村一策一清单”，完成年度清单项目，村集体经济持续增收。社区服务、文教、卫生、和谐等方面工作领先、实绩显著，文明单位创建成效明显

（三）评价反馈：打造基层监督的上虞样本

总的来说，绍兴市上虞区以清廉村社建设体系化为目标导向，推动监督下沉、监督落地，以监督力量服务基层治理，即在党的领导下，注重法治、德治、自治及智治的综合运用。具体看，不仅突出“标准化”，设立五清达标＋三好争创的清廉村社指标体系，形成农村集体产权网上交易、村级闲散资金竞争性存放等一批管用可操作的特色成果；而且彰显“数字化”①，完善数智赋能村社换届后监督的“五招七系统”，督促推动村社“三务”栏上屏上掌上全公开、村社“三资”去现金化、村社重大事项决策即时上报、“双查双保”工程监管、“不见面”招投标等具有上虞特色的数字化监管系统，这些也产生倍增效应，为自上而下的专责监督与自下而上的群众监督有机结合打下基础，架起“连心桥”，成为上级直接联系的基层监督样本。据不完全统计，绍兴市上虞区自 2018 年以来，开展各类片区协作 456 次，破解重大紧要疑难复杂问题 106 个，清廉村社建设体系化实效大幅提升，小微权力被合情合理合法地监督制约，推动纪检监察工作高质量发展。

“国家制度是执政党为维持社会秩序，实现经济社会高速度、高质量、高效率发展而制定的规则体系，是政治资源最核心的组成部分。”② 接下来，绍兴市上虞区将巩固既有工作成果，实现该项工作的跃升性变化。首先，在制度集成创新方面。建立健全体系，既加强对清廉村社建设的顶层设计，又加快政策试点，并从党的领导制度、政党制度、社会治理及政府治理体系等场域同步发力。其次，在规范制度体系方面。以系统化和体系化完善基层监督，强化清廉村社的区域协作，引导党委、政府、基层民众及社会组织等开展官民互助，让清廉村社在横向与纵向互动中的监督实效更加明显。最后，

---

① 据《数字化改革术语定义》（DB33/T2350－2021）浙江省级地方标准，数字化改革是围绕建设数字浙江目标，统筹运用数字化技术、数字化思维、数字化认知，把数字化、一体化、现代化贯穿到党的领导和经济、政治、文化、社会、生态文明建设全过程各方面，对省域治理的体制机制、组织架构、方式流程、手段工具进行全方位、系统性重塑的过程。

② 吴家庆、瞿红：《论党的领导是中国特色社会主义制度的最大优势》，《当代世界与社会主义》2019 年第 5 期，第 97～105 页。

在党建嵌入体系方面。划分前、中、后三阶段，规范主体、方法、程序、环节、反馈、调适等方面制度，推进体系建设。尤其是，发挥基层党组织的领导作用，使之统领各方力量衔接配合共建体系。需要指出的是，强化该体系除发挥党委、政府的示范作用外，还须在法治、德治等治理方式上遵循客观性和公正性等原则。

五　讨论与结论:一种清廉村社建设体系化的现实路径

以体系化为导向，党建统领与四治融合互为表里、同频共振的清廉村社建设，在如何推动管制型、管理型基层治理方式蜕变为服务型、智慧型基层治理方式上开展一系列的实践探索，不仅被地方党委、政府充分肯定、基层民众普遍欢迎，而且可有力提升基层社会的治理效能，维护基层社会的和谐稳定。作为一种新的适应基层经济社会发展的监督举措，它的理论意涵与实践范式、问题与不足，尤其是需优化环节与改进之处等问题，均有待我们进一步分析与应对。

（一）提升有效性：全面从严治党是清廉村社建设体系化的重中之重

“我们治国理政的本根，就是中国共产党的领导和我国社会主义制度”。[①] 党的领导是根本，党的建设则是关键，面对清廉村社建设体系化在内的党风廉政建设和反腐败斗争领域不断出现的新问题、新挑战，党的建设的必要性、紧迫性更加凸显，因而要抓住全面从严治党这个“牛鼻子”，推进管党治党从严从实，让党始终成为治国理政的“主心骨”和“压舱石”，也让全面从严治党能建立在常态化、制度化的治理模式与理念基础上，为渐进式实现良政善治创造条件。

第一，以质量为导向，进行质量管控。基层党组织、党员应把质量优先

① 习近平：《习近平谈治国理政》（第3卷），外文出版社，2020，第165页。

作为全面从严治党的出发点、落脚点，与形式大于内容的形象工程“绝缘”，高质量、高标准始终是党的建设的主题、主线，让全面从严治党的每一环节均指向本质、遵循规律、求真务实。同时，厉行质量评价，对基层出现的好经验、好做法总结推广，对背离质量优先要求的思路、举措专项矫正，使其始终朝着正确的方向前进。“群众是从实践中来选择他们的领导工具、他们的领导者”。[①] 群众的眼睛是雪亮的，基层党组织、党员更应发挥其在全面从严治党质量监测中的“探头”作用，保障其评价权和监督权，以及早发现质量问题、及早匡正工作偏失。

第二，以问题为抓手，开展问题整改。全面从严治党质量的提高，离不开发现问题、分析问题、解决问题。新时代下，纵深推进全面从严治党，特别要发现现有的理念、方式、方法、举措中未跟上新发展阶段、新发展理念、新发展格局的部分以及就党建抓党建的“两张皮”等主要问题。此外，对需长期整治、时刻跟进的形式主义、官僚主义等顽疾，应牢固树立深调研、析实情，有狠招、出妙招的工作导向。借助党校等干部教育机构，兼顾党性教育与理论教育、知识教育等内容，开展专业培训和实践锻炼，优化全面从严治党工作队伍，解决一些基层党员干部和党务工作者不懂党建、不会抓党建等现实问题。

第三，以责任为重心，实施责任追究。科学理解全面从严治党的主体责任、监督责任的外延，确保全面从严治党质量的重要责任是其中之一。如果质量不理想，就反映出这一重要责任未能落细、落小、落实。全面从严治党的主体责任、监督责任的现实化过程中，需基层党组织建立健全保质保量的责任体系，并渗入各领域、各方面、各环节，制定实施问责机制，以促使基层党员干部和党务工作者用对党、对事业高度投入的热忱，精益求精地做好全面从严治党的每项工作，真正成为提高全面从严治党质量的推动者、把关者、带头人、领路人。

---

① 《毛泽东选集》（第 3 卷），人民出版社，1996，第 373 页。

（二）增强平衡性：治理共同体是清廉村社建设体系化的关键所在

“现代共同体是建立在美国早期新自由主义以及当代社群主义基础上的概念，当前全球‘社区复兴运动’与之一脉相承。”① 新时代下，打造共建共治共享的社会治理新格局是党治国理政的关键一环，党的十九大也提出加强和创新社会治理。概言之，治理共同体是价值、目标与利益的集合体。基层社会内，村社是基本单元，也是连接个体与社会、国家的媒介。可以说，治理共同体作为一个系统工程，对其治理模式的反思与重塑也是一个复杂系统，因而具有复杂系统的典型特质，涉及党政机关、村委会（居委会）、社会组织、驻村社单位、村民、居民等一连串的多元主体，这是一个打造现代基层治理新格局的阶段，也是一个现代基层治理新格局在党的领导下日渐成型并成熟的过程。那么，治理共同体推进清廉村社建设体系化作为当今社会的一种共识，体现清廉村社建设的治理效能，会是现阶段增能提质基层监督的突破口。

进一步分析，治理共同体的形成和发展需要培育多元主体、多元共治、多元自治，并通过制定治理共同体的目标规划，有步骤地由培育多元主体的低阶段，过渡至多元共治、多元自治的高阶段。“中国特色社会治理是由中国共产党领导，政府主导负责，吸纳社会组织和公民等多元治理主体参与，为实现公共利益最大化就社会公共事务治理而相互博弈、协商、合作的互动过程。”② 为纵深推进清廉村社建设体系化，理应通过以下基本路径，具体开展治理共同体的实施运作。

在自治上，加强村社党组织的领导，形成强大又持久的凝聚力、战斗力，优化村社管理、推进村社的多元治理；精准定位村委会、居委会的角

---

① 郁建兴、任杰：《社会治理共同体及其实现机制》，《政治学研究》2020 年第 1 期，第 45 ~ 56、125 ~ 126 页。

② 秦龙、高健：《论多元主体的中国特色社会治理共同体的构建》，“改革与创新——当代世界社会主义的理论与实践”学术研讨会暨当代世界社会主义专业委员会 2014 年年会论文集，2014，第 244 ~ 250 页。

色，引导村委会、居委会复归至原本位置，成为村民、居民自我管理、教育、服务的基层自治组织；发展社会组织，凸显社会组织在清廉事务中的作用，鼓励它们承担党委、政府不能管、不好管的清廉事务；扩充村社志愿者，发挥其在基层监督中的作用。在法治上，强化村社普遍信任和法治建设，为基层监督创造和谐有序的环境；加强基本公共服务，以完善、公平的公共服务调动各方力量参与基层监督的积极性、主动性、创造性；进行合法的小微权力分工协作，为基层监督奠定基础；完善清廉村社管理体制机制。在德治上，推动清廉文化建设，通过营造浓厚的村社清廉文化氛围激发村民、居民对清廉村社的认同感、归属感；强化村社德育，提高村民、居民素质和清廉村社共建意识，并以此奠定基层监督的基础。在智治上，升级大数据、区块链、人工智能等现代科技的基础设施，为基层监督做好保障。

（三）拓展包容性：个性化是清廉村社建设体系化的有益补充

改革开放40余年来，均质性、同构性的基层社会逐渐被多样化、多元化的村社运行形态所取代。“个体化社会反映了一系列出现在全球化时代、后工业社会中的社会现象与社会结构。”① 个体、群体和社会、国家回应这种根本性、决定性的社会变革的多种实践将能产生一种不一样的个体化构造。现阶段，由于村社的条件不同、目标不同、进展不同，这些要求基层社会在持续加快以体系化为面向的清廉村社建设时，要一切从实际出发，注重特殊性和变通性。

一方面，在开展清廉村社建设时，要注重工作的针对性。如“四不出村”② 工作法的首创村——绍兴市上虞区谢塘镇新戴家村就有其特殊的一面：村民大多是在村外，日出夜归的比重达70%～80%。方便民众的“四不出村”工作法正契合清廉村社建设体系化的需要，既让民众有时间配合该项工作，又能进行正常的生产生活，受到民众的普遍认可。另一方面，上

① 祝灵君：《党领导基层社会治理的基本逻辑研究》，《中共中央党校（国家行政学院）学报》2020年第4期，第37～45页。

② “四不出村”是指群众办事不出村、矛盾调处不出村、文化需求不出村、兴业致富不出村。

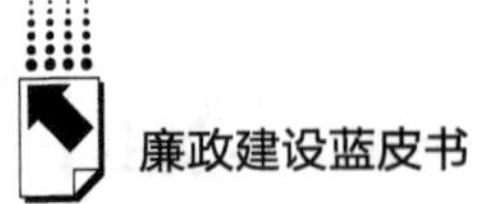

级期待要符合村社实际，不要“一刀切”，以免不利于村社各项清廉事务开展。例如，为加快清廉村社建设体系化，需要注重党建统领，但加强基层党组织建设时，实施整齐划一的服务模式有待商榷，或者说，均要建立服务中心、服务大厅是要调研论证的。基层社会是熟人社会，民众和村社干部的沟通联系可通过各种各样的方式，并不是必须建立村社的服务中心、服务大厅。再如，对“四不出村”工作法等在内的基层治理的新做法、好经验，不仅要肯定其以体系化为取向的清廉村社建设机制创新的现实意义，而且要允许各个村社根据实际情况，设计出“上接天线、下接地气”的工作内容。

“‘恰适性’是指行动与情境的恰当匹配。”① 清廉村社建设体系化要运用“弹性原则”，因时制宜、因地制宜、因人制宜是题中应有之义。官方与民间之间的合作性机制同样重要，可让外部的知识快速进入该系统，从而有效推动因时制宜、因地制宜、因人制宜的落实。当然最重要的，因时制宜、因地制宜、因人制宜是特定制度安排的产物，它不能被单纯地视为官方行为的结果。因此，本文认为，基层党委、政府在加强清廉村社建设体系化机制创新时，要以是否有助于村社经济和社会高质量发展，是否有助于乡风文明、都市文明和村社内外部和谐稳定，是否有助于村社治理共同体的构建为判断取舍依据，对于实际中的具体做法和措施，则要因时制宜、因地制宜、因人制宜，特别要注重工作的可行性和可操作性。

---

① 〔美〕詹姆斯·G. 马奇、〔挪威〕约翰·P. 奥尔森：《重新发现制度：政治的组织基础》，张伟译，生活·读书·新知三联书店，2011，第237页。

评估篇

Evaluation Reports

B.11
2021年地方各级纪检监察机关信息公开评估报告

中国社会科学院社会学研究所“党和国家监督体系绩效测评研究”创新工程项目组*

摘　要：2021年评估结果显示，除了抽样县级纪委监委得分下降外，其他各级纪委监委得分均有所增长，其中省级纪委监委平均得分为70.51分，相较于2020年增长0.84%；省会（副省级）纪委监委平均得分60.41分，同比增长5.32%；抽样地级市纪委监委平均得分63.06分，同比增长21.86%；直辖市下辖区县纪委监委平均得分

* 项目负责人：蒋来用。项目组成员：蒋来用，中国社会科学院中国廉政研究中心秘书长、研究员；周兴君，中国社会科学院大学讲师、法学博士；孙大伟，中国社会科学院中国廉政研究中心副秘书长、社会学研究所廉政建设与社会评价研究室副研究员；于琴，中国社会科学院社会学研究所廉政建设与社会评价研究室助理研究员；许天翔，中国社会科学院社会学研究所廉政建设与社会评价研究室助理研究员；任涛，贵州省沿河土家族自治县纪委干部；胡爽，湖南省永州市零陵区邮亭圩镇纪委委员；何圣国，中国社会科学院中国廉政研究中心科研助理；张缯昕，中国社会科学院大学硕士；杨彬彬，中国社会科学院马克思主义研究院助理研究员；常钰筝，西安交通大学硕士研究生；张静，中国社会科学院大学数量经济与技术经济系博士研究生；王阳，中共上海市杨浦区委宣传部干部；高蕴楠，中国社会科学院大学政府管理学院硕士研究生。

44.19分，同比增长1.05%；抽样县区纪委监委平均得分47.59分，同比下降了10.7%。评估结果呈现几个特征：纪检监察机关网站信息公开水平持续向好发展；纪检监察机关层级越高，网站信息公开水平越高；各级纪检监察机关在公开平台、通报曝光、巡视整改三方面做得较好，组织结构、社会参与方面相对薄弱。项目组发现部分纪委监委网站信息公开方面还存在一些问题，如对网站信息公开认识不到位，未建立健全网站信息公开机制；网站千篇一律，缺乏地方特色，缺乏纪检监察机关特色；信息公开不全面、不及时、不深入，与群众互动性差等。项目组建议各级纪检监察机关强化网站信息公开意识，建立健全网站信息公开机制；将信息公开纳入监督考核范围，层层传导压力；加强信息公开业务交流培训，提升信息公开业务能力；高度重视第三方机构信息公开评估，培育信息公开专业人才。培育公开透明的治理文化，提升信息公开质量和水平。

关键词： 纪检监察 信息公开 指标体系

2021 年是中国共产党建党一百周年，总结建党百年来，党领导人民进行伟大奋斗、不断从胜利走向新的胜利的重要历史经验，坚持人民民主监督和自我革命是其中两个重要法宝。正是因为坚持了这两大法宝，中国共产党才能够生机勃勃，永葆青春。外部的监督和内部的自我约束是确保权力在正确轨道上运行的两个重要保障。各级纪检监察机关坚持“开门反腐”，通过网站公开监督权力运行的轨迹，自觉接受人民群众的监督，听取人民群众的意见建议，有助于进一步提升纪检监察机关网站信息公开工作的规范性，提升纪检监察机关权威，进而筑牢党的执政根基。

纪检监察机关信息公开也源自党内法规和国家法律的要求，2017 年 12 月

20 日开始施行的《中国共产党党务公开条例（试行）》明确党的纪律检查机关是党务公开的主体，其中还就纪律检查机关应当公开的内容和范围、程序和方式做了规定。2018 年 3 月，全国人大审议通过的《中华人民共和国监察法》也明确提出了监察工作信息公开的要求。自 2018 年开始，中国社会科学院社会学研究所“党和国家监督体系绩效测评研究”创新工程项目组以全国地方纪检监察机关为评估对象，设计评估指标体系，对地方纪检监察机关工作信息公开情况进行第三方评估，以期推动纪检监察机关提高信息公开水平和质量，让广大人民群众更好地了解和参与监督。2020 年 5 月，中央纪委国家监委下发《纪检监察机关互联网网站信息公开技术指南（试行）》（以下简称“《指南》”），对网站信息公开进行了规范，2021 年是《指南》实施的第一年。2021 年的评估也是对《指南》贯彻落实情况的一次检验。

一　纪检监察工作信息公开评估指标体系和评估方法

为了便于对比，项目组 2021 年继续沿用原来的指标体系的评估方法进行评估。评估指标体系如表 1 所示。评估方法仍然采用原来的方法，数据从被评估对象网站提取。

表 1　纪委监委信息公开评估指标体系

一级指标	二级指标	三级指标
1. 公开平台(10%)	1. 公开渠道(30%)	1. 是否有网络公开渠道(如网站、微信、微博、手机客户端)(50%)
		2. 是否有专门的官方网站(50%)
	2. 检索功能(30%)	3. 是否设置站内检索(50%)
		4. 站内检索功能是否便捷(50%)
	3. 信息更新(40%)	5. 首页头条信息是否经常更新(50%)
		6. 其他栏目信息是否经常更新(50%)
2. 组织结构(10%)	4. 职能任务(20%)	7. 是否公开纪委监委的职能和任务(100%)
	5. 内设和派驻机构(20%)	8. 是否公开内设及派出机构名称(50%)
		9. 是否公开内设及派出机构职能职责(25%)
		10. 是否公开内设及派出机构负责人姓名(25%)
	6. 人员编制(20%)	11. 是否公开纪检监察机关编制数(50%)
		12. 是否公开派驻机构编制数(50%)

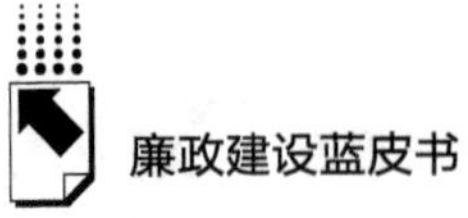

续表

一级指标	二级指标	三级指标
2. 组织结构(10%)	7. 领导班子信息(20%)	13. 是否公开领导职数(25%)
		14. 是否公开领导班子成员姓名(25%)
		15. 是否公开领导班子成员照片(25%)
		16. 是否公开领导班子成员简历(25%)
	8. 人员信息(20%)	17. 是否公开纪检监察机关实有人员数(25%)
		18. 是否公开派驻机构实有人员数(25%)
		19. 是否公开内设机构领导人员姓名(25%)
		20. 是否公开派驻机构领导人员姓名(25%)
3. 部门收支(15%)	9. 预决算(25%)	21. 是否按时公开纪检监察机关预算或决算(50%)
		22. 预算是否便于查找(25%)
		23. 预算公开是否充分(25%)
	10. 预算绩效目标(25%)	24. 是否按时公开纪检监察机关预算绩效目标(50%)
		25. 预算绩效目标公开是否具体客观(50%)
	11. 办案经费(25%)	26. 是否公开纪委审查、监委调查工作经费年度开支总额(50%)
		27. 是否公开大案要案查办支出(50%)
	12. "三公"经费(25%)	28. 是否公开"三公"经费开支总额(50%)
		29. 是否公开"三公"经费开支明细(50%)
4. 制度规定(12%)	13. 上级制度(50%)	30. 网站是否开设制度专栏(34%)
		31. 网站公开制度是否齐全(33%)
		32. 网站公开制度更新是否及时(33%)
	14. 本级制度(50%)	33. 是否公开本级工作制度(50%)
		34. 是否公开本级出台的规范性文件(50%)
5. 工作报告(12%)	15. 可获取(34%)	35. 工作报告是否全文公开(75%)
		36. 工作报告公开是否及时(25%)
	16. 报告新颖(33%)	37. 工作报告是否有创新性做法(100%)
	17. 举措务实(33%)	38. 工作目标吻合度、工作成效数据和事实(100%)
6. 通报曝光(15%)	18. 开设专栏(34%)	39. 网站是否专门开设通报专栏(50%)
		40. 通报专栏更新是否及时(50%)
	19. 案件通报(33%)	41. 是否及时向社会公开发布涉嫌严重职务违法或者职务犯罪(40%)
		42. 是否曝光违反"中央八项规定"精神案例(20%)
		43. 每例违反"中央八项规定"精神案例是否列明涉案人姓名(10%)

续表

一级指标	二级指标	三级指标
6. 通报曝光（15%）	19. 案件通报（33%）	44. 每例违反“中央八项规定”精神案例是否列明涉案人单位和职务（10%）
		45. 每例违反“中央八项规定”精神案例是否列明涉案人违纪事实（10%）
		46. 每例违反“中央八项规定”精神案例是否列明涉案人处分结果（10%）
	20. 通报深度（33%）	47. 是否及时通报重要案件立案决定（34%）
		48. 违纪干部处分决定是否公开（33%）
		49. 处分决定书是否全文公开（33%）
7. 巡视整改（10%）	21. 上级巡视巡察（50%）	50. 是否公开上级巡视反馈问题（50%）
		51. 是否公开上级巡视后整改情况（50%）
	22. 本级巡视巡察（50%）	52. 是否公开本级组织开展的巡视巡察公告（34%）
		53. 是否公开本级巡视巡察工作报告或发现的问题（33%）
		54. 是否公开本级巡视巡察后整改情况的通报（33%）
8. 社会参与（16%）	23. 监督举报渠道（34%）	55. 是否有监督举报网站（34%）
		56. 是否公开监督举报电话（33%）
		57. 是否公开监督举报信件投寄地址（33%）
	24. 公众评价互动（33%）	58. 网站是否开设留言板（50%）
		59. 网站群众留言是否回复（50%）
	25. 网站点击率（33%）	60. 网站是否公开点击率的统计（50%）
		61. 网站首页头条新闻前五条浏览人数（50%）

二 2021年评估的总体情况

2021 年 8 月 1～31 日，项目组对 31 个省级、32 个省会（副省级）、54 个地级市、89 个直辖市区县、108 个县的纪委监委信息公开状况进行评估。相较于 2020 年，评估对象选择方式和数量相同，省级、省会（副省级）、直辖市区县评估对象采取全覆盖模式，地级市和县级则采取随机抽样法确定，并特意剔除了 2020 年已评估对象。

（一）评估结果概况

评估结果显示，除了抽样县级纪委监委得分下降外，其他各级纪委监委得分均有所增长，其中省级纪委监委平均得分为 70.51 分，相较于 2020 年增长 0.84%；[①] 省会（副省级）纪委监委平均得分 60.41 分，同比增长 5.32%；抽样地级市纪委监委平均得分 63.06 分，同比增长 21.86%；直辖市下辖区县纪委监委平均得分 44.19 分，同比增长 1.05%；抽样县级纪委监委平均得分 47.59 分，同比下降了 10.7%（见图 1）。

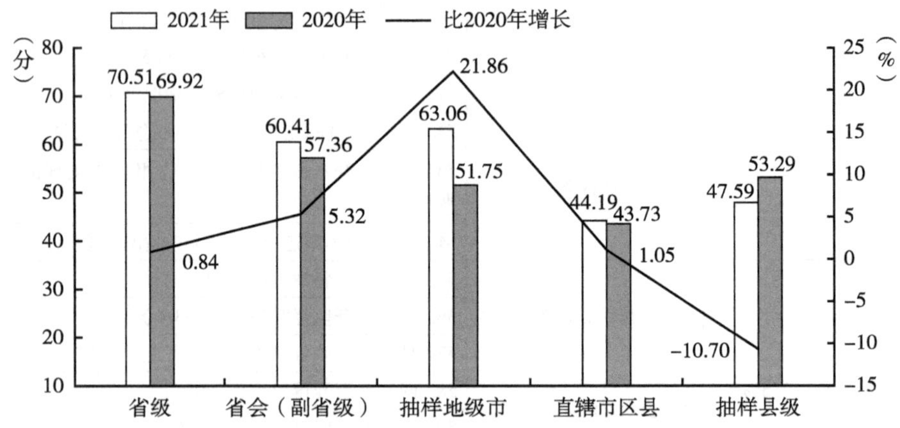

图 1　各级纪委监委网站信息公开 2021 年评估概况

上述评估结果基本符合项目组预期。2020 年中央纪委国家监委印发的《指南》得到了各级纪委监委的响应，因此在 2020 年 12 月的评估中，各级纪委监委得分大幅增长，2021 年继续增长说明各级纪委监委对信息公开工作持续重视，《指南》得到进一步的贯彻落实，而抽样县级得分下降反映出《指南》在部分区县贯彻落实存在滞后与短板。

为测评各省各级纪委监委网站信息公开的整体水平，项目组以省为单位

① 由于 2020 年分别于 8 月、12 月进行了评估，为便于统计、比较，有效反映 2021 年较 2020 年的变化，本文 2020 年数据仅以 2020 年 12 月评估数据为准，下同。

将各级纪委监委得分进行加总，其中同一个省有多个城市的取加总平均值，总得分越高，说明该省纪委监委网站信息公开整体水平越高。

（二）具体评估结果

1. 省级纪检监察机关信息公开评估状况

31 个省级纪委监委 2021 年评估中的平均得分为 70. 51 分，较 2020 年 12 月评估平均得分（69. 92 分）增长了 0. 84%，中位数为 73. 03 分，比 2020 年（70. 94 分）增加了 2. 09 分。

评估显示，省级纪委监委得分在 60 分以上的有 26 个，占比 83. 87%，与 2020 年持平。与 2020 年相比，有 30 个省（区）纪委监委得分有所增长。其中一些省份得分不高，但在逐年提高。

从一级指标来看，8 个项目平均得分 71. 76 分，较 2020 年 70. 18 分略增，超过平均分的项目有 4 个，占 50%。各省级纪委监委网站得分率最高的是公开平台项。其次是巡视整改和通报曝光，平均得分分别为 89. 67 分、88. 73 分，这一现象与历次的评估基本一致。这充分说明，各省级纪委监委在公开平台、通报曝光、巡视整改等三方面信息公开坚持得较好。值得强调的是，在公开平台方面，各省级纪委监委除了建设有官方网站外，还都开设了“两微一端”，且在官网设置了专门的“信息公开”栏目，首页信息更新频率较 2020 年明显增加。相较于 2020 年，制度规定项目平均得分增长较多，从 2020 年的 54. 28 分增长到 70. 49 分，增幅达到了 29. 86%，主要得益于上级制度公开较为及时，同时，仅 48. 39% 的纪委监委网站公开了本级制度。部门收支项目与 2020 年得分基本持平，在大案要案支出方面还有较大提升空间，仅 25. 81% 的省级纪委监委进行了公开。

得分最低的两项一级指标是社会参与和组织结构，这一结果与 2020 年基本相同，略不同的是 2020 年组织结构得分最低，社会参与倒数第二，这一现象再次证明了社会参与和组织结构是省级纪委监委网站信息公开的短板，特别是一些信息发布后点击阅读量较少、公众与网站之间缺乏互动机制、组织人员编制信息不明等现象还较为突出。据项目组统计，仅 12. 9%

的省级纪委监委网站进行了点击率统计，22.58%的省级纪委监委网站设计了留言板，25.81%的省级纪委监委网站公开了人员编制信息，而公开纪委监委内设及派出机构职能与任务的省仅占38.71%。项目组分析，社会参与得分的下降可能还存在一个原因，即信息渠道多元化背景下，公众呈现出青睐微信、微博等移动客户端信息源的趋势，官方网站维护资源力量向移动端倾斜（见图2）。

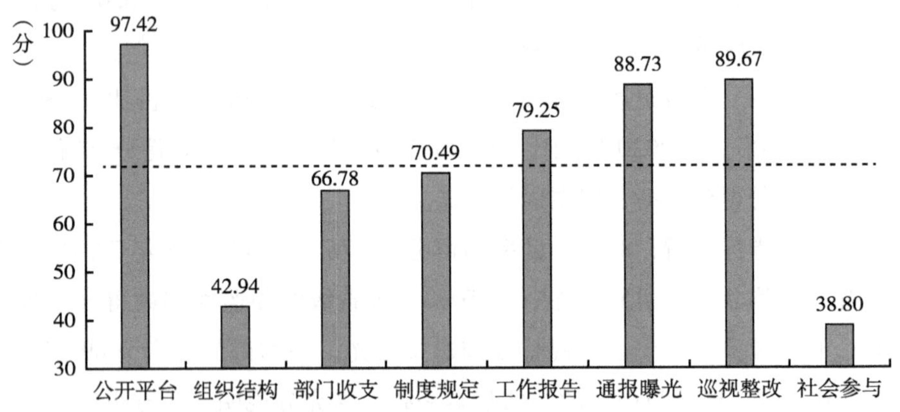

图2　省级纪委监委一级指标平均得分

注：图中虚线为2021年评估结果一级指标平均得分71.76分。

2. 省会（副省级）城市纪检监察机关信息公开评估状况

2021年，项目组继续采取全覆盖的方式，对32个省会（副省级）纪委监委网站进行了评估，评估结果显示，得分在60分以上的评估对象从2020年的15家增加到17家。32个评估对象平均得分60.41分，较2020年57.36分增长5.32%，较2019年40.8分增长48.06%，高于平均分的有16个市，占比50%。中位数为60.48分，较2020年（59.85分）略增0.63分，但比省级（73.03分）低12.55分，相较于2020年的11.09分，差距进一步扩大，这说明省会（副省级）纪委监委网站信息公开的中等水平相较于省级纪委监委网站信息公开水平差距在拉大，这一结果在得分平均分方面则正好相反，2021年省会（副省级）与省级平均得分相差10.1分，而

2020 年二者则相差 12.56 分，这说明省会（副省级）城市信息公开平均水平与省级纪委监委平均信息公开水平之间的差距在缩小。

从一级指标来看，32 个评估对象一级指标平均得分为 60.26 分，较 2020 年的 57.85 分略多 2.41 分，较 2019 年的 41.06 分增长了 47%（见图 3），其中制度规定、组织结构、通报曝光、部门收支、社会参与 5 个方面实现了正增长，特别是制度规定方面增长最为显著，达到了 77.11%。得分最高的一级指标仍是公开平台，达到 83.74 分，其次是通报曝光和部门收支，分别为 82.12 分、76.86 分，得分最低的是社会参与，仅 37.65 分，得分与 2020 年基本持平，再次是制度规定和组织结构，分别为 49.06 分、50.41 分。这一结果与 2020 年评估结果有所不同，但历次评估得分较多的项目仍占据相对优势，如公开平台、通报曝光、部门收支等，而历来的短板项也呈现快速增长的态势，如制度规定公开方面，32 个评估对象中有 28 个都设置了专门的栏目，不仅公开上级制度，也开始公开本级制度，有的甚至还发布了一些制度的解读文件、文章。

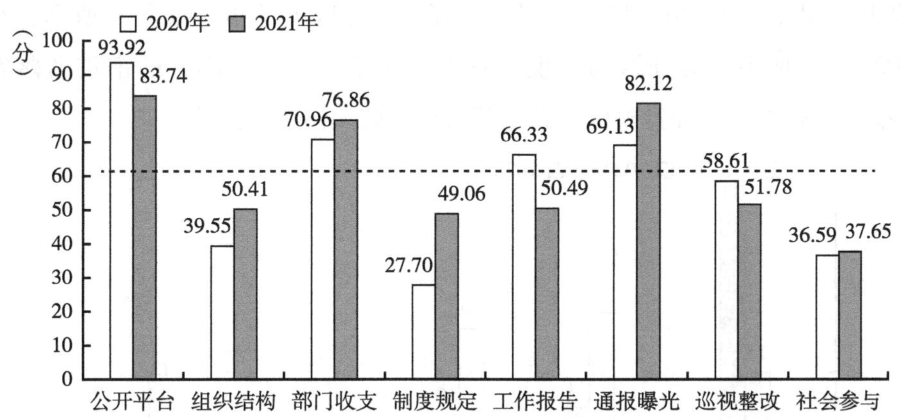

图 3　省会（副省级）城市纪委监委网站一级指标得分

注：图中虚线为 2021 年评估中一级指标平均得分 60.26 分。

值得一提的是，2021 年评估结果相较 2020 年，工作报告和巡视整改两项平均得分出现了较大幅度的下降，主要是有的省会（副省级）城市纪委监委网站只发布了相关新闻报道，却没有公开工作报告全文或巡视反馈的问题和巡视巡察后的具体整改情况。

3. 地级市纪检监察机关信息公开评估状况

2021 年地级市评估对象是根据人口数量排序、采用 PPS 进行等距抽样确定的，54 个评估对象中除海南省儋州市纪委监委将其信息公开网站设在海南省纪委监委网站之中外，其他评估对象均建立了独立的官方网站。

评估结果显示，54 个地级市纪委监委网站平均得分 63.06 分，相较 2020 年的 51.75 分增长了 21.86%，较 2019 年（36.02 分）则增长了 75.07%。中位数是 65.08 分，相较 2020 年的 56.08 分增长了 16.05%，较 2019 年 39.43 分增长了 65.05%。得分在 60 分及以上的有 34 个市，占比达 62.96%，比 2020 年增加了 19 个市，比 2019 年增加了 33 个市；得分在 50 ~ 59 分的共 11 个市，比 2020 年少 11 个市，较 2019 年增加了5 个市，占比 20.37%；得分在 40 ~ 49 分的 9 个市，比 2020 年减少 1 个市，较 2019 年减少 11 个市，占比 16.67%；没有得分在 40 分以下的市。如图 4 所示，在 2021 年评估中，得分结构出现了较大的调整，说明大部分的市贯彻落实《指南》较扎实，并且整体信息公开水平有较大幅度的提升。

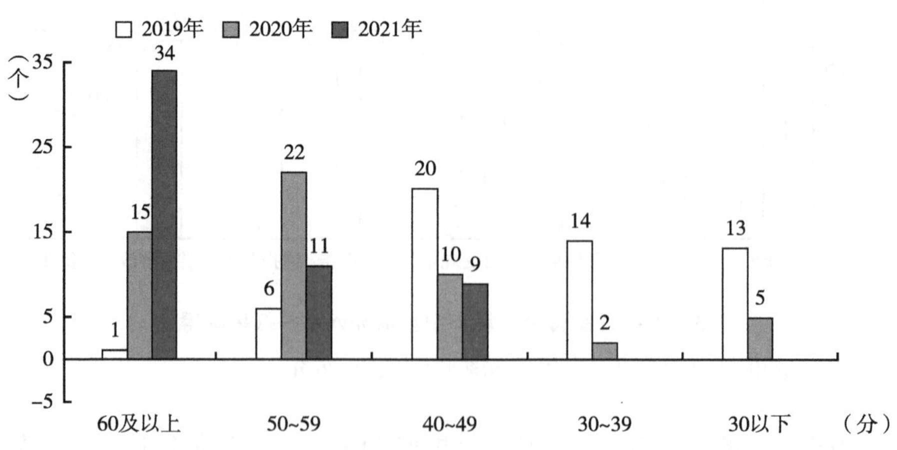

图 4　地级市纪委监委近 3 年评估得分分布

地级市纪委监委一级指标平均得分 63.47 分，较 2020 年的 52.34 分增长了 21.26%，较 2019 年的 39.27 分增长了 61.62%，增幅比较明显。在一级指标中，得分最高的是制度规定，达到了 87.41 分，这一结果与往年有了明显不同，往年的公开平台、通报曝光项继续保持较高的得分，制度规定、部门收支、巡视整改则呈现明显上涨态势，组织结构、社会参与也实现了正增长，相较 2020 年，仅工作报告出现了下滑。这个结果说明，《指南》在市级纪委监委得到了有力的贯彻落实（见图 5）。

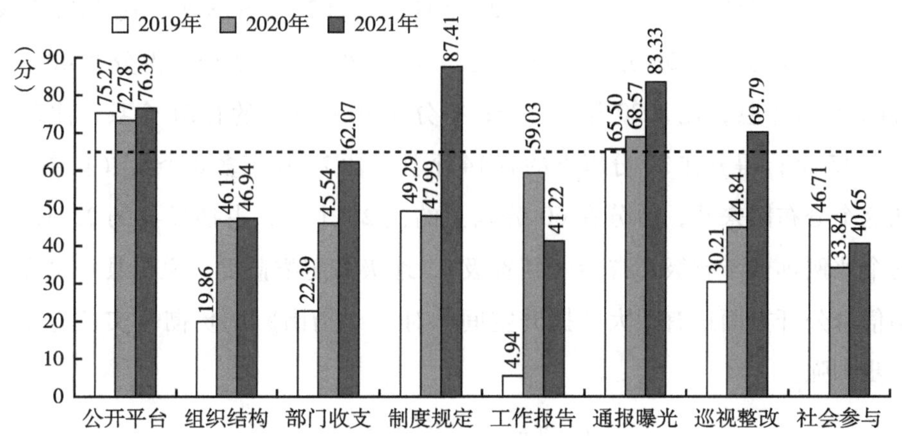

图 5　地级市纪委监委一级指标得分

注：图中虚线为一级指标平均得分 63.47 分。

4. 县级纪检监察机关信息公开评估状况

2021 年县级纪检监察机关信息公开评估对象是在排除往年已评估对象的基础上，在直辖市以外的 27 个省（区）内每个省（区）随机抽取 4 个县（区），共计 108 个评估对象，极个别省因为样本总量太少，随机抽样时将之前已评估的对象也纳入抽样框。2021 年，除海南省三沙市南沙区纪委监委和四川省遂宁市蓬溪县纪委监委未设立专门的网站外，其他 106 个县（区）均设立了专门的网站或网页，比 2020 年增加了 2 个区县，较 2019 年则大幅增加，这一现象说明区县层面对网站信息公开重视程度进一步提升，《指南》指引效果明显。鉴于部分区县还建立了微信公众号平台，在相应

“12388”网站建立了举报渠道，在一定程度上公开了相关信息，项目组酌情在公开平台项给分。

评估结果显示，县级纪委监委网站信息公开得分较省级、省会（副省级）、地级市均存在不小的差距，且只有抽样县级出现了平均得分下滑趋势。108个评估对象平均得分47.59分，较2020年的53.29分下降了10.7%，但较2019年的28.83分增长了65.07%。高于平均得分的共有59个县，比2020年减少了5个县。得分在70分及以上的有5个县，比2020年少1个；得分在60~69分的有20个县，比2020年少8个，比2019年多10个；得分在50~59分的有26个县，比2020年多12个；得分在40~49分的有22个县，比2020年少1个；得分在30~39分的有21个县，比2020年多15个；得分在30分以下的有14个县，比2020年多8个县（见图6）。从这个分布图来看，得分在60分以上的仅25个县，占抽样县的23.15%，这个比例远低于省级、省会（副省级）、地级市纪委监委，说明县一级在网站信息公开方面还有很大的提升空间，对于《指南》的贯彻落实还有待进一步加强。

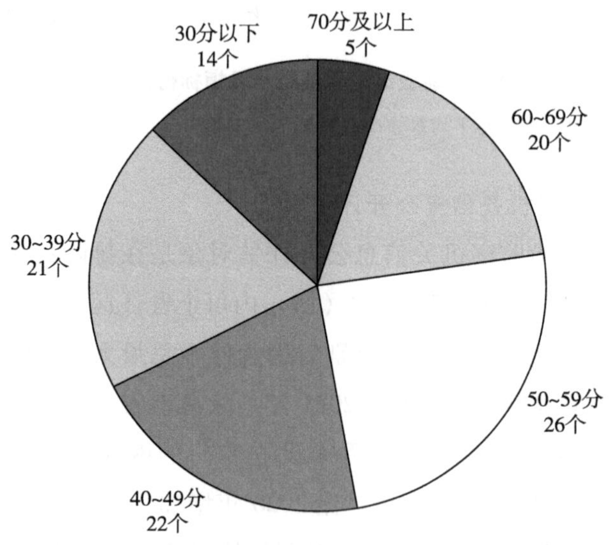

图6　县级纪委监委得分分布

以各县所在省为单位看，各省 4 个县平均得分在 60 分以上的有 3 个省，分别为宁夏（61. 29 分）、浙江（61. 14 分）、福建（60. 14 分），比 2020 年少了 1 个省，对应的省在 2021 年评估中得分为 79. 86 分、66. 32 分、69. 46 分，这说明县一级信息公开水平与省一级信息公开水平并非必然的正相关关系。平均得分在 50～59 分的有 10 个省（区），比 2020 年多了 6 个省（区）；平均得分在 40～49 分的有 8 个省（区），得分在 30～39 分的有 4 个省。值得特别说明的是，省级得分较高的，其 4 个县平均得分不一定很高。这一现象再次说明了省、县在信息公开方面并非正相关，这说明信息公开的上热下冷现象比较突出。

从一级指标来看，县级纪委监委一级指标得分平均数为 48. 96 分，较 2020 年的 53. 53 分下降了 8. 54%，出现下滑的主要是工作报告、部门收支和通报曝光项目。其中仅工作报告项就下降了 53. 38%，评估中发现，评估对象中仅 49 个县，即 45. 37% 的县公开了工作报告，且报告结构同质化现象突出。一级指标中，得分平均数最高的是巡视整改（70. 18 分），其次是通报曝光和公开平台，得分平均数最低的是部门收支，仅 29. 37 分（见图 7）。

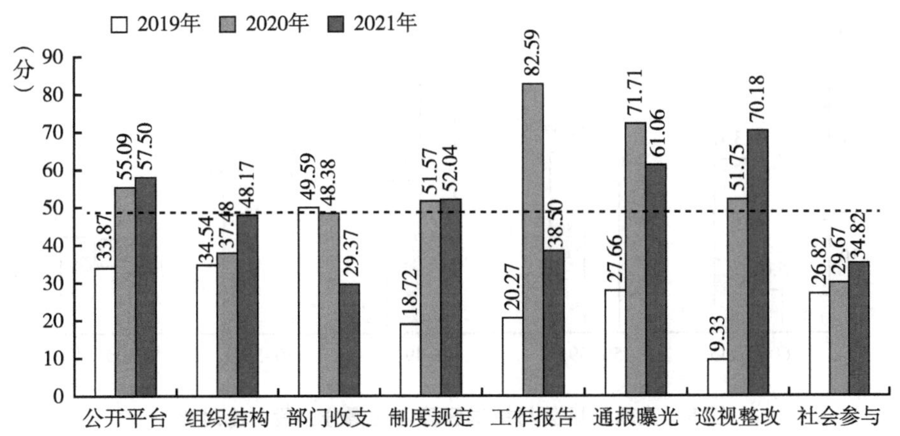

图 7　历年评估县级纪委监委一级指标平均得分

注：图中虚线为 2021 年县级一级指标平均得分 48. 96 分。

5. 直辖市区县纪检监察机关信息公开评估状况

2021年，项目组继续采取全覆盖的方式对北京市、天津市、上海市、重庆市4个直辖市各区县纪委监委网站工作信息公开情况进行了评估，评估对象共89个，其中49个区县纪委监委的信息公开栏目设置在上级纪委监委网站。尽管这些纪委监委没有设置本级官方网站，但项目组认为，纪检监察机关信息公开重在信息的公开，而不在于渠道，只要信息真实可靠即可。

评估结果显示，89个评估对象平均得分44.19分，相较2020年43.73分略增1.05%，比抽样县级平均得分（47.59分）低7.14%，这说明直辖市区县纪委监委网站信息公开水平比全国平均水平还要低，这一现象与往年评估结果一致。得分在60分及以上的有5个区县，占比5.62%，比2020年多了3个区县；得分在50~59分的有18个区县，比2020年减少了7个区县，占比20.22%；得分在40~49分的有38个区县，比2020年增加8个区县，占比42.70%；得分在30~39分的有20个区县，比2020年减少7个区县，占比22.47%；得分在30分以下的有8个区县，比2020年多了3个区县，占比8.99%，如图8所示。

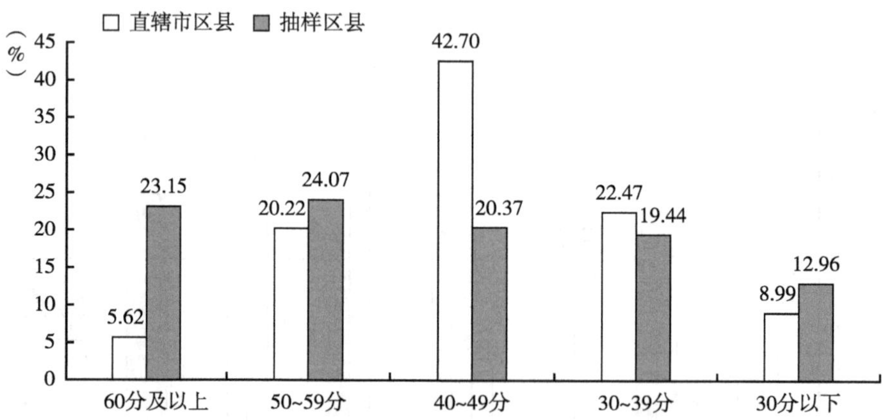

图8　直辖市区县与抽样区县评估得分分段占比对比

直辖市区县得分呈正态分布状，这说明直辖市区县纪委监委网站信息公开水平较好和较差的都比较少，大多数得分相差不大，而抽样区县得分分布相对均衡，各个得分段的县数量相当。项目组分析，这种现象是因为抽样区县分布在27个省，各省区县情况各异，因而得分相对均衡，直辖市只有4个，各区县在信息公开方面可能面临相似的要求和情况，因此得分相对较为集中。

从一级指标来看，各项指标得分平均数为44.88分，高于平均数的项目有公开平台、组织结构、部门收支、通报曝光和巡视整改，低于平均数的是制度规定、工作报告和社会参与3项。相较2020年，公开平台、社会参与项得分增长较为明显，工作报告、部门收支项降低较为显著，而组织结构、制度规定、通报曝光、巡视整改则基本持平（见图9）。

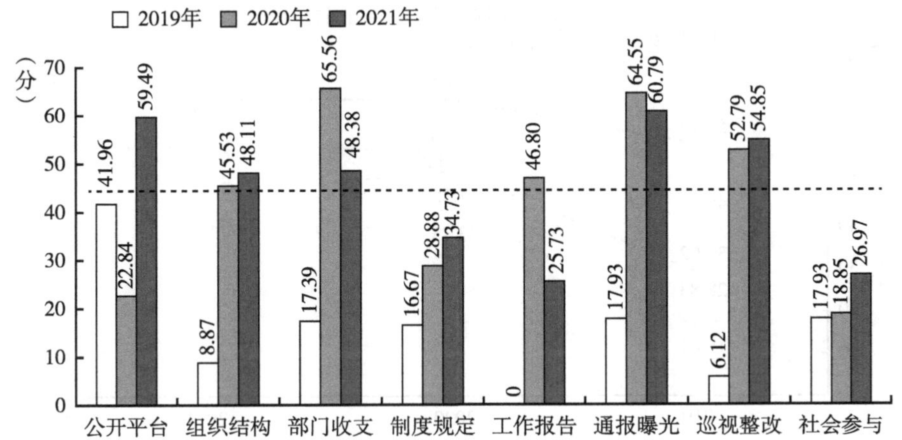

图9　直辖市区县纪委监委一级指标平均得分

注：图中虚线为一级指标平均得分44.88分。

三　2021年评估结果呈现几个特点

（一）纪检监察机关网站信息公开水平持续向好发展

2021年评估结果，相较于2020年，省级、省会（副省级）、直辖市区县得分平均数均有所增长，其中省级纪委监委平均得分为70.51分，增长0.84%；省会（副省级）纪委监委平均得分60.41分，增长5.32%；直辖市区县纪委监委平均得分 44. 19 分，同比增长 1. 05%。抽样地级市和抽样县级因每年评估对象不一样，进行历史比较意义不大，但整体向好发展的趋势是明晰的。从历次评估来比较，增长趋势更明显，如图 10 所示，省级纪委监委评估得分平均数从 2019 年的 59. 14 分增长到 2021 年的 70. 51 分，省会（副省级）纪委监委评估得分平均数从 2019 年的 40. 8 分增长到 60. 41 分，抽样地级市纪委监委评估得分平均数则从 2019 年的 36. 02 分增长到 2021 年的 63. 06 分，抽样县级纪委监委评估得分平均数则从 2019 年的 28. 83 分增长到 2021 年的 47. 59 分，直辖市区县纪委监委评估得分平均数则从 2019 年的 15. 81 分增长到 2021 年的 44. 19 分。

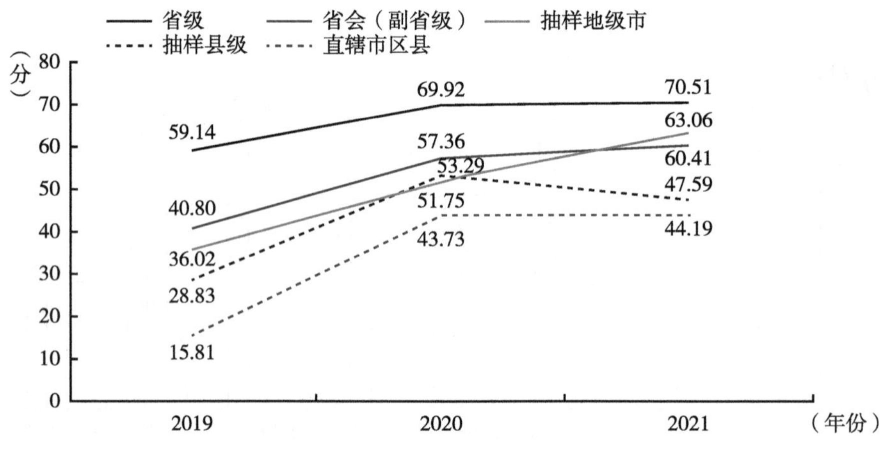

图 10　各级纪委监委历年得分平均数

项目组分析，这种趋势产生的原因，一方面是在全面从严治党背景下，中央纪委国家监委网站垂范下，各级纪检监察机关坚持“开门反腐”，坚持自我革命，信息公开意识不断增强、不断提高。另一方面，包括中国社会科学院中国廉政研究中心在内的第三方科研机构加强对纪检监察机关信息公开的研究，客观的评估及评估指标体系对各级纪检监察机关起到了监督、指引的作用，中央纪委国家监委 2020 年制发的《指南》，有力地督促了各级纪检监察机关规范有效开展网站信息公开工作。

（二）纪检监察机关层级越高网站信息公开水平越高

如图 11 所示，纪检监察机关层级越高，评估得分越高，说明其相应的信息公开水平、质量越高，结合图 10，从历史的视角来看，这一特征仍然存在。2021 年评估结果显示，省级平均得分 70.51 分，中位数 73.03 分，一级指标平均值71.76 分。省会（副省级）平均得分60.41 分，较省级低了 14.32%，中位数 60.48，比省级低了 17.18%，一级指标平均值 60.26 分，与省级也存在不小的差距。抽样地级市平均得分 63.06 分，中位数 65.08 分，一级指标平均值 63.47 分，相应数据在 2021 年评估中实现了对省会（副省级）的反超，虽然超越不多，但这种情况说明地级市在贯彻《指南》方面更彻底，信息公开平均水平提升速度超过了省会（副省级）城市平均水平。抽样县级平均得分 47.59 分，中位数 49.44 分，一级指标平均值 48.96 分，分别比地级市下降 24.57%、24.03%、22.86%。

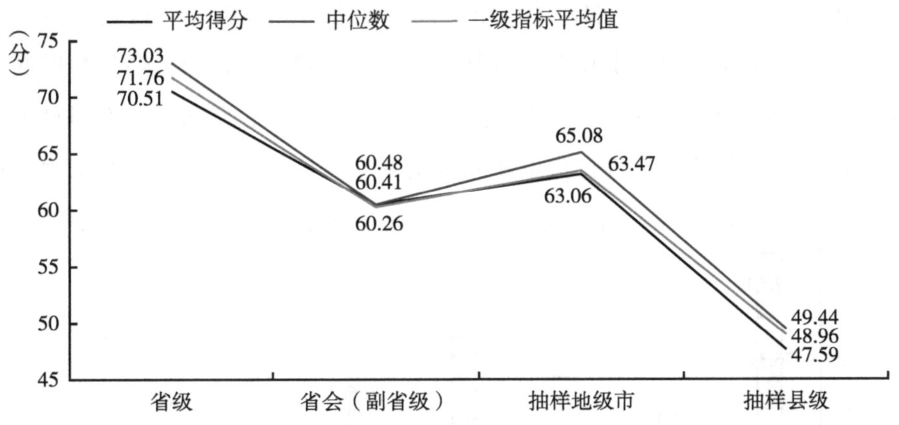

图 11　省级、省会（副省级）、抽样地级市、抽样县级评估结果对比

项目组还发现，各级纪委监委［省会（副省级）除外］得分平均数总是小于中位数，这说明得分少的评估对象偏离平均水平更大，也即信息公开水平相对较低的评估对象往往较分散，相差较大，而信息公开水平相对较高的评估对象较为集中，相差不大。

（三）组织结构、社会参与是各级纪委监委信息公开的薄弱项

评估显示，如图12，从各级纪委监委一级指标平均得分叠加图可知，公开平台、通报曝光、巡视整改是得分率较高的3个一级指标，其中省级纪委监委网站公开平台平均得分97.42分、通报曝光平均得分88.73分、巡视整改平均得分89.67分，这几项平均得分远远高于其他一级指标和一级指标平均得分平均值71.76分。这种现象在省会（副省级）、抽样地级市、抽样县级基本相同。项目组认为，各级纪委监委在全面从严治党背景下，坚持"开门反腐"的理念，持续推进作风建设，在重要时间节点通报曝光典型案例，坚决做好巡视整改后半篇文章，故而这几方面信息公开做得较好，坚持得较好。同时，项目组还发现组织结构、社会参与等一级指标得分率较低，如省级组织结构项平均得分42.94分，社会参与项平均得分38.80分，不仅远低于一级指标平均得分，且在历年历次评估中较为稳定，变化不大。这一现象在省会（副省级）、抽样地级市、抽样县级得到延续。项目组分析，组织结构项的主要丢分集中在人员编制、人员信息等方面，而社会参与项的主要丢分集中在公众评价互动方面，如留言板开设率低、群众留言不回复等现象比较突出，此外网站首页头条新闻点击率低也比较普遍。项目组认为，各

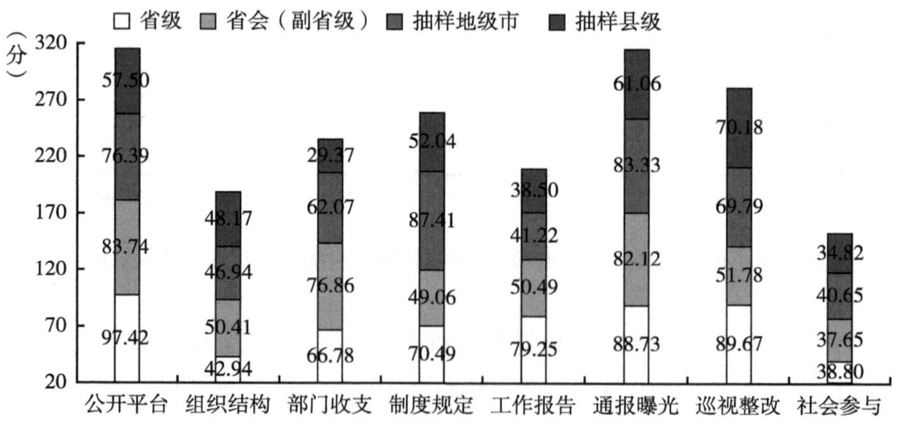

图12　各级纪委监委一级指标平均得分叠加图

级纪委监委网站信息公开最重要的一级指标即社会参与，因为如果没有公众的参与、没有公众的关注，信息公开也就失去了意义。从评估结果来看，各级纪委监委还要切实加强网站留言板、留言回复等方面的力量投入，积极、及时回应公众的关注与监督。

四　当前各级纪委监委网站信息公开主要问题及对策建议

（一）当前各级纪委监委网站信息公开存在的主要问题

1. 部分纪委监委对网站信息公开认识不到位，未建立健全网站信息公开机制

评估结果显示，有的纪委监委地处经济发达的一线城市，但得分却偏低，排名较靠后；有的省纪委监委常年排名靠后，还不如部分地级市、县得分高。部分纪委监委部门意识、本位意识作祟，认为纪检监察机关较为特殊，工作内容敏感，不敢、不愿、不想公开自己的工作信息，生怕“言多必失”。如有的纪委监委认为网站建设耗时费力，不如微信、微博、客户端等新兴媒体方便快捷，不愿意建设独立的官方网站，将信息直接嵌入上级纪委网站；有的纪委监委认为网站信息公开易传播，易留下“把柄”，可能泄露“工作秘密”，不在网站公开监督执纪编制力量、工作人员信息，不发布年度工作报告；还有的纪委监委满足于“有就行”，不派专人维护网站信息，不及时更新网站信息内容，长期不回应群众留言……这些错误认识本质上是没有认识到网站信息公开不仅是党和政府的政治宣言，也是保障人民民主权利的重要举措。

2. 部分纪委监委网站千篇一律，缺乏地方特色，缺乏纪检监察机关特色

一个好的网站不仅能让浏览者感觉到耳目一新、神清气爽，方便快捷地获取有效信息，还能充分展示自身魅力，给浏览者留下深刻印象。但是有的纪委监委在网站建设上不下功夫、不花心思，在形式上网站风

格套用模板，千篇一律，在栏目设置上混乱交叉，在内容上照抄照搬地方新闻、上级新闻，不聚焦监督执纪主责主业，提供的无效信息太多，有效信息太少，导致浏览者对这些网站丧失信心，关注度、点击率持续下滑。出现这些问题有的是人力资源紧张，网站建设维护经验不足、能力不足；有的是思想认识不到位，没有认识到纪委监委网站既是信息公开的重要阵地，也是展示地方特色、工作特色的宣传平台；还有的是“精心设计”，把群众关注关心的事项深嵌到多级链接下，生怕引起关注，不求有功但求无过。

3. 部分纪委监委网站信息公开不全面、不及时、不深入，与群众互动性差

信息公开是持续性的工作，不能一蹴而就，必须保证信息公开的及时性、持续性、全面性。2020 年中央纪委制发的《指南》对于各级纪委监委什么可以公开、什么应该公开、公开到什么程度均具有重要的指引和参考价值。本项目基于人民群众最关心、最关注的焦点进行设计的评估体系对于各级纪委如何开展信息公开具有重要的参考价值，特别是栏目设置、内容建设方面。事实上，本项目评估体系中的指标设计并非什么高标准、严要求，从历年评估结果来看，各级纪委监委评估得分不断增长，信息公开工作越来越规范，信息公开质量和水平均不断提高。但仍有部分纪委监委网站在信息公开方面刻意避开群众关切点，信息公开的内容不够全面、深入，不够及时。如有的纪委监委网站在组织机构方面，不公开纪委监委领导班子工作简历以及内设、派驻机构干部姓名和人员编制力量等信息；在部门收支方面不公开大案要案查办经费、预算绩效目标等信息；在制度规定方面不公开本级及下级一些重要制度；在工作报告方面以解读形式替代公开报告全文，不公开对上一年工作报告部署任务落实情况，开会半年甚至更长时间才公开报告；在通报曝光方面不公开处分决定书；在巡视整改方面不公开上级巡视巡察反馈意见整改情况，不公开本级巡视巡察发现的重要问题及整改情况、“回头看”情况；在社会参与方面不公开点击率、不设置留言板、不回应群众留言等。

（二）提升各级纪委监委网站信息公开水平和质量的建议

1. 强化各级纪检监察机关网站信息公开意识，建立健全网站信息公开机制

纪检监察机关的权威不仅源自上级的授权，更源自人民群众衷心的信任、拥护。纪检监察机关在监督别人的同时，也必须接受人民群众的监督，通过更广泛、更高质量、更高水平的信息公开，打造透明放心的纪检监察机关是新时代纪检人的庄严使命。2020 年中央纪委国家监委印发的《指南》基本解决了“要不要公开，公开什么”的问题，大部分纪检监察机关对此有充分的认识，但一些纪检监察机关在怎么贯彻落实上还存在思想顾虑和技术路径短板。一方面，中央纪委国家监委要强化各级纪检监察机关贯彻落实《指南》的督促与指导，并加强对信息公开工作的顶层设计，从制度层面规范“怎么公开，公开什么，公开到什么程度”，在实践中不断地检验与细化信息公开标准；另一方面，各级纪检监察机关要提升网站信息公开的意识，自觉向中央纪委国家监委网站看齐，向信息公开比较优秀的纪委监委网站借鉴学习，建立健全网站信息公开的工作机制，及时高效地发布有效信息。

2. 将信息公开纳入监督考核范围，层层传导压力

没有督促就没有落实，没有督查就没有深化。2021 年评估结果表明，大多数纪委监委网站信息公开水平和质量有所提升，但是评估得分随层级递减的趋势没有改变，一些纪委监委仍不把信息公开当回事，还不习惯在人民群众“关注”下开展工作，因此有必要把信息公开从“选做题”变成“必答题”，将其纳入考核范畴，并强化考核结果的公开与运用，确保中央的决策部署、中央“开门反腐”的理念能够一贯到底。考核不是目的，是手段，是为了督促各级纪委监委重视纪检监察信息公开，重视群众监督。越到基层，离人民群众越近，越应该“接地气”，越要及时有效地回应群众的关切。因而，上级纪委监委加强对下级纪委监委在信息公开工作方面的监督与指导不仅是必要的，而且是迫切的。

3. 加强信息公开业务交流培训，提升信息公开业务能力

在强调纪检监察机关信息公开重要性与必要性的同时，不能忽视纪检监察机关信息公开的敏感性。什么信息可以公开，什么信息以什么方式公开，公开到什么程度，这些问题不仅是业务问题，也是政治问题，有的信息直接涉及党员干部的权利保障，有的信息涉及单位、地区形象。因此，必须确保该公开的信息尽可能及时、准确地公开，不能公开的坚决不公开。建立健全信息公开审核机制很有必要，负责审核的同志不仅要熟悉纪检监察业务，还要有高度的政治敏锐性和自觉性。项目组建议，各级纪委监委负责网站信息公开的同志可以本项目评估指标体系为参考标准，结合地方实际情况，对信息公开情况进行审核。建议中国纪检监察学院等培训机构将纪检监察机关网站信息公开纳入学习培训范畴，对信息公开工作中遇到的难点与疑点进行研讨，促进各级纪委监委网站信息公开高质量高水平发展。

4. 重视第三方机构信息公开评估，培育信息公开专业人才

第三方机构评估不带主观色彩，评估范围较广，评估指标体系往往具有一定的前瞻性，评估结果具有较强的参考价值，有助于各级纪委监委弄清楚自身信息公开工作在全国范围内所处的水平，有助于了解在信息公开方面面临的一些共性问题和困境，有助于打开解决问题与困境的思路。网站建设与维护是技术活，需要专业的人才，除了网站维护、信息发布的技术人才外，还需要负责信息审核把关的人才。项目组建议，各级纪委监委设置专人维护网站，建立健全信息发布审核机制，遴选政治敏锐性强、熟悉纪检监察业务、懂信息网络技术的人才，并积极储备相应人才，向下级纪委监委输送信息公开人才。

5. 培育公开透明的治理文化，提升信息公开质量和水平

实践证明，民主监督和自我革命是党应对历史周期律的有效法宝。一方面要通过信息公开为人民群众开展民主监督提供便利，让更多的人民群众参与到社会治理中来；另一方面要通过主动的、积极的信息公开来推进纪检监察机关的工作规范化、专业化、法治化，进而实现纪检监察机关的自我革命。项目组建议，各级纪检监察机关以信息公开为抓手，在全社会范围内着

力培育公开透明的文化氛围，主动走到人民群众中去，把人民群众监督引进来，进而促进权力运行轨迹公开化、透明化，减少关键环节和领域的廉洁风险，促进国家治理现代化建设。同时，各级纪检监察机关还要努力提高公开信息的质量，多一些原创性、有特色的信息，尽可能地及时主动回应人民群众关切的重大事项。

B.12
2021年省级纪检监察机关信息公开评估报告

中国社会科学院社会学研究所“党和国家监督体系绩效测评研究”创新工程项目组*

摘 要： 本报告依据31个省（自治区、直辖市）纪检监察网站上公开的信息，对省级纪检监察机关信息公开工作进行了评估。目前，省级纪检监察公开平台建设更加完善合理、组织结构信息公开相对精细、部门收支信息公开比较完整、制度规定公开比较全面、“通报曝光”信息公开及时高效、巡视信息公开常态化规范化、社会参与渠道比较畅通，但制度规定公开质量、纪委全会工作报告公开及时性、通报曝光信息公布机制、网站建设管理运营能力等方面还存在不足，要强化信息公开意识，建立健全信息公开的责任机制，不断提升信息公开的实际效能，建立信息公开平台的共建机制。

关键词： 省级纪委监委 信息公开 指标体系

一 评估对象和资料来源

项目组沿用往年的评估指标体系，以全覆盖的方式对31个省级纪检监察机关网站信息公开情况进行评估，以此持续了解省级纪检监察机关信息公

---

* 项目负责人：蒋来用。项目组成员：周兴君、孙大伟、于琴、许天翔、任涛、胡爽、何圣国、杨彬彬、常钰筝、张静、王阳、高蕴楠。执笔人：孙大伟、何圣国、张缯昕、杨彬彬、常钰筝。

开状况。项目组仅以省级纪检监察网站的信息作为评估信息来源，对所有省级纪检监察机关网站依法、及时、主动公开信息的状况进行评估。考虑到网站信息不断更新和变化，不同时间评估的结果会有相应改变，因此，项目组将统一搜集信息数据的时段定为2021 年8 月5 ~20 日（见表1）。

表1　省级评估对象名称、网站域名及数据搜集时段

序号	省/区/市名称	省/区/市纪委监委网站域名	数据搜集时段
1	北京市	http://www. bjsupervision. gov. cn	2021 年8 月5 ~20 日
2	天津市	http://www. tjjw. gov. cn	2021 年8 月5 ~20 日
3	河北省	http://www. hebcdi. gov. cn	2021 年8 月5 ~20 日
4	山西省	http://www. sxdi. gov. cn	2021 年8 月5 ~20 日
5	内蒙古自治区	http://www. nmgjjjc. gov. cn	2021 年8 月5 ~20 日
6	辽宁省	http://www. lnsjjjc. gov. cn	2021 年8 月5 ~20 日
7	吉林省	http:///www. ccdijl. gov. cn	2021 年8 月5 ~20 日
8	黑龙江省	http://www. hljjjjc. gov. cn	2021 年8 月5 ~20 日
9	上海市	http://www. shjjjc. gov. cn	2021 年8 月5 ~20 日
10	江苏省	http://www. jssjw. gov. cn	2021 年8 月5 ~20 日
11	浙江省	http://www. zjsjw. gov. cn	2021 年8 月5 ~20 日
12	安徽省	http://www. ahjjjc. gov. cn	2021 年8 月5 ~20 日
13	福建省	http://www. fjcdi. gov. cn	2021 年8 月5 ~20 日
14	江西省	http://www. jxlz. gov. cn	2021 年8 月5 ~20 日
15	山东省	http://www. sdjj. gov. cn	2021 年8 月5 ~20 日
16	河南省	http://www. hnsjct. gov. cn	2021 年8 月5 ~20 日
17	湖北省	http://www. hbjwjc. gov. cn	2021 年8 月5 ~20 日
18	湖南省	http://www. sxfj. gov. cn	2021 年8 月5 ~20 日
19	广东省	http://www. gdjct. gd. gov. cn	2021 年8 月5 ~20 日
20	广西壮族自治区	http://www. gxjjw. gov. cn	2021 年8 月5 ~20 日
21	海南省	http://www. hnlzw. net	2021 年8 月5 ~20 日
22	重庆市	http:///www. jjc. cq. gov. cn	2021 年8 月5 ~20 日
23	四川省	http://www. scjc. gov. cn	2021 年8 月5 ~20 日
24	贵州省	http://www. gzdis. gov. cn	2021 年8 月5 ~20 日
25	云南省	http://www. ynjjjc. gov. cn	2021 年8 月5 ~20 日
26	西藏自治区	http://www. xzjjw. gov. cn	2021 年8 月5 ~20 日
27	陕西省	http://www. qinfeng. gov. cn	2021 年8 月5 ~20 日
28	甘肃省	http://www. gsjw. gov. cn	2021 年8 月5 ~20 日
29	宁夏回族自治区	http://www. nxjjjc. gov. cn	2021 年8 月5 ~20 日
30	青海省	http://www. qhjc. gov. cn	2021 年8 月5 ~20 日
31	新疆维吾尔自治区	http://www. xjjct. gov. cn	2021 年8 月5 ~20 日

资料来源：课题组自制。

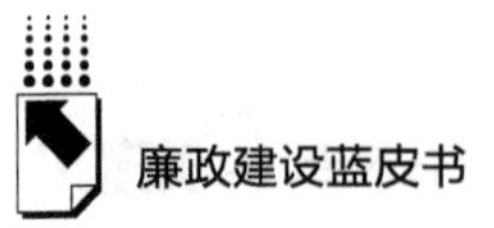

二　省级纪检监察机关信息公开评估状况

从本次评估的总体情况来看（见表2），省级纪检监察机关信息公开程度越来越高，信息公开质量也越来越高，纪检监察机关的信息透明度与本省的经济发展水平之间不存在正向关系。总的来说，2021年省级纪委监委信息公开呈现以下特点。

表2　省（自治区、直辖市）纪委监委工作信息公开8月评估结果

单位：分

序　号	地　名	公开平台（10%）	组织结构（10%）	部门收支（15%）	制度规定（12%）	工作报告（12%）	通报曝光（15%）	巡视整改（10%）	社会参与（16%）
1	北　京	95.00	45.00	87.50	91.75	89.15	89.11	100.00	34.00
2	天　津	95.00	50.00	62.19	46.70	93.40	89.11	83.50	50.50
3	河　北	95.00	50.00	87.50	98.35	95.05	89.11	100.00	34.00
4	山　西	95.00	75.00	62.50	93.40	30.60	89.11	96.70	34.00
5	内蒙古	90.00	60.00	65.94	98.35	95.05	89.11	100.00	34.00
6	辽　宁	95.00	20.00	87.19	49.18	95.05	89.11	96.70	34.00
7	吉　林	90.00	5.00	73.13	99.18	93.40	89.11	94.23	67.00
8	黑龙江	95.00	30.00	0.00	71.70	93.35	89.11	90.00	11.56
9	上　海	100.00	15.00	0.00	49.18	0.00	89.11	95.00	34.00
10	江　苏	100.00	35.00	76.88	37.45	95.05	89.11	100.00	50.50
11	浙　江	100.00	25.00	83.13	48.35	91.65	89.11	93.40	11.56
12	安　徽	100.00	40.00	73.13	50.00	95.05	80.61	91.65	58.75
13	福　建	100.00	65.00	49.38	50.00	95.05	89.11	93.40	34.00
14	江　西	100.00	56.50	64.38	88.45	95.05	89.11	94.18	34.00
15	山　东	100.00	30.00	79.38	100.00	95.05	89.11	75.95	34.00
16	河　南	95.00	30.00	94.69	50.00	88.45	89.11	58.50	50.50
17	湖　北	100.00	23.50	6.25	71.70	0.00	85.71	86.70	34.00
18	湖　南	100.00	43.00	76.25	46.70	0.00	89.11	76.65	50.50
19	广　东	95.00	31.00	83.75	48.35	0.00	89.11	98.35	34.00
20	广　西	95.00	55.00	62.50	41.75	93.40	89.11	75.00	67.00
21	海　南	95.00	49.00	55.94	100.00	85.10	89.11	100.00	67.00
22	四　川	100.00	41.00	74.38	34.75	93.40	89.11	75.25	34.00

续表

序号	地名	公开平台（10%）	组织结构（10%）	部门收支（15%）	制度规定（12%）	工作报告（12%）	通报曝光（15%）	巡视整改（10%）	社会参与（16%）
23	重庆	95.00	41.50	96.88	100.00	85.05	89.11	92.43	11.56
24	贵州	100.00	57.50	47.19	75.00	95.05	89.11	90.10	44.56
25	云南	100.00	59.00	77.19	95.05	95.05	89.11	90.10	22.78
26	西藏	95.00	49.00	87.50	100.00	94.20	89.11	91.75	67.00
27	陕西	100.00	64.00	96.88	50.00	95.05	89.11	90.10	34.00
28	甘肃	100.00	49.00	86.88	100.00	95.05	89.11	67.00	34.00
29	青海	100.00	49.00	86.88	50.00	95.05	89.11	91.50	50.50
30	宁夏	100.00	49.00	85.00	100.00	95.05	89.11	100.00	34.00
31	新疆	100.00	39.00	0.00	50.00	95.05	89.11	91.75	11.56

（一）公开平台建设更加完善合理

我国各省（自治区、直辖市）公开平台建设已经形成了比较系统的框架，已经基本具备资源管理、资源服务和基本的互动交流功能。本次评估发现，31家省级纪检监察网站均正常运行，均设计有专门的“信息公开”栏目，同比增长6.90%，其中17家网站将“信息公开”置于导航栏的第一位，方便浏览。所有网站均设有站内检索功能，对于信息的获取具有重要作用。各家网站首页头条信息更新很及时，部分省市例如北京，每天更新可达到4条甚至更多。

（二）组织结构信息公开相对精细

社会问题复杂化、公共需求多样化对行政服务高效化、透明化、精细化、多元化提出了迫切要求。组织结构信息公开是公众参与监督的重要基础。在31家省级纪检监察网站中，23家网站公开了纪委监委的职能和任务，占评估对象的74.19%。有29家省级纪检监察网站公开了内设及派驻机构有关信息，其中12家网站公开了纪委监委内设及派驻机构的职能职责，占评估对象的38.71%。31家网站均公开了领导班子信息，8家网站公开了人员编制信息，占评估对象的25.81%。

（三）部门收支信息公开比较完整

政府财政信息公开，是构建公共财政的基本要求，有利于提高政府的治理效率，促进社会的和谐发展。在本次评估中，27 家网站及时公开 2021 年预决算信息，占评估对象的 87.10%；各省预决算报告查找较为方便，一般公布于信息公开栏目中。24 家网站公布了绩效目标，北京、辽宁等省市绩效目标较为具体、客观，设有一级指标、二级指标和具体的指标值。24 家网站公开“三公经费”，占比达 77.42%。8 家网站公开大案要案支出，在此次评估中占比 25.81%。

（四）制度规定公开比较全面

政府通过公开制度规定可以增强政府公信力建设，让公众认可并服从政府权威，进而维护和提升政府公共权力运行的合法性。省级纪检监察网站主要对党内法规、国家法律法规以及省级制度规定进行了公开。在 31 家省级纪检监察网站中，29 家网站在网站首页开设了制度公开专栏，并对党内法规、国家法律法规等上级制度规定进行了公开，占评估对象的 93.55%。18 家网站公开了本级纪检监察工作制度或规范性文件，占比达 58.06%。省级纪检监察网站在制度公开方面做得较好，并且对上级制度公开情况比对本级制度公开情况要好。一些网站将制度规定栏目直接链接到中央纪委国家监委网站党纪法规栏目，从可获取性角度看，此方面信息公开是有效且全面的。

（五）工作报告公开质量较高

纪检监察机关的年度工作报告是反映其工作整体情况的重要窗口。在 31 家省级纪检监察网站中，27 家网站对本年度的工作报告进行了及时公开，并且全文公开，占比达 87.10%，比上年增长 12.50 个百分点。对比 2020 年的工作报告，大部分省市 2021 年的工作报告有所创新。从公开的工作报告内容来看，工作目标设置大多比较合理务实，工作成效数据较为充分，能够比较客观清晰地展示一年来的工作举措和成效。

（六）通报曝光及时高效

通报曝光是新时期延伸监督触角、强化监督力度的一种执纪方式，可以对广大党员和公职人员进行严格监督，进一步发挥警示教育作用。31 家省级纪检监察网站，均开设通报专栏，对案件进行及时通报。同时，31 家网站均及时向社会公开发布涉嫌严重职务违法或者职务犯罪案件，对于每例违反“八项规定”精神的案例的涉案人姓名、单位和职务、违纪事实和处分结果均予以公开。

（七）巡视信息公开常态化、规范化

巡视巡察是管党治党、国家治理的重要手段。31 家省级纪检监察网站，均设有“巡视巡察”专栏，31 家网站均公开了 2021 年上级巡视反馈的问题以及整改情况，且绝大多数公开比较详细具体。31 家网站均对省级巡视公告有关信息进行了公开，29 家网站公开了省级巡视中发现的问题，27 家网站公开了省级巡视后整改情况通报。数据表明，省级纪检监察网站巡视巡察公开已经常态化，逐渐规范化。

（八）社会参与的渠道不断拓展

31 家纪检监察网站均设有监督举报板块，其中，绝大部分网站首页公开了全国统一举报电话“12388”；25 家网站公开监督举报信件投寄地址，比 2020 年多 2 家；7 家网站设立留言板，比 2020 年增加 1 家，5 家网站还对留言进行了回复；有 4 家网站统计了网站点击率，比 2020 年增加 1 家。总而言之，社会参与的渠道在上年基础上有进步。

三　省级纪检监察机关信息公开存在的问题

基于 31 个省（自治区、直辖市）纪检监察网站上公开的信息，通过对省级纪检监察机关信息公开工作进行综合评估，可以发现，省级纪检监察机

关在信息公开方面取得了一定的建设成效和成绩，但仍然存在一些不足之处和薄弱环节。

（一）制度规定公开质量仍需持续提升

一方面，多数纪检监察机关网站对上级制度规定公开得较为全面充实，少数网站没有及时上传或转载公开最近出台的中央和国务院的制度规定，且不少网站对本级的制度规定没有及时公开，或者存在公开不足的情形。另一方面，对公开的各种制度规定没有进行科学分类，混杂在一起，显得杂乱不规范或者分类不科学，如将《中华人民共和国宪法》《中华人民共和国监察法》《中华人民共和国公职人员政务处分法》置于会议资料一栏中，与纪委领导工作报告、纪委全会决议等归并在一起。

（二）纪委全会工作报告公开仍需持续用力

从本次评估情况来看，有些省份纪委全会工作报告公开的及时性还需要进一步提高，能够在纪委全会召开后一个月之内在纪检监察网站上全文公开的只占少数。以评估时间为节点，仍然有部分省级纪检监察机关网站对纪委全会工作报告公开不连续，存在上年公开今年不公开、今年公开上年没有公开的现象。一些省级纪检监察机关网站专门开设的纪委全会精神专栏相关内容主要集中在纪委全会决议、纪委全会新闻报道及学习贯彻纪委全会精神的会议报道等方面，很少对工作报告进行解读。

（三）通报曝光信息公布机制需要强化

此次评估中通报曝光信息公开方面存在的问题与往年具有一致性。对违反“八项规定”精神的案例的曝光基本能够做到每月及时更新，但涉嫌严重职务违法或者职务犯罪的信息较少，有的存在一定的滞后性，有的存在信息缺失问题，也有极个别几乎没有在网站发布相关具体信息。目前，很多纪检监察机关网站对重要案件立案决定、违纪干部处分决定进行了公开，但对违纪干部的处分决定书没有全文公开。

（四）网站建设管理运营能力有待提升

上传到纪检监察网站进行公开的信息越来越多，对信息有效分类显得更加重要。目前，一些网站栏目设计和信息分类存在重叠、交叉等现象，表现出信息分类不够科学合理，降低了信息查找的便利性，影响了人民群众的体验感。页面设计布局不清晰、不美观也是一些纪检监察网站存在的问题，容易导致对浏览者获取所需信息产生阻碍，如没有把纪委全会工作报告、部门预决算、机构职能职责、人员编制等群众监督需要的重要信息放在醒目位置，尤其是绝大多数把省级纪检监察机构职能职责放在预决算里，没有特意公开到组织结构信息中。

四　进一步完善纪检监察机关信息公开机制的建议

当前省级纪检监察机关信息公开建设，在长期发展中不断提升了规范化水平和现实回应能力，与此同时也存在一些具体性、长期性的困难、问题与挑战。为此，要继续坚持以科学的思维方法提升纪检监察机关信息公开的能力与水平。

（一）强化信息公开意识

信息公开制度是建设法治国家、法治政府、法治社会的重要内容。公共机构的网站是广大人民群众获取信息的重要渠道，也是建构新型党群关系的重要平台。纪检监察机关要进一步强化公开意识，将网站建设纳入“阳光反腐”的系统工程之中，有效提升纪检监察机关信息发布的精准性、规范性和时效性。进一步通过资源整合、人才整合、平台整合等形式提升网站建设的科学化、规范化水平。

（二）建立健全信息公开的责任机制

加大信息公开力度必须建立健全责任机制。要从供给与需求的辩证关系中把握信息公开中的重点和难点问题。有的纪检监察机关网站较多地公开了一些类似廉政文化宣传等浅层和表面的信息，但审查调查、巡视巡察等与监督执纪问责有关的栏目不多。今后，对于依法属于纪检监察机关主动公开的重点领域，如果存在公开不及时、形式不规范、内容不具体等问题要进行问责。

（三）不断提升信息公开的实际效能

坚持创新意识，将监督举报网站、公开监督举报电话、监督举报信件投寄地址等常态化监督渠道，与开设留言板、增设点击率和浏览人数统计等功能紧密结合起来，并充分利用全媒体时代和新媒体的技术优势，从而实现对群众关心的热点领域情况予以全面及时地回应。尤其是纪检监察门户网站可以借助微博、微信、客户端等新媒体优势，强化纪检监察机关网站自身建设，吸引更多人民群众主动参与监督纪检监察机关工作，形成信息公开的整体优势。同时，强化通报曝光的震慑作用，加强对党务处分、政务处分的公开力度，建立政务处分决定数据库供社会查询，提高违纪违法信用成本，充分发挥通报曝光案件的震慑效应和教育效果。

（四）建立信息公开平台的共建机制

一方面，要坚持开放性思维方式。既要善于从其他信息公开平台建设中汲取经验，坚持原则性与灵活性相统一，也要善于从人民群众的建议中汲取智慧，纪检监察机关网站首页可增设政策解读、问卷调查、网上咨询、回复选登等互动模块，满足群众监督和参与需求，将群众建议作为网站建设的重要参考。另一方面，要优化信息公开人才培养机制。信息公开的相关负责人员，既要掌握信息依法公开的法律要求，也要掌握信息传播的基本知识，通过提升相关人才的技能素养来进一步提升信息公开的传播效度。

B.13

2021年省会及副省级城市纪检监察机关信息公开评估报告

中国社会科学院社会学研究所“党和国家监督体系绩效测评研究”创新工程项目组*

摘 要： 2021年8月，项目组对32个省会（副省级）城市纪检监察网站信息公开状况进行了评估。结果表明，大多数纪检监察公开平台建设比较完善，组织结构、部门收支信息公开进一步取得进步，制度规定信息公开力度加大，纪委全会工作报告公开质量提升，通报曝光信息公开比较全面，巡视巡察信息公开更加精细化，社会参会监督渠道比较畅通；但也存在一些不足，如个别网站建设重视不够，组织结构信息公开不够全面，部门收支信息公开程度不够，制度规定公开质量较差，纪委全会工作报告公开力度不足，上级巡视信息公开力度亟须加强，公众参与程度不高。建议继续加强网站建设重视程度，切实加强和规范信息公开工作，加快信息更新频率，加大工作信息公开力度，建立新闻发布会制度，不断提高党的纪律检查和国家监察工作透明度。

关键词： 省会（副省级）城市纪委监委 信息公开 评估

一 评估对象和资料来源

对省会及副省级城市纪检监察机关的评估，项目组采用全覆盖的方式，

---

* 项目负责人：蒋来用。项目组成员：周兴君、孙大伟、于琴、许天翔、任涛、胡爽、何圣国、杨彬彬、常钰筝、张静、王阳、高蕴楠、张缯昕。执笔人：任涛、王阳。

将32家省会及副省级城市纪检监察机构全部作为评估对象。评估的信息来源于省会及副省级城市纪检监察机关网站，主要是对所有省会及副省级城市纪检监察机关依法、及时、主动公开信息的状况进行评估。2021年，项目组评估统一收集信息数据的时段为2021年8月1～31日（见表1）。

表1　省会及副省级评估对象名称、网站域名及数据收集时段

序号	城市名称	城市纪委监委网站域名	数据搜集时段
1	石家庄市	http://www.zgsjzsjw.gov.cn	2021年8月1～31日
2	太原市	http://www.bzlz.gov.cn	2021年8月1～31日
3	呼和浩特市	http://hhht.nmgjjjc.gov.cn	2021年8月1～31日
4	大连市	http://www.jjjc.dl.gov.cn	2021年8月1～31日
5	沈阳市	http://www.sysjjjc.gov.cn	2021年8月1～31日
6	长春市	http://www.ccdijl-cc.gov.cn	2021年8月1～31日
7	哈尔滨市	http://www.hrblz.gov.cn	2021年8月1～31日
8	南京市	http://jw.nanjing.gov.cn	2021年8月1～31日
9	杭州市	https://www.hzlz.gov.cn	2021年8月1～31日
10	宁波市	http://www.nbjw.gov.cn	2021年8月1～31日
11	合肥市	http://www.hfsjw.gov.cn	2021年8月1～31日
12	厦门市	http://www.xmcdi.gov.cn	2021年8月1～31日
13	福州市	http://jcj.fuzhou.gov.cn	2021年8月1～31日
14	南昌市	http://www.ncdi.gov.cn	2021年8月1～31日
15	济南市	http://www.jnlz.gov.cn	2021年8月1～31日
16	青岛市	http://www.qdlzw.cn	2021年8月1～31日
17	郑州市	http://www.zzjjjc.gov.cn	2021年8月1～31日
18	武汉市	http://www.whdi.gov.cn	2021年8月1～31日
19	长沙市	http://www.ljcs.gov.cn	2021年8月1～31日
20	广州市	http://www.gzjjjc.gov.cn	2021年8月1～31日
21	深圳市	http://www.ljsz.gov.cn	2021年8月1～31日
22	南宁市	http://jw.nanning.gov.cn	2021年8月1～31日
23	海口市	http://www.ycqfw.net	2021年8月1～31日
24	成都市	http://www.ljcd.gov.cn	2021年8月1～31日
25	贵阳市	https://www.gysjw.gov.cn	2021年8月1～31日
26	昆明市	http://jw.km.gov.cn	2021年8月1～31日
27	乌鲁木齐市	http://www.wlmqjw.gov.cn	2021年8月1～31日
28	西安市	http://xian.qinfeng.gov.cn	2021年8月1～31日
29	兰州市	http://jiwjw.lanzhou.gov.cn	2021年8月1～31日
30	西宁市	https://www.xnsjw.gov.cn	2021年8月1～31日
31	银川市	http://jjjc.yinchuan.gov.cn	2021年8月1～31日
32	拉萨市	http://ls.xzjjw.gov.cn	2021年8月1～31日

资料来源：课题组自制。

二 省会及副省级城市纪检监察机关信息公开状况评估

2021 年评估，总分在 60 分以上的省会及副省级城市共有 17 家，占比 53.1%，比 2020 年 12 月评估增加 2 家，持续保持增长态势。总分在 70 分以上的评估对象有 3 家，占比 9.4%，相较于 2020 年实现了重大突破，因为 2020 年两次评估没有一家达到 70 分。在本轮评估中，总分在“50 分以上 60 分以下”的评估对象有 11 家，占比 34.4%，相较于 2020 年 12 月评估的 12 家基本持平。从总分在 50 分以上的评估对象来看，本轮评估的 28 家与 2020 年 12 月评估的 27 家也基本持平（见图 1）。

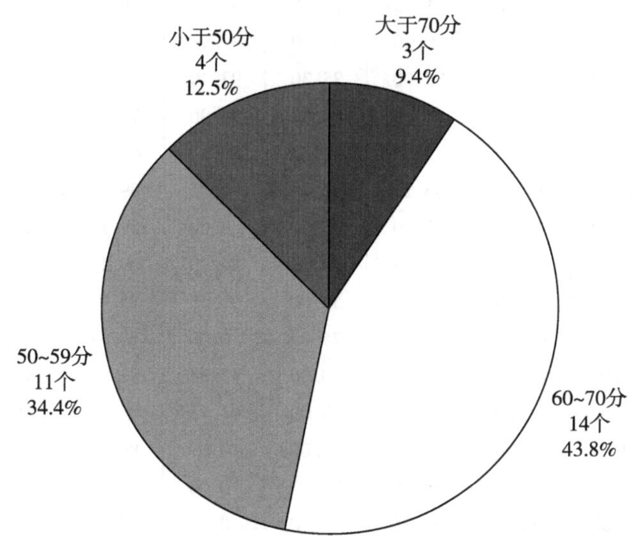

图 1　省会及副省级城市纪检监察机关信息公开总得分统计

从总得分来看（见表 2），2021 年的评估平均分为 60.41 分，相较于 2020 年 12 月评估增加了 3.05 分。总体而言，省会及副省级城市纪检监察机关网站信息公开评估不管是从得分上还是质量上都有着明显提高，呈现以下几大特点。

表 2　省会及副省级城市纪委监委工作信息公开评估结果

单位：分

城市	公开平台（10%）	组织结构（10%）	部门收支（15%）	制度规定（12%）	工作报告（12%）	通报曝光（15%）	巡视整改（10%）	社会参与（16%）
石家庄	85.00	42.50	0.00	33.50	84.90	89.11	100.00	50.50
太原	80.00	43.50	72.50	50.00	0.00	80.61	0.00	34.00
呼和浩特	65.00	77.50	83.75	41.75	0.00	60.81	33.50	50.50
大连	80.00	27.50	87.50	50.00	0.00	89.11	58.50	34.00
沈阳	95.00	42.50	87.50	50.00	17.00	89.11	33.50	34.00
长春	65.00	48.50	62.50	75.00	84.90	89.11	75.00	34.00
哈尔滨	81.20	27.50	75.00	0.00	84.90	89.11	100.00	11.56
南京	95.00	42.50	81.25	97.50	0.00	89.11	75.00	34.00
杭州	92.00	27.50	81.25	75.00	84.90	89.11	100.00	34.00
宁波	95.00	27.50	0.00	50.00	84.90	89.11	75.00	34.00
合肥	80.00	39.00	85.00	25.30	93.40	89.11	0.00	34.00
厦门	74.20	62.50	75.00	50.00	84.90	72.11	100.00	34.00
福州	68.40	74.00	86.25	48.35	89.15	69.31	55.00	34.00
南昌	80.00	72.50	86.25	59.30	92.55	89.11	16.50	34.00
济南	85.00	46.00	87.50	25.00	0.00	89.11	100.00	50.50
青岛	80.00	20.00	81.25	50.00	84.90	89.11	50.00	34.00
郑州	100.00	76.00	86.25	50.00	92.55	75.00	21.95	34.00
武汉	90.00	60.00	87.50	75.00	0.00	82.31	33.50	34.00
长沙	100.00	47.50	83.75	0.00	92.55	83.47	17.00	34.00
广州	100.00	15.00	87.50	50.00	91.75	72.11	100.00	34.00
深圳	80.00	41.00	100.00	0.00	0.00	89.11	33.00	34.00
南宁	78.00	77.50	83.75	71.70	0.00	89.11	0.00	63.70
海口	95.00	46.00	86.25	50.00	0.00	89.11	50.00	67.00
成都	100.00	42.50	87.50	50.00	84.90	89.11	68.40	22.78
贵阳	85.00	77.50	86.25	86.70	91.70	74.67	37.75	34.00
昆明	85.00	69.00	100.00	70.00	0.00	89.11	38.45	34.00
乌鲁木齐	85.00	72.50	78.75	17.00	0.00	50.84	46.00	39.28
西安	95.00	52.50	100.00	50.00	0.00	72.11	75.00	34.00
兰州	85.00	60.00	75.00	50.20	93.40	85.71	67.00	34.00
西宁	60.00	37.50	98.75	50.00	0.00	84.01	33.50	34.00
银川	60.00	72.50	85.63	81.75	93.40	89.11	63.45	67.00
拉萨	81.00	45.00	0.00	36.80	89.15	60.81	0.00	34.00

（一）公开平台建设较为完善

通过观察比较32家省会及副省级城市纪检监察机关网站，项目组发现省会及副省级城市纪检监察机关的公开平台建设总体来说较为完善，模块设置比较一致、完整，网站运行速度较快，信息查询较为便捷、明晰。与2020年评估一致，32家省会及副省级城市纪检监察机关都有着公开的网站，并且绝大多数都开通了“两微一端”平台。一些城市紧跟时代潮流，像沈阳、宁波等一些城市还开设了“抖音号”“头条号”等融媒平台，进一步拓宽了公开渠道平台，构建了多元媒体传播矩阵。与2020年评估相比，2021年评估中的32家网站都设有检索功能，其中29家都能实现站内检索便捷化，占比90.6%。网站栏目信息基本实现了经常更新，相较于其他栏目信息，头条信息的更新更为及时。一些地方网站根据实际需要，创新性地在网站中设立了一些新颖栏目，比如成都开设了派驻监督栏目，报道公开派驻纪检组一些好的经验做法；哈尔滨设置“他山之石”板块，不定时从中纪委网站上转载一些其他地方的优秀经验做法；南京等一些地方网站设立了党史学习教育专栏，公开了关于党史教育部署的相关要求与地方学习动态等内容；济南还开设了作风监督热线（面对面）视频栏目。

（二）组织结构信息公开取得进步

总体来看，2021年32家省会及副省级城市纪检监察机关网站在组织结构上的信息公开程度相较于2020年有了提升。从平均分来看，2021年评估中组织结构的平均分为50.41分，整体得分相较于2020年的12月评估提高了3.05分，取得一些进步；从公开网站的数量看，2020年评估中32家网站全都不同程度公开了组织结构信息，相对于2020年8月评估的26家，也是取得了较大成效；从组织结构信息公开的内容来看，纪委监委内设和派驻机构信息以及纪委监委领导班子信息的公开较为详细，平均分分别为60.16分与61.25分，其中32家网站全都公开了纪委监委内设机构的名称以及领导班子成员的姓名，30家网站公开了派驻机构的名称。相较2020年12月评估，不少地方在组织结构信息公开上都更为详细。例如，呼和浩特、福州、南昌等9个城市公开了人员编制，杭州市还在网站中公开了各区县的领导班子信息。在领导班子信息公开该项得分上，分数高于50分（包含50分）的共有26家，公开了机关编制数与实有人数的网站数量也分别达到13家与14家，这些相较2020年12月评估都有提升。

（三）部门收支信息公开程度进一步提高

在2021年评估中，绝大多数的纪检监察机关在网站中公开了年度部门预算信息。其中29家省会及副省级城市纪检监察网站公开了2021年的部门预算，与2020年12月评估持平。从部门预算绩效目标公开来看，有25家网站按时公开了纪委监委部门预算绩效目标，数量相较2020年12月评估进一步增多，其中23家预算绩效目标公开比较具体客观，目标的实现有着相应的量化指标来对应。从办案经费来看，32家网站中有29家公开了纪委审查、监委调查工作经费年度开支总额，占比90.6%。8个城市还公开了大案要案查办支出资金总额，相较2020年的两次评估都有进一步提升。从“三公”经费来看，29家网站公开了“三公”经费开支总额（宁波市纪委监委网站在评估期间无法正常打开2021年预算文档），其中27家纪检监察网站的“三公”经费开支明细公开都十分具体。

（四）制度规定公开力度持续加大

在2021年评估中，共有28家纪检监察网站开设了制度专栏，与2020年12月评估数量相同。从上级制度规定公开情况来看，目前大多网站都将其统称为党纪法规，这与中央纪委国家监委网站的名称相一致。对于上级制度公开的内容一些地方也进行了分类，如宁波市、大连市等地方纪委监委网站按照制度性质不同将上级制度分为党内法规制度与国家法律法规制度两大类。长春、杭州、沈阳等地方纪检监察网站则直接将上级制度规定专栏链接到中纪委官网“党纪法规”栏目。从本级制度规定公开来看，一些地方网站也陆续公开了本级制度规定，如武汉等纪检监察机关网站就公开了类似

《武汉市监察委员会特约监察员工作办法（试行）》的规定，长春市还公开了当地纪委监委出台的《长春市损害营商环境行为问责办法（试行）》《关于深入开展查处诬告陷害行为专项工作的实施方案》等规范性文件。西安的政策法规专栏不仅公开制度文件，还公开了包括中纪委、其他专家学者对政策的解读、案例评析与业务探讨，可以使公众对制度有更为深入和全面的了解。

（五）纪委全会工作报告公开质量有所提升

在2021年评估中，有19家省会及副省级城市纪检监察网站公开了2021年纪委全会工作报告全文，占比59.4%，相较于2020年8月评估增加13家，但比2020年12月评估的22家出现了一些下滑。一些地方全会报告公开的及时性较强，在纪委全会召开后的一个月内公开了工作报告。一些地方网站还开设了中央、省、市“纪委全会”专栏，公开纪委全会会议决议、图文解读与新闻报道等，让公众可以更加全面深入地了解纪委全会内容。从纪委全会报告的质量来看，有18家网站公开的纪委全会报告质量较好，报告呈现的工作目标吻合度、工作成效数据与事实比较充分，前一年报告中关于未来一年的目标与计划在这一年度的报告中都有所落实。

（六）“通报曝光”信息公开比较全面

在2021年评估中，32家网站均设立了通报专栏，对违法违纪行为进行了不同程度的通报曝光。各地方开设通报专栏的形式不一，总体来说可以分为“曝光台”“监督曝光”“审查调查”“执纪审查”“监督举报”等通报专栏。这些通报专栏放置点也不尽相同，一些地方将“监督曝光”专栏放置在导航栏目中，而大部分地方网站则将“监督曝光”“审查调查”栏目置于信息公开专栏下面。大部分网站的更新比较及时，绝大多数网站能及时向社会公开发布涉嫌严重职务违法或者职务犯罪的信息，共有28家纪检监察网站曝光了违反“中央八项规定”精神的相关案例。从公开的通报曝光信息来看，违反“中央八项规定”精神的案例全都列明了涉案人的姓名、单位、职务、违纪事实和处分结果，具有很强的震慑作用。从通报曝光的内容分类来看，部分网站根据违法行为的特点，将通报曝光案件分为违反中央八项规定精神、群众身边的腐败与作风问题、问责情况三大类，让公众浏览起来更加清晰便捷。哈尔滨等一些地方网站还设立了扫黑除恶专题通报曝光的专区，充分彰显了扫黑除恶的决心。南宁市通报类型比较多，如医疗卫生领域工作作风不严不实典型案例，党员干部、公职人员酒驾醉驾问题典型案例，巩固拓展脱贫攻坚成果同乡村振兴有效衔接过渡期违纪典型问题，违反政治纪律典型案例，工程建设领域腐败问题典型案例等，内容比较全面。

（七）巡视巡察信息公开工作更加精细化

绝大多数的网站都对巡视巡察工作作了不同程度的公开，26 家网站公开了本级组织开展的巡视巡察公告，近一半的网站公开了上级巡视反馈的问题。各地网站根据巡视巡察的层次，将巡视巡察分为上级巡视、本级巡察、下级巡察，一些地方在细节处作了细分与完善。例如，南京将巡视巡察分为上级巡视与本级巡察两大专栏，按照每条信息的内容分为进驻、部署、反馈、整改四大类，并在每条信息前进行标注，使公众浏览查找起来更加便捷明了。济南市纪检监察网站制作了巡察整改情况一览表，表中列明了巡视组组别、组长名字、被巡视单位、巡视时间、值班电话与收信地址等详细信息，点击被巡视单位名称即可查看该单位的整改情况，彰显了巡察的力度与决心。海口市巡视巡察栏目设有上级巡视巡察部署、进驻、反馈、整改和本级巡视巡察部署、进驻、反馈、整改两大类别八大分栏目，公示分类十分清晰。这些地方的巧妙做法使得巡视巡察信息的公开更加细致，方便了公众的浏览与针对性查找。

（八）社会参与监督的渠道更为健全

总体来看，32 家网站全都公开了监督举报的网址与电话，绝大多数网站都设有“12388”全国统一的举报网址链接，并放在网站首页较为明显的位置，只要点击即可进入举报页面。此外，29 家网站公开了监督举报信件投寄地址。一些地方网站还对监督举报平台的类别进行细分，结合当地存在的重点问题设立了不同领域的监督举报专区。例如，成都就在其网站首页设立了重点行业领域突出问题系统治理、服务民营企业以及涉黑涉恶腐败和“保护伞”问题监督举报专区。武汉则在纪委举报专栏中开设了违反党纪政务问题举报、扶贫领域问题举报、招商引资问题举报、“四风”问题举报、“庸懒散”问题举报以及纪检监察干部违反党纪政务问题举报六大类。银川、南宁两家网站还开设了留言板，也与网站群众进行了有效的互动留言。济南、石家庄、呼和浩特、海口和乌鲁木齐还统计了网站点击率，相对于2020 年的 3 家增加了石家庄与乌鲁木齐两家。

三　副省级（省会）城市纪检监察机关信息公开存在的问题

（一）网站建设重视不够

由于领导不重视网站建设，网站维持现有状况。如呼和浩特市在 2021 年评估中得分有所下降，主要原因是不重视网站的建设和维护，未公开 2021 年纪委工作报告和违反中央八项规定精神典型案例，不仅头条信息更新不及时、浏览量不高，而且信息更新时间排序混乱、错乱，出现了 2022 年的信息更新时间。个别网站的网页设计不新颖、不合理，板块内容不丰富的问题依然存在；有的网站站内检索存在问题，如哈尔滨市设置了站内检索但是无法显示内容，青岛市的站内检索直接链接到百度，这些都是不注重网站建设带来的问题；对网站宣传力度不够，如今自媒体发达，干部群众对网站关注度不高，大多数网站没有进行点击率的统计，只有 4 个网站公开了点击率统计，但是普遍网站信息点击率都不高，如济南市、呼和浩特市、乌鲁木齐市网站首页新闻信息前五条阅读量都没有超过 100。

（二）组织结构信息公开不够全面

大多数纪委监委网站职能放在部门预算前面公开，但公开的职能并不完整，有的是监察体制和纪检监察体制改革之前的内容，职能信息更新不及时。哈尔滨、杭州等地方网站还将职责职能作为涉密内容不进行公开。32家副省级纪检监察机关都没有公开内设机构和派驻机构名称、负责人姓名，绝大多数网站也没有公开派出机构职能职责和公开纪委监委领导职数。一些网站公开了本级单位编制和实有人数，但多数纪委监委都是笼统公开实有人员数，没有对内设机构和派驻机构实有人数作细化，仍有一些纪委监委没有公开领导照片和简介。而且，一些地方网站内容放置也比较混乱，例如武汉将机构概况放在信息公开专栏下的工作报告栏目里，而非放在组织结构栏目中，寻找起来比较不便。

（三）部门收支信息公开程度不够

大多数纪检监察机关按照要求公开了预算，公开的内容仍有保留，如有的没有公开“三公”经费开支总额和开支明细。大案要案查办支出信息网站公开得更少，只有极个别单位公开。同时，由于缺少统一规定，也存在部门收支信息公开在其他地方的情况。南京市不同于其他地区，预决算统一在江苏省预决算公开统一平台中公开。

（四）制度规定公开质量较差

评估发现，虽然大多数网站都开设有制度规定专栏，但内容上绝大多数是上级的制度规定，本级的制度规定很少有网站公开，极少数公开的也是往年的内容。如合肥市网站的“纪法学堂”栏目设置了党纪法规库、权威解读、以案释纪、案例剖析、清风时评、图解图集、党纪法规库等分专栏，栏目的设置十分齐全，只是内容都是往年的，内容中也未能找到《中国共产党纪律处分条例》《监察法》《宪法》等重要的纪律和法规。

（五）纪委全会工作报告公开力度不足

有的地方纪委没有全文公开全会工作报告，有的全文公开了但不及时，不能在全会召开后一个月内进行及时公开，有的网站虽然开辟了纪委全会的专栏，但是更多的是对全会作新闻报道和公开全会报告的决议。2021 年评估时仍然有武汉、南京、济南、太原、昆明等 12 家网站没有全文公开纪委全会工作报告，也没有设立纪委全会专题栏目，公开纪委全会任何内容。

（六）通报曝光信息公布仍有欠缺

纪委监委精选典型问题公开通报曝光，特别是在重要时间节点曝光各地查处的典型问题，能够起到“震慑一片、警醒一方”的效果。但是，一些网站没有用好“曝光”这一利器，把网站中“曝光台”这一栏目设置当摆设。32 家网站都专门开设通报专栏，乌鲁木齐、拉萨、福州、呼和浩特这 4 家网站没有通报曝光过本级违反“中央八项规定”精神典型案例。目前，还没有任何一家网站公开处分决定书的全文，这是下步努力的方向。

（七）上级巡视信息公开力度亟须加强

相较于本级巡视巡察的信息公开力度，网站公开公布上级对本市巡视内容的力度较为薄弱，只有 7 家网站公开了上级巡视后整改问题的通报，大部分网站都只公开公布了本级或本级对下级巡视巡察的公告、问题、整改情况。从公开公布的内容看，一些网站只以新闻报道形式作了简单的公开公布，并未具体公布巡视巡察反馈的问题以及巡视巡察后的具体整改情况。如南京市、南昌市 2020 年被省委巡视，但网站巡视栏目无任何内容体现。

（八）公众参与程度不高

纪委监委与公众之间的信息互动，应该是网站建设的基本功能要求之一，没有公众关注和参与的网站建设就失去了意义。在 2021 年评估对象中，只有南宁市和银川市 2 个网站开设了互动交流栏目，只有少数网站可以查看到网页点击率或者浏览人数，并且从这些网页点击率看出网页浏览人数并不多。可知，公众通过网站参与和监督不够。

四　进一步完善纪检监察机关信息公开的建议

（一）继续加强网站的建设

纪检监察机关要把信息公开工作纳入纪检监察工作全局统筹考虑，加强组织领导，建立领导负责制，明确分工，细化责任。要出台网站建设和信息公开方面的制度，切实加强和规范信息公开工作，不断提高党的纪律检查和国家监察工作透明度。建立信息公开队伍，加强对现有人员专业技术培训，有计划有步骤地充实计算机、网络等方面的专业人才，使信息公开工作有组织、有人员、有方案、有要求、有效果，促进工作常态化。要合理设计网页，提高纪委监委网站硬件和软件支持，解决“无法打开”、链接无效、网页打开慢等技术问题。

（二）加快信息更新频率

一个网站的生命力取决于其内容价值，要有一定的新鲜度。要使网站及时更新，就必须建立网站建设、管理的持久机制。结合当地实际情况，从制度、组织、人员和经费等方面对政府网站建设予以保障。要按照“严格依法、全面真实、及时便民”的政务公开要求，及时公布政策法规、通知通告、工作部署等重要信息，不断拓展信息发布的深度和广度。按照有关保密工作的规定，加强审查，确保信息内容和发布的程序合法合规。要编制信息公开目录，明确责任部门、公开范围及公开时限。制定信息分级分类管理办法，建立健全信息采集、编辑、审核、发布、共享等方面的规章制度。

（三）继续加大信息公开力度

加快信息公布的速度，依法、及时、全面、准确地主动公开有关制度规定。向社会及时主动公开纪委监委工作职责、领导及分工、内设机构及职责，制定的对广大党员干部及行使公权力的公职人员具有普遍约束力的规范性文件，制定的内部日常管理、行为规范等规章制度，履职基本流程及向社会承诺完成的事项及办理情况，涉及党风廉政建设责任制、领导干部廉洁自律、党风廉政宣传教育、整治群众身边不正之风、群众信访等与党员干部和社会公众密切相关的重大事项，纪委监委做出的对严重职务违法或者职务犯罪的处理决定以及问责追责工作情况等。

（四）加强网站互动力度

要按照“总体规划、分步实施、严格审理、确保安全”的原则，加强互动栏目建设，不断丰富互动交流方式，为公众参与互动交流创造条件。围绕当前重点工作和公众关注热点，开通在线访谈、热点解答、网上咨询等栏目，及时答复和解决群众提出的问题，使网站成为纪委监委密切联系人民群众的窗口。要通过举报邮箱，接受公众建言献策和情况反映，开通留言板功能。围绕中央、省、市、县重要决策和与老百姓利益密切相关的事项，开展网上调查、网上听证、网上评议等工作，征集公众的意见和建议，及时回应网民关切。

（五）建立新闻发布会制度

纪检监察机关设置新闻发言人，按发布信息的轻重缓急等进行分类，细化发布内容，规范发布途径，明确发布方式，提高信息公开的针对性和时效性。对纪检监察工作重大事件、重大决策部署、重点工作和干部群众关注的热点问题，召开新闻发布会公开发布信息；对纪检监察工作创新、工作成效、典型经验等，可以通过网站、报纸、电视台、电台等公开发布信息；对涉及群众切身利益和反映强烈的问题，根据申请公开事项，及时公开相关信息，回应社会关切，形成良性互动。

B.14
2021年地级市纪检监察机关信息公开评估报告

中国社会科学院社会学研究所“党和国家监督体系绩效测评研究”创新工程项目组*

摘 要： 2021年8月1～31日，项目组采用PPS等距抽样的方法抽取了54家地级市纪委监委作为评估对象，对其网站的信息公开情况从公开平台、组织结构、部门收支、制度规定、工作报告、通报曝光、巡视整改、社会参与8个维度进行了评估，并对评估结果进行了分析。评估发现，当前地级市纪委监委网站信息公开越来越规范、各评估子模块得分普遍提升、巡视整改模块满分表现亮眼、制度规定和通报曝光模块呈现较高水平，但同时也存在组织结构信息公开亟待提升、部门收支信息公开不够彻底、工作报告信息公开不够及时全面、巡视整改情况信息公开不够完整、社会参与度明显不足等问题。对此，建议进一步健全信息公开工作体制机制建设，提高信息公开及时性和可追溯性，提高信息公开标准化程度，提高群众互动在信息公开中的比重。

关键词： 地市级纪委监委 信息公开 透明度 评估

纪检监察机关网站是各级纪检监察机关倾听民意、受理网络举报的重要渠道，为党风廉政建设和反腐败工作提供了舆论支持和宣传服务平台。近年

---

* 项目负责人：蒋来用。项目组成员：周兴君、孙大伟、于琴、许天翔、任涛、胡爽、何圣国、杨彬彬、常钰筝、张静、王阳、高蕴楠、张缯昕。执笔人：许天翔、胡爽。

来，随着科技的进步和发展，党和国家越来越重视信息公开工作，对各级机关、政府的网站建设提出了更多的新要求、新规定。2013 年 9 月 2 日，中央纪委监察部网站正式开通上线。自上线以来，中纪委官网多次自揭面纱、去神秘化，仅一年时间就通报了案件信息 600 余件，点名道姓通报曝光了 1500 余起违反“中央八项规定”精神的案件，受到社会各界广泛的关注，网站影响力不断扩大。

在此形势下，全国各地的纪检监察机关都在逐步探索建立、完善纪检监察网站，已有不少纪检监察机关将网站打造成了纪委监委信息公开、新闻发布、宣传教育、成果展示、网络举报的主渠道、主阵地，集权威发布平台、宣传教育平台、工作展示平台、互动交流平台和网络监督平台于一身。各地纪检监察网站不仅加大了纪检监察机关监督执纪问责的宣传效果，而且展示了纪检监察干部的良好形象，还为党风廉政建设和反腐败工作提供了强有力的保障。然而，从项目组近几年对全国各地纪检监察网站的信息公开透明度进行评估的结果来看，目前全国各地纪检监察网站建设质量参差不齐，各地对纪检监察网站建设的要求不一致，表现出随着地域、纪检监察机关级别、经济发展状况等指标的变化而变化的趋势，特别是在公开透明度上，各地纪检监察网站的差异明显。基于此，项目组根据《中国共产党党务公开条例（试行)》《中华人民共和国监察法》等党内法规和国家法律，结合纪检监察机关的日常工作，课题组设计了纪检监察网站信息公开评估指标体系。通过这套体系，我们对地级市一级的纪委监委信息公开情况进行了评估。

一　评估对象和信息采集

项目组根据人口数量排序、采用 PPS 进行等距抽样确定本次评估的市级纪委监委网站，每个省、自治区抽取两个市纪委监委网站组成样本，共抽取出 54 个市级纪委监委网站作为本次信息公开评估对象。需要指出的是，北京、上海、天津、重庆 4 个直辖市以及各省、自治区、直辖市、特别行政

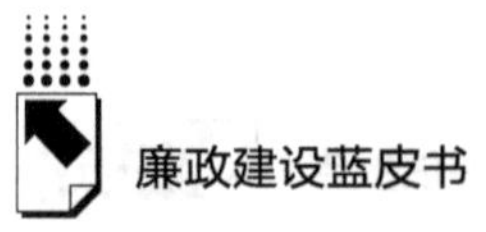

区的行政中心城市未被纳入本次信息公开评估对象。

本次评估项目组统一信息收集来源，除了“公开平台”这项指标需要参照各评估对象的微信公众号、官方微博等公开平台外，其他的指标体系需要的数据信息一律仅从评估对象的网站获取，不使用其他网站和渠道的信息。此外，评估分析中使用的所有数据，均来自项目组在数据收集时段，即2021年8月1～31日采集到的信息，不使用其他时间段的数据，特此说明（见表1）。

表1　54家市级纪委监委网站所在地、网址及数据收集时段

序号	地级市	网　址	数据收集时段
1	河北保定市	https://www.bdjj.gov.cn/	2021年8月1～31日
2	河北廊坊市	http://www.lfcdi.gov.cn/	2021年8月1～31日
3	山西忻州市	http://www.xzdi.gov.cn/	2021年8月1～31日
4	山西吕梁市	http://www.lldi.gov.cn/	2021年8月1～31日
5	内蒙古鄂尔多斯市	http://www.ordoslz.gov.cn/	2021年8月1～31日
6	内蒙古呼伦贝尔市	http://hlbe.nmgjjjc.gov.cn/	2021年8月1～31日
7	辽宁盘锦市	http://www.pjjjjc.gov.cn/	2021年8月1～31日
8	辽宁辽阳市	http://www.lyjjjc.gov.cn/	2021年8月1～31日
9	吉林延边朝鲜自治州	http://www.ybjj.gov.cn/	2021年8月1～31日
10	吉林松原市	http://www.jlsyjj.gov.cn/	2021年8月1～31日
11	黑龙江大庆市	http://dqjjjc.daqing.gov.cn/	2021年8月1～31日
12	黑龙江伊春市	http://www.hljycjjjc.gov.cn/	2021年8月1～31日
13	江苏无锡市	http://wuxijw.wuxi.gov.cn/	2021年8月1～31日
14	江苏徐州市	http://www.xzjj.gov.cn/	2021年8月1～31日
15	浙江舟山市	http://www.zslz.gov.cn/	2021年8月1～31日
16	浙江湖州市	http://www.hzsjw.gov.cn/	2021年8月1～31日
17	安徽淮北市	http://www.hbjjjc.gov.cn/	2021年8月1～31日
18	安徽安庆市	http://www.aqjjjc.gov.cn/	2021年8月1～31日
19	福建宁德市	http://www.ndjc.gov.cn/	2021年8月1～31日
20	福建三明市	http://www.smcdi.gov.cn/	2021年8月1～31日
21	江西九江市	http://www.jjlx.gov.cn/	2021年8月1～31日
22	江西鹰潭市	http://www.ytlz.gov.cn/	2021年8月1～31日
23	山东淄博市	http://www.zbjw.gov.cn/	2021年8月1～31日
24	山东潍坊市	http://www.wfjw.gov.cn/	2021年8月1～31日
25	河南鹤壁市	http://www.hbsjcj.gov.cn	2021年8月1～31日

续表

序号	地级市	网　址	数据收集时段
26	河南焦作市	http://www.jzjjw.gov.cn	2021年8月1~31日
27	湖北十堰市	http://www.hbsyjw.gov.cn/	2021年8月1~31日
28	湖北宜昌市	http://www.ycjw.gov.cn/	2021年8月1~31日
29	湖南株洲市	https://zzlzw.zznews.gov.cn/	2021年8月1~31日
30	湖南岳阳市	http://blfj.yueyang.gov.cn/	2021年8月1~31日
31	广东韶关市	http://www.sglz.gov.cn/	2021年8月1~31日
32	广东江门市	http://jmlz.jiangmen.cn/	2021年8月1~31日
33	广西防城港市	http://www.fcgsjjw.gov.cn/	2021年8月1~31日
34	广西钦州市	http://www.qzjjjc.gov.cn/	2021年8月1~31日
35	海南三亚市	http://jjjc.sanya.gov.cn/	2021年8月1~31日
36	海南儋州市	http://www.hncdi.gov.cn/web/hnlzw/xxgk/new_city_list2.jsp?channelCode=lzw_navs&orgCode=000002	2021年8月1~31日
37	四川自贡市	http://www.zgjw.gov.cn/	2021年8月1~31日
38	四川攀枝花市	http://www.pzhjjjc.gov.cn/	2021年8月1~31日
39	贵州遵义市	http://jiwei.zunyi.gov.cn/	2021年8月1~31日
40	贵州毕节市	http://www.bjsjw.gov.cn/	2021年8月1~31日
41	云南玉溪市	http://www.yxlz.gov.cn/	2021年8月1~31日
42	云南保山市	http://jw.baoshan.gov.cn/	2021年8月1~31日
43	西藏林芝市	http://lz.xzjjw.gov.cn/	2021年8月1~31日
44	西藏那曲市	http://nq.xzjjw.gov.cn/	2021年8月1~31日
45	陕西铜川市	http://tongchuan.qinfeng.gov.cn/	2021年8月1~31日
46	陕西渭南市	http://weinan.qinfeng.gov.cn/	2021年8月1~31日
47	甘肃天水市	http://www.tsjjjc.gov.cn/	2021年8月1~31日
48	甘肃白银市	http://www.bysjw.gov.cn/	2021年8月1~31日
49	青海海东市	http://www.qh.xinhuanet.com/hdjcmx/dt.htm	2021年8月1~31日
50	青海果洛藏族自治州	http://www.qhjc.gov.cn/subsite/index_4266071fc689ceed_7E529FA9AFBD6274.html	2021年8月1~31日
51	宁夏固原市	http://www.gyjjjc.gov.cn/	2021年8月1~31日
52	宁夏石嘴山市	http://www.szsjjjc.gov.cn/	2021年8月1~31日
53	新疆昌吉回族自治州	http://jw.cj.cn/	2021年8月1~31日
54	新疆博尔塔拉蒙古自治州	http://www.bzlzw.gov.cn/	2021年8月1~31日

二 评估结果

相较2018年、2019年、2020年的评估结果，本次评估中的各项指标数据均有不小的提高，表明当前市级纪委监委的信息公开平台建设越来越完善、规范和健全（见表2）。

表2 地级市纪委监委工作信息公开评估结果

单位：分

地级市	公开平台（10%）	组织结构（10%）	部门收支（15%）	制度规定（12%）	工作报告（12%）	通报曝光（15%）	巡视整改（10%）	社会参与（16%）
河北省保定市	79.00	45.00	75.00	95.00	91.50	53.80	50.00	34.00
河北省廊坊市	85.00	45.00	75.00	95.00	91.50	89.11	0.00	34.00
山西省忻州市	79.00	45.00	87.50	78.50	0.00	65.02	100.00	34.00
山西省吕梁市	60.00	30.00	0.00	95.00	0.00	78.22	100.00	34.00
内蒙古鄂尔多斯市	60.00	65.00	62.50	95.00	0.00	78.22	50.00	50.50
内蒙古呼伦贝尔市	65.00	65.00	75.00	95.00	91.50	58.42	100.00	50.50
辽宁省盘锦市	60.00	35.00	87.50	95.00	0.00	78.22	75.00	0.00
辽宁省辽阳市	76.00	40.00	75.00	100.00	0.00	78.22	100.00	34.00
吉林省延边朝鲜族自治州	65.00	45.00	87.50	100.00	91.50	78.22	33.50	11.56
吉林省松原市	45.00	25.00	6.25	100.00	0.00	78.22	75.00	34.00
黑龙江省大庆市	30.00	60.00	75.00	95.00	0.00	53.80	0.00	34.00
黑龙江省伊春市	50.00	65.00	75.00	95.00	91.50	78.22	100.00	34.00
江苏省无锡市	75.00	40.00	87.50	62.00	25.50	89.11	100.00	44.56
江苏省徐州市	90.00	40.00	0.00	95.00	0.00	78.22	50.00	50.50
浙江省舟山市	85.00	30.00	75.00	95.00	91.50	89.11	100.00	34.00
浙江省湖州市	60.00	30.00	0.00	95.00	0.00	89.11	50.00	34.00
安徽省淮北市	75.00	40.00	87.50	95.00	91.50	89.11	100.00	34.00
安徽省安庆市	68.20	45.00	87.50	95.00	91.50	89.11	100.00	67.00
福建省宁德市	45.00	60.00	87.50	45.00	100.00	89.11	100.00	83.50
福建省三明市	45.00	60.00	87.50	95.00	91.50	78.22	33.50	11.56
江西省九江市	60.00	65.00	87.50	95.00	91.50	89.11	50.00	34.00
江西省鹰潭市	60.00	30.00	87.50	45.00	91.50	69.31	0.00	34.00
山东省淄博市	65.00	45.00	87.50	100.00	0.00	85.81	50.00	67.00

续表

地级市	公开平台（10%）	组织结构（10%）	部门收支（15%）	制度规定（12%）	工作报告（12%）	通报曝光（15%）	巡视整改（10%）	社会参与（16%）
山东省潍坊市	87.60	30.00	75.00	95.00	0.00	89.11	50.00	34.00
河南省鹤壁市	50.00	40.00	87.50	95.00	0.00	78.22	50.00	34.00
河南省焦作市	77.60	25.00	0.00	95.00	100.00	78.22	50.00	34.00
湖北省十堰市	100.00	60.00	87.50	95.00	91.50	78.22	0.00	34.00
湖北省宜昌市	65.00	40.00	87.50	95.00	91.50	78.22	50.00	34.00
湖南省株洲市	65.00	62.50	46.875	45.05	0.00	89.11	100.00	34.00
湖南省岳阳市	90.00	37.50	81.25	90.10	0.00	80.61	100.00	50.50
广东省韶关市	90.00	35.00	60.625	100.00	0.00	89.11	100.00	34.00
广东省江门市	90.00	37.50	0.00	25.00	90.10	89.11	100.00	34.00
广西防城港市	90.00	57.50	100.00	95.05	90.10	89.11	100.00	50.50
广西钦州市	77.60	77.50	87.50	66.50	0.00	89.11	58.50	67.00
海南省三亚市	95.00	47.50	87.50	100.00	0.00	89.11	100.00	67.00
海南省儋州市	65.00	25.00	0.00	66.50	0.00	89.11	100.00	16.50
四川省自贡市	90.00	45.00	87.50	95.05	90.10	89.11	100.00	67.00
四川省攀枝花市	90.00	45.00	100.00	100.00	0.00	89.11	58.50	67.00
贵州省遵义市	90.00	62.50	87.50	83.50	90.10	89.11	100.00	50.50
贵州省毕节市	95.00	62.50	60.625	100.00	0.00	89.11	100.00	67.00
云南省玉溪市	100.00	52.50	81.25	100.00	0.00	89.11	100.00	28.06
云南省保山市	95.00	57.50	87.50	83.50	0.00	89.11	100.00	50.50
西藏林芝市	90.00	62.50	60.625	67.00	0.00	89.11	50.00	50.50
西藏那曲市	70.00	52.50	6.25	67.00	0.00	89.11	17.00	50.50
陕西省铜川市	90.00	37.50	100.00	95.05	0.00	89.11	100.00	34.00
陕西省渭南市	95.00	62.50	87.50	95.05	0.00	80.61	50.00	50.50
甘肃省天水市	90.00	47.50	60.625	100.00	90.10	89.11	58.50	50.50
甘肃省白银市	90.00	47.50	6.25	100.00	90.10	89.11	100.00	34.00
青海省海东市	90.00	37.50	87.50	95.05	90.10	89.11	42.00	34.00
青海省果洛藏族自治州	60.00	52.50	6.25	25.00	90.10	84.01	17.00	34.00
宁夏固原市	100.00	50.00	6.25	100.00	0.00	89.11	75.00	34.00
宁夏石嘴山市	90.00	50.00	62.50	100.00	90.10	89.11	75.00	34.00
新疆昌吉回族自治州	95.00	47.50	0.00	95.05	0.00	89.11	50.00	22.78
新疆博尔塔拉蒙古自治州	80.00	37.50	6.25	100.00	0.00	89.11	100.00	34.00
平均分	76.39	46.94	62.07	87.41	41.22	83.33	69.79	40.65

（一）地级市纪委监委网站信息公开越来越规范

在往年的评估中，因为部分评估对象未建立纪委监委信息公开网站，或者虽然建立了信息公开网站，但网站在信息收集时段无法访问，因此存在一定的“0分”现象。在本次评估中，除了1个市级纪委监委将其信息公开网站内嵌在省级纪委监委网站中之外，其余的评估对象均建立了单独的纪委监委网站，说明当前地级市纪委监委网站信息公开越来越规范。

（二）评估子模块得分普遍有提升

各评估子模块中，除了“工作报告”项得分比2020年低之外，其余模块均有一定程度的提升，具体表现为：“公开平台”项平均分76.39分，比2020年提升4.96%；“组织结构”项平均分46.94分，比2020年提升1.81%；“部门收支”项平均分62.07分，比2020年提升36.30%；“制度规定”项平均分87.41分，比2020年提升82.12%；“通报曝光”项平均分83.33分，比2020年提升21.53%；“巡视整改”项得分69.79分，比2020年提升55.63%；“社会参与”项平均分40.65分，比2020年提升20.12%。

（三）巡视整改满分表现亮眼

比较各模块的得分情况发现，“巡视整改”模块满分表现最好，有25家评估对象获得了该项100分的评估分，占比46.30%，接近半成。项目组注意到，无锡、淮北、安庆、宁德4个评估对象将“巡视巡察”板块分为“上级巡视巡察情况”和“本级巡视巡察情况”，并且在每一级巡视巡察情况中依次列明“部署”“进驻”“反馈”“整改”，清晰呈现了巡视巡察的步骤、流程和结果。

（四）制度规定、通报曝光呈现较高水平

“制度规定”模块是本次评估中得分最高的模块，有14家评估对象在

该模块中获得满分，占比25.93%，有43家评估对象该模块得分高于80分，占比79.63%，除了按要求及时公开国家法律法规、党纪党规之外，有27家评估对象公开了本地纪检监察工作制度，占到一半比例。“通报曝光”模块是本次评估中得分第二高的模块，该模块得分在80分以上的有36家，占比66.67%，值得注意的是，有部分评估对象已开始逐渐公布处分决定，虽然一定程度上存在选择性公开的问题，但已是不小的突破。

三　市级纪检监察机关信息公开存在的问题

（一）组织结构信息公开亟待提升

截至2021年8月底，在项目组本次评估所抽取的54个样本中，一级指标“组织结构”的平均分仅为46.94分。所有的市级纪检监察机关均未公开内设及派出机构负责人姓名、纪委监委领导职数、内设机构领导人员姓名和派驻机构领导人员姓名。仅有1个市级纪委监委公开了派驻机构编制数和实有人数。公开纪委监委机关编制数的仅有21个，公开纪委监委机关实有人数的仅有20个。有21家网站未公开纪委监委领导班子成员照片。此外，虽然大多数市级纪委监委都公开了内设机构职能职责，但只有少数公开了派驻机构职能职责。

（二）部门收支信息公开不够彻底

截至8月底，在项目组本次评估所抽取的54个样本中，一级指标“部门支出”的平均分为62.07分。存在的突出问题主要为大案要案查办支出透明度不足，仅有3家市级纪委监委网站在财政预决算中明确公开了大案要案查办支出。19家市级纪委监委没有按时公开预算或决算，而按时公开预算或决算的35家市级纪委监委中又有18家预算公开不充分。同时，有19家市级纪委监委没有按时公开部门预算绩效目标，而剩余35家按时公开预算绩效目标的市级纪委监委中，又有2家预算绩效目标公开不够具体客观。16 家市级纪委监委未公开纪委审查、监委调查工作经费年度开支总额，13 家未公开“三公”经费开支总额，15 家未公开“三公”经费开支明细。

（三）工作报告信息公开不够及时全面

工作报告是市级纪检监察机关信息公开的又一大短板。截至 8 月底，在项目组本次评估所抽取的 54 个样本中，一级指标“工作报告”的平均分仅为 41.22 分。有 42 家市级纪委监委未在本单位网站上公布本年度工作报告，有 29 家从未在本单位网站上公开过工作报告，有的仅公开了纪委全会公报。30 家市级纪委监委网站上的工作报告未全文公开。工作报告创新性不足，30 家市级纪委监委工作报告在评价上一年度工作时仅有定性描述，缺乏工作目标吻合度、工作成效数据和事实。市级纪委监委工作创新性也有待进一步提高。此外，工作报告的可追溯性不足。十五届中央纪委以来历次全会的会议公报和工作报告在中央纪委国家监委网站上已实现全部公开，起到了良好的示范作用，但很多市级纪委监委在出现人事变动或换届后就将以往的工作报告一删了之。

（四）巡视整改情况信息公开不够完整

一是大多数市级纪委监委网站没有将上级巡视和本级巡察两种信息进行分类，也没有将巡视巡察公告、发现或反馈问题以及整改情况进行分类排列显示，将多个层级、多种环节的信息“杂糅”在一个栏目中公开，既降低了巡视巡察工作信息公开的质量，又影响群众参与巡视巡察监督的积极性和知情权。二是巡视巡察整改信息公开的结构不均衡。截至 8 月底，在项目组本次评估所抽取的 54 个样本中，有 21 家未公开上级巡视反馈问题，29 家未公开上级巡视后整改情况，4 家未公开本级组织开展的巡察公告，7 家未公开本级巡察工作报告或发现的问题，12 家未公开本级巡察后整改情况的通报。虽然本级巡察信息公开情况明显好于上级巡视市委情况，但仍不利于巡视巡察上下联动效果的发挥。巡视巡察公告、发现和反

馈的问题、巡视巡察整改情况的公开度也呈现逐级递减，还有个别地方仅发布了关于巡视巡察的新闻报道。三是不少市级纪委监委网站仅公开了巡察部分下级地方和部门的信息，与巡视巡察全覆盖的精神不符。

（五）社会参与度明显不足

截至 8 月底，在项目组本次评估所抽取的 54 个样本中，一级指标“社会参与”的平均分仅为 40.65 分。市级纪委监委网站社会参与度不足主要体现在公众评价互动性不足和网站点击率不公开。有 2 家市级纪委监委网站未在首页上公开网络监督举报渠道，6 家未公开监督举报电话，7 家未公开监督举报信件投寄地址。仅有 5 家市级纪委监委网站设有留言板栏目，其中仅有 1 家网站回复了群众留言，甚至有的地方网站中开设的新闻栏目冠以“留言板”之名却无“留言板”之实。仅有 16 家市级纪委监委公开了本单位网站的点击率统计，10 家网站的头条新闻有浏览人数统计。

四　进一步完善市级纪检监察机关信息公开工作的建议

习近平总书记指出：“要运用信息化手段推进政务公开、党务公开，加快推进电子政务，构建全流程一体化在线服务平台，更好解决企业和群众反映强烈的办事难、办事慢、办事繁的问题。”① 针对本次评估中发现的上述问题，为进一步推进市级纪检监察机关网站信息公开工作，项目组提出下列建议。

（一）进一步健全信息公开工作体制机制建设

加强党对纪检监察机关信息公开工作的全面领导，确保纪检监察信息公开工作始终沿着正确方向前进。市级党委及其主要领导干部要从讲政治的高

① 习近平：《习近平谈治国理政》（第三卷），外文出版社，2020，第 307 页。

度重视纪检监察机关信息公开的重要意义，不断提高政治判断力、政治领悟力、政治执行力，不断增强“四个意识”，坚持把党的政治建设摆在首位，将其纳入政务公开、党务公开全局中统筹考虑。市级纪委监委要在同级党委和上级纪委监委的领导下把信息公开工作作为推动纪检监察工作高质量发展的重要内容，纳入重点工作计划和重要议事日程，及时解决新情况新问题。建立由市纪委常委会统一领导，市纪委副书记（常委）、监委副主任（委员）分管，宣传部统一管理，各内设机构、派驻机构协调配合的领导体制。纪检监察干部特别是领导干部要主动适应信息公开要求、强化互联网思维，不断提高对互联网规律的把握能力、对社会舆论的引导能力、对信息公开的驾驭能力、对网络安全的保障能力。市级纪委监委各内设部门、派驻机构和领导干部要同步提高通过互联网组织群众、宣传群众、引导群众、服务群众的本领。要加大力度选好、配好、用好干部，为纪检监察信息公开工作提供坚强的组织和队伍保障。

（二）进一步提高信息公开的及时性和可追溯性

及时性是信息公开的生命线。但课题组评估发现，各地市均存在信息公开不及时的问题，同一地市的不同栏目信息公开的及时性也不尽相同，尤其是在工作报告、预决算等重要领域信息公开的及时性就更为重要。因此要进一步提高纪检监察信息公开的及时性。制定刚性制度，确保纪委监委工作报告、预决算报告不晚于每年年中公布。审查调查、留置信息在不影响案件查办工作的基础上尽快向社会公布。建立市级纪委监委新闻发布会制度，重要信息第一时间通过新闻发布会的形式对外发布。此外，还要建立相应的责任机制，对信息公开不及时、不全面等问题进行严肃追责问责。

在提供信息公开及时性的同时，还要下大力气解决“新官不理旧账”问题，提高信息公开的可追溯性。在各种渠道公开的政务信息，在一个时间段后其性质将会从及时性信息变为历史性信息，信息公开的重点也相应地从确保及时性转变为确保可追溯性。但通过评估课题组发现，不少地方纪委监委在换届或人事变动之后，会将原本已公开的有关信息统一删除，原本内容

丰富的网站栏目也会变得“空无一物”，导致人走政息，使群众无法及时掌握当地纪检监察工作的历史性信息。针对这一突出问题，纪检监察信息在决定公开时就要坚持高标准、严要求，经得起时间和历史的考验，已经公开的信息除有特定公开期限之外，应确保可以长期甚至永久访问。

（三）进一步提高信息公开的标准化程度

市级纪检监察机关在地方纪检监察系统中处于承上启下的关键地位，其信息公开工作的质量对省级、县级也有重要影响。但目前不少市级纪委监委信息公开存在主观性、随意性过大的问题。对此，应大力增强市级纪委监委信息公开的标准化程度。中央或省级纪委监委需要进一步加强对市级纪委监委信息公开的顶层设计。各地可以将“上级制度”链接至中央纪委国家监委网站或省级纪委监委网站的“党纪法规”等栏目。对于本级制度规定，需要明确标准，各地市纪委监委应制定更为具体细致的公开标准，明确各类事项应予以公开的时间和期限，明确哪些事项完全公开、哪些事项部分公开、哪些事项可以依申请公开。上级纪检监察机关要加强制度规定的备案审查，防止上下级、不同地区的信息公开的规定相互冲突。此外，在标准化建设过程中要确保信息公开的全面性，补齐短板，防止“破窗效应”。

（四）进一步提高群众互动在信息公开中的比重

评估发现，“社会参与”程度较低是市级纪检监察机关网站信息公开工作中的短板之一，尤其是绝大多数地市纪委监委网站中都没有设置留言板功能，极少数有留言板功能的网站也存在回复不及时的问题。在经济社会快速发展、信息技术不断升级迭代的现代社会，人们获取政务信息的渠道和方式正在发生广泛而深刻变革，目前拥有整段时间直接通过网页的方式获取政务信息的人数较以往大幅减少，大量公众实际上是利用碎片化的时间通过移动终端中的 App 或者公众号了解自己感兴趣的政务信息。这些变化给纪检监察机关做好信息公开工作提出了更高的要求。从根本上看，纪检监察机关要积极转变观念、解放思想，不能被动坐等人民群众“上门”查阅信息，要

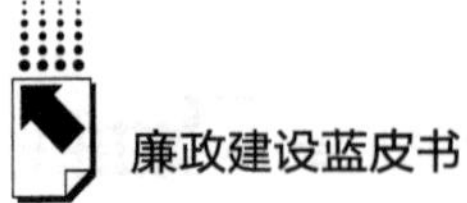

鼓励纪检监察宣传部门通过报纸、广播电视、网页和微博、微信、短视频官方公众号等各种渠道以文字、图表、音频、视频、交互等多种方式主动向人民群众宣传、普及有关信息，去除纪检监察机关在群众眼中“神秘感”，增强人民群众对纪检监察工作的了解度、支持度、参与度和满意度，推动新时代纪检监察信息公开工作高质量发展。眼下尤其是要增强市级纪委监委信息公开的社会参与度，补齐留言板设置、回复和点击率统计的短板，建立信息公开效果反馈机制，增强互动性，及时听取人民群众呼声，积极回应群众重大关切，持续整治群众身边腐败和不正之风，解决好群众急难愁盼问题，发挥好人民群众的监督作用，让信息公开真正成为连接纪委监委监督和群众监督的“桥梁纽带”。

B.15

2021年直辖市下辖区县纪检监察机关信息公开评估报告

中国社会科学院社会学研究所“党和国家监督体系绩效测评研究”创新工程项目组*

摘　要：2021年8月，项目组对4个直辖市下辖区县纪检监察机关网站信息公开情况作了评估。评估结果显示，直辖市下辖区县纪检监察机关信息公开平台建设多元化，组织结构信息公开更为规范，部门收支信息公开持续推进，制度规定公开力度加大，纪委全会工作报告逐步公开，通报曝光信息公开威慑力强，巡视巡察整改信息公开渐全，社会参与渠道趋向多元。但也发现存在公开平台建设仍不完备、组织结构信息主动公开不够、部门收支公开内容不均衡、本级制度公开仍需深化、工作报告全文公开更新延迟、通报曝光信息不全面、上级巡视巡察内容公开不多、社会参与亟须升级等问题。需进一步增强主动公开意识，推进网站数字化建设，推动公开形式多元化、公开内容突出地方特色，加大重点信息公开力度。

关键词：直辖市下辖区县　纪检监察　信息公开

一　评估对象和资料来源

项目组本次评估采取全覆盖的方式，将京、津、沪、渝四个直辖市下

* 项目负责人：蒋来用。项目组成员：周兴君、孙大伟、于琴、许天翔、任涛、胡爽、何圣国、张静、王阳、高蕴楠、张缯昕。执笔人：于琴、高蕴楠。

辖的 89 个区县全部作为评估对象。直辖市的行政区划级别与省、自治区和特别行政区相同，是直接由中央人民政府所管辖的建制城市，相较于我国其他城市有着特殊地位，直辖市的纪检监察机关信息公开程度也比其他城市受到更多关注，所以项目组将京、津、沪、渝 4 个直辖市下辖的各区（县）专列一组，单独进行评估。评估的信息来源为 4 个直辖市各行政区的纪检监察机关官方网站（见表 1），项目组据此进行评估。考虑到网站上的信息不断更新和变化，项目组统一收集信息数据的时段为 2021 年 8 月 5～20 日。

表 1　直辖市下辖区县评估对象名称、网站域名

序号	省/市/区名称	省/市/区纪委监委网站域名
1	北京市东城区	http://www.dcqjw.gov.cn/
2	北京市西城区	http://www.xcjw.gov.cn/
3	北京市朝阳区	http://www.chyjw.gov.cn/jw/index_123.htm
4	北京市海淀区	http://www.hdcdi.gov.cn/
5	北京市丰台区	http://www.ftjj.gov.cn/ftjj/
6	北京市石景山区	http://jw.bjsjs.gov.cn/
7	北京市门头沟区	http://jjw.bjmtg.gov.cn/
8	北京市房山区	http://jjjc.bjfsh.gov.cn/
9	北京市通州区	http://quwei.bjtzh.gov.cn/jjw/
10	北京市顺义区	http://jwjcw.bjshy.gov.cn/
11	北京市昌平区	http://chpjw.bjchp.gov.cn/
12	北京市大兴区	http://dxjjjc.bjdx.gov.cn/
13	北京市怀柔区	http://www.bjhrjjjc.gov.cn/
14	北京市平谷区	http://jjw.bjpg.gov.cn/
15	北京市密云区	http://www.bjmyjw.gov.cn/
16	北京市延庆区	http://jw.bjyq.gov.cn/
17	天津市和平区	http://heping.tjjw.gov.cn/
18	天津市河东区	http://hedong.tjjw.gov.cn/
19	天津市河西区	http://hexi.tjjw.gov.cn/
20	天津市南开区	http://nankai.tjjw.gov.cn/
21	天津市河北区	http://hebei.tjjw.gov.cn/
22	天津市红桥区	http://hongqiao.tjjw.gov.cn/
23	天津市东丽区	http://dongli.tjjw.gov.cn/

续表

序号	省/市/区名称	省/市/区纪委监委网站域名
24	天津市西青区	http://xiqing. tjjw. gov. cn/
25	天津市津南区	http://jinnan. tjjw. gov. cn/
26	天津市北辰区	http://beichen. tjjw. gov. cn/
27	天津市武清区	http://wuqing. tjjw. gov. cn/
28	天津市宝坻区	http://baodi. tjjw. gov. cn/
29	天津市滨海新区	http://binhai. tjjw. gov. cn/
30	天津市宁河区	http://ninghe. tjjw. gov. cn/
31	天津市静海区	http://jinghai. tjjw. gov. cn/
32	天津市蓟州区	http://jizhou. tjjw. gov. cn/
33	上海市黄浦区	“信息公开”栏目在上级纪委监委网站公开 http://hpq. shjcw. gov. cn/zgshsjljcwyh/xxgkhp/xxgkhp. html
34	上海市徐汇区	“信息公开”栏目在上级纪委监委网站公开 http://xhq. shjcw. gov. cn/zgshsjljcwyh/xxgkxh/xxgkxh. html
35	上海市长宁区	“信息公开”栏目在上级纪委监委网站公开 http://www. shcn. gov. cn/col/col8026/index. html
36	上海市静安区	“信息公开”栏目在上级纪委监委网站公开 http://jaq. shjcw. gov. cn/zgshsjljcwyh/xxgkja/xxgkja. html
37	上海市普陀区	“信息公开”栏目在上级纪委监委网站公开 http://ptq. shjcw. gov. cn/zgshsjljcwyh/xxgkpt/xxgkpt. html
38	上海市虹口区	http://hkjj. shhk. gov. cn/content/index. html
39	上海市杨浦区	“信息公开”栏目在上级纪委监委网站公开 http://ypq. shjcw. gov. cn/zgshsjljcwyh/xxgkyp/xxgkyp. html
40	上海市闵行区	“信息公开”栏目在上级纪委监委网站公开 http://mhq. shjcw. gov. cn/
41	上海市宝山区	“信息公开”栏目在上级纪委监委网站公开 http://bsq. shjcw. gov. cn/zgshsjljcwyh/xxgkbs/xxgkbs. html
42	上海市嘉定区	http://jijian. jiading. cn/
43	上海市浦东新区	http://pdlz. pudong. gov. cn/portal/index/index. htm
44	上海市金山区	http://jlw. jinshan. gov. cn/html/kxxgk/
45	上海市松江区	http://qjw. songjiang. gov. cn/jw/
46	上海市青浦区	http://sup. shqp. gov. cn/sup/
47	上海市奉贤区	https://jc. fengxian. gov. cn/Fxjj/
48	上海市崇明区	http://jjjc. shcm. gov. cn/portal/index/
49	重庆市万州区	“信息公开”栏目在上级纪委监委网站公开 http://jjc. cq. gov. cn/html/col609505. html

续表

序号	省/市/区名称	省/市/区纪委监委网站域名
50	重庆市黔江区	“信息公开”栏目在上级纪委监委网站公开 http://jjc. cq. gov. cn/html/col609506. html
51	重庆市涪陵区	“信息公开”栏目在上级纪委监委网站公开 http://jjc. cq. gov. cn/html/col609507. html
52	重庆市渝中区	“信息公开”栏目在上级纪委监委网站公开 http://jjc. cq. gov. cn/html/col609508. html
53	重庆市大渡口区	“信息公开”栏目在上级纪委监委网站公开 http://jjc. cq. gov. cn/html/col609509. html
54	重庆市江北区	“信息公开”栏目在上级纪委监委网站公开 http://jjc. cq. gov. cn/html/col609510. html
55	重庆市沙坪坝区	“信息公开”栏目在上级纪委监委网站公开 http://jjc. cq. gov. cn/html/col609511. html
56	重庆市九龙坡区	“信息公开”栏目在上级纪委监委网站公开 http://jjc. cq. gov. cn/html/col609512. html
57	重庆市南岸区	“信息公开”栏目在上级纪委监委网站公开 http://jjc. cq. gov. cn/html/col609513. html
58	重庆市北碚区	“信息公开”栏目在上级纪委监委网站公开 http://jjc. cq. gov. cn/html/col609514. html
59	重庆市渝北区	“信息公开”栏目在上级纪委监委网站公开 http://jjc. cq. gov. cn/html/col609515. html
60	重庆市巴南区	“信息公开”栏目在上级纪委监委网站公开 http://jjc. cq. gov. cn/html/col609516. html
61	重庆市长寿区	“信息公开”栏目在上级纪委监委网站公开 http://jjc. cq. gov. cn/html/col609517. html
62	重庆市江津区	“信息公开”栏目在上级纪委监委网站公开 http://jjc. cq. gov. cn/html/col609518. html
63	重庆市合川区	“信息公开”栏目在上级纪委监委网站公开 http://jjc. cq. gov. cn/html/col609519. html
64	重庆市永川区	“信息公开”栏目在上级纪委监委网站公开 http://jjc. cq. gov. cn/html/col609520. html
65	重庆市南川区	“信息公开”栏目在上级纪委监委网站公开 http://jjc. cq. gov. cn/html/col609521. html
66	重庆市綦江区	“信息公开”栏目在上级纪委监委网站公开 http://jjc. cq. gov. cn/html/col609522. html

续表

序号	省/市/区名称	省/市/区纪委监委网站域名
67	重庆市大足区	"信息公开"栏目在上级纪委监委网站公开 http://jjc. cq. gov. cn/html/col609523. html
68	重庆市璧山区	"信息公开"栏目在上级纪委监委网站公开 http://jjc. cq. gov. cn/html/col609524. html
69	重庆市铜梁区	"信息公开"栏目在上级纪委监委网站公开 http://jjc. cq. gov. cn/html/col609525. html
70	重庆市潼南区	"信息公开"栏目在上级纪委监委网站公开 http://jjc. cq. gov. cn/html/col609526. html
71	重庆市荣昌区	"信息公开"栏目在上级纪委监委网站公开 http://jjc. cq. gov. cn/html/col609527. html
72	重庆市开州区	"信息公开"栏目在上级纪委监委网站公开 http://jjc. cq. gov. cn/html/col609528. html
73	重庆市梁平区	"信息公开"栏目在上级纪委监委网站公开 http://jjc. cq. gov. cn/html/col609529. html
74	重庆市武隆区	"信息公开"栏目在上级纪委监委网站公开 http://jjc. cq. gov. cn/html/col609530. html
75	重庆市城口县	"信息公开"栏目在上级纪委监委网站公开 http://jjc. cq. gov. cn/html/col609531. html
76	重庆市丰都县	"信息公开"栏目在上级纪委监委网站公开 http://jjc. cq. gov. cn/html/col609532. html
77	重庆市垫江县	"信息公开"栏目在上级纪委监委网站公开 http://jjc. cq. gov. cn/html/col609533. html
78	重庆市忠县	"信息公开"栏目在上级纪委监委网站公开 http://jjc. cq. gov. cn/html/col609534. html
79	重庆市云阳县	"信息公开"栏目在上级纪委监委网站公开 http://jjc. cq. gov. cn/html/col609535. html
80	重庆市奉节县	"信息公开"栏目在上级纪委监委网站公开 http://jjc. cq. gov. cn/html/col609536. html
81	重庆市巫山县	"信息公开"栏目在上级纪委监委网站公开 http://jjc. cq. gov. cn/html/col609537. html
82	重庆市巫溪县	"信息公开"栏目在上级纪委监委网站公开 http://jjc. cq. gov. cn/html/col609538. html
83	重庆市石柱土家族自治县	"信息公开"栏目在上级纪委监委网站公开 http://jjc. cq. gov. cn/html/col609539. html

续表

序号	省/市/区名称	省/市/区纪委监委网站域名
84	重庆市秀山土家族苗族自治县	“信息公开”栏目在上级纪委监委网站公开 http://jjc. cq. gov. cn/html/col609540. html
85	重庆市酉阳土家族苗族自治县	“信息公开”栏目在上级纪委监委网站公开 http://jjc. cq. gov. cn/html/col609541. html
86	重庆市彭水苗族土家族自治县	“信息公开”栏目在上级纪委监委网站公开 http://jjc. cq. gov. cn/html/col609542. html
87	重庆市两江新区	“信息公开”栏目在上级纪委监委网站公开 http://jjc. cq. gov. cn/html/col609543. html
88	重庆市高新区	“信息公开”栏目在上级纪委监委网站公开 http://jjc. cq. gov. cn/html/col609545. html
89	重庆市万盛经开区	“信息公开”栏目在上级纪委监委网站公开 http://jjc. cq. gov. cn/html/col609544. html

二　直辖市各区县纪检监察机关信息公开状况评估

项目组本次评估采用百分制，按评估指标权重和相应网站数据信息对评估对象量化评分（见表 2）。89 个评估对象得分总和为 3930. 16 分，平均分为 44. 16 分，比 2020 年 12 月评估均分 43. 73 分略有提高，其中 45 个评估对象高于平均分，占比约 51%。总体而言，评估对象信息公开得分与上年相差不大。其中得分在 60 分及以上的有 5 个地区，它们是上海市浦东新区、上海市金山区、上海市嘉定区、上海市崇明区以及上海市松江区，占比约 6%，比 2020 年 12 月评估 60 分及以上的网站增加 3 个；得分在 50 ~ 59 分的网站有 18 个，占比约 20%，比 2020 年 12 月评估 50 ~ 59 分的网站减少 7 个；得分在 40 ~ 49 分的网站有 38 个，占比约 43%，比 2020 年 12 月评估 40 ~ 49 分的网站增加 8 个；得分在 30 ~ 39 分的网站有 20 个，占比约 22%，比 2020 年 12 月评估 30 ~ 39 分的网站减少 7 个；得分在 30 分以下的网站有 8 个，占比约 9%，比 2020 年 12 月评估 30 分以下的网站增加3 个。

表 2　直辖市各区县纪委监委信息公开评估结果

一级指标	公开平台（10%）	组织结构（10%）	部门收支（15%）	制度规定（12%）	工作报告（12%）	通报曝光（15%）	巡视整改（10%）	社会参与（16%）
北京市昌平区	76.25	55.00	0.00	48.35	80.20	78.22	17.00	67.00
北京市朝阳区	54.00	50.00	0.00	28.55	0.00	72.11	0.00	55.78
北京市大兴区	55.50	35.00	0.00	43.40	0.00	36.80	17.00	50.50
北京市东城区	87.00	40.00	85.65	48.35	0.00	53.80	50.00	34.00
北京市房山区	54.00	62.50	70.94	48.35	0.00	72.11	50.00	34.00
北京市丰台区	77.75	62.50	83.75	48.35	0.00	50.00	0.00	67.00
北京市海淀区	82.75	62.50	83.75	42.00	0.00	36.80	50.00	34.00
北京市怀柔区	43.50	60.00	83.75	43.40	0.00	36.80	0.00	34.00
北京市门头沟区	77.75	62.50	83.75	43.40	0.00	78.22	58.50	22.78
北京市密云区	52.50	55.00	0.00	90.10	0.00	36.80	50.00	67.00
北京市平谷区	75.50	37.50	72.19	41.75	0.00	61.22	17.00	67.00
北京市石景山区	77.00	45.00	0.00	33.50	0.00	36.80	50.00	34.00
北京市顺义区	78.25	62.50	0.00	35.15	0.00	36.80	17.00	67.00
北京市通州区	77.75	62.50	68.13	48.35	0.00	36.80	0.00	34.00
北京市西城区	74.75	60.00	85.00	38.45	0.00	36.80	50.00	34.00
北京市延庆区	57.00	65.00	48.44	48.35	80.20	61.22	50.00	34.00
上海市宝山区	60.00	47.50	0.00	25.00	34.00	89.11	83.50	11.22
上海市崇明区	45.00	42.50	60.63	95.05	80.20	72.11	83.50	34.00
上海市奉贤区	80.00	42.50	67.50	71.95	0.00	53.80	17.00	67.00
上海市虹口区	65.00	47.50	0.00	55.20	0.00	36.80	58.50	22.78
上海市黄浦区	60.00	42.50	60.00	25.00	73.60	72.11	42.00	11.22
上海市嘉定区	90.00	42.50	80.63	0.00	80.20	89.11	100.00	50.50
上海市金山区	65.00	47.50	60.00	100.00	80.20	72.11	33.50	67.00
上海市静安区	50.00	47.50	85.00	0.00	0.00	72.11	58.50	11.22
上海市闵行区	45.00	47.50	91.88	0.00	80.20	47.69	83.50	34.00
上海市浦东新区	40.00	85.00	80.63	100.00	76.90	36.80	100.00	34.00
上海市普陀区	50.00	47.50	0.00	0.00	80.20	72.11	100.00	11.22
上海市青浦区	72.00	42.50	60.63	50.00	73.60	48.02	33.50	22.78
上海市松江区	65.00	50.00	93.13	67.00	0.00	64.69	83.50	67.00
上海市徐汇区	50.00	37.50	0.00	0.00	0.00	72.11	17.00	11.22
上海市杨浦区	50.00	12.50	0.00	0.00	0.00	27.89	33.50	11.22
上海市长宁区	75.00	47.50	0.00	0.00	80.20	72.11	100.00	0.00

续表

一级指标	公开平台（10%）	组织结构（10%）	部门收支（15%）	制度规定（12%）	工作报告（12%）	通报曝光（15%）	巡视整改（10%）	社会参与（16%）
天津市宝坻区	57.50	47.50	0.00	75.00	80.20	53.80	33.50	34.00
天津市北辰区	53.25	52.50	55.63	75.00	0.00	72.11	33.50	34.00
天津市滨海新区	53.25	47.50	62.50	50.00	0.00	72.11	50.00	34.00
天津市东丽区	53.25	47.50	0.00	75.00	0.00	61.22	17.00	34.00
天津市和平区	73.25	47.50	60.63	73.35	0.00	17.00	33.50	34.00
天津市河北区	53.25	52.50	81.25	75.00	0.00	72.11	50.00	34.00
天津市河东区	58.25	50.00	81.88	73.35	0.00	17.00	50.00	34.00
天津市河西区	53.25	47.50	55.63	75.00	0.00	36.80	33.50	34.00
天津市红桥区	53.25	47.00	0.00	25.00	0.00	36.80	33.50	34.00
天津市蓟州区	53.25	47.50	80.63	75.00	0.00	72.11	50.00	34.00
天津市津南区	53.25	47.50	80.31	75.00	0.00	72.11	50.00	34.00
天津市静海区	53.25	27.50	0.00	75.00	0.00	50.00	0.00	34.00
天津市南开区	53.25	52.50	35.63	75.00	0.00	41.42	50.00	34.00
天津市宁河区	53.25	47.50	58.13	75.00	0.00	72.11	0.00	34.00
天津市武清区	53.25	47.50	80.63	75.00	0.00	61.22	50.00	34.00
天津市西青区	73.25	47.50	82.50	75.00	0.00	61.22	17.00	34.00
重庆市万盛经开区	45.00	42.50	63.75	25.00	25.50	72.11	100.00	11.22
重庆市高新区	45.00	17.50	62.50	0.00	25.50	72.11	0.00	11.22
重庆市巴南区	60.00	42.50	81.88	25.00	25.50	35.31	100.00	34.00
重庆市北碚区	75.00	42.50	71.88	25.00	80.20	89.11	75.00	11.22
重庆市璧山区	55.00	62.50	0.00	25.00	70.30	75.91	0.00	11.22
重庆市城口县	50.00	52.50	0.00	25.00	25.50	72.11	75.00	34.00
重庆市大渡口区	60.00	57.50	51.25	0.00	34.00	58.91	100.00	11.22
重庆市大足区	75.00	42.50	0.00	0.00	80.20	72.11	50.00	11.22
重庆市垫江县	60.00	72.50	0.00	25.00	25.50	58.91	50.00	11.22
重庆市丰都县	60.00	57.50	76.75	25.00	0.00	72.11	75.00	11.22
重庆市奉节县	60.00	57.50	63.75	25.00	80.20	72.11	50.00	11.22
重庆市涪陵区	60.00	42.50	0.00	25.00	25.50	72.11	50.00	34.00
重庆市合川区	55.00	55.00	0.00	25.00	0.00	58.91	33.50	11.22
重庆市江北区	60.00	42.50	92.50	0.00	25.50	72.11	100.00	11.22
重庆市江津区	75.00	42.50	0.00	25.00	55.20	72.11	58.50	11.22
重庆市九龙坡区	45.00	42.50	0.00	0.00	0.00	39.11	100.00	11.22
重庆市开州区	60.00	55.00	63.75	25.00	80.20	58.91	100.00	11.22

续表

一级指标	公开平台（10%）	组织结构（10%）	部门收支（15%）	制度规定（12%）	工作报告（12%）	通报曝光（15%）	巡视整改（10%）	社会参与（16%）
重庆市梁平区	60.00	67.50	0.00	25.00	0.00	58.91	33.50	11.22
重庆市两江新区	60.00	17.50	0.00	25.00	25.50	72.11	33.50	11.22
重庆市南岸区	60.00	42.50	63.13	0.00	0.00	58.91	50.00	11.22
重庆市南川区	45.00	42.50	92.50	25.00	25.50	58.91	100.00	11.22
重庆市彭水苗族土家族自治县	45.00	57.50	64.38	25.00	34.00	72.11	58.50	11.22
重庆市綦江区	45.00	42.50	66.25	25.00	25.50	47.69	100.00	11.22
重庆市黔江区	65.00	40.00	93.13	25.00	34.00	72.11	100.00	34.00
重庆市荣昌区	65.00	52.50	65.00	25.00	0.00	47.69	50.00	11.22
重庆市沙坪坝区	45.00	42.50	96.88	0.00	34.00	72.11	50.00	11.22
重庆市石柱土家族自治县	55.00	42.50	0.00	25.00	0.00	72.11	75.00	11.22
重庆市铜梁区	55.00	42.50	82.81	25.00	25.50	89.11	100.00	11.22
重庆市潼南区	70.00	52.50	80.00	25.00	71.70	72.11	75.00	11.22
重庆市万州区	45.00	57.50	67.50	25.00	0.00	72.11	100.00	34.00
重庆市巫山县	45.00	42.50	0.00	0.00	0.00	72.11	100.00	22.78
重庆市巫溪县	60.00	42.50	78.13	0.00	25.50	72.11	33.50	11.22
重庆市武隆区	50.00	57.50	66.25	25.00	80.20	72.11	100.00	11.22
重庆市秀山土家族苗族自治县	45.00	42.50	79.06	25.00	25.50	72.11	75.00	11.22
重庆市永川区	60.00	42.50	66.25	0.00	25.50	72.11	33.00	11.22
重庆市酉阳土家族苗族自治县	60.00	40.00	76.56	0.00	80.20	47.69	33.50	11.22
重庆市渝北区	45.00	42.50	0.00	25.00	0.00	47.69	100.00	34.00
重庆市渝中区	60.00	52.50	63.75	0.00	25.50	72.11	50.00	34.00
重庆市云阳县	70.00	42.50	63.75	0.00	25.50	58.91	58.50	22.44
重庆市长寿区	60.00	42.50	91.56	0.00	61.80	72.11	100.00	11.22
重庆市忠县	60.00	42.50	0.00	0.00	25.50	72.11	100.00	22.44

（一）信息公开平台建设多元化

在项目组评估时段内，4 个直辖市的 89 个区（县）纪检监察机关均有网

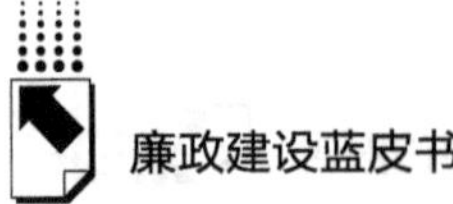

络公开渠道，且呈现多元化的趋势。北京市的 16 个区以及天津市的 15 个区的纪检监察机关均有独立的网站，上海市 8 个区（县）的纪检监察机关以及重庆市的 41 个区（县）的纪检监察机关信息公开平台下设在上级纪检监察机关的官方网站中（见图 1、图 2）。除了网站外，许多地区的纪检监察机关还开通了微信、微博和手机客户端等多元的信息公开网络渠道，使纪检监察部门的信息公开下达到了群众指尖，提升了公开效率。89 个评估对象中，88 家网站开通了检索功能，占比 99%。其中，北京市门头沟区、通州区等不少地区的纪检监察网站使用了智能云搜索功能（见图 3），检索界面信息分类准确、引擎精准，增加了关键词搜索的相关信息推荐功能，群众在网页中可以清晰快速地找到需要的信息，大大提升了群众寻找相关信息的效率。还有不少地区的网站设置了“热门关注”等热点新闻栏目（见图 4），使浏览网页的群众能更快抓取本网站最新、最热的消息，方便了群众浏览查找信息。有的地区将“信息公开”栏目从网页中单列出来，设置成更醒目的漂浮窗口（见图 5），使纪检监察机关的核心公开信息更加醒目地呈现出来，群众在浏览中也更容易找到相关信息。

图 1　上海市各区（县）纪检监察机关信息公开网页渠道

图2　重庆市各区（县）纪检监察机关信息公开网页渠道

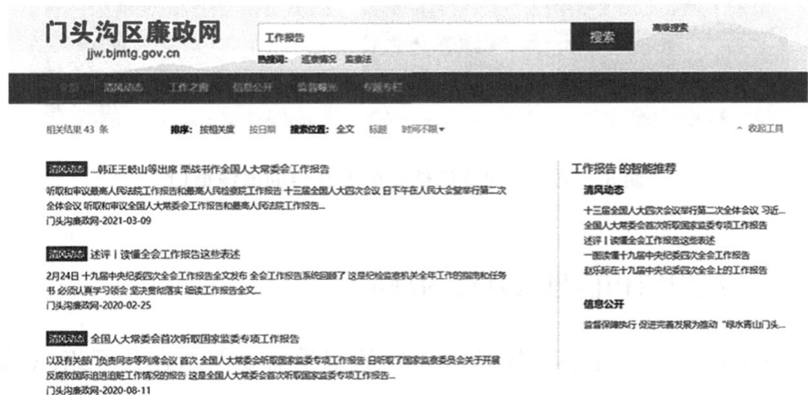

图3　北京市门头沟区智能云搜索功能

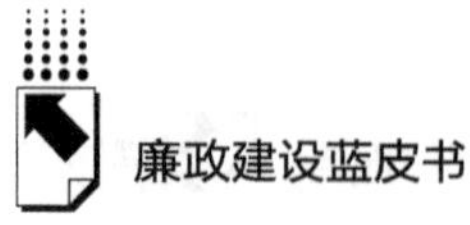

图 4　天津市和平区在网页的左侧设置了热门关注

图 5　天津市河北区信息公开栏目的漂浮窗口

（二）组织结构信息公开更为规范

在本次评估中，直辖市各区（县）的纪委监委网站在公开组织结构方面比 2020 年更为规范和深入，它们体现在纪委监委职能任务的公开、内设和派驻机构的公开、人员编制、领导班子信息和人员信息等方面普遍较 2020 年 12 月评估有所提升，具体数据如下：89 家网站中有 85 家公开了纪

委监委的职能和任务，占比约96%，比2020年12月评估增加4家；公开了纪委监委内设及派驻机构名称的有88家，占比约99%，比2020年12月评估增加2家；公开了纪委监委内设及派出机构职责职能的有80家，占比约90%，比2020年12月评估增加3家；公开领导班子成员姓名的有89家，占比100%，与2020年12月评估一致；公开纪委监委领导班子成员照片的有42家，占比约47%，比2020年12月评估增加6家；公开纪委监委领导班子成员简历的有87家，占比约98%，比2020年12月评估增加7家。

（三）部门收支信息公开持续推进

纪检监察机关的财务信息普遍受到社会的关注，在众多评估指标中，部门收支也成为公开的重点领域。在部门收支中，部门预算与决算的公开对提高纪检监察机关信息公开程度起到至关重要的作用。在本次评估中，89个评估对象共有59家网站公开了2021年预算或2020年决算，占比约66%，比2020年12月份评估减少24家；公开预算绩效目标的有50家，占比约56%，比2020年12月评估减少21家；公开纪委审查、监委调查工作经费年度开支总额的有42家，占比约47%，比2020年12月评估减少2家；公开大案要案查办支出的有7家，占比8%，比2020年12月评估减少1家；公开"三公"经费的有55家，占比约62%，比2020年12月评估减少22家。在本年度的评估中，部门收支公开相关内容公开程度较2020年12月评估略有下降的原因在于，有些地方的纪委监委网站在项目组评估的时段内还未来得及更新本年度的预算，4个直辖市各区（县）的部门收支公开情况仍在持续推进中。

（四）制度规定公开力度不断加大

公开涉及纪律方面的法令、条例、规定、规则和章程等法定文件是各级纪检监察机关信息公开的应有之义，各级纪委监委网站开设相关的制度栏目是公开制度规定的重要渠道。项目组评估发现，89家网站中有37家纪委监委网站设置了"党纪法规"等制度性专栏，占比约42%，较2020年12月评估减少1家；有23家网站在制度专栏中全文公开了《中国共产党纪律处分条例》《中华人民共和国宪法》《中华人民共和国监察法》等重点党纪法规，占比约 26%，比 2020 年 12 月评估减少 1 家；有 52 家网站公布了本级纪检监察机关工作制度或出台的规范性文件，占比约 58%，比 2020 年 12 月评估增加 20 家。相比之前两个年度的公开情况，在本次评估中，制度规定公开逐步下沉到本级纪检监察机关工作制度和规范性文件的趋势仍然保持，公开力度不断加大。在本次评估中，京、津、沪、渝 4 个直辖市的纪检监察机关网站，制度规定公开栏目虽然没有统一的名称，但公开的党纪法规等内容都比较全面。总的来说，本次评估中各地区在制度公开方面较全面且深入，很多地区除了公开法律法规，还积极转发上级网站或者其他地区解释性文件，形式多样，例如北京市海淀区转发中纪委的《中国共产党纪律处分条例》修订前后对照表、重庆市纪委监委的《对比图解监察法——监察机关立案有哪些条件和程序》等；还有许多网站对法律法规分门别类，公开细致。例如北京市通州区的制度栏目对《党章》《宪法》的诸多版本都进行了公开，非常详细，还对准则、条例规则、规定、办法、细则、规范性文件进行了分类公开。北京市延庆区在制度专栏左侧除了开设常规的“党内法规”“国家法律法规”两个栏目外，还开设了“最常检索”的分类（见图 6），把人们最关心的法规条文单列一类，十分便捷。

图 6　北京市延庆区党纪法规栏目

（五）纪委全会工作报告逐步公开

纪委监委工作报告的公开程度在一定程度上代表着各级纪检监察机关敢于接受人民群众监督的勇气和底气。党的十八大以来，在中央纪委国家监委网站的带头下，全国各级纪检监察机关网站也逐步开始公开本级纪委全会工作报告全文。在项目组本次评估中，有 44 家网站公布了本级纪检监察机关纪委全会工作报告全文，占比约49%，比2020 年12 月评估减少9 家。减少的原因在于在本次评估时段内，一些纪委监委网站还未及时更新工作报告，工作报告日期还停留在上一年度。但是，大部分纪检监察机关工作报告的公开工作仍在持续推进，且形式多样，除工作报告全文的形式外，很多纪检监察机关还使用图文解读、新闻报道、纪委全会会议决议等形式逐步推进纪委监委工作报告公开的相关工作。

（六）通报曝光信息公开威慑力强

重视通报曝光已经成为各级纪委监委的题中应用之义，同时，通报曝光专栏相较网站其他栏目更加受到社会公众的关注，是各级纪委监委展示最新工作动态的重要平台之一。各级纪检监察机关通报曝光违反“中央八项规定”精神案例，及时发布相关违纪违法人员被审查调查的信息和重要案件的立案决定以及违纪干部处分决定，充分彰显了党中央“零容忍”的反腐决心和空前的惩治力度。在公开的通报曝光信息中，违反“中央八项规定”精神案例都会点名道姓、列明涉案人员单位和职务、违纪事实和处分结果，重要案件的立案决定和违纪干部的处分决定都会及时更新，有很强的震慑警示作用。在本次评估中，有 88 家设有通报曝光专栏，占比约 99%，比 2020 年 12 月评估增加 3 家；有 54 家更新了公开的涉嫌严重职务违法或者职务犯罪，占比约 61%，比 2020 年 12 月评估减少 19 家；有 83 家曝光了违反“中央八项规定”精神案例，占比约 93%，比 2020 年 12 月评估增加 5 家；违反“中央八项规定”精神案例都点名道姓、列明违规人员单位和职务、违纪事实和处分结果。有 63 家通报了重要案件的立案决定，占比约 71%，比 2020 年 12 月评估减少 11 家；有 61 家公布了违纪干部处分决定，占比约 69%。

在本次评估中，有些纪检监察机关的通报曝光栏目分类细致，非常方便查找。例如北京市平谷区的“曝光台”栏目（见图 7）区分了本区和区外典型案例，提高了群众阅读和查找效率。天津市津南区“监督曝光”栏目分为“四风”问题、群众身边腐败和作风问题、失职失责问题三项，其中“四风”问题项又分为中央、天津、津南三个纵向层次（见图 8）“审查调查”栏目（见图 9）

图 7　北京市平谷区曝光台栏目

图 8　天津市津南区监督曝光栏目

图9　天津市津南区“审查调查”栏目

分为全国、天津、津南三个纵向地域层次，在审查调查栏目的每一层级分类下面又细分出纪律审查和监察调查、党纪政务处分两个类别，非常方便查找。

（七）巡视巡察整改信息公开渐全

巡视巡察是加强党的领导、强化党内监督、全面从严治党向纵深发展的重大制度安排。坚持巡视巡察是《中国共产党章程》《中国共产党党内监督条例》赋予的重要职责，巡视巡察整改是落实“四个意识”的试金石，是践行“两个维护”的具体体现，是落实以人民为中心的发展思想的必然要求，更是推进全面从严治党的重要契机，其相关信息是各级纪委监委官方网站公开的重点之一。在本次评估中，有36家网站公开了上级巡视反馈的问题，占比约40%，比2020年12月评估增加4家；有25家公开了上级巡视后整改情况，占比约28%，比2020年12月评估减少2家；有80家网站公开了本级组织开展的巡视巡察公告，占比约90%，比2020年12月评估增加 3 家；有 72 家网站公开了本级巡视巡察工作报告或发现的问题，占比约 81%，比 2020 年 12 月评估减少 1 家；有 49 家网站公开了本级巡视巡察后整改情况的通报，占比约 55%，比 2020 年 12 月评估增加 6 家。在此次评估中，有些地区的纪检监察机关的巡视巡察栏目分门别类，层次清晰，极大提高了群众查看效率。例如，天津市津南区的巡视巡察栏目（见图 10），分为中央巡视、市委巡视（天津市）、本区巡察（津南区）三个纵向地域层次；同时巡视巡察栏目下还按内容分别标注出巡查要闻、情况反馈、整改通报等类别，层次清晰，大大缩短了群众搜索查找时间。

图 10　天津市津南区巡视巡察栏目

（八）社会参与渠道趋向多元

相信群众、依靠群众，广泛深入地听取群众意见，诚恳接受群众监督，是我们党消除公权力行使中监督空白和盲区的重要举措，群众监督作为民主监督的重要形式之一，在反腐倡廉建设中一直起着重要作用。各级纪检监察

机关充分运用新技术新手段、拓宽和畅通人民群众的监督渠道是保障群众监督的重要方式。在本次评估中，4 个直辖市各区（县）纪检监察机关在公众社会参与渠道方面多措并举，形式多样，呈现百花齐放的多元样态。在本次评估中，有 49 家公开了本级监督举报网站，占比约 55%；有 88 家网站公开了监督举报电话，占比约 99%；有 46 家公开了监督举报信件投寄地址，占比约 52%；有 2 家网站开设留言板，占比约 2%，分别是北京市大兴区和北京市密云区；有 9 家网站公开了网站点击率或文章浏览人数，占比约 10%，分别是北京市朝阳区、北京市丰台区、北京市顺义区、北京市昌平区、北京市平谷区、上海市嘉定区、上海市金山区、上海市松江区、上海市奉贤区。在本次评估中，除了上述社会参与渠道外，4 个直辖市各区（县）纪委监委网站还增设了网络调查、领导信箱等具有特色的互动版块，例如，北京市平谷区设置了领导信箱（见图 11），公众可以通过信箱反馈意见，缩短了民意上达的路径，丰富了群众与纪委的互动模式。

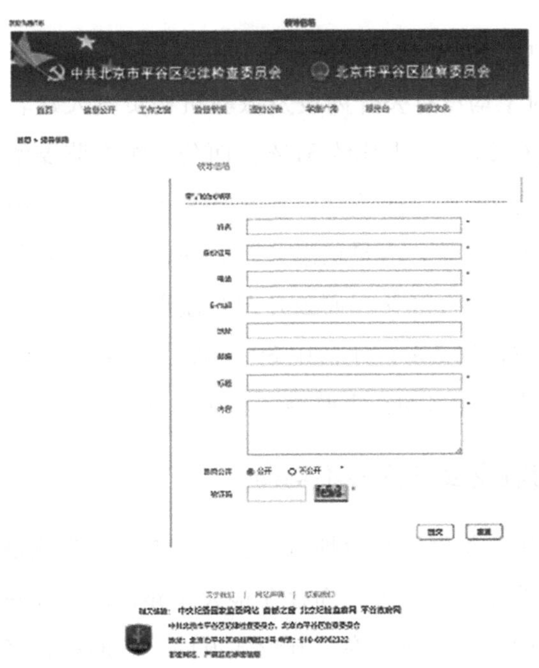

图 11　北京市平谷区纪委监委网站的“领导信箱”

三　评估发现的问题

（一）公开平台建设仍不完备

首先，在公开渠道方面重庆市的全部区（县）以及上海市的部分区（县）仍然没有本级纪检监察机关的独立网站，而是挂靠在上级纪委监委网站，将部分信息公开在上级纪委监委的“信息公开”栏目下，无法突出地方特色。其次，站内检索功能不够便捷。很多网站虽然设有站内检索的功能，但是检索结果却非本网站信息，而是显示中纪委、百度、政府等其他网站的相关信息，无法达到检索本网站信息的效果。最后，信息更新普遍较慢，在本次评估中，除头条信息外的其他栏目信息更新普遍较差，尤其是群众关心的工作报告、预决算等重要信息很多地区都没有及时更新。

（二）组织结构信息主动公开不够

在本次评估中，公开派驻机构职能职责的网站共 8 个，占比约 9%；评估中 89 个评估对象均没有公开内设及派驻机构负责人姓名；公开纪委监委机关编制数的仅有 28 个，占比约 31%，而公开纪委监委派驻机构编制数的地区则更少，仅有 4 个，占比约 5%；领导班子信息公开中，公开领导职数的仅有 1 家，占比约 1%；人员信息公开方面，公开纪委监委机关实有人员数的仅有 23 个，占比约 26%，而公开纪委监委派驻机构实有人员数的则更少，仅有 3 个，占比约 3%；评估中 89 个评估对象均没有公开纪委监委机关内设机构领导人员姓名和纪委监委派驻机构领导人员姓名。

（三）部门收支公开内容不均衡

在本次评估中，虽然大部分地区都公开了本级纪检监察机关预算或者决算，但是它们仍然在公开形式方面存在很大差异，没有统一标准，在公开内容和公开深度方面亟待深化。在公开形式方面，有的地方将内容直接发布在网页上，有的用附件的形式，有的两者都有，没有统一范式，项目组在评估

过程中经常下载到空表格这种没有实际意义的公开附件。在公开内容方面，每个地区有很大差异，例如绩效目标的设计有的地区以简单一段话概括，有的地区分门别类一一列举，等等，缺少标准化的规范样式。在公开深度方面，还应持续加强，例如公开大案要案查办支出的地方仅有7个，占比约8%，预算中的“三公”经费、采购信息等社会关注度比较高的信息公开深度还不够。另外，一些地区没有及时更新预算决算，信息公开工作有“一阵风”的问题，没有持续更新，还停留在上一年度或者更早之前的预决算信息。

（四）本级制度规定公开仍需深化

纪检监察机关制度公开的内容包括上级制度与本级制度。在本次评估中，和上一年度的问题一样，上级制度公开情况较好，例如《中国共产党纪律处分条例》《中华人民共和国宪法》《中华人民共和国监察法》等中央国家级的党纪法规公开比较充分，而本级制度公开的地区仅有52个，占比58%，还有将近半数的地区没有公开本级制度。本级制度的公开最能体现地方特色，公开工作仍需持续推进。

（五）工作报告全文公开更新延迟

纪检监察机关的工作报告是对过去一段时期的工作总结与回顾和对未来一段时间工作计划的高度概括与安排，是了解纪委监委工作情况的重要形式，理应充分公开。本次评估中有44家公布了最新的工作报告全文，占比约49%，比2020年12月评估减少9家。较上年评估公开程度有所下降主要是由于有些单位没有及时更新本年度工作报告全文，网站信息还停留在上年公布的信息，更新速度缓慢。还有的地方纪委监委对全会以新闻形式报道和公开全会报告决议，没有公开工作报告全文。

（六）通报曝光信息不全面

在纪委监委网站中，通报曝光信息是群众重点关注的版块，各级纪委监委理应重视。在本次评估中，有的地区存在曝光违反“中央八项规定”精

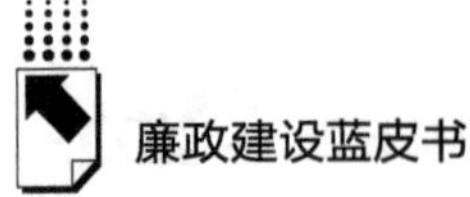

神案例少、不及时和不详细等问题，通报曝光信息仍不够全面。总的来说，在本次评估中，评估对象的通报曝光专栏中公开违反“中央八项规定”精神相关信息的有 83 个，占比约 93%；涉嫌严重职务违法或者职务犯罪的有 54 个，占比约 61%；有 63 家通报了重要案件的立案决定，占比约 71%；有 61 家公布了违纪干部处分决定，占比约 69%，但是在 89 个评估对象中，公开处分决定书全文的是 0 个，这也是直辖市各区（县）纪委监委公开信息的堵点和下一步要努力的方向。

（七）上级巡视巡察内容公开不多

上级巡视和本级巡视巡察共同构成了评估中巡视巡察整改内容，但是在本次评估中，有 36 家网站公开了上级巡视反馈的问题，占比仅约 40%；有 25 家公开了上级巡视后整改情况，占比仅约 28%，上级巡视巡察公开的内容还很不够。总的来讲，本次评估中很少有网站公开上级对本地区巡视内容以及整改情况，或是只以新闻报道的形式做了简单的公开，大部分地区都只公开本级或下级巡视巡察的公告、问题和整改情况等信息。另外，有些地区巡视巡察信息公开规范化、科学化不足，例如在某区（县）的巡视巡察栏目中存在更新到“未来”日期的情况（见图 12）。

图 12　课题组在 2021 年 8 月期间浏览网站发现标注为“2022 年 3 月 31 日”的未来日期

（八）社会参与亟须升级

接受群众的监督、让社会公众参与到反腐倡廉建设中来是纪委监委的应有之义。但在本次评估中直辖市各区（县）纪委监委的社会参与渠道大部分还停留在公布监督举报网站、监督举报电话、监督举报信件投寄地址等传统的“举报”参与模式，开设公众留言板的纪委监委网站只有2家，公开网站点击率的统计的纪委监委有9家，社会参与方式和深度亟待优化升级。

四　进一步完善纪检监察机关信息公开的建议

（一）提高政治站位，切实增强主动公开意识

纪检监察机关是政治机关，有着更高的政治站位要求。直辖市各区（县）纪检监察机关应树牢“四个意识”、坚定“四个自信”、做到“两个维护”，把信息公开作为纪委监委政治工作的重要展示窗口。纪检监察机关应当深化思想认识，讲政治、重落实，真正把信息公开工作重视起来，积极接受群众和社会监督。纪委监委工作人员应当增强积极主动的公开意识，变被动公开为主动公开，持续落实《纪检监察机关互联网网站信息公开技术建设指南（试行）》。

（二）推进网站数字化建设，提升信息公开有效性

随着移动互联网的发展，信息公开也逐渐下沉到公众指尖，除了网站外，微信、微博等新媒介已经成为公众日常生活中便捷的获取信息的渠道。在本次评估中，直辖市各区（县）纪委监委网站中公开微信、微博等新媒介的力度还甚微，即使有的地区公开了本地纪委监委的微信公众号、微博账号等，其内容建设及平台功能都还十分有限。直辖市各区（县）纪委监委应顺应抓住信息数字化建设高速发展的契机，进一步推进网站的数字化程度，在本级纪委监委的微信、微博中科学设置信息内容，丰富平台功能，让

群众在指尖中便捷获取纪委监委的信息公开内容，切实增强信息公开的有效性。

（三）公开形式多元，凸显当地特色工作

当地纪委监委网站是其工作展示的窗口，不仅要公开纪委监委的常规工作信息，还要公开纪委监委的当地特色工作，从网站的栏目设置、图文内容、页面布局等方面做好特色内容的加法。除了将“监督举报”“曝光台”“巡视巡察”“信息公开”等领域信息公开外，还应广泛采取“阳光问廉”“纪委书记有话说”“以案促改”等群众喜闻乐见的生动形式公开纪委监委相关工作，凸显当地精品工程、特色专题等当地纪委监委工作风采。

（四）坚持以人民为中心，加大重点领域信息公开力度

让正风反腐给人民群众带来更多获得感是各级纪检监察机关的工作意义所在。直辖市各区（县）纪委监委应坚持以人民为中心，把群众最关切的信息着力公开。在本次评估中，有些地区纪委监委避重就轻，存在选择性公开的问题。上级巡视意见、工作报告、处分决定、大案要案经费等方面信息公开力度不足，有的是不能及时更新，有的是没有设置公开版块，使纪委监委公开效果大打折扣。建议直辖市各区（县）纪委监委对群众普遍关注的重点领域如审查调查、预决算公开、工作报告等领域应加大公开力度，将相关版块设置在网页显要位置着重公开，把监督执纪问责和监督调查处置等核心业务进行深度、及时的重点公开，突出履职效能。“时代是出卷人，我们是答卷人，人民是阅卷人。”纪检监察机关应该及时回应公众关切，增强服务意识，把群众关注的信息及时、充分公开，切实提高服务质量。

B.16

2021年县级纪检监察机关信息公开评估报告

中国社会科学院社会学研究所"党和国家监督体系绩效测评研究"创新工程项目组*

摘　要：2021年8月，项目组抽取27个省（自治区）108个县级纪委监委网站开展信息公开情况评估，发现县级纪检监察机关信息公开情况总体向好，主要呈现公开平台建设趋于规范统一，组织结构信息公开得分项、失分项具有一致性，巡视整改和通报曝光信息公开情况较好，部门收支、社会参与得分较低，制度规定公开各有特点，工作报告公开两极化等特点，存在信息公开缺乏持续性稳定性、一些重要信息公开缺乏及时性、信息公开不全面、信息公开平台建设欠佳等问题，建议继续提高纪委监委工作透明度、建立信息公开常态化制度机制、加大纪委监委网站宣传推广力度。

关键词：县级纪检监察机关　信息公开　透明度评估

一　评估对象和资料来源

2021 年县级纪检监察机关信息公开评估对象通过抽样确定。在排除往

* 项目负责人：蒋来用。项目组成员：周兴君、孙大伟、于琴、许天翔、任涛、胡爽、何圣国、杨彬彬、常钰筝、张静、王阳、高蕴楠、张缯昕。执笔人：何圣国、张静。

年评估对象基础上，从27个省（自治区）中随机抽取4个县级纪检监察机关，共108个县级纪检监察机关，作为2021年评估对象。评估信息来源以县级纪检监察机关官方网站为主，举报网站数据同时采集了“12388”举报网站信息。

本次评估数据采集时间为2021年8月5～20日，数据采集来源包括县级纪检监察机关独立网站或上级纪检监察网站中区县信息公开模块。8月21～31日，项目组对采集数据进行了复核。考虑到信息采集标准的统一性要求，本次评估不将纪检监察网站之外的其他公开网站信息纳入评估（见表1）。

表1　县级纪检监察机关信息公开网站网址信息

序号	评估对象			纪检监察机关网站网址
	所在省份	所在市级名	县级名	
1	河北省	唐山市	滦州市	http://tsslzs. hebcdi. gov. cn/web/tsslzsjw/index. htm
2	河北省	秦皇岛市	昌黎县	http://qhdsclx. hebcdi. gov. cn/web/qhdsclxjw/index. htm
3	河北省	张家口市	张北县	http://zjkszbx. hebcdi. gov. cn/web/zjkszbxjw/index. htm
4	河北省	衡水市	故城县	http://hssgcx. hebcdi. gov. cn/web/hssgcxjw/index. htm
5	山西省	大同市	广灵县	http://www. dtsjw. gov. cn/xqdt/guanglingxian/
6	山西省	长治市	黎城县	http://www. czdi. gov. cn/xqdt/lichengxian/
7	山西省	晋中市	太古区	http://www. jzjjjc. gov. cn/xqdt/taiguqu/
8	山西省	临汾市	安泽县	http://www. lfdi. gov. cn/xqdt/anzexian/
9	内蒙古自治区	赤峰市	巴林左旗	http://blzq. cf. nmgjjjc. gov. cn/
10	内蒙古自治区	通辽市	开鲁县	http://klx. tl. nmgjjjc. gov. cn/
11	内蒙古自治区	包头市	九原区	http://jyq. bt. nmgjjjc. gov. cn/
12	内蒙古自治区	巴彦淖尔市	乌拉特中旗	http://wltzq. byne. nmgjjjc. gov. cn/

续表

序号	评估对象			纪检监察机关网站网址
	所在省份	所在市级名	县级名	
13	辽宁省	抚顺市	新宾满族自治县	http://www.fsjjjc.gov.cn/default_xb.asp
14	辽宁省	丹东市	东港市	http://www.ddjjjc.gov.cn/dgjw/
15	辽宁省	营口市	大石桥市	http://jwjw.yingkou.gov.cn/008/008003/about.html
16	辽宁省	锦州市	临海市	http://jjjc.jz.gov.cn/
17	吉林省	吉林市	蛟河市	http://www.ccdijl-jljh.gov.cn/
18	吉林省	长春市	公主岭市	http://www.ccdijl-cc.gov.cn/sycs/jjwsqxxgk/jjwgzl/
19	吉林省	通化市	梅河口市	http://www.ccdijl.gov.cn/mhk/
20	吉林省	长春市	双阳区	http://www.ccdijl-cc.gov.cn/sycs/jjwsqxxgk/jjwsyq/
21	黑龙江省	哈尔滨市	五常市	http://www.hrblz.gov.cn/qxwz/wcs/
22	黑龙江省	齐齐哈尔市	拜泉县	http://www.qqhrjjjc.gov.cn/news_subsite/list-117-news_baiquan.html
23	黑龙江省	鹤岗市	兴山区	http://www.hgjwjw.gov.cn/xsq/ldjg/205.html
24	黑龙江省	佳木斯市	桦南县	http://www.jmsjjw.gov.cn/huanan/
25	江苏省	连云港市	灌云县	http://www.gylzw.gov.cn/
26	江苏省	淮安市	洪泽区	http://jw.jshzdj.gov.cn/
27	江苏省	盐城市	射阳县	http://www.qfy.gov.cn/qfy/
28	江苏省	镇江市	句容市	http://www.jrjw.gov.cn/
29	浙江省	宁波市	慈溪市	http://www.cixi.gov.cn/col/col1229247380/index.html
30	浙江省	温州市	瓯海区	http://jwjcj.ouhai.gov.cn/
31	浙江省	绍兴市	新昌县	http://sxlz.sx.gov.cn/col/col1229240832/index.html
32	浙江省	金华市	武义县	http://www.wylz.gov.cn/
33	安徽省	芜湖市	镜湖区	http://www.qfjh.gov.cn/
34	安徽省	蚌埠市	禹会区	http://www.ahbbjjjc.gov.cn:8003/
35	安徽省	马鞍山市	花山区	http://hsq.masdl.gov.cn/
36	安徽省	滁州市	来安县	http://www.laqfw.gov.cn/
37	福建省	福州市	闽侯县	http://www.minhou.gov.cn/xjwz/ztzl/mhxjwjcw/
38	福建省	漳州市	诏安县	http://www.zzscdi.gov.cn/xqxxgk/za/ldjg/
39	福建省	泉州市	惠安县	http://www.hacdi.gov.cn/
40	福建省	龙岩市	上杭县	http://www.shcdi.gov.cn/

续表

序号	评估对象			纪检监察机关网站网址
	所在省份	所在市级名	县级名	
41	江西省	赣州市	全南县	http://www. qnlz. gov. cn/
42	江西省	吉安市	峡江县	http://www. jadi. gov. cn/news - list - xiayjiangvxianf. html
43	江西省	宜春市	宜丰县	http://yf. yzqjwjw. gov. cn/
44	江西省	上饶市	横峰县	http://www. hfdi. gov. cn/index. html
45	山东省	青岛市	平度市	http://www. pingdu. gov. cn/n3318/n4073/
46	山东省	枣庄市	峄城区	http://www. zzlzw. gov. cn/xxgk? id =6
47	山东省	烟台市	莱山区	http://jiwei. yantai. gov. cn/col/col42073/index. html
48	山东省	济宁市	金乡县	http://jnjjjc. jiningdq. cn/col/col64367/index. html
49	河南省	许昌市	鄢陵县	http://www. xclz. gov. cn/yanling/
50	河南省	三门峡市	卢氏县	http://www. smxlz. gov. cn/lushi/
51	河南省	南阳市	内乡县	http://www. nydi. gov. cn/neixiang/
52	河南省	商丘市	虞城县	http://www. sqlzw. gov. cn/yucheng/
53	湖北省	襄阳市	老河口市	http://xyjwjc. xiangyang. gov. cn/xxgk/xsq/lhk/
54	湖北省	孝感市	应城市	http://www. hbycjw. gov. cn/
55	湖北省	黄冈市	红安县	http://www. hajwjc. gov. cn/
56	湖北省	恩施土家族苗族自治州	来凤县	https://www. laifeng. net/html/lfxww/pc/lfjj/index. html
57	湖南省	常德市	津市市	http://jw. jinshishi. gov. cn/
58	湖南省	益阳市	桃江县	http://www. taojiang. gov. cn/TJJW/33699/index. htm
59	湖南省	长沙市	浏阳市	http://www. ljcs. gov. cn/h/362/xxgk. html
60	湖南省	衡阳市	蒸湘区	http://www. zhengxiang. gov. cn/zxqffw/index. html
61	广东省	湛江市	廉江市	http://www. ljjw. gov. cn/Default. aspx
62	广东省	茂名市	化州市	http://mmlz. maoming. gov. cn/xxgk/tzgg/zh - cn/index. html? orgId = 1321813733764280322
63	广东省	肇庆市	封开县	http://www. fkqf. gov. cn/
64	广东省	深圳市	盐田区	http://www. ytjw. gov. cn/
65	广西壮族自治区	玉林市	兴业县	http://www. xyjjw. gov. cn/
66	广西壮族自治区	百色市	隆林各族自治县	http://ll. bsjw. gov. cn/
67	广西壮族自治区	桂林市	永福县	http://yongfu. qlgl. gov. cn/

续表

序号	评估对象			纪检监察机关网站网址
	所在省份	所在市级名	县级名	
68	广西壮族自治区	来宾市	武宣县	https://www.wxxjjjcw.gov.cn/Web/index.aspx
69	海南省	海口市	琼山区	http://www.ycqfw.gov.cn/html/2020/1_0904/14921.html
70	海南省	三沙市	南沙区	无(国务院于2020年4月批准设立该区,暂无网站)
71	海南省	三亚市	天涯区	http://www.sanya.gov.cn/tyqjjjcsite/index.shtml
72	海南省	—	屯昌县	http://www.hncdi.gov.cn/web/hnlzw/xxgk/new_city_list2.jsp?channelCode=lzw_navs&orgCode=000012
73	四川省	泸州市	叙永县	http://lzsjw.luzhou.gov.cn/xxgk/qxxxgk/xyx
74	四川省	绵阳市	平武县	http://jwjcj.my.gov.cn/xxgk/pwxjwjw/index.html
75	四川省	遂宁市	蓬溪县	无独立官方网站,信息分散公开在上级纪委网站 http://www.sjc.gov.cn/
76	四川省	乐山市	沐川县	http://www.jlh.gov.cn/lm/0morexqx/qx_179.html
77	贵州省	安顺市	镇宁布依族苗族自治县	http://www.gzzn.gov.cn/ztzl/rdzt/znzzxjwjwxxgkzl/
78	贵州省	铜仁市	石阡县	http://jjjc.shiqian.gov.cn/
79	贵州省	黔西南布依族苗族自治州	册亨县	http://ch.qxnlz.gov.cn/
80	贵州省	黔南布依族苗族自治州	罗甸县	http://www.qndi.gov.cn/xxgk/xsxx/ldx/zzjg-5875479/index.html
81	云南省	昭通市	镇雄县	http://www.ztjjjc.gov.cn/c/news/xxgk/c25_n%E9%95%87%E9%9B%84%E5%8E%BF.shtml
82	云南省	丽江市	宁蒗彝族自治县	http://www.ljsjw.gov.cn/Category_116/Index.aspx
83	云南省	普洱市	孟连傣族拉祜族佤族自治县	http://pejw.pes.gov.cn/html/mlx_ldjg/content/2021080420389.html
84	云南省	楚雄彝族自治州	大姚县	http://www.dyjjjc.gov.cn/
85	西藏自治区	日喀则市	仲巴县	http://rkz.xzjjw.gov.cn/zbxjwjwxxgk.jhtml
86	西藏自治区	昌都市	芒康县	http://cd.xzjjw.gov.cn/mkxjwjwxxgk.jhtml
87	西藏自治区	山南市	加查县	http://www.snjjw.gov.cn:6280/zt_def.php?id=56
88	西藏自治区	阿里地区	改则县	http://al.xzjjw.gov.cn/gzxjwjwxxgk.jhtml

续表

序号	评估对象			纪检监察机关网站网址
	所在省份	所在市级名	县级名	
89	陕西省	西安市	周至县	http://zhouzhi. qinfeng. gov. cn/
90	陕西省	咸阳市	旬邑县	http://xunyi. qinfeng. gov. cn/index. htm
91	陕西省	延安市	甘泉县	http://ganquan. qinfeng. gov. cn/
92	陕西省	榆林市	清涧县	http://qingjian. qinfeng. gov. cn/
93	甘肃省	兰州市	永登县	http://jiwjw. lanzhou. gov. cn/col/col16026/index. html
94	甘肃省	武威市	民勤县	http://www. wwsjjjc. gov. cn/html/mqxxxgk/
95	甘肃省	张掖市	高台县	http://gaotai. zysjw. gov. cn/
96	甘肃省	酒泉市	阿克塞哈萨克族自治县	http://www. aksjw. gov. cn/
97	青海省	西宁市	大通回族土族自治县	https://www. xnsjw. gov. cn/index - org. html? orgNo=631010106
98	青海省	海北藏族自治州辖县	刚察县	http://www. qhjc. gov. cn/subsite/index_4266071FC689CEED_2D565EC6F2CD067A. html
99	青海省	海南藏族自治州	贵南县	http://www. qhjc. gov. cn/subsite/index_4266071FC689CEED_010B0C8D041F5F24. html
100	青海省	海西蒙古族藏族自治州	乌兰县	http://www. qhjc. gov. cn/subsite/index_4266071fc689ceed_ddd949652813f954. html
101	宁夏回族自治区	吴忠市	同心县	http://www. txxjjw. gov. cn/
102	宁夏回族自治区	中卫市	沙坡头区	http://www. nxzwjwjcj. gov. cn/zwjwxxgk/zwjwsptq/
103	宁夏回族自治区	银川市	永宁县	http://jjjc. yinchuan. gov. cn/xqxxgk/ynx/ldjg_43445/202010/t20201030_2272026. html
104	宁夏回族自治区	银川市	贺兰县	http://www. hlxjjjc. gov. cn/
105	新疆维吾尔自治区	乌鲁木齐市	米东区	http://www. wlmqjw. gov. cn/list -55. html
106	新疆维吾尔自治区	吐鲁番市	高昌区	http://jw. tlf. gov. cn/xxgk/qxjwjw/gcq. htm
107	新疆维吾尔自治区	哈密市	巴里坤哈萨克自治县	http://hmjjw. hami. gov. cn/xxgk/xsjwjw/blkxjwjw. htm
108	新疆维吾尔自治区	巴音郭楞蒙古自治州	焉耆回族自治县	https://www. bazhoujw. gov. cn/a/xxgk/xshjw/yanshixian/

结果显示，108 个评估对象中，106 个地方拥有独立官方纪检监察网站或者在上级纪检监察网站中设有相关信息公开网页，占比 98.15%，仅有三沙市南沙区、遂宁市蓬溪县 2 个地方没有专门的纪检监察信息公开网站或网页，占比 1.85%。南沙区没有建立纪检监察网站与该区政府于 2020 年刚成立不久有关，蓬溪县纪检监察工作相关信息分散公开在上级纪检监察网站。结合 2021 年和 2020 年 12 月评估结果来看，一个比较突出的特点是：大量县级纪检监察机关信息公开以上一级纪检监察机关网站作为公开平台，在其“信息公开”栏目下设立子栏目，或者在上一级纪检监察机关网站首页设置区县信息公开专栏链接。同在 108 个评估对象的情况下，相比 2020 年 12 月评估结果而言，2021 年拥有独立官方纪检监察网站或者在上级纪检监察网站中设有相关信息公开网页的评估对象多了 2 个，只有极个别地方没有建立起信息公开的网站平台，态势持续向好。

二　2021年县级纪检监察机关信息公开评估结果

县级纪检监察工作信息公开涉及广大群众对党政机关和干部工作的监督，只应向前，不应后退。4 年评估结果表明，县级纪检监察部门信息公开持续向好，2021 年县级纪检监察机关信息公开情况总体向好。

评估结果显示，108 个县级纪检监察机关信息公开得分总计 5139.26 分，平均分为 47.59 分。2021 年县级纪检监察机关信息公开评估平均分比 2020 年 9 月评估高出一倍多，比 2020 年 12 月评估平均分（53.29 分）低 5.7 分。2020 年 12 月评估的“短暂高分”与 2020 年最后一季度地方纪检监察机关积极落实《纪检监察机关互联网网站信息公开技术建设指南（试行）》文件要求有关。2021 年评估得分虽然有所降低，但与前几年相比，总体上趋于向好的态势。2021 年，有 59 个评估对象得分高于平均分，占评估对象总数 54.63%。

从评估对象在各个分段分布情况来看，较高分段的数量有所减少。得分在80（含）分以上的有0个；得分在70～79分的有5个，比2020年12月评估减少1个；得分在60～69分的有20个，比2020年12月评估减少8个；得分在50～59分的有26个，比2020年12月评估减少10个；得分在40～49分的有22个，比2020年12月评估减少1个；得分在30～39分的有21个，比2020年12月评估增加12个；得分在20～29分的有11个，比2020年12月评估增加9个；得分在0～20分的有3个，比2020年12月评估减少1个（见表2）。从表2中可知，大多数评估对象得分在30～69分有89个，占比82.41%。

表2　2021年县级纪检监察机关信息公开评估各分段分布情况

单位：个

分段	80分及以上	70～79分	60～69分	50～59分	40～49分	30～39分	20～29分	20分以下
数量	0	5	20	26	22	21	11	3

从各项一级指标得分情况来看（见表3），县级纪检监察机关的八项一级指标平均分由高到低排序是："巡视整改"得分70.18分，"通报曝光"得分61.06分，"公开平台"得分57.50分，"制度规定"得分52.04分，"组织结构"得分48.17分，"工作报告"得分38.50分，"社会参与"得分34.82分，"部门收支"得分29.37分。可见，县级纪检监察机关在巡视整改、通报曝光和公开平台方面做得相对较好，但在部门收支、社会参与、工作报告、组织结构方面做得较差。

各省份区县平均分差异较大。从27个省（自治区）区县平均分来看，平均分最高的是61.29分，平均分最低的是19.68分，二者相差41.61分。平均分超过60分的有3个，占比11.11%；平均分在50～60分的有10个，占比37.04%；平均分在40～50分的有8个，占比29.63%；平均分在30～40分的有4个，占比14.81%；平均分低于30分的有2个，占比7.41%。

对2021年与2020年12月两次评估变化进行分析发现，绝大多数省

份区县平均分有所变化，且不少省份区县平均分变化幅度比较大，这与每次县级抽样坚持不重复评估原则有一定关系，也与县级纪检监察机关信息公开不稳定有关。同时值得关注的是，有一些地方信息公开一如既往做得比较好，如浙江、宁夏、福建、安徽、甘肃、河南、江苏等省份的区县。

同时发现，不少县级纪检监察网站信息公开出现停滞或半停滞状态。与2020 年 12 月评估结果相比，2021 年县级纪检监察机关信息公开评估结果在平均分、最高分、较高分段评估对象占比几项中均有所变差。从网上信息更新情况来看，大多数县级纪检监察机关在 2020 年下半年进行了一次比较集中的信息公开行动，尤其在 11 月、12 月。因此，与往年的评估结果相比，2020 年的信息公开评估得分有了显著提高。但是 2021 年大量县级纪检监察机关网站恢复到以往的状态，2021 年内信息更新量比较有限，更新频率也大致恢复到 2020 年下半年集中更新之前的状态，甚至一些网站信息公开出现停滞或半停滞状态。究其原因，目前县级纪检监察机关对利用网站公开信息的重视程度不够，缺乏主动性。

总的来看，2021 年评估中县级纪检监察机关信息公开得分仍然不算高，还有很大的提升空间。有部分网站在 2020 年最后一季度集中公开了大量信息之后，在 2021 年更新的信息非常少。这说明各地一时针对中央纪委监委下发的《纪检监察机关互联网网站信息公开技术建设指南（试行)》进行了积极贯彻落实，但在 2021 年没有很好地坚持下去。尽管如此，从连续 4 年的评估结果上看，县级纪检监察机关信息公开逐年在进步。

表 3　2021 年县级纪检监察机关信息公开评估结果

单位：分

省级名	市级名	县级名	公开平台（10%）	组织结构（10%）	部门收支（15%）	制度规定（12%）	工作报告（12%）	通报曝光（15%）	巡视整改（10%）	社会参与（16%）
河北省	秦皇岛市	昌黎县	60.00	55.00	87.50	29.50	86.80	58.91	71.00	34.00
河北省	张家口市	张北县	60.00	55.00	87.50	29.50	86.80	58.91	67.00	22.78
河北省	衡水市	故城县	60.00	45.00	0.00	29.50	0.00	58.91	83.50	34.00
河北省	唐山市	滦州市	60.00	42.50	0.00	17.00	0.00	58.91	71.00	22.78
山西省	临汾市	安泽县	60.00	57.50	0.00	42.00	0.00	58.91	75.00	22.78
山西省	长治市	黎城县	60.00	42.50	0.00	17.00	0.00	72.11	100.00	22.78
山西省	大同市	广灵县	67.00	42.50	0.00	57.55	0.00	72.11	17.00	22.78
山西省	晋中市	太古区	60.00	27.50	0.00	42.00	0.00	72.11	50.00	22.78
内蒙古自治区	赤峰市	巴林左旗	65.00	62.50	75.00	87.50	0.00	58.91	83.50	34.00
内蒙古自治区	包头市	九原区	80.00	50.00	0.00	100.00	0.00	58.91	50.00	34.00
内蒙古自治区	巴彦淖尔市	乌拉特中旗	85.00	62.50	0.00	75.00	0.00	58.91	33.50	50.50
内蒙古自治区	通辽市	开鲁县	96.80	52.50	75.00	87.50	0.00	58.91	33.50	34.00
辽宁省	锦州市	临海市	60.00	30.00	0.00	32.75	78.30	89.11	100.00	34.00
辽宁省	抚顺市	新宾满族自治县	60.00	42.50	0.00	37.50	84.90	58.91	50.00	67.00
辽宁省	营口市	大石桥市	60.00	45.00	0.00	30.00	86.80	58.91	100.00	34.00
辽宁省	丹东市	东港市	65.00	45.00	0.00	25.00	84.90	58.91	50.00	39.28
吉林省	吉林市	蛟河市	60.00	66.00	93.13	87.50	86.80	72.11	58.50	34.00
吉林省	通化市	梅河口市	30.00	47.50	86.88	25.00	84.90	72.11	100.00	34.00
吉林省	长春市	双阳区	45.00	47.50	0.00	75.00	0.00	17.00	0.00	22.78
吉林省	长春市	公主岭市	45.00	52.50	0.00	62.50	0.00	58.91	0.00	22.78

续表

省级名	市级名	县级名	公开平台（10%）	组织结构（10%）	部门收支（15%）	制度规定（12%）	工作报告（12%）	通报曝光（15%）	巡视整改（10%）	社会参与（16%）
黑龙江省	齐齐哈尔市	拜泉县	60.00	62.50	87.50	100.00	78.30	89.11	100.00	22.78
黑龙江省	哈尔滨市	五常市	60.00	65.00	62.50	50.25	71.70	39.11	100.00	34.00
黑龙江省	鹤岗市	兴山区	60.00	30.00	34.38	25.00	86.80	58.91	83.00	22.78
黑龙江省	佳木斯市	桦南县	60.00	65.00	0.00	75.00	0.00	58.91	17.00	67.00
江苏省	镇江市	句容市	74.00	42.50	82.50	50.00	84.90	72.11	100.00	67.00
江苏省	连云港市	灌云县	68.40	45.00	75.00	59.45	0.00	89.11	67.00	67.00
江苏省	淮安市	洪泽区	74.00	40.00	0.00	50.00	0.00	89.11	83.00	50.50
江苏省	盐城市	射阳县	71.20	40.00	0.00	50.00	0.00	47.20	50.00	34.00
浙江省	宁波市	慈溪市	70.00	47.50	87.50	75.00	78.30	58.91	100.00	34.00
浙江省	温州市	瓯海区	55.50	47.50	62.50	75.00	84.90	72.11	66.50	34.00
浙江省	绍兴市	新昌县	30.00	46.00	62.50	75.00	91.50	72.11	100.00	22.78
浙江省	金华市	武义县	68.40	42.50	61.88	75.00	0.00	72.11	100.00	22.78
安徽省	滁州市	来安县	90.00	40.00	75.00	75.00	78.30	72.11	100.00	50.50
安徽省	芜湖市	镜湖区	90.00	40.00	0.00	82.50	93.40	58.91	100.00	34.00
安徽省	蚌埠市	禹会区	60.00	42.50	0.00	53.55	78.30	72.11	100.00	22.78
安徽省	马鞍山市	花山区	72.00	41.00	0.00	75.00	0.00	72.11	100.00	67.00
福建省	福州市	闽侯县	60.00	75.00	87.50	25.00	78.30	72.11	100.00	34.00
福建省	龙岩市	上杭县	65.00	60.00	75.00	75.00	0.00	58.91	50.00	34.00
福建省	漳州市	诏安县	45.00	60.00	100.00	12.50	86.80	72.11	100.00	22.78
福建省	泉州市	惠安县	80.00	75.00	87.50	75.00	0.00	72.11	75.00	34.00

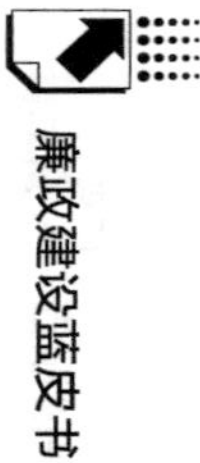

续表

省级名	市级名	县级名	公开平台（10%）	组织结构（10%）	部门收支（15%）	制度规定（12%）	工作报告（12%）	通报曝光（15%）	巡视整改（10%）	社会参与（16%）
江西省	宜春市	宜丰县	60.00	57.50	0.00	36.10	86.80	72.11	100.00	67.00
江西省	赣州市	全南县	60.00	67.50	87.50	75.00	0.00	58.91	100.00	22.78
江西省	吉安市	峡江县	60.00	62.50	0.00	25.00	78.30	58.91	100.00	67.00
江西省	上饶市	横峰县	60.00	57.50	0.00	42.00	0.00	58.91	41.50	34.00
山东省	济宁市	金乡县	60.00	47.50	87.50	75.00	0.00	58.91	100.00	39.28
山东省	枣庄市	峄城区	30.00	42.50	0.00	25.00	0.00	58.91	66.50	34.00
山东省	烟台市	莱山区	30.00	42.50	0.00	75.00	0.00	72.11	100.00	22.78
山东省	青岛市	平度市	60.00	50.00	0.00	50.00	86.80	72.11	75.00	22.78
河南省	许昌市	鄢陵县	74.00	72.50	50.00	66.75	0.00	58.91	100.00	50.50
河南省	南阳市	内乡县	60.00	41.00	0.00	66.75	86.80	72.11	100.00	22.78
河南省	三门峡市	卢氏县	80.00	56.00	0.00	75.00	0.00	58.91	100.00	22.78
河南省	商丘市	虞城县	60.00	47.50	0.00	75.00	93.40	58.91	100.00	22.78
湖北省	恩施土家族苗族自治州	来凤县	77.60	57.50	0.00	75.00	86.80	89.11	58.50	34.00
湖北省	襄阳市	老河口市	60.00	47.50	87.50	50.00	86.80	72.11	83.00	22.78
湖北省	孝感市	应城市	60.00	45.00	0.00	75.25	0.00	72.11	50.00	34.00
湖北省	黄冈市	红安县	68.40	40.00	0.00	40.10	0.00	89.11	50.00	34.00
湖南省	常德市	津市市	60.00	47.50	87.50	75.00	86.80	72.11	83.00	50.50
湖南省	益阳市	桃江县	74.00	57.50	62.50	55.20	58.50	72.11	100.00	50.50
湖南省	长沙市	浏阳市	60.00	47.50	0.00	100.00	78.30	89.11	100.00	34.00

续表

省级名	市级名	县级名	公开平台（10%）	组织结构（10%）	部门收支（15%）	制度规定（12%）	工作报告（12%）	通报曝光（15%）	巡视整改（10%）	社会参与（16%）
湖南省	衡阳市	蒸湘区	45.00	47.50	0.00	17.00	0.00	58.91	100.00	34.00
广东省	深圳市	盐田区	95.00	50.00	87.50	25.00	56.60	89.11	100.00	34.00
广东省	湛江市	廉江市	60.00	40.00	61.25	50.00	0.00	58.91	100.00	34.00
广东省	茂名市	化州市	60.00	35.00	62.50	12.50	0.00	72.11	50.00	22.78
广东省	肇庆市	封开县	59.00	35.00	0.00	0.00	0.00	58.91	50.00	34.00
广西壮族自治区	桂林市	永福县	60.00	65.00	87.50	75.00	78.30	58.91	50.00	34.00
广西壮族自治区	来宾市	武宣县	60.00	57.50	0.00	50.00	86.80	58.91	17.00	67.00
广西壮族自治区	百色市	隆林各族自治县	80.00	47.50	0.00	75.00	0.00	72.11	33.50	34.00
广西壮族自治区	玉林市	兴业县	60.00	47.50	0.00	75.00	0.00	72.11	50.00	34.00
海南省	三亚市	天涯区	45.00	50.00	81.25	12.50	86.80	72.11	100.00	67.00
海南省	海口市	琼山区	60.00	47.50	0.00	12.50	0.00	58.91	100.00	39.28
海南省	—	屯昌县	60.00	47.50	0.00	25.00	0.00	72.11	83.50	39.28
海南省	三沙市	南沙区	0.00	0.00	0.00	0.00	0.00	0.00	0.00	0.00
四川省	绵阳市	平武县	60.00	42.50	0.00	25.00	0.00	58.91	100.00	39.28
四川省	泸州市	叙永县	60.00	22.50	0.00	50.00	0.00	17.00	0.00	22.78
四川省	乐山市	沐川县	15.00	35.00	0.00	0.00	0.00	30.69	0.00	22.78
四川省	遂宁市	蓬溪县	15.00	15.00	0.00	0.00	0.00	0.00	0.00	22.78
贵州省	铜仁市	石阡县	45.00	62.50	0.00	75.00	0.00	58.91	58.50	34.00
贵州省	黔西南布依族苗族自治州	册亨县	80.00	62.50	0.00	75.00	0.00	72.11	33.50	34.00

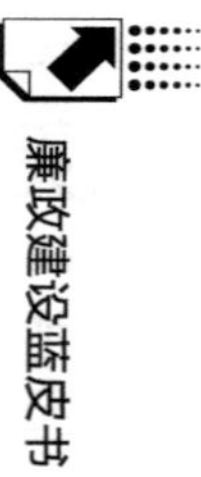

续表

省级名	市级名	县级名	公开平台（10%）	组织结构（10%）	部门收支（15%）	制度规定（12%）	工作报告（12%）	通报曝光（15%）	巡视整改（10%）	社会参与（16%）
贵州省	黔南布依族苗族自治州	罗甸县	60.00	77.50	0.00	62.50	0.00	47.69	41.50	34.00
贵州省	安顺市	镇宁布依族苗族自治县	45.00	67.50	0.00	0.00	0.00	30.20	100.00	22.78
云南省	普洱市	孟连傣族拉祜族佤族自治县	60.00	55.00	74.38	75.00	80.20	0.00	83.50	22.78
云南省	丽江市	宁蒗彝族自治县	60.00	62.50	0.00	12.50	86.80	89.11	58.50	39.28
云南省	楚雄彝族自治州	大姚县	71.20	22.50	0.00	50.00	0.00	34.00	17.00	67.00
云南省	昭通市	镇雄县	30.00	12.50	0.00	25.00	0.00	58.42	17.00	34.00
西藏自治区	日喀则市	仲巴县	60.00	47.50	18.75	29.50	0.00	47.69	9.90	22.78
西藏自治区	阿里地区	改则县	45.00	47.50	0.00	87.50	0.00	47.69	50.00	22.78
西藏自治区	山南市	加查县	30.00	47.50	0.00	50.00	0.00	36.80	0.00	22.78
西藏自治区	昌都市	芒康县	30.00	27.50	0.00	17.00	0.00	47.69	25.00	22.78
陕西省	西安市	周至县	60.00	22.50	0.00	75.00	0.00	47.69	0.00	34.00
陕西省	延安市	甘泉县	60.00	65.00	75.00	87.50	86.80	47.69	91.65	34.00
陕西省	榆林	清涧县	74.00	45.00	0.00	50.00	88.45	72.11	86.70	34.00
陕西省	咸阳市	旬邑县	60.00	27.50	37.50	50.00	88.45	89.11	90.83	34.00
甘肃省	张掖市	高台县	100.00	45.00	81.25	100.00	90.10	47.69	94.23	34.00
甘肃省	武威市	民勤县	30.00	37.50	68.75	20.00	93.40	72.11	96.70	34.00
甘肃省	酒泉市	阿克塞哈萨克族自治县	60.00	62.50	75.00	90.00	0.00	47.69	91.65	34.00

续表

省级名	市级名	县级名	公开平台（10%）	组织结构（10%）	部门收支（15%）	制度规定（12%）	工作报告（12%）	通报曝光（15%）	巡视整改（10%）	社会参与（16%）
甘肃省	兰州市	永登县	30.00	62.50	0.00	62.50	0.00	47.69	92.53	22.78
青海省	海西蒙古族藏族自治州	乌兰县	30.00	41.00	87.50	7.50	93.40	72.11	78.45	34.00
青海省	海南藏族自治州	贵南县	30.00	56.00	0.00	50.00	91.75	47.69	76.80	34.00
青海省	西宁市	大通回族土族自治县	60.00	40.00	0.00	50.00	0.00	47.69	91.65	34.00
青海省	海北藏族自治州辖县	刚察县	30.00	41.00	0.00	0.00	0.00	47.69	8.50	34.00
宁夏回族自治区	吴忠市	同心县	90.00	47.50	50.00	75.00	93.40	64.69	100.00	34.00
宁夏回族自治区	银川市	贺兰县	100.00	46.50	83.75	50.00	90.10	47.69	95.83	34.00
宁夏回族自治区	中卫市	沙坡头区	30.00	47.50	68.75	70.05	91.75	72.11	100.00	34.00
宁夏回族自治区	银川市	永宁县	30.00	27.50	0.00	50.00	88.45	72.11	100.00	34.00
新疆维吾尔自治区	乌鲁木齐市	米东区	30.00	65.00	62.50	75.00	93.40	47.69	91.65	39.28
新疆维吾尔自治区	巴音郭楞蒙古自治州下	焉耆回族自治县	30.00	60.00	0.00	75.00	91.75	72.11	100.00	39.28
新疆维吾尔自治区	吐鲁番市	高昌区	30.00	42.50	0.00	65.10	0.00	85.71	81.70	39.28
新疆维吾尔自治区	哈密市	巴里坤哈萨克自治县	30.00	77.50	0.00	75.00	0.00	47.69	90.00	39.28
各项平均分			57.50	48.17	29.37	52.04	38.50	61.06	70.18	34.82

三　2021年县级纪检监察机关信息公开评估的特点

县级纪委监委网站建设在资源分配、人力、重视程度、规范化等方面与省级、地市级之间存在差距，整体得分更低，但信息公开已经成为常态化工作。根据本次评估结果，结合往次评估情况开展分析，可发现2021年县级纪检监察机关信息公开呈现以下几个特点。

1. 公开平台建设趋于规范统一

一是公开网站平台建设接近全覆盖，有106个，占比达到98.15%。106家网站或网页中，设置有检索功能的有87个，占比82.08%。检索功能普遍方便快捷，一些网站还设置有高级检索功能，可以添加多个不同类型的搜索条件，如搜索范围、发布时间等，能够实现精准检索。二是建立的版块具有一致性，彰显公开平台建设具有一定规范性。独立网站建设版块基本包含领导机构、组织机构、组织程序、监督曝光、巡视巡察、审查调查、新闻、工作动态、党纪法规（规章制度）等栏目，利用上级网站开设信息公开专栏的县级纪委监委网页则一般包括领导机构、组织机构、组织程序、监督曝光、巡视巡察、审查调查、其他等栏目。三是网站界面设计具有同省一致性。虽然每个省份的区县纪检监察网站或网页设计风格各不相同，但是同一个省份的不同区县网站风格具有比较明显的一致性，设计模样相同，说明每个省份内部的公开平台建设具有统一性。

2. 组织结构信息公开得分项、失分项具有一致性

108个区县组织结构信息公开平均分48.17分，与整体平均分基本持平。组织结构信息方面，96个区县公开了纪委监委职能任务，占比88.89%。公开纪委监委内设及派出机构名称的区县有106个，占比98.15%，只有云南省昭通市镇雄县、海南省三沙市南沙区没有公开。绝大多数区县纪委监委公开了内设机构职能职责，但是很多地方没有公开派出机构职能职责。107个区县都公开了纪委监委班子成员姓名。公开纪委监委领导班子成员简历的区县有99个，占比91.67%，没有公开的有9个，占比

8.33%。57个区县公开了纪委监委领导班子成员照片，占比52.78%。由此看出，纪委监委职能任务、内设机构及派出机构名称、内设机构职责、领导班子信息是普遍的得分项。

反之，也有一些普遍的失分项。比如，只有内蒙古自治区赤峰市巴林左旗、吉林省吉林市蛟河市、黑龙江省齐齐哈尔市拜泉县3个地方公开纪委监委内设或派出机构负责人姓名；公开纪委监委派驻机构编制数的区县只有7个，占比6.48%；只有2个区县公开了纪委监委领导职数，即吉林省蛟河市、广西永福县；仅7个区县公开了纪委监委机关派驻机构实有人员数，占比6.48%；只有吉林省蛟河市1个区县公开了纪委监委机关内设机构领导人员姓名；只有内蒙古自治区巴林左旗1个区县公开了纪委监委派驻机构领导人员姓名。另外，公开纪委监委机关编制数的区县有36个，占比33.33%；38个区县公开了纪委监委机关实有人员数，占比35.19%。有部分区县纪委监委领导班子成员简历公开信息比较简单，不够详细。

3. 巡视整改和通报曝光信息公开情况较好

几乎所有抽样网站设立了专门的通报曝光和巡视整改栏目，这两方面的信息公开状况比较好。在所有一级评估指标中，巡视整改栏目平均得分最高，为70.18分。通报曝光栏目平均得分61.06分，二者远高于总平均分47.59分。巡视巡察整改方面，38个评估对象获得满分100分，一般来说，上级巡视巡察整改信息与同级巡察整改信息公开具有一致性，即大部分评估对象表现出要么二者信息都公开，要么都没有很好地公开的特点。在通报曝光方面，98个区县曝光违反“中央八项规定”精神案例，且大部分公开内容都比较详细，对涉案人姓名、单位、职务、违纪事实和处分结果都进行了公开。

4. 部门收支、社会参与属于低分栏目

部门收支公开平均得分只有29.37分，是得分最低的一项内容。其原因在于许多网站不及时公开预决算，导致0分项很多，拉低了平均值。另外一个比较明显的特点是，预算公开多，决算公开少。43家网站公开了2020年决算或2021年预算，占比39.81%，反之，有65家网站没有公开，占比60.19%。在区县纪委监委网站公开的年度预决算为查找方便，一般放在

“其他”栏目，或者专门设立了“财政资金信息”专栏，个别网站将预决算公开在“信息公开年报”栏目。公开预算的远比公开决算的多，二者均公开的属于极少数。在公开的预算或决算里，内容普遍比较充实，得分 80 分以上的有 20 个，占比 18.52%；得分在 60~80 分的有 18 个，占比 16.67%，二者累计占比 35.19%。公开纪委审查、监委调查工作经费年度开支总额的区县有 35 个，占比 32.41%，没有公开的有 73 个，占比 67.59%。公开大案要案查办支出的区县只有 4 个，仅占 3.70%，绝大多数区县没有公开。公开了预算或决算的 43 个网站，其中 40 个比较详细地公开了“三公”经费总额和收支情况。公开纪委监委部门预算绩效目标的区县有 28 个，只要公开了，大多数公开的内容比较客观具体。社会参与栏目的平均得分是 34.82 分，主要得分项在于大多建立了比较畅通的举报渠道，而在公众互动评论和网站点击率两项指标方面得分少，导致社会参与方面得分不乐观。

5. 制度规定公开各有特点

有 82 个区县纪委监委网站设有制度专栏，占比 75.93%。从栏目设置上看，有的在首页设有“党纪法规”“法规制度”等栏目，有的在信息公开栏目下设“规章制度”子栏目；有的党纪法规栏目直接链接到中央纪委国家监委网站“党纪法规”栏目，有一定“偷懒”性，项目组对此计了分。一些网站上传了许多关于中央制度文件的解读文章，对深入学习制度规定有帮助。有些网站对上级制度规定进一步划分，将党内法规和法律法规分类公开。对于本级制度规定，大多数网站将有关制度规定文件放在信息公开中的“其他”栏目里，也有部分网站单独建立本级制度的公开栏目，属于少数。上级制度公开以中央和国家出台的制度规定为主，少数网站公开了省级或地市级部分制度规定。少数网站公开了本级的一些制度规定。由于制度规定公开与工作报告、预决算等周期性的信息公开不同，因此在评估过程中对往年公开的制度规定也算进得分。

6. 工作报告公开两极化

49 个区县公开了 2021 年本级纪委监委工作报告，占比 45.37%。从 2021 年县级纪委监委网站抽样评估结果来看，有三个主要特点：一是工作

报告全文公开，且一些地方公开十分及时，仅在全公之后一个月内公开。几乎所有已公开的工作报告是全文公开。二是工作报告结构具有同质性，基本由上一年度总结和下一年度计划两部分构成。三是工作报告内容紧扣当地工作实际，内容比较翔实客观，内容包含大量数据、做法，能够体现地方主要工作特色。因此，总的来说，一方面已公开的工作报告质量大多比较高，另一方面，还有大量地方没有及时公开工作报告，在得分上呈现两极化特点。

四 评估中发现的问题

（一）信息公开缺乏持续性稳定性

区县纪委监委网站维护更新公开不像省级网站一样，成为常态化工作，一阵风式的信息公开情况是许多区县纪委监委网站的突出特点。从本次评估与2020年12月评估相比，这一特点尤为明显。在2020年8～12月集中更新了一次信息后，许多网站的大部分栏目在2021年鲜有信息更新，甚至没有更新。有的网站栏目信息更新的时间成为每个月一次或两次，即每个月在一个或两个日期内集中上传公开。网站栏目信息几个月不更新的情况很普遍。一般头条信息栏目更新最为频繁，巡视整改、通报曝光、制度规定等栏目信息公开比较缓慢，频率不高。

（二）一些重要信息公开缺乏及时性

信息公开及时性影响群众监督效果。从抽样网站评估的结果来看，区县一级的预决算、工作报告、制度规定等信息公开不及时的问题比较突出。绝大多数区县没有同时公开年度预算和决算，一般只公开了预算，少数网站公开了决算，且有相当一部分区县纪委监委没有公开预算和决算，或者公开不及时。通报曝光更新不及时，违纪干部处分决定书未全文公开。超过一半的抽样区县纪委监委网站没有及时公开最新一年的工作报告。104个区县设立了通报曝光专栏，但只有15个区县及时更新栏目。及时向社会公开发布涉嫌严重职务违法或者职务犯罪的区县只有49个，占比45.37%。多个栏目在信息更新及时性方面扣分较多。

（三）信息公开不全面

从评估结果上看，信息公开不全面性主要体现在一些信息应该公开而没有公开。如纪委监委内设及派出机构负责人姓名、纪委监委机关编制数、纪委监委派驻机构编制数、纪委监委领导职数等纪委监委组织人员信息，预决算、大案要案查办支出等财务信息，本级制度信息，年度工作报告，等等。就本级制度而言，大多数区县不够重视本级制度的公开。35个区县没有公开任何与本地有关的纪检监察工作制度，公开的本级纪检监察工作制度以请假制度、公车使用制度、会议制度等行政性事务为主，而几乎没有涉及纪检监察业务性的工作制度。本级纪检监察出台的规范性文件公开情况较差。公众评价互动、网站点击率方面做得不够。这其中不少信息是从未公开过的。项目组认为这与地方纪委监委对信息公开内容范围的认识不足有关。

（四）信息公开平台建设欠佳

目前，省级、市级网站建设已经比较完善，但是县级纪委监委网站建设相对较差。一是仍然有少数地方没有建立独立的信息公开网站，大多数县级纪委监委信息公开平台建设在上级纪委监委网站基础之上，个别地方甚至在上级网站没有单独的公开栏目，信息分散在上级网站各个栏目，不利于查找阅读。二是县级纪委监委网站普遍比较单调简单，功能不全面，界面设计不美观。

五　加强区县纪委监委信息公开的对策建议

（一）持续提高纪委监委工作透明度

一是提高信息公开重视度。2020年中央纪委国家监委下发了有关纪委监委信息公开网站建设要求的文件，各地积极落实了文件精神，把许多往年

没有及时公开的信息，短时间内在网站进行公开，大大丰富了网站公开信息。但是，这没有继续坚持下来，从今年结果来看，大多数地方不少栏目信息公开停留在2020年，对2021年的信息没有及时上传公开。这说明区县对网站信息公开缺乏足够的主动，不够重视。建议开展信息工作教育培训，深化对信息公开工作的认识，提高重视程度。二是科学认识纪委监委信息公开，对照中央纪委国家监委要求，科学认识信息公开与信息保密之间的关系和界限，努力做到该公开的公开，该保密的保密。三是加大信息公开工作力度。对不涉及工作秘密和个人隐私的各种信息，应主动予以公开，推动廉洁透明政府建设。

（二）建立信息公开常态化制度机制

目前区县纪委监委网站信息公开比较突出的问题是信息公开缺乏稳定性，没有建立起常态化工作机制。因此，一是将网站信息公开纳入年度工作计划。在人员、预算、工作职责等方面进行明确，实现信息公开工作日常化。二是建立信息公开审核制度、责任落实制度。建立信息公开审核制度目的在于对公开信息予以把关，避免不适合公开的信息被公开；建立责任落实制度则是将信息公开工作责任到人，由专人负责。三是建立网站信息公开评价机制，对内形成信息公开的激励，对外积极引导更多人关注纪委监委信息公开，发挥纪委监委网站的信息公开作用。

（三）加大纪委监委网站宣传推广力度

充分利用纪委监委网站资源，积极推广纪委监委网站，将其建设成群众了解纪检监察工作、接受党风廉政教育、监督举报公职人员违法乱纪行为的公开平台。提高区县纪委监委网站社会关注度，积极开通网站留言评论功能，将网站与微信公众号结合起来运营，发挥各自优势。建立纪委监委网站与当地政府网站、电子政务网站之间联系，实现互通互联，方便群众通过各种渠道访问。在利用好上级纪委监委网站平台同时，注重本级信息公开页面的设计，体现出地方工作特色。

创 新 实 招

Innovative Practice

1. 北京：实现行政事业单位内部财务信息公开

2021 年以来，中央纪委国家监委网站累计发布了 14 起出纳、会计等岗位财务人员违纪违法问题的案例剖析类报道。梳理这类案件发现，当中暴露出财务人员岗位廉政风险防范失控及相关单位财务管理混乱、财务监督流于形式等问题。早在 2015 年，北京市财政局结合行政事业单位内控规范实施财务制度改革，印发《关于推进行政事业单位内部财务信息公开工作的实施意见》。该意见规定，行政事业单位财务信息应当自该信息确认完成之日起一个月内予以内部公开。公开程序主要为制定信息公开方案；确定公开事项及公开方式；编制、公布信息公开目录，包括财务信息的索引、名称、内容概述、生成日期等内容；审查核实公开、更新内容；选择在本单位公共查阅室、资料索取点、信息公告栏、电子信息屏等公开场所、设施进行公开，并及时更新。信息公开的内容借鉴了上市公司财务信息披露的经验，并结合行政事业单位的特点，主要包括以内控规范手册、内控评价报告、单位财务报告、审计监督评价报告为基础的 7 项内容。财务信息公开内容可以在本行政事业单位公共查阅室、资料索取点、信息公告栏、电子信息屏等多个公开场所查阅，方便更多人了解财务内部信息的具体内容。这次改革影响深远，推动北京市行政事业单位内控迈上新台阶。

（资料来源：中央纪委国家监委网站、新华网）

评析：加强对重要岗位和关键环节的监督是推进全面从严治党向纵深发展的必然要求。北京市通过财务信息内部公开，倒逼财务人员自觉提升思想认识，树立正确的世界观、人生观和价值观，主动抵制不劳而获、贪图享受等不良思想的侵蚀，筑牢拒腐防变的思想防线。引入信息内部公开机制，可以有效引入监督，加强对财务人员的廉洁从政教育和警示教育，使其加强对自我的要求、增强对党纪国法的敬畏之心。

2. 上海松江：星级管理助力街镇案件查办提质增效

为使轮换速度快、来自各个条线的街道乡镇纪检监察干部迅速找准工作重心，同时强化街道乡镇纪检监察机关案件管理和考核导向，上海市松江区纪委监委通过推行“星级管理”的方式推动案件查办提质增效。星级管理根据基层纪（工）委、监察办查办案件的类型来给予相应的星级。自主发现、自主初核、自主办理的为三星案件，交办线索成案的为两星案件，初核后交办立案的为一星案件。松江区纪委监委每月底汇总各街镇所查办星级案件的数量，每季度对星级案件分布情况和趋势走向进行分析，在全区范围内晒出数据图表。针对长期只有一星案件或者从未查办过三星案件的街镇，相关监督检查室会有针对性地进行沟通和指导。

（资料来源：中央纪委国家监委网站）

评析：面对反腐败斗争新形势、新要求，地方纪检监察机关不断解放思想、推陈出新，重塑激励约束机制，激活基层纪检监察机构潜力。松江区纪委监委采用星级管理方式的创新之处就在于将现代企业管理的有效做法移植到公共部门，使各乡镇、街道纪（工）委、监察办为党风廉政建设而相互竞争，激活纪检监察干部干事创业热情，又在很大程度上避免了过去只要不出现“零发现、零立案、零查办”大家都好“交差”的象征性执纪执法。与以往的管理方式相比，自主性、主动性、动态竞争和针对性反馈是星级管理突出的特征。该创新的重点难点还在于要及时完善配套制度，为基层纪

(工)委、监察办执纪执法提供遵循，着力防止不当竞争，有效提升案件查办质效。

3. 天津津南：探索实施行贿人员市场资格准入“黑名单”制度

天津市津南区纪委监委出台《津南区关于行贿人员市场资格准入“黑名单”工作办法》，坚持受贿行贿一起查，坚决斩断利益输送链条，推动受贿行贿问题整治法治化、制度化、规范化。该办法将“黑名单”上的行贿人员分成“主要关注”、“重要关注”和“一般关注”三类，对他们在市场准入、经营资质、投标资格等方面进行严格把关。该办法对行贿人“黑名单”的范围、分类和相关权限限制进行了明确规定，要求相关职能部门依法依规对“主要关注”类的行贿人员严格采取禁止措施，对“重要关注”类和“一般关注”类的行贿人员视情形采取限制措施。目前已有50余名行贿人被列入“黑名单”。通过探索实施行贿人“黑名单”制度，提高行贿违法成本，不断增强治理行贿的综合效能，持续净化政治生态，优化市场营商环境。

（资料来源：天津市纪委监委网站）

评析：十九届中央纪委历次全会都对坚持受贿行贿一起查作出部署，各级纪检监察机关在严肃查办受贿案件的同时，加大对行贿的查处力度，有力地促进反腐败斗争压倒性胜利全面巩固。“行贿人”黑名单制度对治理多次行贿、长期行贿问题具有重要意义，强化“不敢腐”的震慑，努力实现政治效果、纪法效果、社会效果相统一。实施行贿人员市场资格准入“黑名单”制度是优化市场营商环境、激发市场活力、维护市场公平竞争的有效举措。

4. 天津西青：探索基层党员干部亲属涉权事项公开

近年来，包括低保资金发放、农业设施项目建设、农村危房改造、拆迁补偿等在内的各种惠农补贴、政策红利源源不断，涉及群众最直接最现实的利益，群众也最为关注。党员干部会不会从中“渔利”、其亲属会不会“近水楼台先得月”等问题往往是群众最关注的地方。为防范和整治“微腐败”发生，切实解决民生领域群众反映强烈的突出问题，天津市西青区制定《关于以张家窝镇为试点开展基层党员干部亲属涉权事项公开的实施方案》。该方案紧扣报告、比对、核查、公示、说明、监督执纪六个环节，在建立试点单位党员干部亲属关系数据库基础上，由资金（项目）审批单位对受益人信息与党员干部亲属关系数据库数据进行比对，比对出的亲属涉权事项，按“谁审批、谁核查”原则进行合规性核查，并在党员干部所在单位和其亲属所在地或项目实施地双向公示，核查、公示期间发现的不符合政策和规定的及时取消，并作为问题线索移送纪检监察机关处置，同时，党员干部对相关情况还要在年度民主生活会或组织生活会上作出说明。

（资料来源：中央纪委国家监委网站）

评析：天津市西青区通过推行基层党员干部亲属涉权事项公开制度，一方面，防止党员干部利用职权假公济私、优亲厚友，促进基层权力公开、透明、阳光运行；另一方面，通过强有力的监督，最大限度地压缩权力寻租空间，推动惠民政策真正落到实处，化解群众猜疑，进一步增强党和政府的公信力。

5. 重庆：深化“以案四说”、推进“以案四改”

重庆市委、市纪委监委探索一体推进不敢腐、不能腐、不想腐的有效做法，深化“以案说纪、以案说法、以案说德、以案说责”（以下简称

“以案四说”）警示教育，推进“以案改治理、以案改监管、以案改制度、以案改作风”（以下简称“以案四改”），打好“说”和“改”的组合拳，推动政治生态持续向好。纪检监察机关针对具体案件所暴露出的深层次问题，分级分类分系统下发纪检监察建议书，不搞“一刀切”；突出多系统共性问题分析、聚焦各系统党风廉政建设方面存在的薄弱环节，建立警示教育视频库，纳入各级各类专题片30余部、忏悔视频100余个、微视频300多条；发挥全市廉政教育示范基地作用，创新设立“以案四说”数字展馆及组建“党风廉政宣教轻骑兵”走进基层等；量身推出“两指导一督促一督导”监督“套餐”，指导下级党组织召开“以案四说”警示教育会和党政领导班子民主生活会，督促下级相关部门、单位开展专题民主生活会，督导开展下级的“以案四改”；在扛起监督责任的同时，纪检监察机关还协助同级党委（党组）做到典型案件“以案四改”与具体业务结合起来，程序上做到简便易行、务实管用，防止形式主义，并加强全程跟踪督导，确保政治效果、纪法效果、社会效果有机统一。2021年前三季度，全市召开“以案四说”警示教育13108场次，受教育对象63.35万人次。市委巡视发现党内政治生活、选人用人、违反中央八项规定精神问题数量呈明显下降趋势。

（资料来源：中央纪委国家监委网站）

评析：以案促改是实现一体推进不敢腐、不能腐、不想腐战略目标的重要抓手。重庆市开展“以案四说”和“以案四改”一方面保证了整改措施的综合性、系统性，另一方面又根据案发单位的领域、系统、地区特点有的放矢，确保了针对性和深入性，从而拓展了以案促改工作的广度、深度和力度。纪检监察机关督促相关单位完善制度、规范程序，并由案发系统的牵头单位统筹联动，最大限度地增强了监督合力，集中解决了一些重点地区、部门、系统过去仅凭借自身力量想解决而没能解决的突出问题，压缩了“一把手”权力自由裁量的空间，从根源上防止违纪违法行为发生。通过对案发单位“以案四改”工作情况进行综合评估验收，并对工作不到位的责令返工，确保“以案四改”工作动真格、出实效，发挥出查处一案、警示一片、治理一域的综合效应。

6. 新疆伊犁哈萨克：派驻机构分片联动

新疆维吾尔自治区伊犁哈萨克自治州纪委监委建立了派驻机构协作机制，将14个派驻纪检监察组划分为4个协作区，指定1个监督检查室对口牵头负责。通过协作区指导派驻机构建立与驻在部门联系沟通、监督工作会商研判、党风廉政建设情况通报等制度机制，聚焦政治生态、落实中央八项规定精神、脱贫攻坚、扫黑除恶等重点领域抓实监督，加强对“一把手”和领导班子的监督，并督促采取受理举报、谈话提醒、专项检查、列席党委（党组）会议和民主生活会等方式，把监督贯通日常工作各环节。此外，该州纪委监委还建立监督检查室对口联系派驻纪检监察组制度，健全问题线索移交、查办结果反馈和联席会议制度，推行岗位风险点排查、监督对象个人廉政“活页夹”等多种有效方式。该州纪委监委还加强对各县（市）纪委监委深化派驻机构改革的督促指导。伊宁市纪委监委各派驻机构聚焦“关键少数”，紧盯专项资金等风险事项，将监督触角深入驻在部门各项业务、各个环节，处置问题线索74件，立案46件，处分18人；伊宁县纪委监委各派驻机构及时摸清驻在部门信息，掌握干部廉情，建立健全干部廉政档案1000多册；察布查尔县纪委监委各派驻纪检监察组紧盯重点项目实施、重大资金落实等重点环节开展监督，对全县8个乡镇39个扶贫基建项目开展专项检查，发现并督促整改问题13个。

（资料来源：《中国纪检监察报》2021年10月29日第3版）

评析：派驻监督是党和国家监督体系的重要内容。新疆维吾尔自治区伊犁哈萨克自治州纪委监委探索建立的派驻机构协作机制，充分发挥了“派”的权威和“驻”的优势，有效完善了派驻监督方式，有力地推动了各派驻纪检监察组之间信息共享、协作配合、成果互用，大大提高了工作效率。协作组指导和督促各派驻机构履行全面从严治党监督责任，定期研判、交流各驻在部门党风廉政建设和反腐败工作情况，指导和协调派驻机构联合开展专项监督工作，有效增强了派驻监督工作合力。

7. 四川朝天：以“五访双处”推动“有错”变“有为”

2021 年初，四川省广元市朝天区纪委监委将回访教育工作纳入党风廉政建设目标责任考核范畴，与审查调查工作同安排、同部署、同检查、同考核，建立“纪委监委统一领导、乡镇（部门）各负其责、分级归口回访、属地监督教育”的回访教育工作机制，坚持以“多方明晰、双向处置”的原则，紧盯重点人、重点问题进一步细化回访教育措施，通过对查处的违纪干部本人，其家属、同事、分管领导、管理服务对象等进行回访，全面明晰受处分人员思想、工作、学习、生活以及认错悔改等现实表现情况，做到了情况明、回访实，为准确掌握受处分人员的思想、工作和生活情况奠定了基础。同时，区纪委监委还对五类人员的回访情况进行综合研判，对拒不悔改、假整改的强化再教育、再明责、再追责，对处分影响期满、认错悔改积极、表现优秀的大胆推荐提拔重用。自换届以来，全区共开展“五访”活动 120 余人次，提拔重用受处分干部 20 余人。

（资料来源：四川省广元市朝天区纪委监委提供）

评析：党的十八大以来，各地坚持严字当头，失责必问、问责必严，有效彰显了问责制度的刚性和权威，也有效推动了党组织认真落实管党治党政治责任、党员领导干部切实履好职尽好责。但一些地方和部门也存在对被问责干部重惩罚轻关爱、重处理轻管理的现象，甚至“贴上标签”“打入冷宫”，置之不理、弃之不用。广元市朝天区纪委监委开展回访教育就是让纪法情理贯通融合，通过常态化做好受处分干部跟踪回访、主动关爱工作，让被问责和受处分干部感受到组织温暖，激发其干事创业的内生动力，放下包袱再出发，继续为党的事业奋斗，让“有错”干部变“有为”干部。

8. 广东罗湖：创新插手干预工程登记备案制度

广东省深圳市罗湖区推出《领导人员插手干预行为登记备案工作规定》，对重点领域“打招呼”行为“说不”。规定涉及工程招标和政府采购、选人用人、城市更新、违法用地和违法建筑查处、安全生产监管等五大重点敏感领域。对出现插手干预情形的，逢问必录，并在5个工作日内向区纪委监委（对应派驻纪检监察组、派出监察组）登记备案。对插手干预的，一次约谈提醒、两次训诫、三次以上停止检查；如涉嫌违纪违法，严肃查处。该规定指出，罗湖区党的机关、人大机关、行政机关、政协机关、监察机关、审判机关、检察机关及人民团体和参照公务员法管理的事业单位中的副科级以上领导干部，不参照公务员法管理的事业单位、国有企业中层副职以上负责人，以及其他具有职务、身份影响力的人员（含社会领域）存在插手干预行为的参照规定执行。该规定明确了“两头”都管，即不仅对插手干预的领导人员规定了处置措施，还规定对未如实登记备案的被干预人也要视情况进行处置。罗湖还借鉴了政法系统关于防止干预司法“三个规定”的做法，规定所有过问情况无须甄别，只要发生都需登记备案。对于登记备案人员有专门的保护条款和减轻或免于责任追究条款，鼓励被干预人敢于并愿意登记备案。

（资料来源：《党风廉政建设》2021年第9期）

评析：部门领导干部利用公权力进行违规干预职权范围之外的公共事务屡见不鲜。这种对重点领域、重点项目、重要人事任免等进行违规干预行为是权力滥用、权力腐败的表现，属于对公权力的非正常行使，且是有害的，不利于资源有效配置，易引起社会不公平现象和降低群众满意度。深圳市罗湖区对领导干部插手干预行为登记备案的做法瞄准了当前社会中较为广泛存在的现实问题，以制度形式规范领导干部的干预行为，对减少领导干部违规干预行为和查处领导干部违规干预行为具有较大推动作用，能够警示领导干部要科学合理用权。

9. 广东佛山：涉案财物一案一账全链条管理

为严格规范完善涉案财物管理，佛山市纪委监委制定涉案财物管理工作规定，对涉案财物的查封、扣押、移交、保管、处置、监督等各环节，进行全链条全流程细化规范，并配套制作工作流程图和统一的文书表格。为严防“灯下黑”，佛山市纪委监委实行涉案财物扣押、保管与监督相分离，明确各部门职责分工。案件承办部门负责涉案财物的查封、扣押、鉴定和移交，办公室负责涉案财物的保管，案件审理部门负责对涉案财物处置意见进行审理，案件监督管理部门负责对涉案财物查封、扣押、保管和处置等全过程监督，形成各司其职、相互监督的工作机制。在日常保管中，对涉案款实行“一案一账”管理，对涉案物品则分类管理，统一注明案件名称、物品名称、移交时间及经办人，做到一案一账、一物一卡，由专门库房、专人管理，实施 24 小时视频监控。为依规依纪依法处置涉案财物，佛山市纪委监委加大涉案财物的规范管理和处置力度，2020 年以来共有两批次涉案财物被顺利拍卖，并已全部按规定上缴国库。该市纪委监委有关负责人表示，下一步将通过加强对涉案财物管理和处置情况专项检查、推动业务培训“全覆盖”、部署应用涉案财物管理系统等措施，实现“一个系统管流程、一套制度控风险”的监管模式。

（资料来源：《中国纪检监察报》2021 年 4 月 2 日第 3 版）

评析： 涉案财物管理是纪检监察工作的重要组成部分。党的十八大以来，随着纪检监察工作力度的加大，涉案财物数量大幅增长，暂扣、处置过程中的风险逐渐加大，管理难度与日俱增。佛山市纪委监委采取的一案一账全链条防控流程，有效弥补了程序上的疏漏。有了细化的工作规定后，相关审批程序、准备工作、组织实施以及注意事项一目了然，为涉案财物管理工作提供了一本操作指南，确保涉案财物管理程序规范、处理及时、全程监督、阳光透明。

10. 山东临沭：建立内审员制度　严把案件质量关

山东省临沭县纪委监委健全案件质量审核把关机制，探索在纪检监察室和派驻纪检监察组设立“内审员”，通过关口前移、全程把关，切实提升案件质量。在临沭县纪委监委，6 个纪检监察室和 10 个派驻纪检监察组都设立了“内审员”，他们都是室组内业务熟练、熟悉案情、工作认真细致的青年纪检监察干部。通过边查案边审核的方式，对案件程序、证据等问题进行全流程审核把关。建立案件质量内审员制度后，移送审理后被退补的案件明显减少，案件审理质量也有了明显提升。此外，重视完善对案件质量内审员的培训、考核机制，每月举办业务沙龙、季度开展业务考评、年度评选优质案卷等。

（资料来源：中央纪委国家监委网站）

评析：案件审核是纪检监察工作的重要一环，直接影响案件审理工作质量和效率，也关系着纪检监察工作高质量发展。做实做细各个环节监督执纪工作，有助于提高纪委监委执纪执法水平。山东省临沭县纪委监委采用的内审员制度将案件审核工作规范化、严格化，有助于提高纪检监察工作效率和质量，尤其是减少审理工作的退补重复工作，同时也对纪检监察干部业务水平提出更高要求。

11. 山东乳山：以主审人制度提升案件质量

乳山市纪委监委制定“主审人 + 协审人”的案件审理模式。办法中明确，案件审理室受理案件后，综合考量案情复杂程度，根据案件不同特点划分为简单案件、疑难案件、涉访案件和紧迫案件，指定工作人员作为案件主审人。主审人是保障案件质量的第一责任人，全程负责案件的全面审核、审理谈话、撰写报告、起草处分决定、最终立卷归档等环节。审理室定期对案件质量开展回头看，通过分类抽查、交叉检查等方式，对各主审人负责的案件实体、程序问题进行检查，确保每一起案件都经得起检验。与案件主审人制度配套实行的，还有清单式反馈机制。这一机制是，由主审人将案件存在的问题整理成《案件审核情况登记表》，逐条列明实体性及程序性问题，及时反馈给案件承办部门并提出补证意见，要求承办部门一次性完成整改，避免整改漏项。针对登记表中常见的共性问题，结合相关部门日常工作中提出的疑难问题，审理室每月推出电子期刊《笃学善行》，进行统一解答。此外，乳山市纪委监委还建立了定期通报机制，各主审人对每起案件的移送时间、移送次数、拟给予处分、最终处分等各项情况登记汇总，每月在一定范围内通报，年底对办案质量进行评比，强化源头治理，倒逼审查调查和监督检查部门提升业务能力。

（资料来源：中央纪委国家监委网站）

评析：乳山市纪委监委坚持以案件质量为抓手，制定暂行办法，确立“主审人＋协审人”的案件审理模式，进一步明晰案件质量保障职责。案件质量是审理工作的生命线，主审人制度有效解决了基层案件查审难分、人少事多的矛盾。从根本上讲，主审人制度明确了案件审理的责任分工，使案件有主要责任人，同时，主审人对案件审理的结果和质量受到监督，对案件审理具有监督作用。

12. 河南新郑：实行不留置直接移送

新郑市纪委监委针对案情简单、情节轻微、认罪态度好、积极配合审查调查等职务犯罪案件，采取“不留置直接移送”方式，快查快结。

具体措施包括：一是在初核上注重“三个力求”。力求方案周全。明确“查什么”“怎么查”“谁去查”，做好初核方案、安全预案。力求全程保密。在尽量隐蔽、调查对象毫无知觉的情况下，依纪依法快速开展外围调查，在最短时间内掌握违纪违法证据。力求证据确凿。审查调查人员在书证、物证的收集过程中，对存在疑问的地方进行反复调查核实，将事实清晰还原，确保证据充分、完整、有力，合法有效。二是在研判上注重“三个精准”。审查调查人员依据初核情况，对案情、审查调查对象等因素进行综合考虑、精准研判：针对犯罪事实清楚、证据链完整，且可能判处三年以下有期徒刑；针对审查调查对象身体健康、供述一致、思想稳定；针对积极配合调查，主动投案自首、主动交代纪检监察机关还未掌握的违纪违法行为、主动退赃等情形，经综合研判后，采取“不留置直接移送”方式。三是在移送上注重“三个高效”。对采取“不留置直接移送”方式的案件，通过纪委监委案件审理室、检察院“双提前介入”实现高效准备。纪委监委案件审理室、案件监督管理室、纪检监察室、检察院等部门密切配合，“流水式”作业，确保讯问、审理谈话、现场移送手续办理高效完成。采取快速移送，讯问审查调查对象后及时连案带人移送检察机关，做到“案结人移”“即结即送”流程高效，确保了监察程序与司法程序无缝对接。

（资料来源：课题组调研收集整理）

评析：留置是《监察法》赋予监察机关在调查过程中可以运用的法定权限之一。作为监察机关调查严重职务违法和职务犯罪的重要手段，留置措施近年来在案件调查过程中发挥着越来越重要的作用。然而留置的审批程序和使用期限都有很严格的限制，另外，如果每件案件都要采取留置措施才能取得突破，不仅将牵扯纪检监察机关大量办案力量，导致办案成本高昂，本身也是办案能力不强的一种表现。新郑市纪委监委创新性地采用“不留置直接移送”方式，既缩短了办案时限、节约了办案成本，又倒逼纪检监察机关扎实做好基础工作，提高了办案效率、保证了办案质量。同时，也体现了宽严相济的原则，使被调查人感受到组织信任，起到了教育挽救的作用，真正实现了政治效果、纪法效果、社会效果的统一。

13. 河南林州：开设“办不成事”反映窗口

2021 年以来，林州市纪委监委聚焦“我为群众办实事”，以优化营商环境为突破口，联合市督察局、市行政服务中心在市行政服务中心设立“办不成事”反映窗口，旨在破解门难进、脸难看、事难办等“放管服”改革的痛点难点问题，疏通办事梗阻。“办不成事”反映窗口的受理事项，包括办事群众、企业线上或线下提交申请材料后，不能实现成功受理、成功审批，或者多次跑腿未能办结；工作人员相互推诿扯皮，吃拿卡要，擅自更改审批收费标准，借审批之机非法收取抵押金、保证金或搭车收费；以及其他优化营商环境落实不力等问题。窗口收到群众、企业反映问题后，按照“受理—分类—转办—办结—反馈”的工作流程进行分析研判，根据问题复杂程度填写红、黄、蓝交办单。“蓝牌”问题属于现场能解决的，联系相关服务窗口，予以现场解决。不能现场答复的“黄牌”“红牌”问题，需在 3～10 个工作日内给予回复并协调做好后续办理工作。同时，对窗口受理、办理过程进行跟踪监督，查看工作进度，督促办理部门高效运转，推动相关问题落实解决到位。该市纪委监委还成立专项督查组，开展问题整改“回头看”，以模拟办事、电话咨询、随机走访办事群众等途径，查看是否存在虚假落实、敷衍应付等形式主义、官僚主义问题，倒逼相关职能部门进一步强化服务理念。

（资料来源：中央纪委国家监委网站）

评析：群众路线是我们党的生命线和根本工作路线。该市设立“办不成事”反映窗口，是一项创新务实的做法，坚持把人民拥护不拥护、赞成不赞成、高兴不高兴、答应不答应作为衡量一切工作得失的根本标准，体现了坚持人民主体地位，体现了坚持为人民服务的宗旨，是有效实现群众监督权利的务实举措。同时，有助于政务机关加强作风建设、打通服务群众和企业“最后一米”，优化营商环境，巩固党的执政之基。

14. 内蒙古：“智审通”对证据材料智能把关校验

将人工智能技术引入审查调查和案件审理，内蒙古自治区纪委监委在全自治区纪检监察机关推广试用“智审通”系统。从 2021 年 2 月开始，“智审通”系统在呼和浩特市、包头市、兴安盟三地纪委监委试点试用。该系统可自动抓取、统计、分析、比对、研判数据，并生成可视化分析图，“一键式”汇总分析，使审查调查和审理时限大幅缩短；能够 100% 识别出程序性错误，实现办案数量、质量双提升；对案件查办具有指引导航作用，还可以对证据材料智能把关校验，辅助协助案件审理。依托该系统，审查调查工作平均时限由 3 个月缩短至 2 个月内，审理工作平均时限从 1 个月缩至 20 日内。在办理某违纪违法干部涉嫌贪污、受贿案中，呼和浩特市纪委监委通过“智审通”系统文字识别和自动抓取功能，直接复制提取关键证据录入阅卷笔录，主审人和协审人同步阅卷，案件审核仅用时 2 天，相较人工审核缩短 3 天。据统计，截至 7 月底，“智审通”系统资源库已有案例 2210 个，法规 69.5 万余条，指引库 199 个，文书模板库 73 个。已累计上传案件 396 件，智能编目 31 万余页，生成文书 2427 次，类案推送 1489 次，提供量纪参考 1892 次，证据指引使用 962 次。

（资料来源：《中国纪检监察报》2021 年 9 月 16 日第 3 版）

评析：审查调查和案件审理是监督执纪工作的重要环节。内蒙古的“智审通”系统是将技术运用于审理工作的有效实践。运用人工智能系统对案件资料进行分析校验，有效提高了工作效率和工作质量。内蒙古的“智审通”系统是有效地运用科技力量解决精细化治理同有限人财物资源之间矛盾的可行方式。

15. 湖南：用公务用餐监督系统助力整治舌尖上的腐败

为进一步推动解决机关事业单位违规公务接待和公款吃喝方面的突出问题，湖南省纪委监委利用省“互联网 + 监督”平台“1 + N”体系组织开发了公务用餐监督子系统，设计了“四单”网控、自动预警、分级比对、在线投诉等功能。2020 年 7 月起，湖南省纪委监委在全省民政、审计系统和攸县、岳阳楼区、江华县开展公务用餐监督子系统试点工作。目前，湖南省“互联网 + 监督”平台公务用餐监督子系统将试点范围扩大至全省省、市两级机关事业单位（含二级预算单位，学校、医院除外），在全省 3600 多家单位正式启动。从 2021 年 11 月起，按照“不公开不报销、要报销必公开”的要求，各试点单位需在每个月月底之前，将本单位上个月已报账的公务接待、商务接待和工作用餐等公务用餐事项相关信息，在同级“互联网 + 监督”平台内部门户网站公开，自觉接受监督检查。各试点单位公务用餐的事项、时间、地点、人员一目了然，公函、菜单、发票等相关要素齐全。加强对公务接待、会议、培训等公务活动用餐管理，推动整治“舌尖上的腐败”，助推树立节约粮食、反对浪费的良好风尚，助力贯彻落实《粮食节约行动方案》。

（资料来源：中央纪委国家监委网站）

评析：舌尖上的腐败，如同“温水煮青蛙”，容易使党员干部丧失警惕，陷入奢靡，最后成为“糖衣炮弹”的目标，造成党群相背、干群对立。如果任其在党内肆意蔓延，必然严重侵蚀党的肌体，损害党和政府的公信力，影响社会风气。湖南省运用公务用餐监督系统既是对违规吃喝的现象的整治，也是保护干部免被围猎的有效做法，有助于规范公务用餐，形成良好的社会风气。

16. 陕西西安：对停车收费腐败问题“零容忍”

西安市纪委监委坚持小切口大整治，聚焦停车收费腐败问题，切实解决利用公共停车资源谋私贪腐、侵害群众利益的突出问题。2021 年，西安城投集团、西安市机动车停放服务中心两级纪委，全面摸排自查，细化完善管理制度，实行巡查员轮岗，积极推进智慧停车系统建设，从源头上打击停车收费乱象背后的腐败和作风问题。具体措施包括：一是提高技防手段，不断引入新技术新手段。二是人防，通过（巡查）大队的互查、暗访、暗查、蹲点等多种方式形成高压状态，最大限度地打击收费乱象势头。三是在查处、通报一批问题单位和个人的同时推行“一领域一专项”“一案例一警示”，建立健全长效机制。

（资料来源：陕西纪检监察微信公众号）

评析：人民群众反对和痛恨什么，就应该坚决防范和纠正什么。停车收费是城市生活当中最普通、最常见的小事，但也经常成为群众身边的操心事、烦心事、揪心事。究其原因就在于一些人利用公共资源监管漏洞来获取私人利益，产生腐败问题。西安市纪委监委坚持从源头上梳理问题，以技术防治、查处打击、通报教育等一系列整治措施为抓手，推动监管到位和行业整改，切实纠治群众身边不正之风和腐败问题。

17. 陕西汉阴：探索实践巡审联动，提升监督治理效能

自 2020 年以来，为进一步提升巡察和审计发现问题的精准度和推动整改的有效性，推动巡察监督与审计监督贯通融合，陕西省汉阴县推行“巡察 + 审计”联动机制，实施巡审同步进驻、定期碰头、人员互补、共同研判、同步反馈、联合督办等措施。具体来讲：首先，强化分析研判，确定巡

审对象。将巡察办纳入县委审计委员会成员单位，建立县纪委监委、县委组织部、县委巡察办、县审计局等相关单位定期交流会商制度，对已经审计且发现问题较多的单位优先安排巡察，对列入巡察年度工作计划的单位优先安排审计。其次，建立四项机制，巡审同频共振。一是建立同步进驻机制。分别组建巡察组、审计组，同步进驻巡审联动单位，只开一次进点会，不要求重复提供材料，既减轻被巡审单位负担又有效传导压力。二是建立定期碰头机制。联动期间每周召开一次碰头会，互相通报发现的疑点问题。三是建立人员互补机制。巡察组与审计组保持密切联系，确保信息互通，根据需要混编双方工作人员，发挥各自专业特长，实现业务优势互补。四是建立共同研判机制。对发现的疑难复杂问题，通过召开研判分析会，根据巡察组、审计组掌握情况共同定性。最后，成果共享共用，推动问题共治。在巡察中，巡察组把审计问题是否整改作为巡察重点内容之一，以巡察监督强推审计整改。审计部门对巡察建议优先办理，在对单位开展审计时，结合巡察情况，快速锁定重点，做到“有的放矢”，以审计的再发力推动问题的解决。

（资料来源：陕西省安康市纪委监委）

评析：巡察和审计监督都属于重要的监督方式，各有优势，同时单一的监督难以解决复杂的监督形势。汉阴县通过实行巡审联动，实现了巡察监督和审计监督的密切协作、资源共享和优势互补，巡察发现问题的精准度得到进一步提升，巡察干部本领恐慌难题得到进一步破解，能力不足短板得到进一步弥补。

18. 陕西宝鸡：活用反面典型，选编违纪违法干部案例

陕西省宝鸡市纪委监委编印了《宝鸡市科级及以上干部违纪违法典型案例警示录》，重点剖析了党的十八大以来不收敛、不收手的违纪违法党员

干部。权钱交易、终毁人生的市卫计局原局长宁建国，“亲清”不分、甘被围猎的经开区管委会原副主任刘怀亮，信仰坍塌、以权谋私的法庭原庭长姚铁山，对权力缺乏敬畏、上任即“落马”的县农机推广中心原主任李青海……这些活生生的例子在广大党员干部中产生了强烈反响。“真没想到我们残联系统竟也有这样的大贪!”“真没想到县殡仪馆的两任馆长竟前腐后继!”党员干部在学习警示录后纷纷发出感叹。为更好地发挥反面典型案例的警示教育作用，强化“不敢腐”的震慑，该市纪委监委编印《宝鸡市农村干部违纪违法案例选编》2000 余册，收录侵害群众利益、啃食扶贫“奶酪”、骗取涉农补贴、利用职权受贿、堕落为“村霸”等村干部违纪违法案例 22 个，下发到全市所有行政村，教育广大村干部廉洁为民；同时在新建成的市廉政教育展馆开辟“本地案例专区”展览，精心选择具有代表性的案例，集中展示宝鸡市查处的 12 个反面典型。全市集中开展领导干部违规插手工程项目和矿产资源开发突出问题专项整治，截至目前，共查处问题 86 起，党纪政务处分 107 人。该市纪委监委推动相关部门组建市公共资源交易中心，实现公共资源阳光交易、智慧监管。市卫健委以药品购销、高值耗材采购使用、设备购置等 6 个领域为重点，开展商业贿赂专项治理、健全规章制度，市、县公立医院药占比分别降至 21.45%、28.57%。对于 60 多家出现违纪违法干部的单位，该市纪委监委要求开展以案促改，截至目前，共查找廉洁风险点 576 个，修订完善制度 714 项。

（资料来源：《中国纪检监察报》2021 年 4 月 12 日第 3 版）

评析：相比远在天边的“老虎”，身边的“苍蝇”更易引发人们的关注和共鸣，对党员干部的触动也更深。宝鸡市纪委监委用身边事教育身边人，既注重警示教育，也注重以案促改、以案促建。针对《警示录》中选取案例的不同特点，分行业、分领域督促建章立制、堵塞廉洁风险点。活用本地反面典型案例，有效增强了警示震慑效果。将每一起典型案例都转化为警示教育资源的做法，有助于一体推进“三不”体制机制建设。

19. 陕西安康高新区："蹲点式"监督助力项目建设提质增效

陕西省安康市高新区出台《"蹲点式"监督工作办法（试行）》，推动项目建设提质增效，实现重点项目推进到哪里、监督检查就跟进到哪里。一是"3个聚焦"明重点。聚焦重点工作、关键环节、重点领域等腐败问题，开展面对面监督检查。二是"3个紧跟"强监督。紧跟省市重点项目建设任务推进进度监督；紧跟日常工作事项监督，建立由纪检监察工委牵头协调，巡察、审计等协同配合的"蹲点式"监督队伍；紧跟点对点责任落实监督，重点监督检查项目包抓领导、项目第一责任人履责履效情况。三是"3项机制"促落实。采取"月督导、季评查、绩效挂钩、排位通报"机制，项目第一责任人每月参加一次全体会议，将各单位项目具体落实情况做汇报。月报月结，将每次项目报结情况做通报；对存在违规插手干预项目建设、妨碍项目进度、损害营商环境等行为的党员干部和公职人员严查严处；将省市区重点项目实施进度、廉洁情况等纳入监督考核范围，与年度考核得分、责任人绩效工资挂钩，形成绩效考核机制。

（资料来源：陕西省安康市纪委监委）

评析："蹲点式"监督属于一种打破日常监督和专项监督，下沉一线、具有持续跟踪特点的监督实践，有助于解决监督悬挂空转问题。陕西省安康市高新区坚持问题导向，提高了监督的精准性。同时，注重与其他监督方式相结合，融合"巡察监督、审计监督"力量，组建监督团队，形成了监督合力。从本质上说，这是纪检监察部门在职权和职责范围内，坚持以人民为中心，灵活采取监督形式，积极整合监督力量，推动监督执纪不断深化的积极行为。

20. 黑龙江：出台办法严防打听案情等行为

为切实加强纪检监察机关自我监督，保证纪检监察机关工作人员依规依纪依法履行职责，黑龙江省纪委监委制定《全省纪检监察机关工作人员对打听案情、说情干预、违规过问案件的报告和责任追究办法》。该办法共五章21条，列举了打听案情、说情干预、违规过问案件的具体情形，包括打听信访举报、线索处置、审查调查、案件审理等工作中尚未公开的事项，为被审查调查人和涉案人员说情、打招呼等。该办法明确执行处置程序的主体均为纪检监察干部监督部门，从制度层面防止纪律执行在内部“打转转”的问题。纪检监察干部监督部门收到本部门监督对象的报告，按照问题线索处置程序办理；收到本机关纪委监督对象的报告，直接移送机关纪委办理；收到本机关监督检查部门监督对象的报告，直接移送监督检查部门办理；收到本机关派驻（出）机构监督对象的报告，直接移送派驻（出）机构办理；收到上级、下级或者其他纪检监察机关监督对象的报告，直接移送案件监督管理部门办理；对本级纪检监察机关领导班子成员和纪检监察干部监督部门工作人员打听案情、说情干预、违规过问案件的，受托人直接报送给本机关主要负责人；本机关主要负责人违规干预案件的，受托人直接向上级纪检监察干部监督部门报告，体现对特殊岗位人员从严制约，确保无死角全覆盖。此外，该办法还分别对不报告人员、接受请托人员、请托人员的责任追究进行了明确规定，对违反规定的从严查处、绝不姑息。下一步，省纪委监委领导班子成员将带头抓好贯彻落实，使纪检监察干部接受最严格的约束和监督，建设忠诚干净担当的纪检监察队伍。

（资料来源：中央纪委国家监委网站）

评析：打听案情、说情干预、违规过问案件等行为严重影响纪检监察工作质量。黑龙江省纪委监委通过出台办法，规范有关行为，强化纪检监察干部监督工作，坚持刀刃向内，扣紧自我约束的“风纪扣”，把功夫下在日常监督上，为推动纪检监察工作高质量发展提供坚强纪律保障。这对于纪检监察机关工作人员精准监督、严管严治、自我净化以及推进纪检监察工作高质量发展具有重要意义。

21. 浙江余姚：廉情“一报一单”推动问题整改

为破解“一把手”监督难题，推动问题整改见底见效，余姚市纪委监委建立向市委按季报送廉情“一报一单”制度。“一报”就是一份定制的数据统计报表，每季度通过运用监督执纪数据平台，汇总分析监督执纪中涉及审查调查、违纪违法、涉纪信访、作风监督、基层巡察等方面的数据统计，通过关键指标变化态势，直观反映当前党风廉政建设工作中呈现出来的阶段性变化，让同级监督更精准。“一单”就是一份整改清单，针对数据分析设置问题分析和整改清单，每季度将前季度整改情况进行通报，对本季度统计数据进行分析，明确下季度整改任务。同时，在季度数据统计报表和整改清单中，明确要求涉事单位集中整改，督促派驻纪检监察组对各国有企业、国有控股企业及其下属企业开展专项检查。报表涉及的问题整改成效由市纪委监委评价。据悉，该制度推行近两年来，累计向市委报送10期全市廉情“一报一单”、80张监督执纪关键指标变化态势表，少数单位干部违纪违法问题突出、林地等国有资源出租程序不规范、部分乡镇服务企业干部乱作为不作为、人防系统建设项目管理失范等背后涉及党组织履行主体责任不到位的共性问题43个，提出整改建议105条，均已得到有效整改。

（资料来源：中央纪委国家监委网站）

评析：办好中国的事关键在党，关键在党要管党、全面从严治党。而全面从严治党，党委承担主体责任，纪委承担监督责任。余姚市“一报一单”制度基于正确认识并处理党委和纪委之间的关系，落实双向反馈机制，促使党委主体责任更加压实，纪委监督责任更加到位，既避免缺位，又防止越位，是基层探索纪检监察机关职责定位的有益探索。

附　录

Appendix

B.17
2021年党风廉政建设和反腐败工作大事记

1. 习近平总书记在十九届中央纪委五次全会上发表重要讲话，强调充分发挥全面从严治党引领保障作用，确保“十四五”时期目标任务落到实处

1月22~24日，十九届中央纪委五次全会举行。习近平总书记强调，反腐败斗争取得压倒性胜利并全面巩固，但腐败这个党执政的最大风险仍然存在，存量还未清底，增量仍有发生。要健全贯彻党中央重大决策部署督查问责机制，加强对贯彻新发展理念、构建新发展格局、推动高质量发展等决策部署落实情况的监督检查。

2. 印发《关于严肃换届纪律加强换届风气监督的通知》

2021年1月，中央纪委机关、中央组织部、国家监察委员会联合印发《关于严肃换届纪律加强换届风气监督的通知》，对结党营私、拉票贿选、买官卖官、个人说了算、说情打招呼、违规用人、跑风漏气、弄虚作假、干扰换届等十种具体的违纪违法行为一律严厉查处，涉嫌违法犯罪的依法追究法律责任。

3. 中国华融资产管理股份有限公司原董事长赖小民被执行死刑

1月5日，天津市第二中级人民法院以受贿罪、贪污罪和重婚罪，判处赖小民死刑，剥夺政治权利终身，并处没收个人全部财产。赖小民上诉后，天津市高级人民法院裁定驳回上诉，维持原判，并报请最高人民法院核准。经最高人民法院核准，1月29日上午，天津市第二中级人民法院依照法定程序对赖小民执行了死刑。赖小民受贿数额达17.88亿余元。

4. 中央纪委国家监委修改统计指标，加大力度查处形式主义、官僚主义问题

中央纪委国家监委在公布2019年度全国查处违反中央八项规定精神问题统计表中，首次增加了“形式主义、官僚主义问题”条目，并将其细化为4类突出问题。2021年全国共查处形式主义、官僚主义问题50448起，批评教育帮助和处理77431人。在履职尽责、服务经济社会发展和生态环境保护方面不担当、不作为、乱作为、假作为，严重影响高质量发展方面，2021年共查处问题41005起，占查处的形式主义、官僚主义问题总数的81.3%。2021年12月12日，广东省召开全省领导干部大会，通报广州市大规模迁移砍伐城市树木有关问题整改和问责情况，广州市委副书记等10名领导干部受到严肃问责。① 12月22日，安徽省对亳州市委常委、政法委书记刘中汉等6名党员领导干部因平安建设满意度调查弄虚作假问题严肃问责。②

5. 全党开展党史学习教育，中央纪委国家监委公开征集意见建议

2月，中共中央印发《关于在全党开展党史学习教育的通知》，就党史学习教育作出部署安排。党史学习教育开展以来，中央纪委国家监委坚持把

① 李灵娜：《广东召开领导干部大会通报广州市大规模迁移砍伐城市树木问题 真正做到敬畏历史敬畏文化敬畏生态》，中央纪委国家监委网站，https：//www. ccdi. gov. cn/yaowenn/202112/t20211214_ 158106. html。

② 李灵娜：《安徽公布平安建设满意度调查弄虚作假问题处理情况 亳州市委政法委书记等6人被问责》，中央纪委国家监委网站，https：//www. ccdi. gov. cn/yaowenn/202112/t20211223_ 160044. html。

察民情访民意作为为群众办实事的第一步，开通“我为群众办实事·纪委请您来出题”专栏，面向全社会公开征集对整治群众身边腐败和不正之风的意见建议，推动解决群众反映强烈的急难愁盼问题。4 月 22 日开通至 12 月底，中央纪委国家监委组建的工作专班共收集群众意见建议 11.6 万余条，督转典型问题线索和群众诉求 4482 件。

6. 全国开展政法队伍教育整顿活动

2 月，中共中央印发《关于开展全国政法队伍教育整顿的意见》《全国第一批政法队伍教育整顿指导方案》，对教育整顿工作进行了部署。2 月 27 日，全国政法队伍教育整顿动员部署会议召开，教育整顿大幕拉开。8 月 20 日，中央纪委国家监委召开中央政法机关队伍教育整顿监督执纪执法工作座谈会。2022 年 1 月 16 日，全国政法队伍教育整顿总结会以电视电话会议形式召开。

7. 中央两轮巡视分别剑指教育和金融两大领域

4 月 28 日，全国巡视工作会议暨十九届中央第七轮巡视动员部署会在京召开，集中巡视教育部党组和 31 所中管高校党委。9 月 26 日，十九届中央第八轮巡视工作动员部署会在京召开，集中巡视 25 家金融单位党组织。

8. 省级监委全部向本级人大常委会报告专项工作

自 4 月 15 日北京市监委作为全国首个省级监委向本级人大常委会报告专项工作以来，全国 31 个省区市监委紧紧围绕履行宪法和监察法赋予的职责、正确行使监察权，围绕发挥监察机关作用、提升治理效能，围绕解决群众身边腐败和作风问题，增强群众的获得感、幸福感、安全感，科学合理确定报告的题目和内容，已全部向本级人大常委会报告专项工作。

9. 党中央出台《中共中央关于加强对“一把手”和领导班子监督的意见》

6 月，《中共中央关于加强对“一把手”和领导班子监督的意见》公开发布，这是我们党针对“一把手”和领导班子监督制定的首个专门文件，明确了加强对“一把手”和领导班子监督的指导思想、总体要求、重点任务，围绕加强对“一把手”的监督、同级领导班子监督、对下级领导班子的监督，对各级党委（党组）、纪检机关、党的工作机关以及领导干部特别是“一把手”和领导班子其他成员分别提出具体要求，对纪检机关履行协助职责、监督责任规定了18项具体措施。

10. 《习近平关于全面从严治党论述摘编（2021年版）》出版发行

6月，中共中央党史和文献研究院、中央党的建设工作领导小组秘书组合作编辑的《习近平关于全面从严治党论述摘编（2021年版）》由中央文献出版社出版。该论述摘编分12个专题，共计788段论述，摘自习近平同志2012年11月15日至2021年4月27日的报告、讲话、文章、指示等220多篇重要文献。

11. 惩治涉黑涉恶腐败和“保护伞”进入常态化

6月，中央纪委办公厅印发《关于纪检监察机关常态化开展惩治涉黑涉恶腐败和“保护伞”工作的实施意见》，对纪检监察机关常态化、机制化“打伞破网”作出部署。12月24日，十三届全国人大常委会第三十二次会议表决通过《中华人民共和国反有组织犯罪法》，2022年5月1日起施行。

12. 联合国大会首次举行反腐败问题特别会议

6月2日，“预防和打击腐败的挑战和举措，加强国际合作”联合国大会特别会议以线上线下混合方式召开，中共中央政治局常委、中央纪委书记赵乐际在北京以视频方式出席会议，并发表题为《秉持人类命运共同体理念，共建清正廉洁的地球家园》的讲话。这是联合国大会首次举行反腐败问题特别会议，会议通过政治宣言，成为继《联合国反腐败公约》之后全球性反腐败指导文件。

13. 加强纪委建设的2部重要党内法规出台

7月1日，中共中央办公厅印发《关于加强中央和国家机关部门机关纪委建设的意见》，这是党的历史上第一个专门对中央和国家机关部门机关纪委建设作出规定的党内法规制度。12月，党中央印发《中国共产党纪律检查委员会工作条例》，明确了正风肃纪反腐的主要任务，细化了纪委工作职责。

14. 中央纪委等印发《关于进一步加强家庭家教家风建设的实施意见》

7月，中宣部、中央文明办、中央纪委机关、中央组织部、国家监委、教育部、全国妇联印发《关于进一步加强家庭家教家风建设的实施意见》，

要求加强习近平总书记关于注重家庭家教、家风建设重要论述的学习宣传，让新时代家庭观成为亿万家庭日用而不觉的道德规范和行为准则。

15. 反腐败出台2部新规定

7月，中央纪委国家监委与中央组织部、中央统战部、中央政法委、最高人民法院、最高人民检察院联合印发《关于进一步推进受贿行贿一起查的意见》。8月，中央纪委国家监委案件审理室制定出台《关于发布指导性案例的工作办法（试行）》，首次在中央纪委国家监委层面建立案例指导制度。随后，中央纪委国家监委案件审理室发布了第一批执纪执法指导性案例。

16. 全国开展粮食购销领域腐败问题专项整治

8月，中央纪委国家监委在全国范围内部署开展粮食购销领域腐败问题专项整治工作。9月，上下联动的全国粮食购销领域专项巡视巡察同步推进。11月，中央纪委国家监委和地方纪委监委对粮食购销领域违纪违法典型案例进行公开通报。

17. 两个重要监察法律法规出台

8月20日，十三届全国人大常委会第三十次会议表决通过《中华人民共和国监察官法》，自2022年1月1日起施行。9月20日，经党中央批准，国家监察委员会第1号公告公布了《中华人民共和国监察法实施条例》，这是国家监委根据全国人大常委会授权决定制定的第一部监察法规。

18. 多部门出台廉洁自律新规

9月，最高人民法院、最高人民检察院、司法部联合印发《关于建立健全禁止法官、检察官与律师不正当接触交往制度机制的意见》，以负面清单形式详细列举了不正当接触交往行为，对健全不正当接触交往监测发现查处机制、加强司法监督制约机制、强化律师执业监管机制、推动正当接触交往机制等提出明确要求。11月12日，国家卫生健康委会同国家医疗保障局、国家中医药管理局共同制定印发《医疗机构工作人员廉洁从业九项准则》，为广大医务人员划清了基本行为底线。

19. “百名红通人员”程三昌贪污案公开开庭审理

12月9日，潜逃境外20年的“百名红通人员”程三昌贪污案公开开庭

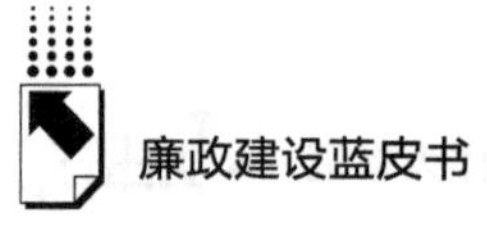

审理。程三昌案是我国首起适用刑事缺席审判程序审理的外逃被告人贪污案，也成为党的十九大以来追逃追赃和法治建设的标志性案件。

20. 全国纪检监察系统检举举报平台建设基本完成

12 月 15 日，中央纪委国家监委召开全国纪检监察系统检举举报平台建设成果总结暨深化应用工作会议。中共中央政治局委员、中央纪委副书记、国家监委主任杨晓渡出席会议并讲话。会议指出，党的十九大部署的平台建设任务基本完成，初步实现对工作机构、举报渠道、工作流程和业务数据的全面覆盖，效能逐步显现。

21. 纪检监察学拟新增为一级学科

12 月 10 日，国务院学位委员会办公室下发《关于对〈博士、硕士学位授予和人才培养学科专业目录〉及其管理办法征求意见的函》，经过新一轮学科专业目录修订工作，面向各省区市学位委员会办公室征求意见。与原目录相比，新目录中的法学学科门类新增了中共党史党建、纪检监察学两个一级学科。

22. 中共中央印发《中国共产党纪律检查委员会工作条例》

12 月 24 日，中共中央印发《中国共产党纪律检查委员会工作条例》。《中国共产党纪律检查委员会工作条例》深入总结党的十八大以来全面从严治党、推进党风廉政建设和反腐败斗争、深化纪检监察体制改革的理论成果、实践成果、制度成果，对党的各级纪律检查委员会的领导体制、产生运行、任务职责等作出全面规范。在建党百年之际制定出台《条例》，彰显了我们党勇于进行自我革命的坚强决心。

Abstract

The report on China's Anti-Corruption Construction No. 11 (*the 11th Blue Book on Anti-Corruption*) is one of the research results of the China Anti-corruption Research Center of the Chinese Academy of Social Sciences in 2021, showcasing the research results of the group's questionnaires research and investigation on national condition, consisting of general report, chapters of special topics, local chapters, evaluation chapters, innovative and practical measures and appendix.

The general report analyzes and studies the practice and its effectiveness of building a clean and honest government and the anti-corruption work in 2021, including the construction of the Party and state supervision system, the construction of work style, the punishment of corruption, the reform of disciplinary inspection and supervision system, "three assets" supervision, integrity construction, and the clean and honest culture construction. Since the 18th National Congress of the CPC, remarkable achievements have been accomplished in the construction of the Party style and clean governance and the fight against corruption, but there are still stages of problems, such as some serious and prominent corruption cases, the rebound of "four ethos" problem and the larger risk of invisible variation, etc.. The research group suggests making "Clean China" a strategic national concept, continuing to comprehensively deepen reforms enhancing the public service spirit of public officials, reducing "begging" corruption, and further increasing the price of corruption, adhering to the problem-oriented and continuous correction of the "four ethos", so as to strengthen the efforts to effectively combat bribery, raise the rate of real-name reporting, in hopes of accelerating discipline construction of discipine in spection and supervsion and improving integrity awareness and literacy.

The thematic chapter is the result of the special research carried out by the research group around the "the greatness of the country", including inspection supervision, stationing supervision, academic misconduct and research integrity construction, off-campus education and training, and other key hot issues of high social concern. .

The chapter of case study focuses on summarizing practical experience, analyzing the relevant experience of Henan Province in promoting reform with cases, the experience of corruption control in the field of coal resources in Ordos of Inner Mongolia, the specific practice of Tongren, Guizhou in preventing corruption at a younger age, the practical exploration of the monthly meeting "Cloud Live" in Lingling District, Yongzhou in Hunan, and the useful exploration of Dazhu, Dazhou in Sichuan, Xiangcheng, Suzhou in Jiangsu, Shangyu, Shaoxing in Zhejiang in promoting the extension of the overall and strict Party governance to the grassroots level and the construction of a clean countryside.

The evaluation part is an assessment report on the information disclosure of local discipline inspection and supervision organs at all levels. For the fourth consecutive year, the research group evaluated the information disclosure status of local discipline inspection and supervision organs at all levels. The study concludes that the information disclosure on the websites of discipline inspection and supervision organs continues to develop for the better, and the higher the level of discipline inspection and supervision organs, the higher the level of the information disclosure on their websites, but there are still many problems that need to further promote the information disclosure of discipline inspection and supervision organs.

Innovative and practical measures are selected from hundreds of cases and briefly analyzed by the research group through extensive collection of experience and practices across the country, and experts' recommendation and evaluation, which turn out to be effective and of typical significance.

The Blue Book also combs the major events of Party style and clean governmence construction and the fight against corruption in mainland China in 2021.

Contents

I General Report

Abstract: In 2021, taking the opportunity of the centenary of the founding of the Party, the whole Party actively carries out education on Party's history by summarizing historical experience, so as to strengthen its political responsibility and further enhance the courage and determination of self-revolution of the Party organizations at all levels and all Party members, unswervingly adhering to the main tone of "strictness", and steadily and pragmatically promoting the construction of a "Clean China" with high quality. After years of follow-up investigation, the research group concludes that the supervision system of the Party and the State has been improved constantly, the "golden card" of style construction has turned brighter, the "zero tolerance" punishment of corruption has been strengthened continuously, the institutional system has become relatively mature and effective, the "three capital" supervision has reached a higher level, the construction of integrity and a clean culture has been accelerated with remarkable progress, The resolution and determination of the anti-corruption work of the Party committee and the government has been highly recognized by the public. It is believed that the anti-corruption system works effectively and corruption is futher curbed. The construction of work style continues to achieve results with high social satisfaction and confidence. However, it also reflects that some corruption phenomena are serious and prominent, and the "four ethos" problem has a greater risk of rebound and invisible variation. The research group suggests making "Clean China" a strategic national concept, taking effective measures to enhance the public service spirit of public officials, continuing to comprehensively deepen reforms to reduce "begging" corruption, and further increasing price of corruption, adhering to the problem-oriented and continuous correction of the "four ethos", so as to strengthen the efforts to effectively combat bribery, raise the rate of real-name reporting, in hopes of accelerating discipline construction of dicipline inspection and supervision and improving integrity awareness and literacy.

Keywords: Clean China; Supervision; Style; Anti-Corruption; Integrity

Ⅱ Special Reports

Abstract: As a supervision mechanism and form of supervision with Chinese characteristics, stationed supervision is an important part of the supervision system of the Party and the State. Since the founding of the People's Republic of China, stationed supervision has gone through a process of development from scratch to continuous improvement, and has been rapidly developed since the 18th National Congress of the CPC, playing an important role in the implementation of the overall strict governance of the Party. This paper sorts out the historical evolution and changing characteristics of stationed supervision, and current status and effectiveness of stationed supervision, pointing out the major problems and shortcomings of stationed supervision, such as the unsmooth intra-connection of the system, information barrier, weak power of implementation and insufficient incentive, so as to put forward suggestions for improvement, such as promoting classification, deepening reform, strengthening incentive, and innovation methods.

Keywords: Communist Party of China; Discipline Inspection and Supervision ; Stationed Supervision

Abstract: Since September 2020, the number of cases of academic misconduct disclosed by various channels has increased significantly. Cases of academic misconduct with bad impact have occurred from time to time, where medical papers still the hardest hit area of academic misconduct. Academic fraud and paper trading have become the main forms of academic misconduct, and the frequency of international retractions related to papers by Chinese authors continue to remain high. Relevant departments continue to strengthen the governance of academic misconduct, and further improve the institutional system of scientific research integrity construction. The field of higher education has become the hot spot of scientific research integrity construction, while the legislative process of punishing academic misconduct has been significantly accelerated, the reform of academic and talent evaluation has been continuously promoted, and the problem of misconduct in the field of academic journals has been given attention. In the future, we should continue to maintain a high pressure against academic misconduct, pay attention to cases of academic misconduct disclosed by the media, further accelerate the progress of anti-academic misconduct legislation, intensify the crackdown on the "paper broker" industry, enhance the scientific and systematic management of academic misconduct, strengthen the work of "establishment" in the reform of academic evaluation, and carry out international cooperation in academic misconduct governance.

Keywords: Academic Misconduct; Scientific Research Integrity; Academic Evaluation; Scientific Research Management; Academic Governance

Ⅲ Local Reports

B.4 Henan Province: to Enhance the Connection and Integration of "Three Not Corrupt" by Promoting Reform with Cases

Liu Gang / 093

Abstract: In recent years, Henan Province has taken promoting reform with cases as an important grasp and effective carrier to promote the "three not" as a whole. By constructing an institutionalized and normalized organization system, establishing the work mode of "two synchronization, three education and four rectification", and forming a multi-level full coverage of the work pattern, Henan Province has given full play to the fundamental function of investigating and handling cases and released the comprehensive effect of treating both symptoms and root causes. Constantly optimizing and purifying the political ecology and development environment have provided a strong political guarantee for the grand cause of the Central Plains. The vivid practice of promoting the institutionalization and normalization of reform through cases in Henan Province has explored an effective path and provided a useful reference for promoting the "three not" as a whole.

Keywords: "Three Not Corrupt"; Integrated Promotion; Promoting Reform with Cases; Discipline Inspection and Supervision

Abstract: Since 2020, Inner Mongolia Autonomous Region has launched "retroactive investigation" for a period of 20 years in the field of coal resources corruptions. Through the investigation, it is found that the types of corruption in the field of coal resources in Inner Mongolia Autonomous Region can be divided into without-disguise type, hitting-the-edge-ball type, marionette type, inconspicuousness type, inside-job type, getting-something-for-nothing type and so on. These coal related corruption cases are generally characterized by the large number of people involved, large losses, frequent corruption problems, relying on relatives and friends, family corruption, public-private delivery, collusion between government and business, the formation of alliances of interests, professional methods, hidden corruption, long crime cycle and so on. In Ordos City, the reasons for the frequent occurrence of coal related corruption include huge temptation of interest, weak awareness of rule of law, wrong view of political performance, improper setting of public power, ineffective supervision and so on. To this end, Ordos City has prescribed the right remedy to the case, insisting on the comprehensive treatment from the aspects of concept, system, management and technology, which achieved good results.

Keywords: Coal Resource Field; Corruption; "Retroactive Investigation for 20 years"; Erdos

Abstract: Against the background of the rapid development of material affluence and the continuous diversification and personalization of the spiritual needs in today's world, some young cadres are prone to have weak ideals and beliefs, lack political determination, fail to resist the attack of sugar coated shells, thus losing the battle in face of various temptations, failing to resist all temptations, being indulgd in a life of craving for pleasure with distort values and insatiable greed and growing even desperate. The problem of corruption at a younger age has become increasingly prominent. In recent years, Tongren Discipline Inspection and Supervision authorities attach great importance to the violation of discipline and law by young cadres. In response to the phenomenon of younger-age corruption, it has, by pushing forward the three steps of "supervision, institution and education", constructed a system to curb the younger-age corruption and effectively built a "dam" to prevent the corruption at an early age.

Keywords: Prevention of Corruption; Advancement Mechanism; Young Cadres; Younger-age Trend

B.7 Lingling District in Yongzhou City, Hunan: Practice and Reflection of "Cloud Live" of Monthly Meeting

Lingling District Commission for Discipline Inspection and supervision, Yongzhou City, Hunan Province / 137

Abstract: Lingling District, Yongzhou City, Hunan Province explored the implementation of the monthly meeting "cloud livet" to meet the new needs and new development of grassroots governance, reshaping the monthly meeting system from the aspects of platform construction, process control, operation management and supervision. This approach has achieved the synchronization of online "cloud live", and put the power of small and micro enterprises in the sun, so as to stimulate the enthusiasm of the public for supervision, and innovate the practice of grassroots governance, making the innovative achievements benefit the people possible. The practice of monthly meetings "cloud live" has improved the quality of village supervision, further highlighted the effectiveness of grassroots governance, and significantly increased the participation of the public.

Keywords: Monthly Meeting; Cloud Live; Micro Corruption; Grassroots Supervision; Grassroots Governance

B.8 Dazhu, Sichuan: Strengthening Village Supervision System in the Process of Promoting Rural Revitalization Strategy

Research group of Sichuan Dazhu County Commission for Discipline Inspection and supervision / 152

Abstract: In the process of comprehensively promoting the strategy of rural revitalization, rural grassroots still faces problems such as weak supervision forces at village level, scattered authority and responsibilities, weak supervision, lack of responsibility, disintegration of supervision and service and so on. Dazhu County, Sichuan province insists on unified assignment of discipline inspection personnel to strengthen the supervision team; coordinate the supervision contents to integrate the supervision functions; unify the structure of supervision system to activate supervision effectiveness; conduct integrated management and supervision to enhance assessment and evaluation; coordinate supervision services to escort the rural revitalization, which achieved remarkable results. In order to further strengthen the construction of village supervision system, it is suggested to rationalize the relationship of supervision subjects, comprehensively enhance the supervision capacity, expand the direction dimension of supervision, and improve the unified management and assessment mechanism.

Keywords: Grassroots Supervision; Village Level Supervision System; Rural Revitalization; Rural Governance

B.9 Xiangcheng, Suzhou, Jiangsu: Using Blockchain Technology to Enable the Supervision of Rural Collective "Three Assets" Field

Zhang Minglin, Zhan Wanqiang / 164

Abstract: Blockchain is an important breakthrough in China's independent innovation of core technology, which plays a great role in helping the economic and social development in the era of big data. As a credible and transparent governance tool, it has natural advantages in applying to various supervision scenarios. The Discipline Inspection and Supervision Commission of Xiangcheng District of Suzhou actively implements the requirements of using blockchain for independent innovation and information technology to carry out supervision, gives full play to the advantages of local blockchain industry clustering in the district, connects the existing "three assets" management business platform, and uses blockchain technology to develop the "three capital supervision chain" in Xiangcheng District's on the premise that the original system remains unchanged and the business data stays as before. The characteristics of blockchain, which cannot be forged and prevent tampering, highlight the deterrence of "not daring to corrupt"; the characteristics of blockchain including smart contract and efficient governance are used to cement the system of "not being able to corrupt"; the characteristics of blockchain including openness, transparency and collective maintenance are used to enhance the self-awareness of "not wanting to corrupt" . The practice case of Xiangcheng District Commission for Discipline Inspection and Supervision, as the first example in China of the integration of blockchain technology and discipline inspection and supervision business scenarios in the context of big data, has positive and innovative significance in regulating and restricting the operation of small and micro power at grassroots level, promoting the "three not mechanism" as a whole to continuously deepen the comprehensive strict governance of the Party, and consolidate the ruling base of the Party at the grassroots level.

Keywords: Blockchain Discipline; Inspection and Supervision; Three Assets Supervision; "Three not" Mechanism

Abstract: The construction of clean villages and communities is not only an important element of optimizing grassroots social governance, but also a key link in the extension of overall and strict governance of the Party to grassroots society. To substantially promote the construction of clean villages and communities, the systematic thinking based on a systematic perspective shoule be utilized, which means that the Party as the leader, the rule of law as the guarantee, rule by virtue to stengthen the education, self-governance to strengthen the vitality, wisdom to strengthen the support, so as to enhance the systematic, holistic and synergistic function of the construction process of clean villages and communities to realize the organic connection of various parts and form a scientific and reasonable system design. Ultimately, the "governance" can be promoted with "clean", so as to speed up the construction of a new pattern of social governance at grassroots level. The practice and exploration of Shangyu District, Shaoxing City, Zhejiang Province shows that the systematization is conducive to the steady advancement of the construction of clean villages and communities, which also provides a useful reference for the construction of clean villages and communities in other areas.

Keywords: Systematized; Clean Village and Community; Party Construction Leader; Four Governance Integration; Shangyu

Ⅳ Evaluation Reports

B.11 Evaluation Report on Information Disclosure of Local Discipline Inspection and Supervision Organs at All Levels in 2021

Innovation project team of "Research on performance evaluation of Party and state supervision system" of Institute of sociology, Chinese Academy of Social Sciences / 201

Abstract: The results in 2021 evaluation show that, except for a decline in the scores of the sampled county-level discipline inspection and supervision commissions, the scores of all other levels of the discipline inspection and supervision commissions have increased, including an average score of 70.51 for the provincial-level discipline inspection and supervision commission with an increase of 0.84% compared with 2020; an average score of 60.41 for the provincial capital (sub-provincial) discipline inspection and supervision commissions with a year-on-year increase of 5.32%; an average score of 63.06 for sampled prefecture level municipal discipline inspection and supervision commissions with a year-on-year increase of 21.86%; an average score of 44.19 for the discipline inspection and supervision commissions of districts and counties under the municipalities with a year-on-year increase of 1.05%; an average score of 47.59 for the sampled county and district commission for discipline inspection and supervision with a year-on-year decrease of 10.7%. The evaluation results show several features: the information disclosure on the websites of discipline inspection and supervision organs continues to develop for the better, and the higher the level of discipline inspection and supervision organs, the higher the level of the information disclosure on their websites; discipline inspection and supervision organs at all levels have performed well in the three aspects of open platform, notification and exposure, inspection and rectification, while the organizational structure and social participation are relatively weak. The research group finds that there are still some problems in terms of the information disclosure on the websites of some commissions for discipline inspection and supervision, such as lack of awareness on information disclosure of the websites, failuire to construct a sound website information disclosure mechanism. In addition, the contents of website are similar, lacking local characteristics and features of the discipline inspection and supervision organs. The information disclosure is not comprehensive, timely and in-depth, with poor interaction with the public. The project team recommends that discipline inspection and supervision organs at all levels should enhance the awareness of website information disclosure and establish a sound website mechanism of information disclosure. It is suggested to include information disclosure into the scope of supervision and assessment and transfer pressure at all levels. The exchange and training on information disclosure business is suggested to be encouraged in order to improve the capability of information disclosure. Meanwhile, great importance should be attached to the evaluation of information disclosure by third-party institutions and to the cultivattion of professionals on information disclosure. It is also important to foster an open and transparent governance culture to improve the quality and level of information disclosure.

Keywords: Discipline Inspection and Supervision; Information Disclosure; Index System

Abstract: This report assesses the information disclosure work of provincial discipline inspection and supervision organs based on the information disclosed on the discipline inspection and supervision websites of 31 provinces (autonomous regions and municipalities directly under the central government). At present, the construction of provincial discipline inspection and supervision disclosure platforms is more perfected and reasonable, the disclosure of organizational information is relatively detailed, the disclosure of departmental revenue and expenditure information is relatively complete, the disclosure of institutional regulations is relatively comprehensive, the disclosure of "notification and exposure" information is timely and efficient, inspection information disclosure is normalized and standardized, and the channels for social participation are relatively open. However, there are still shortcomings in the quality of public disclosure of institutional provisions, the timeliness of public disclosure of reports on the work of the plenary session of the discipline inspection and supervision commission, the mechanism for publicizing information on notification and exposure, and the ability to manage and operate website construction, etc. It is necessary to enhance the awareness of information disclosure, establish and optimize a sound mechanism of responsibility for information disclosure, continuously improve the actual efficiency of information disclosure, and set up a common mechanism for building an information disclosure platform.

Keywords: Provincial level Commission for Discipline Inspection and Supervision; Information disclosure; Index System

Abstract: In August 2021, the research team assessed the status of information disclosure on the discipline inspection and supervision websites in 32 sub-provincial (provincial capital) cities. The results show that a large part of the discipline inspection and supervision open platform construction is relatively perfected, the disclosure of organizational structure and departmental revenue and expenditure information has made further progress, the disclosure of system provisions has been strengthened, the disclosure quality of the work report of the plenary session of the discipline inspection commission has been advanced, the disclosure of notification and exposure information is more comprehensive, the disclosure of patrol inspection information is more open and detailed, and the supervision channels of social participation are relatively smooth. However, there are also some problems, such as insufficient attention to the construction of individual websites, incomplete disclosure of organizational structure information and departmental revenue and expenditure information, poor disclosure quality of system provisions, dissatisfied disclosure of the work report of the plenary session of the commission for discipline inspection and supervision, urgent need to br strengthened in the disclosure of superior inspection information, and low degree of public participation. It is suggested to continue to strengthen the importance of website construction, effectively enhance and standardize the work of information disclosure, accerlerate the frequency of information updates, intensify the work of information disclosure, establish a press conference system, so as to constantly improve the transparency of the Party's discipline inspection and state supervision work.

Keywords: Provincial Capitals and Sub Provincial City Commission for Discipline Inspection and Supervision; Information Disclosure; Assessment

Abstract: From August 1 to 31, 2021, the research team randomly selected 54 prefecture level municipal discipline inspection and supervision commissions as the assessment targets using PPS isometric sampling method, and evaluated the information disclosure of their websites in eight dimensions: disclosure platform, organizational structure, deepartmental revenue and expenditure, institutional regulations, work report, notification and exposure, inspection and rectification and social participation, The analysisi of evaluation finds that the current information disclosure websites of the prefecture level municipal commissions for discipline inspection and supervision are becoming more and more standardized, the scores of each evaluation sub-section are generally improved, the full score of the inspection and rectification section is outstanding, and the system regulations and notification exposure sections present a high level. At the same time, it also finds that the information disclosure of the organizational structure of the prefecture level municipal commission for discipline inspection and supervision website still needs to be improved, the information disclosure of departmental revenue and expenditure is not thorough enough, the information disclosure of work report is not timely and comprehensive, the information disclosure of inspection and rectification is not complete, and the social participation is obviously insufficient. In this regard, it is suggested to futher improve the construction of information disclosure system and mechanism, improve the timelines and traceability of information disclosure, improve the standardization of information disclosure, and increase the proportion of mass interaction in information disclosure.

Keywords: Prefecture and Municipal Level Commission for Discipline Inspection and Supervision; Information Disclosure; Transparency; Assessment

B. 15 Evaluation Report on Information Disclosure of Discipline Inspection and Supervision Organs in Districts and Counties Under the Jurisdiction of Municipalities in 2021

Abstract: In August 2021, the research team evaluated the information disclosure of the websites of the discipline inspection and supervision organs in districts and counties under the four municipalities directly under the central government. The evaluation results show that the information disclosure platforms of discipline inspection and supervision organs in districts and counties under the jurisdiction of municipalities are diverse, the information disclosure of organizational structure has been more standardized, the disclosure of departmental revenue and expenditure information has been continuously advanced, the disclosure of system regulations has been strengthened, the work report of the plenary session of the discipline inspection and supervision commission has been gradually made public, the disclosure of notification exposure information has imposed a strong deterrent effect, the disclosure of inspection and rectification information has been gradually improved, and social participation channels tend to be diversified. However, it also finds that the construction of the public platform is still incomplete, the disclosure of organizational structure information is not enough, the disclosure of departmental revenue and expenditure is unbalanced, the disclosure of the system at the same level still needs to be deepened, the full-text of the work report public updateis delayed, the notification and exposure information is not comprehensive, the disclosure of the inspection contents of the superior is limited, and the social participation needs to be upgraded. It is necessary to further enhance the awareness of active disclosure, promote the digital construction of the websites, boost the diversification of disclosure forms, highlight local characteristics of disclosure contents, and increase the disclosure of key information.

Keywords: Municipality; Information Disclosure; Discipline Inspection and

Supervision

B.16 Evaluation Report on Information Disclosure of Discipline Inspection and Supervision Organs at County Level in 2021

Innovation project team of "Research on performance evaluation of Party and state supervision system" of Institute of sociology, Chinese Academy of Social Sciences / 283

Abstract: In August 2021, the research team sampled 108 county-level discipline inspection and supervision websites in 27 provinces (autonomous regions) to assess the information disclosure status, and concludes that the information disclosure of county-level discipline inspection and supervision organs is generally good, mainly showing that the construction of disclosure platform tend to be standardized and unified, the information disclosure of organizational structure scores and loses points with consistency, and the disclosure information of inspection, rectification is satisfying. Meanwhile, it is noted that the disclosure of departmental revenue and expenditure and social participation belongs to the low score columns, the disclosure of system provisions has its own features, and the disclosure of work reports turns to be polarized. Problems including lack of continuity and stability of information disclosure, lack of timeliness in some important information disclosure, incomplete information disclosure, poor construction of information disclosure platform still exist. It is suggested to continue to improve the transparency of the work of the commission for discipline inspection and supervision, establish a regular institutional mechanism for information disclosure, and enhance the publicity and promotion of the websites of the commission for discipline inspection and supervision.

Keywords: Information Disclosure; Discipline Inspection and Supervision; Transparency Assessment

V Innovative Practice

Ⅵ Appendix

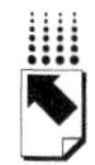

皮 书

智库成果出版与传播平台

✤ 皮书定义 ✤

皮书是对中国与世界发展状况和热点问题进行年度监测，以专业的角度、专家的视野和实证研究方法，针对某一领域或区域现状与发展态势展开分析和预测，具备前沿性、原创性、实证性、连续性、时效性等特点的公开出版物，由一系列权威研究报告组成。

✤ 皮书作者 ✤

皮书系列报告作者以国内外一流研究机构、知名高校等重点智库的研究人员为主，多为相关领域一流专家学者，他们的观点代表了当下学界对中国与世界的现实和未来最高水平的解读与分析。

✤ 皮书荣誉 ✤

皮书作为中国社会科学院基础理论研究与应用对策研究融合发展的代表性成果，不仅是哲学社会科学工作者服务中国特色社会主义现代化建设的重要成果，更是助力中国特色新型智库建设、构建中国特色哲学社会科学“三大体系”的重要平台。皮书系列先后被列入“十二五”“十三五”“十四五”时期国家重点出版物出版专项规划项目；自 2013 年起，重点皮书被列入中国社会科学院国家哲学社会科学创新工程项目。

皮书网

（网址：www.pishu.cn）

发布皮书研创资讯，传播皮书精彩内容
引领皮书出版潮流，打造皮书服务平台

栏目设置

◆ 关于皮书

何谓皮书、皮书分类、皮书大事记、
皮书荣誉、皮书出版第一人、皮书编辑部

◆ 最新资讯

通知公告、新闻动态、媒体聚焦、
网站专题、视频直播、下载专区

◆ 皮书研创

皮书规范、皮书出版、
皮书研究、研创团队

◆ 皮书评奖评价

指标体系、皮书评价、皮书评奖

所获荣誉

◆ 2008 年、2011 年、2014 年，皮书网均在全国新闻出版业网站荣誉评选中获得“最具商业价值网站”称号；

◆ 2012 年，获得“出版业网站百强”称号。

网库合一

2014年，皮书网与皮书数据库端口合一，实现资源共享，搭建智库成果融合创新平台。

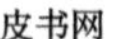

皮书网

“皮书说”
微信公众号

权威报告·连续出版·独家资源

皮书数据库

ANNUAL REPORT(YEARBOOK) DATABASE

分析解读当下中国发展变迁的高端智库平台

所获荣誉

- 2022年，入选技术赋能“新闻+”推荐案例
- 2020年，入选全国新闻出版深度融合发展创新案例
- 2019年，入选国家新闻出版署数字出版精品遴选推荐计划
- 2016年，入选“十三五”国家重点电子出版物出版规划骨干工程
- 2013年，荣获“中国出版政府奖·网络出版物奖”提名奖

皮书数据库

“社科数托邦”
微信公众号

成为用户

登录网址www.pishu.com.cn访问皮书数据库网站或下载皮书数据库APP，通过手机号码验证或邮箱验证即可成为皮书数据库用户。

用户福利

- 已注册用户购书后可免费获赠100元皮书数据库充值卡。刮开充值卡涂层获取充值密码，登录并进入“会员中心”—“在线充值”—“充值卡充值”，充值成功即可购买和查看数据库内容。
- 用户福利最终解释权归社会科学文献出版社所有。

S 基本子库
SUB DATABASE

中国社会发展数据库（下设 12 个专题子库）

紧扣人口、政治、外交、法律、教育、医疗卫生、资源环境等 12 个社会发展领域的前沿和热点，全面整合专业著作、智库报告、学术资讯、调研数据等类型资源，帮助用户追踪中国社会发展动态、研究社会发展战略与政策、了解社会热点问题、分析社会发展趋势。

中国经济发展数据库（下设 12 专题子库）

内容涵盖宏观经济、产业经济、工业经济、农业经济、财政金融、房地产经济、城市经济、商业贸易等12个重点经济领域，为把握经济运行态势、洞察经济发展规律、研判经济发展趋势、进行经济调控决策提供参考和依据。

中国行业发展数据库（下设 17 个专题子库）

以中国国民经济行业分类为依据，覆盖金融业、旅游业、交通运输业、能源矿产业、制造业等 100 多个行业，跟踪分析国民经济相关行业市场运行状况和政策导向，汇集行业发展前沿资讯，为投资、从业及各种经济决策提供理论支撑和实践指导。

中国区域发展数据库（下设 4 个专题子库）

对中国特定区域内的经济、社会、文化等领域现状与发展情况进行深度分析和预测，涉及省级行政区、城市群、城市、农村等不同维度，研究层级至县及县以下行政区，为学者研究地方经济社会宏观态势、经验模式、发展案例提供支撑，为地方政府决策提供参考。

中国文化传媒数据库（下设 18 个专题子库）

内容覆盖文化产业、新闻传播、电影娱乐、文学艺术、群众文化、图书情报等 18 个重点研究领域，聚焦文化传媒领域发展前沿、热点话题、行业实践，服务用户的教学科研、文化投资、企业规划等需要。

世界经济与国际关系数据库（下设 6 个专题子库）

整合世界经济、国际政治、世界文化与科技、全球性问题、国际组织与国际法、区域研究 6 大领域研究成果，对世界经济形势、国际形势进行连续性深度分析，对年度热点问题进行专题解读，为研判全球发展趋势提供事实和数据支持。

法律声明

“皮书系列”（含蓝皮书、绿皮书、黄皮书）之品牌由社会科学文献出版社最早使用并持续至今，现已被中国图书行业所熟知。“皮书系列”的相关商标已在国家商标管理部门商标局注册，包括但不限于LOGO（ ）、皮书、Pishu、经济蓝皮书、社会蓝皮书等。“皮书系列”图书的注册商标专用权及封面设计、版式设计的著作权均为社会科学文献出版社所有。未经社会科学文献出版社书面授权许可，任何使用与“皮书系列”图书注册商标、封面设计、版式设计相同或者近似的文字、图形或其组合的行为均系侵权行为。

经作者授权，本书的专有出版权及信息网络传播权等为社会科学文献出版社享有。未经社会科学文献出版社书面授权许可，任何就本书内容的复制、发行或以数字形式进行网络传播的行为均系侵权行为。

社会科学文献出版社将通过法律途径追究上述侵权行为的法律责任，维护自身合法权益。

欢迎社会各界人士对侵犯社会科学文献出版社上述权利的侵权行为进行举报。电话：010-59367121，电子邮箱：fawubu@ssap.cn。

社会科学文献出版社